Über dieses Buch Wer war Erich Kästner – ein weltbekannter Kinderbuchautor, Gebrauchslyriker, ein Chronist seiner Zeit, Unterhaltungsschriftsteller? Ein sanfter Spötter oder gepfefferter Pamphletist? »Halb Bürgerschreck, halb erschrockener Bürger«, spöttelte Robert Neumann über ihn, und Hermann Kesten nannte ihn einen »Sohn des Volkes mit prinzlichen Manieren«. Helga Bemmann entwirft auf der Grundlage großer Sachkenntnis ein lebendiges Bild dieses großen humanistischen Schriftstellers. Dresden um die Jahrhundertwende, Leipzig Anfang der zwanziger Jahre, Berlin bis zum Jahr 1945 und zuletzt München – das sind die Stationen seines Lebens. Für Erich Kästner, inzwischen weltberühmt durch seine Kinderbücher, wird – wie für viele andere – der Tag der Bücherverbrennung im Mai 1933 zu einer Erfahrung, die sein weiteres Leben bestimmt hat. Als ihm 1957 der Büchner-Preis verliehen wird, würdigt die Jury Kästner als »den strengen Geißler der Zeit, den scharfblickenden Moralisten, den Dichter, dessen anmutige und menschlich-gütige Erzählkunst die Jugend vieler Völker entzückt«.

Die Autorin Helga Bemmann, geboren 1933, studierte an der Universität Leipzig Publizistik, Literatur-, Theater-, Kunst- und Musikgeschichte. Sie lebt als freischaffende Autorin in Berlin. Veröffentlichungen: Texteditionen zum Chanson, zur Bänkeldichtung und zum literarischen Kabarett; Biographien über Otto Reutter, Claire Waldoff und Joachim Ringelnatz (Daddeldu, ahoi! Leben und Werk des Dichters, Malers und Artisten Joachim Ringelnatz, Fischer TB Bd. 5090).

Helga Bemmann

Humor auf Taille

Erich Kästner – Leben und Werk

Fischer Taschenbuch Verlag

Ungekürzte Ausgabe
Veröffentlicht im Fischer Taschenbuch Verlag GmbH,
Frankfurt am Main, Dezember 1985
Lizenzausgabe mit freundlicher Genehmigung
des Verlags der Nation, Berlin/DDR

Umschlaggestaltung: Jan Buchholz/Reni Hinsch
Foto: Archiv für Kunst und Geschichte Berlin
Gesamtherstellung Clausen & Bosse, Leck
Printed in Germany
1480-ISBN-3-596-25649-6

Inhalt

Kapitel I

Als Erich Kästner noch ein kleiner Junge war – Kindheit und Schulzeit

1899–1919

Herkunft der Eltern und häusliches Milieu 15
Ida Kästner lernt Friseuse 17
Die »Berufe« des Schülers Kästner 21
Mit der Mutter auf Wanderschaft 24
Liebe zum Theater 26
Seminaristenzeit im Internat 27
Das Ende einer Kindheit 28
Der »Primaner in Uniform« 31
Duell bei Dresden 33
Der Krieg geht zu Ende 34
Er will nicht mehr Lehrer werden 35

Kapitel II

Studentenjahre in Leipzig und die ersten Schritte in die Literatur

1919–1927

Das literarische Debüt 39
Idyllen und Romanzen 41
Redakteur in Leipzig 46
Mitarbeit an den Leipziger Magazinen 48
»Beyers für Alle« 52
»Der Drache« 53
Promotion zum Dr. phil. 55
Der tägliche Redaktionskram 61
»Tage-Buch« und »Weltbühne« 63
Der Fußtritt Fortunas 66

Kapitel III
Erich Kästner in Berlin –
der Start zum Erfolg
1927–1929

Herz auf Taille 71
Jahrgang 1899 spricht 73
Mit Ohser in Paris 79
Emil und die Detektive 82
Der Sieg der Moral 85
Mein Sohn Emil – ein guter Junge! 89
Wollen Sie mir helfen, berühmt zu werden? 91
Schmutzsonderklasse 96
Kästner im *Bänkelbuch* 99
Lärm im Spiegel 101
Zwischenbemerkung in Prosa 103
Leben in dieser Zeit 108
Umzug in die eigene Wohnung 110
Bilanz dreier Jahre 112
»Der Montag Morgen« 115
Zeitungsgedichte und Zeitgeschichte 119
Brief aus Köln 121
Auf einen Sprung nach Rußland 124

Kapitel IV
Kästner für Kinder und Erwachsene
1930–1931

Ein Mann gibt Auskunft 129
Auskunft über Liebe und Frauen 132
Der erste Film hieß *Lebertran* 136
Emil im Kino 139
Emil auf der Bühne und die Kritik an *Kakadu* 141
Kinder demonstrieren Vernunft 145
Das Fräulein mit dem Muff 150
Wo bleibt das Positive? 151

Kapitel V
Der streitbare Moralist
1931–1933

Kästner im Kabarett 159
Kästner, Panter und andere 164
»Surabaya-Johnny« und Küchenlieder 166
Fabian – der Weg eines Moralisten 169
Fabian im Urteil der Kritik 172
Es gibt nichts Gutes außer: Man tut es 177
Der 35. Mai – ein Ausflug in die Südsee 180
Gesang zwischen den Stühlen 182
Neue Anthologien Berliner Verlage 186
Lange Arme und verhexte Telefone 188
»Frau Großhennig schreibt an ihren Sohn« 190
Halb Bürgerschreck – halb erschrockener Bürger 193
Ansichten über Kästner 196

Kapitel VI
Als verbotener Autor in Deutschland
1933–1945

Ich bin ein Deutscher aus Dresden in Sachsen 205
Der verbotene Augenzeuge 208
Der Tag der Bücherverbrennung 211
Das fliegende Klassenzimmer 214
Drei Schneemänner und ihre Emigration nach Zürich 216
Emil und die drei Zwillinge 223
Copyright Atrium Verlag 226
Fehldiagnosen und Filmprojekte 229
Erneuter Angriff durch die Nazis 231
Denunziation im »Tingel-Tangel« 233
Zeit für Epigramme 235
Die *Lyrische Hausapotheke* 237
Der kleine Grenzverkehr oder Freiheit in Portionen 239
Till Eulenspiegel 244
Manuskripte für die Schublade 247
Briefe an sich selber 250
Mama bringt die Wäsche 252

Der *Münchhausen*-Film 255
Leben und Überleben 1944 260
Die letzten Tage des »totalen Krieges« 265

Kapitel VII
Plädoyer für eine vernünftige Zukunft
1945–1949

Wieder als Redakteur am Schreibtisch 275
Die »Schaubude« spielt 280
Gruß nach vorn 285
»Pinguin« – Kästners Dialog mit der Jugend 287
Wiedersehen mit den Eltern in Dresden 293
Die Konferenz der Tiere 298
Das doppelte Lottchen 301

Kapitel VIII
Ein Volksautor wird Literaturklassiker
1950–1959

Die kleine Freiheit 307
Der Menschen- und Kinderfreund 311
Der Tod der Mutter 313
Das Haus am Herzogpark 314
Neues für Bühne und Leinwand 320
Als ich ein kleiner Junge war 324
Illustrationen: Horst Lemke 326
Der »öffentliche« Kästner 328
Der sechzigste Geburtstag 331
Lieber, netter Herr Erich Kästner! 334

Kapitel IX
Die letzten Jahre in München
1960–1974

Als Patient im Tessin 341
Ein Sachse international oder Humor made in Saxony 344

Wieder in der Schweiz im Sanatorium 345
Die Bücherverbrennung in Düsseldorf 1965 348
Anthologien, Schallplatten und ein »Goldener Igel« für Humor 351
Andere über Kästner 355
Der Platz im Caféhaus bleibt leer 357
Epilog 361

Anhang

Werkregister 365
Literaturverzeichnis 372
Personenverzeichnis 377

Kapitel I

Als Erich Kästner noch ein kleiner Junge war – Kindheit und Schulzeit

1899–1919

Wenn es zutreffen sollte, daß ich nicht nur weiß, was schlimm und häßlich, sondern auch, was schön ist, so verdanke ich diese Gabe dem Glück, in Dresden aufgewachsen zu sein. Ich mußte, was schön sei, nicht erst aus Büchern lernen. Nicht in der Schule, und nicht auf der Universität. Ich durfte die Schönheit einatmen wie Försterkinder die Waldluft.

Als ich ein kleiner Junge war, 1957

»Dresden war eine wunderbare Stadt, voller Kunst und Geschichte und trotzdem kein von sechshundertfünfzigtausend Dresdnern zufällig bewohntes Museum. Die Vergangenheit und die Gegenwart lebten miteinander im Einklang. Eigentlich müßte es heißen: im Zweiklang. Und mit der Landschaft zusammen, mit der Elbe, den Brücken, den Hügelhängen, den Wäldern und mit den Gebirgen am Horizont, ergab sich sogar ein Dreiklang. Geschichte, Kunst und Natur schwebten über Stadt und Tal, vom Meißner Dom bis zum Großsedlitzer Schloßpark, wie ein von seiner eignen Harmonie bezauberter Akkord.«

Dieses Porträt der Stadt Dresden gibt Kästner in seinem Buch *Als ich ein kleiner Junge war.* Es entstand, als er achtundfünfzig Jahre alt war. Den Spuren in die Vergangenheit zu folgen und die Erinnerungen an seine Kindheit aufzuschreiben bedeutete für ihn, sein Gedächtnis nach den Eindrücken und Erfahrungen zu befragen, die für ihn wichtig gewesen sind. Wichtig für ihn waren, wie man weiß, seine Mutter, die Schule, die Liebe zum Theater, das Erlebnis der Natur – und was man bei der Betrachtung seines Werkes vielleicht zu wenig gewürdigt hat bislang: die Schönheit der Stadt Dresden.

Kästner erinnerte sich, daß ihm sein Vater auf dem Weg vor die Stadt einmal von einem Gasthaus in der Umgebung mit dem seltsamen Namen »Zur stillen Musik« erzählt hatte, das aber zu der Zeit, da er ein kleiner Junge war, nicht mehr existierte. Doch das Geheimnis um diesen Namen hat ihn von da an nicht mehr losgelassen. Ursprünglich dachte er: Entweder macht man in einem Gasthaus Musik, oder es ist still. Aber eine stille Musik, die gibt es nicht. Das Kind konnte den wahren Sinn dieser Worte nicht verstehen. Erst später, sagt er, wenn er an der gleichen Stelle gestanden und auf die Stadt hinab und mit dem Fluß in die Ferne geschaut habe, sei ihm die Bedeutung dieses heiter verwunschenen Namens bewußt geworden, und das von Jahr zu Jahr mehr. Jener Dresdner Gastwirt, der sein Lokal einst so benannte, schien ihm nunmehr ein wahrhafter Dichter, und er erinnerte sich auch, daß es ein Philosoph gewesen war, der die Architektur der Dresdner Palais »gefrorene Musik« genannt hatte.

Auch dieser sächsische Philosoph war, wie Kästner fand, eigentlich ein Dichter.

Die »stille Musik« der Dichter und Philosophen machte Kästner schon sehr früh zu seiner eignen Musik. Sie ist die verborgene Grundmelodie seines Wesens und Werkes geworden, am deutlichsten dort zu vernehmen, wo der Zorn und die Bitterkeit des Satirikers schweigen. Freilich, zu der Zeit, da er zum erstenmal von der »stillen Musik« erfuhr und sie von ihm Besitz zu nehmen begann, konnte sich aus seinem familiären Kreis keiner vorstellen, daß aus diesem Kind selbst einmal ein Dichter werden würde, der die drei Gaben seiner Vaterstadt – eine herrliche Natur, die Kunst und die Geschichte – auf eine so besondere Weise aufnehmen und sie zum Fundament eines soliden wie modernen literarischen Werkes machen würde.

Für die Eltern Erich Kästners wäre es schon ein großer Anlaß zur Freude gewesen, wenn der Sohn Lehrer geworden wäre – Volksschullehrer, wie man damals sagte. Vor allem seine ehrgeizige Mutter hätte darin ganz und gar die Sinnerfüllung ihres Lebens gesehen, war sie es doch gerade, die vom Tage der Geburt an alles daransetzte, »ihrem Erich« den sozialen Aufstieg zu ermöglichen. Für sie hieß das, den Jungen zu einem »gebildeten Menschen« zu machen, ihm den Weg zu einem Beruf zu ebnen, der Ansehen, Autorität und eine durch Strebsamkeit erworbene solide Existenz garantierte. Es sollte aber besser und schöner kommen, als elterliche Vorstellungskraft im letzten Jahr des zu Ende gehenden 19. Jahrhunderts erträumen oder familiäre Energien bewirken konnten.

Als »der Junge« dreißig war, gehörte er bereits zu den bekannten Autoren der deutschsprachigen Literatur, hatte er eine »kleine Versfabrik«, war er Vater von *Emil* geworden, eines Buches, das heute Kinder in mehr als dreißig Ländern der Welt in ihrer Muttersprache lesen. Und er selbst hätte sich damals, um 1930, nicht vorstellen können, daß ihn die politischen Amtswalter Deutschlands in Kürze als »Kulturbolschewisten« verfemen, seine Bücher am 10. Mai 1933 in die Flammen werfen und daß die Große Sowjetische Enzyklopädie ihn einmal als Repräsentanten antifaschistischer, sozialkritischer und damit zutiefst humanistischer Kunst des Jahrhunderts würdigen würde.

Aus dem in einer Dresdner Mansardenwohnung geborenen Sohn war, noch ehe ihn 1933 das Schreib- und Berufsverbot der Goebbelsschen Reichskulturkammer traf, ein populärer Autor von Gedichten und Romanen, Chansons und Theaterstücken, Rundfunksendungen und Zeitungsaufsätzen geworden. Das hatte ihm an der kleinen Wiege, in der er lag und die die Mutter später zur Wäschetruhe umfunktionierte, keiner gesungen. Wie gesagt – das war weit mehr, als sich die Eltern damals vorzustellen vermochten, wenn sie die Zukunft des Jungen und die schmalen Möglichkeiten bedachten, die einem Arbeiterhaushalt für die Bildung und Ausbildung eines Kindes zur Verfügung standen.

Herkunft der Eltern und häusliches Milieu

Erich Kästner kam nach siebenjähriger Ehe der Eltern am 23. Februar 1899 in der Königsbrücker Straße 66 zur Welt. Er sollte das einzige Kind in dieser Familie bleiben. Die Eltern wohnten übrigens erst seit 1895 in Dresden. Vater Emil Kästner, ehedem selbständiger Sattlermeister in der rund anderthalb Stunden Eisenbahnfahrt von Dresden entfernt liegenden Kreisstadt Döbeln, verdiente seinen Lohn um diese Zeit als Arbeiter in einer Kofferfabrik. Das war das zeitübliche Schicksal von Hunderttausenden selbständigen Handwerkern, denen die industrielle Fertigung die Aufträge und damit die bürgerliche Existenz entzog und sie unbarmherzig zu Proletariern machte.

Der stille, arbeitsame, eigensinnig-solide Emil Kästner stammte aus einer Handwerkerfamilie. Er verstand, wie der Sohn meinte, sein Metier vielleicht zu gut und hatte mit seinen handgenähten Sätteln, Rucksäcken, Taschen und Portemonnaies keinerlei Chance, gegenüber den vielfach billigeren Fabrikerzeugnissen als selbständiger Handwerker zu bestehen. Erich Kästners Mutter kam aus einer sächsischen Familie, in der sich Metzgerei und Pferdehandel mit extrem ausgeprägtem Erwerbssinn verbanden. Die lebenstüchtige Ida Augustin, verheiratete Kästner, arbeitete, noch bevor der kleine Erich das Licht der Welt erblickte, schon daran mit, der Familie eine halbwegs auskömmliche Existenz zu sichern. Das in der Dienstmädchenzeit angelegte Sparbuch reichte dazu nicht aus, ebensowenig die Mitarbeit als Geschäftsfrau in der kleinen Sattlerei in Döbeln. Daß ihr Mann aufgab und auch später nie mehr zu bewegen war, wieder selbständig zu werden, muß sie besonders schwer getroffen haben. Ida Kästner war es nicht gewohnt, Erworbenes aufzugeben, und es stand schon damals bei ihr fest, daß sie einmal für die Familie diese Aufgabe lösen würde – koste es, was es wolle.

Kästners Eltern lernten sich auf einem Wege kennen, der typisch war in Kleinstädten für die Einheirat ins Geschäft. Ida Amalia Augustin traf mit Emil Kästner zum erstenmal in Döbeln, wo sie als Dienstmädchen und Gesellschafterin bei einer gelähmten Dame in Stellung war, bei Verwandten sonntags nachmittags bei Kaffee und Kuchen zusammen. Die Bekanntschaft hatten die beiden Schwestern vermittelt, wie Kästner in seinen Erinnerungen *Als ich ein kleiner Junge war* erzählt. Da diese Schwestern »zu zweit und sehr energisch suchten, fanden sie auch bald einen Kandidaten, der ihnen geeignet erschien. Er war vierundzwanzig Jahre alt, arbeitete bei einem Döbelner Sattlermeister, wohnte in der Nachbarschaft zur Untermiete, war fleißig und tüchtig, trank nicht über den Durst, sparte jeden Groschen, weil er sich selbständig machen wollte, stammte aus Penig an der Mulde, suchte eine Werkstatt, einen Laden und eine junge Frau.«

Obwohl die Liebe, von der die verheirateten Schwestern meinten, daß sie nicht so wichtig sei, fehlte, kam die auf so profane Weise gestiftete Ehe zustande. Am 31. Juli 1892 wurden Ida Augustin und Emil Kästner in der protestantischen Dorfkirche zu Börtewitz getraut. Zur Hochzeitsfeier versammelte man sich im Vaterhaus der Braut in Kleinpelsen, wo zum Mittagessen reichlich Schweinebraten und Klöße aufgelegt wurden.

Trotz aller Erfolgswünsche der Verwandten und der strebsamen Tüchtigkeit der jungen Eheleute konnten sie das neu eingerichtete Sattlereigeschäft nur drei Jahre halten. Der zu niedrige Umsatz deckte nicht die hohen Unkosten, es liefen Schulden auf, und als auch das Geld der Mutter von der Sparkasse aufgebraucht war, mußten sie mit Verlust Werkstatt und Geschäft in der Döbelner Ritterstraße verkaufen. Ein Verwandter der Familie redete Emil Kästner zu, zu ihm in die königlich-sächsische Haupt- und Residenzstadt Dresden überzusiedeln, wo er – und auch das war schon ein Glücksfall in jenen Jahren – sofort bei der Kofferfabrik Lippold Anstellung fand. Aus Emil Kästner, der so gern selbständiger Meister geblieben wäre, schrieb der Sohn fünfzig Jahre später, wurde ein Industrie-Facharbeiter, ein Fabrikarbeiter. »Das Maschinenzeitalter rollte wie ein Panzer über das Handwerk und die Selbständigkeit hinweg. Die Schuhfabriken besiegten die Schuhmacher, die Möbelfabriken die Tischler, die Textilfabriken die Weber, die Porzellanfabriken die Töpfer und die Kofferfabriken die Sattler.«

Auch in Dresden kam die Familie mit dem Lohn des Vaters allein nicht zurecht. Ida Kästner, lebenstüchtig, sehr geschickt mit den Händen und von zäher Energie, wenn sie sich etwas in den Kopf gesetzt hatte, nahm Heimarbeit an, um mitzuverdienen. Sie nähte Leibbinden im Stücklohn. Bis spät in die Nacht hinein ratterte im Schlafzimmer, wo auch das Kind schlief, die Nähmaschine, so daß der Junge vielleicht manche Nacht von Leibbinden geträumt und die Mutter sich gefragt haben mag, wie lange dieser Zustand noch anhalten solle.

Daß die Familienangehörigen mitverdienen mußten, war für damalige Verhältnisse normal. Ein 4,4köpfiger Arbeiterhaushalt benötigte um 1905 in Dresden zur Sicherung seines Existenzminimums nach der Statistik 1770 Mark jährlich. Ein gelernter Arbeiter wie Emil Kästner verdiente aber durchschnittlich nur 1340 Mark. Es blieb also ein Minus von 430 Mark. Das Manko für den Haushalt zu decken oblag der Mutter Erich Kästners, obwohl der Fehlbetrag in diesem Falle etwas kleiner war als in der statistisch angenommenen 4,4köpfigen Familie, denn Kästners waren ja zuerst nur zu zweit und dann zu dritt. In der fleißigen Arbeit Ida Kästners realisierte sich praktisch das, was die Statistiker meinten, wenn sie davon sprachen, »welch erheblichen Einfluß in Dresden der Miterwerb der Angehörigen auf die Lage der Arbeiterfamilien« hatte.

Es waren also keine glänzenden Verhältnisse, in die der kleine Erich hineingeboren wurde, und seine Eltern besaßen auch kein Geld, um das »freudige Ereignis« per Zeitung anzukündigen oder gar eine prächtige Kindtaufe zu halten. Die sehr bescheidene, im vierten Stock gelegene Mansardenwohnung der Kästners eignete sich ohnehin nicht dazu, die vermögenden Dresdner Onkel, drei an der Zahl – steinreiche Pferdehändler und Fleischermeister –, dazu die weitläufige Sippe der Augustins und Kästners zu Familienfeierlichkeiten einzuladen.

Ida Kästner lernt Friseuse

Die Fabrikarbeiterexistenz des gescheiterten Sattlermeisters Emil Kästner empfand die Mutter als sozialen Abstieg. Mit diesem Faktum glaubte sie sich nicht abfinden zu können, deshalb sann sie auf immer neue Wege, die Lage der Familie zu verändern. Die Willenskraft dazu, ein Erbteil der Familie Augustin, schien aber erst mit der Geburt ihres Kindes voll zum Durchbruch zu kommen. Jetzt erst hatte ihr Leben einen Sinn, schreibt Luiselotte Enderle in ihrer Kästner-Biographie, so daß die Geburtsurkunde eigentlich hätte lauten müssen: »Am 23.2.1899 wurden Ida Amalia und Emil Erich Kästner geboren.« Die Mutter besorgte eine größere Wohnung, sie lag in der gleichen Straße in der Nähe des alten Wohnhauses, um ein Zimmer vermieten zu können. Schließlich erlernte sie mit fünfunddreißig, Erich ging schon zur Schule, noch einen Beruf, und zwar einen »feineren Beruf«, Friseuse, der es ihr gestattete, zu Hause oder auf Bestellung außer Haus ein Gewerbe selbständig auszuüben. Sie tat das nicht zuletzt aus den Überlegungen heraus, dem einzigen Sohn bessere Startbedingungen fürs Leben zu schaffen und ihm vielleicht – noch war es nicht soweit – den Besuch einer höheren Schule zu ermöglichen, für die ja Schulgeld, Kleidung und Bücher nötig gewesen wären.

Aber vorerst war Erich noch ein kleiner Junge, bekam von seiner Mutter die üppigen Locken geschnitten, lernte laufen und wuchs heran.

Der Umsicht der Mutter kam alsbald das Schicksal in Gestalt der Untermieter zu Hilfe. Schon der erste Herr, der sich einmietete, war Lehrer, und Lehrer sollten auch die Nachfolger bleiben. Von ihnen profitierte Erich Kästner nicht nur in Form von mancherlei Süßigkeiten über den Umweg der von der Mutter eingenommenen Miete. Viel wichtiger waren für ihn die geistigen Anregungen, die Bücher, die ihm seine Mutter auf Empfehlung ihrer Untermieter kaufte, da der Kleine sehr gern und sehr viel las.

Die Welt der Schule mit Heften, Büchern und Tinte, wie er sie tagtäglich zu Hause sah, gehörte zum vertrauten Alltag des Vier- und Fünfjährigen. In diesem »pädagogischen Milieu« formte sich schon beim Vorschulkind auf eine natürliche Weise der Wunsch, Lehrer zu werden. Wenn ihn die Leute fragten, was er später einmal werden wolle, antwortete er mit überzeugter Selbstverständlichkeit: »Lehrer!« Das war ein Berufswunsch so recht nach dem Herzen der Mutter, aber auch seiner Lieblingstante Martha, in deren Kopf sich das Lehrerdasein etwa so ausmalte: »Sie haben Weihnachtsferien, Osterferien und Kartoffelferien. In der Zwischenzeit geben sie ein paar Stunden Unterricht, immer dasselbe, immer fürs gleiche Alter, korrigieren dreißig Hefte mit roter Tinte, gehen mit der Klasse in den Zoologischen Garten, erzählen den Kindern, daß die Giraffen lange Hälse haben, holen am Monatsersten ihr Gehalt ab und bereiten sich in aller Ruhe auf den Ruhestand vor.« Auch bei dem kleinen Kästner waren wohl Motive mit im Spiel, die mit Sicherheit nicht der Gedankenwelt Pestalozzis entstammten. Wenn er seiner Mutter half, für Herrn Schurig – so hieß der die längste Zeit bei ihnen wohnende Untermieter – abends den Tisch zu decken, wenn er den Teller mit drei Spiegeleiern auf Wurst und Schinken ins Vorderzimmer balancierte, dachte er: So ein Lehrer hat es gar nicht schlecht!

An diesem Berufswunsch hat Erich Kästner lange festgehalten, so lange, daß er fast Lehrer und nicht Schriftsteller geworden wäre oder dies vielleicht nur auf größeren Umwegen. Doch ehe es soweit war, ging der hübsche, adrette Sohn der Ida Kästner, der noch keinen Schulranzen trug, als noch nicht ganz Sechsjähriger ins Kinderturnen des Dresdner Turnvereins zu Neu- und Antonstadt, übte sich mit Hanteln und hölzernen Keulen, turnte an Ringen, Reck und Barren, Pferd und Kasten. »Ich wollte turnen und turnte, weil es mich freute.« Mit der Aufnahme in den Turnverein hatte er sein erstes selbstgestecktes Ziel erreicht. Als seine Mutter ihn vorstellte, wollte ihn der Leiter mit der Bemerkung, er müsse warten, bis er sieben Jahre sei, wieder nach Hause schicken. Das erschien Erich, ganz der energiegeladene Sohn seiner Mutter, nicht der rechte Bescheid. Er nahm die Fäuste vor die Brust, sprang in die Grätsche und demonstrierte vor dem Turnlehrer und der angetretenen Knabenriege sein Können. Das muß so ernsthaft-komisch erfolgt sein, daß der Turnlehrer und die Jungen lachten, aber die Entscheidung änderte sich. »Kaufen Sie Ihrem Sohn ein Paar Turnschuhe, am Mittwoch ist die erste Stunde«, lautete die revidierte Antwort. Mutter und Sohn zogen befriedigt nach Hause. Und in kurzer Zeit war der kleine Kästner in seinem Verein bereits Turnwart.

Mit solch respektablem kindlichem Willen ausgestattet und vertraut im Umgang mit Lehrern, begann für Erich Kästner Ostern 1906 in der 4. Bürgerschule in der Dresdner Tieckstraße die Schulzeit. Wie üblich mit der großen Zuckertüte, der er heimwärts beim Stolpern gegen eine Stufe die Spitze abbrach, so daß der gesamte Inhalt unversehens auf seine Schnürstiefel herniederprasselte. Er stand bis zu den Knöcheln in Bonbons, Pralinen, Datteln, Osterhasen, Feigen, Apfelsinen, Törtchen, Waffeln und goldenen Maikäfern. Mutter und Sohn »stopften das süße Strandgut und Fallobst in den schönen, neuen, braunen Schulranzen« und schlichen, deprimiert von dem Malheur, in die Wohnung. Statt den einmal »angebrochenen« Inhalt fröhlich aufzuessen, saß der Knabe weinend in der Küche.

Diese Tränen zum ersten Schultag bedeuteten kein böses Omen. Außer dem Aufstehen bereitete ihm die Schulzeit keinerlei Schwierigkeiten. Der elterliche Wunsch, daß Erich ein guter Schüler werden möge, erfüllte sich vom ersten Tage an. Vom ersten bis zum letzten Schulzeugnis – gleich, ob es sich um Zwischenzeugnisse im Herbst oder Versetzungszeugnisse zu Ostern handelte – wimmelte es von Einsen, und die versteckten Zweien für Zeichnen oder Schönschrift wirkten darin so, als würden sie sich schämen. Erich war und blieb ein musterhafter Schüler. Er war regelrecht bildungshungrig, versessen auf Wissen und sagt selbst von sich: »Ich ging sehr gern zur Schule und habe, in meiner gesamten Schulzeit, keinen Tag gefehlt. Es grenzte an Rekordhascherei. Ich marschierte morgens mit dem Ranzen los, ob ich gesund oder stockheiser war, ob mir die Mandeln weh taten oder die Zähne, ob ich Bauchschmerzen hatte oder einen Furunkel auf der Sitzfläche. Ich wollte lernen und nicht einen Tag versäumen.«

Dieses Phänomen muß ihm später wohl doch etwas merkwürdig vorgekommen sein, wenngleich er nichts Anstößiges daran finden konnte, daß Kinder aus kleinen Verhältnissen die Schule zum Lernen nutzten, so wie er es tat. Andrerseits hing einem Musterschüler auch der Makel des Strebers an, gegen den sich mit Sicherheit auch das Kind Kästner zu verteidigen gehabt hat. Eine Vermutung davon schwingt mit in dem Gedicht »Kurzgefaßter Lebenslauf« von 1930, in dem er sich diese Frage stellt, ohne sie weiter zu beantworten. Zur Selbstcharakteristik des jungen Kästner heißt es da lakonisch: »Ich war ein patentierter Musterknabe. / Wie kam das bloß? Es tut mir jetzt noch leid.«

Die Antwort auf die teils ernst, teils ironisch distanziert gemeinte Frage, wie es dazu kommen konnte, ist in den Lebensverhältnissen der Familie zu suchen. Hier trafen mehrere Faktoren zusammen. Zunächst seine außergewöhnliche, natürliche Intelligenz, seine Lust am Lesen und Lernen sowie das früh entwickelte Verständnis für den Zusammenhang zwischen elterlichem Einkommen und zugänglichen Bildungsmöglichkeiten. Er begriff, daß Schule bezahlt werden mußte und daß schwer erarbeitetes Geld wie das seiner Mutter nicht vergeudet werden durfte. Schließlich – und das dürfte der eigentliche Grund für den Werdegang des »patentierten Musterknaben« sein – wäre auf das dominierende Lehrerelement in der Kästnerschen Wohnung hinzuweisen, das ein unauffälliges, ständig wirksames, weil über die Liebe ausgeübtes pädagogisches Diktat war. Ein weiterer günstiger Umstand kam hinzu: Er blieb das einzige Kind in dieser Familie und hatte somit den Vorzug, allein lernen zu können, ungestört von kleineren oder größeren Geschwistern, und falls Not am Mann war, gab es jederzeit einen sachkundigen Untermieter, der gefragt werden konnte. Vielleicht hat der pfiffige Erich mitunter auch in den Schlüsselbüchern zu Hause im Zimmer des Lehrers nachgeschaut, um fehlerfreie Hausaufgaben vorzulegen. Man weiß es nicht, auf jeden Fall hat aber der Wunsch der Mutter, aus ihrem Erich etwas Tüchtiges zu machen, Einfluß auf seinen kindlichen Lerndrang gehabt. Der Junge wußte, daß seine Zeugnisse den Eltern eine riesengroße Freude bereiteten, er wußte auch, daß er seiner Mutter für die übermächtige Liebe, die fast wie eine Bürde auf ihm lag, etwas zurückgeben mußte. Sie konnte und wollte er nicht enttäuschen.

Die Erfahrungen, die Erich Kästner in seiner Schulzeit machte, brachten ihm die Erkenntnis, daß gute Zeugnisse wohl eine gute Sache waren, daß aber die Eins nicht darüber entschied, wer die Realschule besuchen oder aufs Gymnasium gehen durfte, da das vom Geldbeutel des Vaters abhing. Der soziale Aufstieg war durch Lernen allein nicht zu meistern. So verstandesmäßig klar kam dem Zehnjährigen diese Erkenntnis sicher noch nicht, immerhin, er wußte ziemlich genau, daß die Mitschüler, die seine Volksschulklasse nach vier Jahren verließen, um aufs Gymnasium zu gehen, nicht unbedingt die besseren waren, wenn »auch die Dümmsten darunter es sich einbildeten«.

Die »Berufe« des Schülers Kästner

Erich Kästner hat den Eltern in seinen Kinderjahren kaum Kummer gemacht. Er war von früh an ein vernünftiges und ungemein verständiges Kind, folgsam, einsichtig, fleißig und willig. Auch ordnungsliebend. Sein Schulranzen war 1913, als er konfirmiert wurde, noch genauso neu wie am ersten Schultag. Das lag nicht ausschließlich an der soliden Sattlerarbeit seines Vaters, den er als »Lederkünstler« bezeichnete, eher sagt der geschonte Schulranzen etwas über die Tugenden des Schülers Kästner aus. Der Mutter half er, so gut er konnte, im Haushalt, machte Einkäufe, kümmerte sich um das Mittagessen. Wenn die Schularbeiten erledigt und Kundinnen zu bedienen waren, schleppte er Kannen mit heißem Wasser vom Gasherd aus der Küche ins Schlafzimmer, wo in einer Ecke der Frisiertisch stand mit Wandspiegel, Wasserbecken und Trockenapparat. Oder er trabte für seine Mutter zur Einkaufsgenossenschaft der Friseure, um Lockennadeln,

Haarwasser, Seife, Haarnetze und Kämme zu besorgen. Für den reichen Pferdehändler Onkel Franz und dessen Frau Lina, die das Kontor betreute, brachte er nach den großen Verkaufstagen in einer Aktentasche das Geld zur Bank, mitunter zwanzig- bis vierzigtausend Mark, wie er angibt. Es fehlte bei ihm niemals eine Mark. Seiner Gewissenhaftigkeit wegen war er bei den Erwachsenen geschätzt, man behandelte ihn als ihresgleichen. Das war gut, aber auch wieder nicht gut, denn manche Tage war die Zeit »ausgefüllt wie der Terminkalender eines Generaldirektors«. Der junge Erich verrichtete selbst solche Arbeiten gern, die eigentlich mehr Mädchensache sind. Er war in dieser Hinsicht auch »das einzige Mädchen« seiner Mutter, half bei der großen Wäsche und brachte sie, da die Kästners in einem Mietshaus ohne Wiese und Garten wohnten, mit dem Handwagen hinaus in die Vorgärten. Darüber hat er später ein Gedicht geschrieben, »Begegnung mit einem Trockenplatz«, das mit dem Bekenntnis beginnt: »Wie gern ich mich daran erinnern lasse.«

Ich saß im Gras. Die Mutter ging nach Hause.
Die Wäsche wogte wie ein weißes Zelt.
Dann kam die Mutter mit Kaffee und Geld.
Ich kaufte Kuchen für die Mittagspause
in dieser fast geheimnisvollen Welt.
Die Sonne schien. Die Strümpfe hingen schwer.
Oh, ich erinnere mich an alles sehr
genau und will es nie vergessen.

Seinen »Verpflichtungen« ging das Kind Kästner eifrig und gewissenhaft nach, auch in dieser Hinsicht ein Musterknabe, dabei ein fröhlicher Junge, der lachen konnte, kein Duckmäuser. Die frei bleibende Zeit gehörte den Büchern, die ihm schon früh »eine zweite Welt« erschlossen. »Ich las und las und las. Kein Buchstabe war vor mir sicher. Ich las Bücher und Hefte, Plakate, Firmenschilder, Namensschilder, Prospekte, Gebrauchsanweisungen und Grabinschriften, Tierschutzkalender, Speisekarten, Mamas Kochbuch, Ansichtskartengrüße, Paul Schurigs Lehrerzeitschriften, die ›Bunten Bilder aus dem Sachsenlande‹ und die klitschnassen Zeitungsfetzen, worin ich drei Stauden Kopfsalat nach Hause trug.«

Wieviel Zeit ihm nun eigentlich zwischen Schule, Einholen, Mitarbeit im mütterlichen Frisierbetrieb, Botengängen für seinen Onkel Franz, den Pferdehändlermillionär, und seinem Hobby, dem Bücherlesen, noch zum Spielen blieb, gibt Erich Kästner in den Erinnerungen an seine Jugend nicht preis. Ausführlich erzählt er jedoch davon, wie er mit Schulkameraden am Rande des großen Exerzierplatzes der Dresdner Garnison, dem Heller, zwischen Kiefern und Heidekraut Räuber und Gendarm, Trapper und Indianer spielte wie andre Kinder auch.

Es war, wenn man so will, eine ganz normale, zeitübliche Kindheit, über die Außergewöhnliches nicht zu berichten ist. Der Vater arbeitete in Lippolds Kofferfabrik, und nach Feierabend saß er noch daheim am Küchenfenster und dann, weil die Mutter die Leimtöpfe nicht mehr auf dem Herd tolerierte, auf einem Schusterschemel an seinem winzigen Arbeitsplatz im Keller, wo er für die Nachbarschaft Taschen, Mappen, auch Schulranzen reparierte und zuweilen ein paar Schuhe besohlte. Die Mutter frisierte die Damen der Nachbarschaft und – wenn's bestellt wurde – ganze Hochzeitsgesellschaften. Dazwischen lagen gelegentliche Besuche der Familie Kästner bei den reichen Verwandten, den Augustins, die die sächsischen Kavallerieregimenter und auch den Hof mit Reit- und Zugpferden belieferten und bei denen man zumeist in der Küche saß, obgleich sie das große Geld und die große Villa hatten.

Die Erziehung Erich Kästners erfolgte in erster Linie durch die Mutter. Sie besprach alle ihr Kind betreffenden Fragen mit Lehrer Schurig, der für einen Untermieter eine ungewöhnliche Autorität in diesem Haushalt besaß. Von den drei Räumen der Kästnerschen Wohnung verfügte er über zwei Zimmer. Das teilt Kästner in seinen Kindheitserinnerungen selbst mit, und man ist ein wenig erstaunt darüber, das zu lesen. Von Bedeutung war ferner eine nicht näher gekennzeichnete Beziehung seiner Mutter zu einem Sanitätsrat Zimmermann – »er kannte mich, seit ich auf der Welt war« –, mit dem sich Ida Kästner bezüglich des Kindes auch beraten haben wird. Emil Kästner geriet dadurch immer mehr an den Rand der Familie, eigentlich war er der Untermieter in diesem Haushalt, jedenfalls doch der passive Teil der seit langem nicht mehr intakten Ehe. Er unterschrieb zwar die Schulzeugnisse, sonst aber hatte er nichts zu sagen. Und damit fand er sich wohl ab.

Mit der Mutter auf Wanderschaft

Es war schließlich auch die Mutter, die, als der Junge acht Jahre alt war, beschloß, mit ihm auf Wanderschaft zu gehen. Für »den Erich« suchte sie in einem Geschäft praktische Wanderkleidung aus, sie selbst ließ sich zum Erstaunen der Nachbarschaft ein knöchellanges, wetterfestes Lodenkostüm anfertigen samt passendem breitkrempigem Lodenhut dazu. Der Vater nähte ihnen einen größeren und einen kleineren Rucksack, ebenfalls grün. Sie kaufte noch grüne Regenpelerinen für sich und den Jungen, ebenso Feldflaschen, Kochgeschirr und Spirituskocher, und damit zogen sie los. »So eroberten wir uns den Thüringer Wald und die Lausitzer Berge, die Sächsische Schweiz und das böhmische Mittelgebirge, das Erzgebirge und das Isergebirge, und dazu sangen wir: ›O Täler weit, o Höhen, o schöner grüner Wald!‹ Vom Jeschken bis zum Fichtelberg, von der Roßtrappe bis zum Milleschauer erstiegen wir alle Gipfel und Gipfelchen. Ruinen und Klöster, Burgen und Museen, Dome und Schlösser, Wallfahrtskirchen und Rokokogärten lagen am Weg, und wir hielten feierlich Umschau.« Vierzig bis fünfzig Kilometer legten Mutter und Sohn auf manchen ihrer Touren zurück, trotz Blasen an den Füßen und Schmerzen im Rücken. Manchmal waren sie eine Woche, manchmal vierzehn Tage unterwegs. Die Wanderzeit lag jeweils in den Schulferien, so daß gelegentlich als dritter Wandervogel die Tochter des Pferdehändlers Franz Augustin, die Cousine Dora, mit von der Partie war. Vermutlich hat auch Lehrer Paul Schurig sie auf ihrer Tour begleitet, obwohl Kästner an keiner Stelle etwas dazu äußert.

Ein sehr hübsches Kapitel seiner Kindheitserinnerungen, überschrieben »Meine Mutter, zu Wasser und zu Lande«, hält die Erlebnisse jener Urlaubswanderungen fest, bei denen er sich als »glücklicher Enkel der Romantik« fühlte. Weniger romantisch gestalteten sich Jahre später die Radtouren, nachdem sich Mutter Kästner ein Fahrrad gekauft und radfahren gelernt hatte. Das heißt, sie wollte es lernen. Da Ida Kästner mit der Rücktrittbremse nicht zurecht kam, wurden es regelrechte Angstpartien, denn sie sauste Berge und abschüssige Straßen in atemberaubendem Tempo hinab, »daß uns Kindern das Herz stehenblieb«. Meist ging's gut, aber oft genug lenkte sie in den Graben, oder sie sprang mitten in der Fahrt ab und ließ das Rad fallen. Eine nervenstrapazierende Angelegenheit, bei der die Erholung auf der Strecke blieb. Also beschloß man, wieder zu Fuß zu wandern.

Die Schulferien waren jedes Jahr für Wanderungen reserviert, das blieb so, bis Erich vierzehn war, nur mit den Jahren verkürzten sich die Touren, da die Mutter älter wurde. Sie beschränkten sich auf Tagesausflüge in die nächste Umgebung der Elbestadt. »Auch sie boten Schönheit genug und Freude im Überfluß. In welche Himmelsrichtung man mit der Straßenbahn auch fuhr und an welcher Endstation man auch aus dem Wagen kletterte, überall stand man tief in der Landschaft und mitten im Glück.«

Bei Tharandt durchwanderten die zu Fuß trainierten Kästners das Dresdner Tal mit den silbernen Schienensträngen und der wilden Weißeritz, besichtigten die alte Schloßmühle mit dem Wappen über dem Tor und den imposanten Steinbau der Forstakademie. In Pillnitz nahmen sie den Fußweg durch den Vogelgrund, bestaunten den uralten Baumbestand an Fichten und Linden, bei Meißen durchstreiften sie die Rebenhügel, die Wiege des Meißner Weins, von dem man schon damals sagte, daß er besser sei als sein Ruf. Wanderziele waren auch das Elbsandsteingebirge mit Wehlen – Königstein, die Orte Kipsdorf, Langebrück, Roßwein, Gottleuba und die alte Bergbaustadt Freiberg mit dem altehrwürdigen Dom. Die Schönheiten der sächsischen Landschaft wurden nahezu systematisch erschlossen.

Diese Ferienwanderungen in der Kindheit waren wohl die intensivsten Reiseerlebnisse Erich Kästners überhaupt. Er ist später, das gesteht er mehr als einmal ein, nur sehr ungern gereist. Manche Einladung, die eine Reise erfordert hätte, hat er deshalb abgelehnt. Er war seßhaft in einer geradezu unsächsischen Weise, behauptet sein Freund Hermann Kesten. In diesem Punkt ist er tatsächlich ausgesprochen unsächsisch, sagt man den Sachsen doch eine unbezähmbare Reiselust nach, die schon manchen Schriftsteller vor Kästner zur Satire gereizt hat, denkt man an die Verse Ernst von Wolzogens:

Wenn dich die höchsten Gipfel grießen,
zieht es dich in die Wieste hin,
liegt dir e Paradies zu Fießen –
e Sachse liegt schon mitten drin.

Die Wanderungen wiederholten sich nie mehr. Wenn Kästner in späteren Jahren zu Filmaufnahmen in Österreich oder zur Kur im Tessin weilte, blieb sein täglicher Aufenthaltsort der Platz am gewohnten Tisch im »erwählten« Kaffeehaus – Büro, Arbeitsplatz und Treffpunkt mit Freunden in einem.

Liebe zum Theater

Eine andere Gewohnheit aus der Jugend behielt Erich Kästner dagegen bei: ins Theater zu gehen und sich mit dem Theater zu beschäftigen. Es begann, als er etwa zehn Jahre alt war, mit Vorstellungen bei Hilde Gans, der Tochter einer guten Bekannten der Mutter. Hilde, nach seiner Beschreibung »weder schön noch sanft«, verfügte jedoch über ein »Temperament wie ein Gala-Riesenfeuerwerk«, das ihm mächtig imponierte und das ihn auch später an Frauen immer wieder beeindruckt hat. Hilde spielte Theater mit kindlicher Leidenschaft, wo sie ging und stand, und sie nahm für die häusliche Vorstellung Eintrittspreise von ein und zwei Pfennigen. Ihr Ensemble bestand aus ihr selbst: »Sie spielte alle Rollenfächer. Sie spielte Greise, Kinder, Helden, Hexen, Feen, Mörder und holde Jungfrauen. Sie verkleidete und verwandelte sich auf offener Bühne. Sie sang, sprang, tanzte, lachte, schrie und weinte, daß das Wohnzimmer zitterte. Die Eintrittspreise waren nicht zu hoch«, meinte er fünfzig Jahre später über die Kunst der jungen Hilde Gans.

Bewunderung für das Komödiantentum eines weiblichen Wesens stand am Anfang der Kästnerschen Theaterliebe. Dann brachte Mutter Kästner System in die kindlich-naive Zuschauerbegeisterung, indem sie regelmäßig mit dem Zwölfjährigen in Dresden ins Theater ging. Man sah alles, was auf dem Spielplan stand, Klassik, Romantik und Modeautoren der Zeit. Mutter und Sohn begnügten sich zumeist mit den billigen Stehplätzen, aßen in der Pause als Abendbrot die mitgebrachten Wurstsemmeln. Um in den Besitz der billigen Eintrittskarten zu kommen, warteten sie stundenlang auf der Straße, um als erste dazusein, wenn die Kasse öffnete. Buchstäblich »durchgestanden« wurden Richard Wagners Opern und Goethes »Faust«. In der glanzvollen Theater- und Kunststadt Dresden erschloß sich dem Heranwachsenden die Welt der Bühne, zu der er später als Student und Kritiker und noch etwas später als Stückeschreiber in allerengste Beziehung treten sollte, wobei er stets Wert auf die Feststellung legte, daß er vor allem als Zuschauer nicht zu übertreffen gewesen sei.

Den Hang zum Theater vermochte auch ein »schreckliches Malheur« nicht zu erschüttern, das eines Tages über sie hereinbrach. Die Frau von Onkel Franz, dem Pferdehändler, hatte Erich für die vielen Botengänge zur Bank einen teuren Ring mit einem Lapislazulistein geschenkt. In der großen Pause zieht er ihn beim Händewaschen in der Toilette des Staatstheaters ab – und vergißt ihn. Minuten später war der Ring verschwunden. Erich hatte ihn ganze zehn Stunden besessen.

Insgesamt flossen die Schuljahre, wie er selbst meinte, still und friedlich dahin. Die Zeit kam heran, den schon im Vorschulalter erwählten Beruf ernsthaft ins Auge zu fassen. Die Begabung dafür war nach Meinung seiner Lehrer vorhanden. Insbesondere Lehrer Schurig riet dazu. Im übrigen hatte die Mutter längst Vorbereitungen getroffen. Vor Jahren schon war ein Klavier auf Raten angeschafft und Erich zum Unterricht geschickt worden.

Lehrer Schurig, selbst Kind unbemittelter Eltern, die ihm ein Studium nicht hatten finanzieren können, erläuterte Mutter und Vater Kästner, daß es für begabte Kinder armer Leute keine billigere Ausbildungschance und damit verbundene Aufstiegsmöglichkeit gebe als die Lehrerausbildung, weil sie vom Staat mitfinanziert wurde. Die künftigen Lehrer mußten mit dreizehn Jahren eine besondere Aufnahmeprüfung für das Lehrerseminar ablegen. Auch diese Prüfung, fast überflüssig zu sagen, wurde von Erich Kästner mit Glanz und Ehre bestanden. Mit vierzehn Jahren, Ostern 1913, ist er Schüler des Fletcherschen Lehrerseminars in Dresden, trägt eine Schülermütze, grün mit rotgoldenen Streifen, und seine Mutter ist stolz auf beides, auf die Mütze und ihren Erich, der die erste Sprosse des sozialen Aufstiegs geschafft hatte.

Seminaristenzeit im Internat

So ausgezeichnet der Unterricht war, so sinnlos erschien an diesem Lehrerseminar der Disziplinierungsmechanismus. Der Schüler hatte beiseite zu treten und den Lehrer mit den Händen an der Hosennaht wie beim Militär zu grüßen. Selbst in den Arbeitszimmern hatten die Seminaristen, wenn ein Lehrer eintrat, zackig aufzuspringen, und der Stubenälteste hatte Meldung zu erstatten. Nur zweimal in der Woche gab es eine Stunde Ausgang.

Es gab unter den Mitschülern Externe wie auch solche, die vom Elternhaus aus ins Internat gegeben wurden, so wie Erich Kästner. Er hatte es aufgrund seiner Sensibilität schwerer als andere, mit den Verhältnissen auf dem »Kasten«, wie die Jungen zu ihrer Schule sagten, zurechtzukommen. Die geringsten Verstöße gegen die Hausordnung wurden streng bestraft. Erich Kästner bezeichnete diesen Drill in der

Kinderkaserne rückschauend als Erziehung zum Gehorsamsautomaten mit dem Zweck, Leute zu schaffen, die blind tun, was ihnen befohlen wird, und die sich nicht mehr trauen, selbständig zu denken, geschweige denn zu handeln. »Unsere Erziehung bewegte sich auf der Ebene der Unteroffiziersschulen.« Als Primus seiner Klasse – auch im Lehrerseminar – war er wie alle anderen dieser stupiden »Abrichtung«, die mit pädagogischer Ausbildung nichts zu tun hatte, rücksichtslos unterworfen. Er versuchte, sich dagegen aufzulehnen, was ihm nichts nützte; er wurde jedesmal dafür gemaßregelt. Als er einmal aus dem Internat auskniff, um seine kranke Mutter zu versorgen, sperrte man ihn zur Strafe ein. Das empfand er als ungerecht, empörend, wie er auch nicht begreifen konnte, daß diese Anstalt vor den Beruf des Lehrers, von dem er eine hohe Meinung hatte, die Mißachtung der Persönlichkeit, den Drill und die Demütigung setzte.

Die sich ihm tief einprägenden, negativen Erlebnisse seiner Seminaristenzeit boten ihm später Stoff zu mancherlei Reflexionen, wenngleich er jene nationalistische und chauvinistische Subalternität im Schulwesen keiner so kritischen Betrachtung unterzog wie der um ein Jahrzehnt ältere Leutnant Vieth von Golßenau, der sich später als Schriftsteller Ludwig Renn nannte. In seinen Erinnerungen an die Jugendzeit in Dresden schildert Renn sehr eingehend die Methodik der scheinpatriotischen Erziehung, das Gehabe von Lehrern, die es liebten, in der Pose von Feldherren am Katheder zu stehen, nationalistische Reden zu schwingen und sich auf militärische Weise feiern zu lassen. Diesem fragwürdigen Erziehungsideal war in der Schule des Kaiserreichs, in die der Lehramtskandidat Kästner 1918 eintreten sollte – falls alles wie gedacht verlaufen wäre –, Priorität eingeräumt.

Es bedurfte neuer Erlebnisse und Eindrücke, damit Erich Kästner, zum erstenmal dem kindlichen Elfenbeinturm des friedlichen Zuhause und des geregelten Lernbetriebs entrückt, mit weit schwerwiegenderen und drängenderen Fragen konfrontiert wurde als bisher. Diese Zäsur war der Ausbruch des Ersten Weltkriegs.

Das Ende einer Kindheit

Die kritischen Augusttage des Jahres 1914 erlebte der Fünfzehnjährige am Ostseestrand von Müritz, wo Mutter und Sohn Urlaub machten, großzügig finanziert von Tante Lina, der Frau des reichen Pferdehändlers Franz. Dafür mußten sie natürlich Cousine Dora mitnehmen, oder – wenn man es richtig besah – Mutter und Sohn Kästner durften gemeinsam mit der wohlhabenden Cousine in den Urlaub fahren. Es sollten die letzten schönen, unbeschwerten Tage sein, die Kästner mit seiner Mutter verleben konnte. Sie machten Spaziergänge und Ausflüge die Küste entlang, durch die Rostocker Heide nach Warnemünde, in die Wälder zu einsamen Forsthäusern, »wo es frische Milch und Blaubeeren gab«. Am schönsten erschien ihm »die Welt am Meer in sternklaren Nächten. Über unseren Köpfen funkelten und zwinkerten viel mehr Sterne als daheim, und sie leuchteten königlicher. Der Mondschein lag wie ein Silberteppich auf dem Wasser. Die Wellen schlugen am Strand ihren ewigen Takt. Von Gjedser zuckte das Blinkfeuer herüber. Es war ein Gruß aus Dänemark, das ich noch nicht kannte. Wir saßen auf der Mole. Uns war so vieles unbekannt, und wir schwiegen.«

Das Urlaubsfoto, das Kästner in jenem Sommer am Ostseestrand machte, zeigt seine Mutter und Cousine Dora in weißen Blusen mit hochgesteckten Frisuren neben dem Strandkorb sitzend. Ihre Sandstrandburg haben sie mit zwei Worten in Kieselsteinschrift dekoriert: »Ohne Sorgen«. Dieses Motto war trügerisch, denn, so lesen wir bei Kästner über die Realitäten am politischen Horizont: »Am 1. August 1914, mitten im Ferienglück, befahl der deutsche Kaiser die Mobilmachung. Der Tod setzte den Helm auf. Der Krieg griff zur Fackel. Die apokalyptischen Reiter holten ihre Pferde aus dem Stall ... Alle packten die Koffer. Alle wollten nach Haus. Es gab kein Halten.« Auch Kästners flohen, von dieser Nachricht aufgeschreckt und der allgemeinen Panik um sie her angesteckt, als habe hinter ihnen »ein Erdbeben stattgefunden«.

Kästner junior ist um diese Zeit ein hoffnungsvoller, blendend aussehender junger Mann, gut erzogen, gebildet, strebsam, seiner Mutter in Liebe zugeneigt, rücksichtsvoll, sensibel und was man an positiven Eigenschaften immer will, aber ein junger Mann ohne jedes politische Interesse. Kritische Biographen werden darin einen Mangel des kleinbürgerlichen Elternhauses sehen, in dem sich alles konzentrierte aufs berufliche Fortkommen und aufs Verdienen. In den Augen Ida Kästners hatte der Vater versagt. Ihre Erwartungen in bezug auf das eigene Geschäft waren durch ihre Ehe nicht erfüllt worden. Sie selbst mußte aus sich diese »Geschäftsfrau«, die Friseuse Ida Kästner, machen, damit der Sohn vorwärtskam. Dieses Ziel, um das sie mit einer Verbissenheit kämpfte, verbrauchte ihre gesamten Energien, so daß am Ende für sie selbst nichts blieb. Ja, die Anstrengungen, die sie sich mit einer Willensstärke ohnegleichen abverlangte, gingen über ihre physischen Kräfte weit hinaus. Die Folge davon waren schwere innere Belastungen, Krisen des Nervensystems, die zu Kurzschlußhandlungen führten, die die Spannungen in der ohnehin schwierigen Ehe nicht abbauen halfen und das Kind in psychisch bedrängte Situationen brachte.

Es kam vor, daß der Junge zu Hause auf dem Küchentisch einen Zettel vorfand: »Sucht mich nicht!« oder »Leb wohl, mein lieber Junge«, so daß er in Todesangst die Straßen entlangrannte, die Elbbrücken absuchte und sich weinend und erschöpft an seine Mutter klammerte, wenn er sie endlich wiedergefunden hatte. Die Frau, die wie willenlos und gestört wirkte in solchen Momenten, ließ sich von dem eigenen Kind wieder nach Hause führen. Wie oft er Erlebnisse solcher Art durchmachen mußte, sagt er nicht. Er gibt aber das Gespräch mit dem Sanitätsrat Neumann, dem Arzt der Familie, an den er sich in seiner Not wandte, wieder. Dieser versuchte, entstehende Schuldgefühle in dem Kind der eigenen Mutter gegenüber abzubauen und es zu beruhigen. Wenn sie den kleinen Erich nicht hätte, wäre es noch viel schlimmer. Er sei für sie der Schutzengel, meinte er.

1906 hatte der kleine Kästner ein Erlebnis anderer Art. Er sah von der Wohnung aus, wie Steine in die Gaslaternen flogen. Glas splitterte und klirrte. Er beobachtete berittene Gendarmerie, die mit gezogenem Säbel gegen Demonstranten vorging und auf die Menge einhieb. »Ich stand am Fenster, und meine Mutter zerrte mich weinend weg.« Was Emil Kästner dachte, bleibt offen. Ob der Vater mit einer bestimmten politischen Vereinigung oder Auffassung sympathisierte, ob er zu Wahlen ging und wem er seine Stimme gab, darüber teilt Kästner in seinen Erinnerungen nichts mit.

Die ersten Erfahrungen mit der großen Politik machte er selbst 1914 in den Augusttagen, als die nationalistische Woge Deutschland überrollte. An dem Zug, der sie vom Ostseeurlaub zurück nach Dresden brachte, fuhren Truppentransportzüge vorbei. An den Waggons las er Transparente: »Fest steht und treu die Wacht am Rhein!« und »Siegreich woll'n wir Frankreich schlagen!« Erich Kästner sah nur, was sich seinen Augen bot, das Gewimmel, die Reservisten mit Blumen und Pappkartons auf dem Weg in die Kaserne. Besser begriff Millionärstochter Dora die Situation, als sie auf der Heimfahrt treffend kommentierte: »Jetzt wird mein Vater noch viel mehr Pferde verkaufen.«

Der »Primaner in Uniform«

Zunächst veränderte sich in den Herbsttagen 1914 noch nicht allzuviel für den jungen Kästner. Wie gewohnt begann in den ersten Septembertagen wieder der Unterricht im Lehrerseminar. Erst nachdem der Krieg nicht, wie von der offiziellen Propaganda prahlerisch verkündet, nach sechs Wochen beziehungsweise einem Vierteljahr siegreich beendet worden war, die ersten Gestellungsbefehle eintrafen und die ersten Todesnachrichten, begann der Schüler nachdenklich zu werden. Ein Gedicht von ihm, »Primaner in Uniform«, hält fest, was damals in und um ihn vorging: »Der Rektor trat, zum Abendbrot, / bekümmert in den Saal. / Der Klassenbruder Kern sei tot. / Das war das erste Mal.«

Viele Male noch kamen die bitteren Botschaften des Todes – Nachrichten über gefallene Kameraden – ins Lehrerseminar. »Wir saßen bis zur Nacht im Park / und dachten lange nach«, heißt der entscheidende Satz in diesem Gedicht. Es gibt Auskunft darüber, daß aus dem »kleinen Jungen« der Ida Kästner nunmehr ein kritisch beobachtender junger Mensch geworden war. In jenen Tagen stand er Müttern gegenüber, die weinend und »vor Kummer krumm« zum Rektor kamen – und dachte an seine eigene Mutter. Begräbnisse von Mitschülern, die im Lazarett verstarben, das Brett an der Wand des Klassenzimmers mit den Namen der Gefallenen hinterließen Eindrücke in ihm, die er nie vergaß.

Wir hatten Angst vor diesem Krieg.
Und dann zog man uns ein.
Wir hatten Angst. Und hofften gar,
es spräche einer Halt!
Wir waren damals achtzehn Jahr,
und das ist nicht sehr alt.

Diese Jahre mit der Angst vorm sinnlosen Sterben, dem leer und hohl tönenden Hurrapatriotismus sowie der sinnlosen Dressurdisziplin im Lehrerseminar führten den Heranwachsenden erstmals an politische Fragen überhaupt heran. Vielleicht begann er auch zu ahnen, was man im pädagogischen Beruf von ihm später erwartete, nämlich »Zuchtmeister« zu sein, der dem Obrigkeitsstaat dienende Untertanen zu liefern hatte. Aber bevor irgendwelche Entschlüsse reifen konnten, erhielt der Achtzehnjährige im Juli 1917 den Einberufungsbefehl. Der Sorge des weiteren Nachdenkens über seine Zukunft war er damit fürs erste enthoben.

»Einen Meter neunundsechzig!« stellte der Sanitätsfeldwebel bei der Musterung fest. Das war zwar kein Gardemaß, aber es reichte für die Einberufung zu einer sogenannten Einjährig-Freiwilligen-Kompanie der schweren Artillerie, wo Studenten und Gymnasiasten, meist sogenannte Notabiturienten mit dem Kriegsreifezeugnis, im Schnellverfahren zu Offiziersanwärtern für die Front umgeschult wurden. Die Ausbildung, der er nun unterzogen wurde, war die folgerichtige Fortsetzung der Erziehung im Lehrerseminar plus sadistischer Menschenschinderei. Unteroffiziere und Feldwebel, von denen die meisten die Front nie gesehen hatten, übten sich gegenüber den Rekruten in unüberbietbarem Drill, der zum Teil in bösartige Quälereien ausartete. Was Kästner hier sah und erlebte, grub sich tief in sein Gedächtnis ein. Der Haß auf den Kadavergehorsam, seine unversöhnliche Haltung gegenüber Militarismus und Krieg haben auf dem Exerzierplatz ihre Wurzeln.

Unter den Ausbildern gab es einen Sergeanten mit dem häßlich-stumpfen Namen Waurich, der ihn so sehr strafexerzieren ließ, daß er mit einem schweren Herzleiden ins Lazarett eingeliefert werden mußte. Es ist jener Waurich, der in Kästners Gedichtbüchern für alle Zeiten festgehalten ist.

Er hat mich zum Spaß durch den Sand gehetzt
und hinterher lauernd gefragt:
»Wenn du nun meinen Revolver hättst –
brächtest du mich um, gleich hier und gleich jetzt?«
Da hab ich »Ja!« gesagt.

Wer ihn gekannt, vergißt ihn nie.
Den legt man sich auf Eis!
Er war ein Tier. Und er spie und schrie.
Und Sergeant Waurich hieß das Vieh,
damit es jeder weiß.

Der Mann hat mir das Herz versaut.
Das wird ihm nie verziehn.
Es sticht und schmerzt und hämmert laut.
Und wenn mir nachts vorm Schlafen graut,
dann denke ich an ihn.

Waurich war in seiner Brutalität das getreue Werkzeug seines Herrn Kompaniechefs, der jeden Ausbilder, der sich anständig zu den Mannschaften verhielt, sofort an die Front schicken ließ.

Daraufhin, so erinnert sich Kästner, »quälten sie ihre Konfirmanden wie die Teufel, überboten sie sich im Erfinden von Gemeinheiten und Strafen«.

Duell bei Dresden

Die Stelle mit dem Revolver kehrt bei Kästner noch einmal wieder in der Erzählung *Duell bei Dresden*, die sich mit dem gleichen Thema beschäftigt und Einzelheiten dieser Menschenschinderei auf dem Kasernenhof schildert. Der junge Held seiner Erzählung, Graff, er trägt die Züge Kästners, gerät mit Schülern und Banklehrlingen ebenfalls unter die Fuchtel eines Kompanieführers mit Namen Kinne und eines Sergeanten mit Namen Aurich. Es kam vor, daß die Jungen unter den verschwitzten Helmen beim Exerzieren oder beim Granatenschleppen zusammenbrachen. Das kümmerte niemanden. Nach jeder Typhus- und Choleraimpfung befahl Oberleutnant Kinne zweihundertfünfzig Kniebeugen und half persönlich nach, wenn sie nicht tief und exakt genug ausgeführt wurden. Einer aus der Einjährigenkompanie muß in dieser Erzählung wegen einer Bagatelle drei Stunden bei heißer Sonne über den Exerzierplatz rennen und kriechen. Anschließend schaffte man ihn ins Lazarett. Nicht anders ergeht es dem jungen Graff, der beim Strafexerzieren zusammenbricht. Der Leser der Erzählung wird mit dem Schicksal des herzkrank Gewordenen wie folgt konfrontiert: »Auf dem Heimmarsch, als zu singen befohlen war und Graff, der in der Reihe taumelte, nicht sang, kam Aurich, lächelte lauernd und rief: ›Na Graff, wenn du vorhin einen Revolver gehabt hättest – hättest du mich übern Haufen geknallt?‹ Graff riß den Kopf hoch und brüllte, daß die Kameraden erschraken: ›Jawohl, Herr Sergeant!‹«

Graff konnte schließlich keine Treppe mehr steigen, ohne Herzkrämpfe und Atemnot zu haben. Er meldete sich vergeblich krank und beantragte, als der Stabsarzt wieder nichts fand, eine Untersuchung durch die Generaluntersuchungskommission. Die Generalärzte schickten ihn vier Wochen auf den Weißen Hirsch ins Lazarett, danach wieder zur Kompanie.

Bevor Graff die Einjährigenkompanie verließ, hatte er mit dem Oberleutnant ein längeres Gespräch. Er sagte unter anderem: »Sie haben mich wissentlich und mit Vergnügen zugrunde gerichtet. Sie haben uns behandelt, als wären wir Viehzeug. Ich hoffe, Sie nach dem Kriege wiederzusehen.«

Nach dem Kriege kommt es tatsächlich zu diesem Wiedersehen und im Gefolge einer tätlichen Auseinandersetzung in der Öffentlichkeit zu einem Duell zwischen Graff und Kinne, bei dem der schwer herzkranke Graff tot zusammenbricht, noch bevor er den ersten Schuß auf seinen Gegner abgeben kann. Die Rache an seinem Peiniger bleibt unvollstreckt.

Der Krieg geht zu Ende

Kästner hatte im Lazarett Gelegenheit, über seine Erlebnisse etwas ruhiger nachzudenken: Sergeant Waurich. Stillstehen! Knie beugt! Schmerz, Angst, höhnisches Grinsen der Vorgesetzten, physischer Zusammenbruch – das also war das »Land, wo die Kanonen blühn«. Und ein Stück davon hatte er nun kennengelernt. Kaum etwas erholt, wurde er von gewissenlosen Ärzten als k. v. hurtig wieder zur Truppe geschickt und anschließend zwecks Absolvierung verschiedener Kurse zum Schießplatz Wahn bei Köln abkommandiert. Alles für die große Offensive! Doch die Planungen des Generalstabs waren ohne die kriegsmüden Massen des deutschen Volkes gemacht und ohne das Kalkül der Auswirkungen, die das Beispiel der Oktoberrevolution im ehemals zaristischen Rußland auf die Arbeiter und Soldaten im kaiserlichen Deutschland hatte. Verheerende Niederlagen an der West- und an der Balkanfront, Lebensmittelknappheit sowie Mangel an Waffen und Munition ließen an den Durchhalteparolen General Ludendorffs zweifeln, und trotz der Regie Hindenburgs als Oberbefehlshaber erwies sich die imperialistische deutsche Militärmaschinerie denen ihrer Konkurrenten unterlegen. Als auf dem Schießplatz Wahn die Offiziere von revolutionären Soldaten ihrer Kommandos entsetzt werden, rote Matrosen und Soldaten mit Maschinengewehren und roten Fahnen auf Lastwagen durch Köln fahren, weiß auch der Gefreite Erich Kästner, daß der Krieg zu Ende ist. Er bekommt einen Marschbefehl nach Dresden, gibt in einer der heimatlichen Kasernen ordnungsgemäß seinen Karabiner ab und macht sich auf den Weg nach Hause zu den Eltern in die Königsbrücker Straße.

Er will nicht mehr Lehrer werden

Der Fuchtel des Rekrutenschinders Waurich war er entkommen, Schießplatz und Exerzierplatz lagen hinter ihm, er konnte sich nun wieder der aufgeschobenen Berufswahl zuwenden. Sie sollte aber anders ausfallen als gedacht. Da ihm der Lehrerberuf nicht mehr als das Ideal erschien, auch seine geistigen Interessen und Ansprüche gewachsen waren, kam eine Ausbildung in der früheren Richtung nicht mehr in Frage. Das Problem für ihn bestand aber nun darin, wie er es seiner Mutter beibringen sollte, daß er lieber studieren wollte.

Wie das Gespräch darüber zu Hause ablief, wissen wir von ihm selbst aus der Biographie von Luiselotte Enderle. Seine Eltern und Lehrer Schurig – er war zu dieser Zeit noch immer Untermieter bei Kästners – saßen eines Abends wieder zusammen in der Küche, als Erich die Situation für günstig hielt, mit der Sprache herauszurücken. »Ich kann nicht mehr Lehrer werden.« Die anderen schwiegen wie gelähmt. Da sagte seine Mutter: »Mein Junge, wenn du studieren willst, studiere!« Vater Kästner trabte wütend hinaus. »Ich werde wohl überhaupt nicht gefragt!« sagte er giftig und knallte die Tür hinter sich zu. Dieser Tag war ein entscheidender Moment im Leben des jungen Kästner, denn mit der verständnisvollen Entscheidung seiner Mutter waren die Weichen für die zukünftige Existenz des Schriftstellers Erich Kästner gestellt.

Das sächsische Unterrichtsministerium gab die Zustimmung, daß der bisherige Schüler des Lehrerseminars auf ein Gymnasium überwechseln durfte, um das Abitur abzulegen. Man ging behördlicherseits von der Annahme aus, daß Kästner sich später dem sogenannten höheren Lehramt widmen würde. Auf entsprechende Anfrage bejahte er diese Absicht, ohne jedoch ernstlich daran zu denken.

1919 ist er übergangsweise Hospitant des Dresdner König-Georg-Gymnasiums, muß Englisch nachlernen, was eisernen Fleiß kostet, ihm aber mühelos gelingt. 1919 ist auch das Jahr, in dem er zu schreiben beginnt – Beiträge für die Schülerzeitung des Gymnasiums und verschiedene Gedichte, die von der lokalen Theaterzeitschrift »Der Zwinger« veröffentlicht werden. Auch die alte Schülerliebe fürs Theater erwacht wieder. Einige Male steht er als Statist auf der Bühne, meist aber sitzt er im dritten Rang und sieht sich die Premieren an. Der Beruf eines Regisseurs, findet er, könnte ihn interessieren. Vielleicht aus diesem Grunde entscheidet er sich für das Studium der Germanistik und Theaterwissenschaft.

Die letzte Hürde vorm Studium, das Abitur, besteht er mit Auszeichnung. Er bekommt für seine schulischen Leistungen das »Goldene Stipendium der Stadt Dresden«, was die Situation für seine Eltern finanziell etwas leichter macht. Das Stipendium ist allerdings an die Bedingung geknüpft, daß das Studium an einer sächsischen Universität aufgenommen wird. Was blieb da anderes als Leipzig.

Kapitel II

Studentenjahre in Leipzig und die ersten Schritte in die Literatur

1919–1927

Meine Heimatstadt gab mir ein Stipendium. Sehr bald konnte ich mir für das monatliche Stipendium knapp eine Schachtel Zigaretten kaufen. Ich wurde Werkstudent, das heißt, ich arbeitete in einem Büro, bekam als Lohn am Ende der Woche eine ganze Aktenmappe voll Geld und mußte rennen, wenn ich mir dafür zu essen kaufen wollte. An der Straßenecke war mein Geld schon weniger wert als eben noch an der Kasse. Es gab Milliarden-, ja sogar Billionenmarkscheine. Zum Schluß reichten sie kaum für eine Straßenbahnfahrt.

Das war 1923. Studiert wurde nachts.

Die Chinesische Mauer, 1946

Mit dem »Goldenen Stipendium« in der Tasche und in Begleitung seiner Mutter fuhr Erich Kästner im Herbst 1919 nach Leipzig, um das Studium aufzunehmen. In den Matrikeln der Leipziger Universität, die aus jener Zeit vollständig erhalten sind, findet sich zwischen den Namen von Söhnen aus Familien von Ärzten und Professoren, Kaufleuten und Apothekern, Militärs, Gutsbesitzern, Advokaten und Bankbeamten unter dem 29. September auch die eigenhändige Eintragung eines zwanzigjährigen Sattlermeistersohns aus Dresden. Bevor er sich jedoch auf der Quästur einschrieb, suchten Ida und Erich Kästner ein Zimmer. Sie fanden es in der Senefelderstraße 3, im Buchdruckerviertel. Abends, als alles erledigt, auch die Wäsche im Zimmer ausgepackt war, brachte er die Mutter wieder zum Bahnhof zum Zug nach Dresden. Zurückgekehrt, fand er ein Kuvert mit achthundert Mark vor, das die Mutter dem Sohn heimlich auf den Tisch gelegt hatte, dazu einen Zettel: »Iß tüchtig und schick die Wäsche!« Vierhundert Mark von diesem Geld brachte er in den Semesterferien wieder mit nach Hause, wie wir von Luiselotte Enderle wissen, »allerdings, er war dünn wie ein Zwirnsfaden geworden«.

Das literarische Debüt

Der stud. germ. et hist. Kästner belegte Vorlesungen in Germanistik, Geschichte, Theaterwissenschaft, Zeitungskunde, Philosophie und französischer Literatur. Bei seinen Professoren und Dozenten hatte er von Anfang an einen guten Stand. Ihnen gefielen seine logischen und scharfsinnigen Darlegungen in den Seminaren, seine Gewissenhaftigkeit nicht weniger als der Fleiß, mit dem er die Vorlesungen besuchte. Außerdem wußte man, daß er dichtete. So war es eine besondere Form der Förderung, daß man 1920 in die kleine Anthologie *Dichtungen Leipziger Studenten*, die der Lehrkörper besorgte, drei Gedichte von ihm aufnahm und diese noch an den Anfang des Heftes stellte. Allerdings würde sie niemand als Kästner-Verse ansehen, so wenig ist darin vom Profil des künftigen Lyrikers und Satirikers erkennbar. »Dämmerung« heißt eines der Gedichte, das sich folgendermaßen liest:

> Nun verwirrt sich das Gelände;
> Alle Farben schlafen ein;
> Bäume reichen sich die Hände;
> Felder scheinen reif zu sein.
>
> Langsam bröckeln die Minuten
> Von dem morschen Stein der Stunden. –
> Kanten wissen sich zu runden;
> Ferne läßt sich nur vermuten.
>
> Flüsse wollen nicht mehr fließen;
> Selbst der Wind erstarrt im Traum.
> Ruhe geht mit ernsten Füßen
> Durch den leer gewordnen Raum.

Johann Christian Günther und die Anakreontik standen hier gewiß nicht Pate. Die Minuten, die der poetisch gestimmte Jüngling vom »morschen Stein der Stunden« bröckeln läßt, locken eher ein ironisches Schmunzeln hervor. Die elegische Haltung auch der beiden anderen in dem Heftchen abgedruckten Gedichte »Heimkehr« und »Deine Hände« – »Ich habe im Abend der Städte gestanden / wie einer, der seine Mutter sucht« – verraten, daß der Dichterdebütant seine poetischen Symbole zunächst der epigonalen Lyrik der Geibeljünger, wie sie etwa für Velhagen & Klasings Monatshefte charakteristisch war, entlehnt.

Fremd und unbekannt muten diese frühen Kästner-Verse an. Ein Einundzwanzigjähriger schrieb sie, der noch kein eigenes Thema hat. Nichts ist kästnerisch, nichts satirisch zupackend. In der von Heine geborgten Pose des Weltschmerzes gleicht er einem anderen sächsischen Dichter seines Fachs, Joachim Ringelnatz, der als junger Mann ähnliche Empfindungen zu Papier brachte: »Stumm ziehen wilde Schwäne / über das Wasser hin. / Mir kommt eine müde Träne. / Ich weiß nicht, warum ich so bin.« Auch hier noch nicht der geringste Hinweis auf Kuddel Daddeldu! Vor der echten Komik stand in der literarischen Entwicklung der beiden Poeten die unfreiwillige Komik.

Die epigonalen Strophen aus dem Poesiealbum des Studenten Kästner wie auch die anderen Gedichte, die er um diese Zeit in verschiedenen Leipziger Zeitschriften unterbrachte, signalisieren noch kein Berufsziel, das Schriftsteller oder Journalist vermuten ließe. Es sind mehr dichterische Versuche als dichterisches Anliegen. Der junge Mann, ein fleißiger Besucher des Theaters, soweit die Finanzen reichen, spielt noch immer mit dem Gedanken, Regisseur oder Dramaturg zu werden. Ein glücklicher Umstand, der sich alsbald in Dresden ergab, schien diesen Wunsch zu unterstützen. In den Semesterferien machte er auf amüsante Weise die Bekanntschaft des Regisseurs Berthold Viertel, eines namhaften Theatermannes, der damals an den Dresdner Bühnen wirkte und sich täglich vor Probenbeginn bei dem Friseur vis-à-vis vom Bühneneingang rasieren ließ. Kästner, der das herausgefunden hatte, arrangierte es so, daß er während des Rasierens auf dem Barbierstuhl neben Berthold Viertel saß. Unter Seifenschaum hervor sprach er den Regisseur an, der sich von diesem Trick erheitert zeigte und dem jungen Mann gestattete, an den gerade laufenden Proben zu Walter Hasenclevers Zweipersonenstück *Jenseits* teilzunehmen. Selbstverständlich in den hintersten Reihen des Parketts und ohne sich zu räuspern oder sonstwie aufzufallen – unter dieser Bedingung. Dreimal ging das gut. Beim viertenmal muß ihn die Schauspielerin, es war Alice Verden, eine der vergötterten Musen des Dresdner Publikums, im Halbdunkel bemerkt haben. Sie brach mitten im Satz ab und verlangte mit schriller, gebieterischer Stimme: »Vorhang!« Dem Wunsch der Dame mußte stattgegeben werden. Der Traum vom Theater war damit vorerst ausgeträumt und Kästner aus dem »Jenseits« unsanft wieder ins Diesseits befördert.

Die Sache hatte aber noch eine Pointe. Fünfundzwanzig Jahre später traf Kästner diese Schauspielerin in München wieder. Als er sie an die besagte Szene seiner Jugend erinnerte und ihr erzählte, wie niederschmetternd ihr Verhalten damals auf ihn gewirkt hätte, meinte sie lachend: »Aber seien Sie doch froh! Sonst wären Sie womöglich heute in Salzwedel Dramaturg mit Chorverpflichtung!«

Idyllen und Romanzen

Die Lieblingsvorlesungen des Studenten Kästner an der Leipziger Universität wurden die von Geheimrat Prof. Dr. Albert Köster, einem exzellenten Goethekenner und Gelehrten von Ruf, der in Leipzig ein Germanistisches Institut aufgebaut hatte, wie es nur wenige Universitäten aufzuweisen hatten, und der als Literarhistoriker mit seiner einzigartigen theatergeschichtlichen Sammlung Grundlagen zur wissenschaftlichen Erforschung der Theatergeschichte legte. Besonders interessant waren für Kästner die modellgetreuen Nachbildungen der verschiedenen historischen Bühnenformen, die während der Vorlesung aufgebaut und erläutert wurden. Seine Liebe zur Literatur und zum Theater erhielt neue Nahrung, zumal die Studenten ihr Wissen auch praktisch umzusetzen hatten. Dozent Dr. Morgenstern, selbst Theaterkritiker der Lokalpresse, schickte seine Studenten regelmäßig zu den Erst- und Uraufführungen der Leipziger Bühnen, verlangte aber, daß sie ihre Kritiken noch in der gleichen Nacht verfaßten und an ihn abschickten. So konnte sich niemand daran orientieren, was Dr. Morgenstern am nächsten Morgen in der Zeitung schrieb. Kästners Rezensionen fielen dem Dozenten auf, so daß er ihm gegenüber einmal im Seminar äußerte: »Ich habe an diesem Institut nur zwei echte Begabungen kennengelernt: Eugen Ortner und Sie!«

Tag für Tag strebte der lernwillige, lustige und unbeschwert scheinende Student dem großen, altehrwürdigen Universitätsgebäude am Augustusplatz zu, um an Vorlesungen, Übungen und Proseminaren teilzunehmen. Nach den Unterlagen des Archivs der Universität Leipzig hat er Vorlesungen am Institut für Kultur- und Universalgeschichte, am Historischen Institut sowie am Institut für Zeitungskunde, deren Allgemeiner Abteilung und der Abteilung Feuilleton, belegt. In den Matrikeln der Leipziger Universität ist der Name Erich Kästner außerdem zweimal zu finden. Er inskribierte sich das erstemal am 29. September 1919 und ein zweites Mal am 28. April 1922. Das erklärt sich damit, daß er im Sommersemester 1921 an der Rostocker Universität und im Wintersemester 1921/22 in Berlin studierte. In Rostock, so behaupten Freunde und Bekannte unter Berufung auf ihn, habe er seine wichtigsten Vorlesungen bei einer attraktiven Studentin belegt. Einzelheiten darüber sind Kästners sprichwörtlicher Diskretion zum Opfer gefallen. Lediglich Schiffe und Hafen als poetische Versatzstücke kehren im Ergebnis seiner Rostocker Studien in dem Gedicht »Die kleine Stadt« wieder, das er 1921 an das Leipziger Magazin »Die große Welt« zum Abdruck gab. Eine Idylle im altdeutschen Stil:

Die Gärten sind bunt; denn die Astern blühn.
Und der Herbst ist nicht mehr fern.
Über den Türmen von Sankt Marien
steht schon der erste Stern.

Fern rollt ein später Wagen.
Ein Fenster klirrt. Man lacht.
Wie bleiche Stirnen ragen
die Giebel in die Nacht.
Die großen Türme schlafen.
Es liegt ein Schiff im Hafen,
das hebt und senkt sich sacht...

Von einer Romanze mit einer Studentin hingegen erfährt der Leser nichts. Oder sollte das Gedicht »Moralische Anatomie« ein Hinweis sein, in dem eine Studentin der Jurisprudenz vorkommt, die ihm »mitten im Bett« erklärt, Jungfernschaft sei möglicherweise ganz nett, hätte aber kaum noch Sammlerwert, und über die er abschließend befindet: »An der Stelle, wo andre moralisch sind, / da ist bei ihr ein Loch«?

Über das Privatleben des Studenten hat man bisher nur Mutmaßungen angestellt. Aus dem inzwischen veröffentlichten Briefwechsel mit seiner Mutter geht hervor, daß Kästner in Rostock die Studentin Ilse Beeks kennenlernte, die für acht Jahre seine Freundin und Weggefährtin wurde. Von seiner Seite war es mehr als eine Semesterliebe, doch scheiterte die Verbindung, nachdem er sein Doktorexamen gemacht hatte, an ihren abkühlenden Gefühlen, so daß er 1926 von sich aus die Verbindung löste. »Hätte sie mich so liebgehabt wie ich sie – es wäre wunderschön auf der Welt gewesen«, gestand er seiner Mutter, die er von den Aussprachen mit Ilse detailliert ins Bild setzte. »Dann habe ich ihr noch gut zugesprochen, obwohl ja eigentlich ich bei der Sache der Genasführte bin. Und wenn sie Rat braucht, soll sie sich an mich wenden. – Dann war es Zeit, in den Zug zu steigen. Sie hat geweint und gewinkt. Und ich habe gewinkt und auch beinahe geweint. Und nun liegt endlich alles wieder klar vor mir. Ich habe acht Jahre verloren. Und Ilse hat es gewußt. Aber sie hat ja auch acht Jahre eingebüßt. Und bei ihr ist das schlimmer.« Er müsse nun wieder von vorn anfangen, Ilses Bilder werde er aber hängenlassen.

Vor dem Vergnügen und dem Gedanken an eine neue Liebe steht bei ihm vorerst noch immer die Arbeit, das heißt der Abschluß seines Studiums. Während des Wintersemesters in Berlin, es ist die Zeit der Inflation, der Streiks und der Kohlenknappheit, begann er mit den Vorbereitungen zu seiner Dissertation, die er über Lessing und die »Hamburgische Dramaturgie« schreiben wollte. Dazu exzerpierte er

Hefte voll, skizzierte Ideen und legte kofferfüllende Zettelsammlungen an. Die Arbeit selbst blieb jedoch ungeschrieben. Sie hätte zwei Jahre oder vielleicht einen noch längeren Zeitraum erfordert, und das konnte er sich finanziell nicht leisten. Die bescheidenen Mittel, die ihm seine Eltern zur Verfügung stellen konnten, waren so gut wie aufgebraucht, Kästner mußte zusehen, das Studium so schnell wie möglich abzuschließen, da die Inflation die Situation aufs äußerste erschwerte. Er mußte außerdem an Nebenarbeit denken, wenn er das Studium überhaupt zum Abschluß bringen wollte. Als hilfreich erwies sich in dieser schwierigen Lage ein Glücksumstand: Aus Leipzig traf ein Brief mit der Anfrage ein, ob der stud. phil. Kästner bereit sei, vom sechsten Semester an bei dem Theaterwissenschaftler Prof. Köster als Famulus tätig zu sein. Das bedeutete ein geringes Entgelt. Natürlich war Kästner bereit dazu.

So sah ihn das sechste Semester im April 1922 wieder in Leipzig, wo er ein billiges Zimmer in einer als unfein geltenden Gegend unweit vom Leipziger Hauptbahnhof mietete. Er wohnte in Czermaks Garten Nummer 7, in einer Artistenpension, deren Wirtin in der Küche schlief, herzzerreißend Geige spielte und die Angewohnheit hatte, ihren Studenten, wenn sie des Nachts einmal Damenbesuch gehabt hatten, am anderen Morgen das Frühstück mit den Worten zu servieren: »Langen Sie nur tüchtig zu! Heute müssen Sie doch Hunger haben!«

An der Universität erledigte er für Prof. Köster die ihm zugewiesenen wissenschaftlichen Arbeiten mit der gewohnten Zuverlässigkeit, besuchte die vorgeschriebenen Vorlesungen und Seminare und mußte ansonsten zusehen, wie er als sogenannter Werkstudent selbst etwas Geld zur Finanzierung seines Studiums verdienen konnte. Für das Leipziger Messeamt schrieb er im Lohnauftrag Adressen, während der Messe selbst half er an den Ständen der ausländischen Aussteller. Von zu Hause an Arbeit gewöhnt, fiel ihm diese Beschäftigung nicht schwer. Nur einmal verdroß es ihn, als er wochenlang nach Rosenöl roch, nachdem er für einen ungarischen Parfümeriestand gearbeitet hatte. Schließlich fungierte er längere Zeit als Hilfsbuchhalter bei der Leipziger Städtischen Baugesellschaft, für die er die sich täglich und stündlich verändernden Kurse der Aktien auszurechnen hatte, die die Firma besaß. Eine stupide Beschäftigung.

An dieses Werkstudentendasein erinnert ein Gedicht, das sich in einer Nummer der »Funkstunde« vom März 1929 mit einer Zeichnung abgedruckt findet. In seine *Gesammelten Werke* hat er es nicht aufgenommen.

Lied des Werkstudenten

Mit Heidelberg und Burschenstolz,
da können wir nicht dienen.
Wir lesen Kant und hacken Holz
und stehen an Maschinen.

Die Jugend flieht. Die Großstadt braust.
Wir sind nicht immer heiter.
Wir hacken Holz und lesen »Faust«
und hacken danach weiter.

Wir haben es nicht ganz so gut
wie unsere Herren Väter.
Wir haben nichts und haben Mut,
das andre kommt dann später.

Wenn man aus kleinbürgerlichem Haushalt stammte wie Kästner, gehörte schon allerhand Mut dazu, unter solchen Bedingungen das Studium durchzuhalten. In den letzten Wochen der Inflation fand der pfiffige Sachse dank seines Talents und seiner guten Verbindungen eine Nebenbeschäftigung, die bald schon zum Beruf werden sollte und ihn aus aller Misere befreite. Auf Grund einer Glosse zum Thema Geldentwertung, die er, mehr zum Spaß, an das »Leipziger Tageblatt« schickte, kam es zu einem Gespräch mit Verlagsdirektor Richard Katz, der ihm, überzeugt von seinem Talent, sofort eine Redakteursstelle anbot. Kästner griff zu. Als Redakteur war er mit zuständig für die Gruppe der drei Magazine »Der Die Das«, »Das Leben« und »Die große Welt«, was nicht eben den Beifall seines Professors fand, da dieser den Schritt seines Studenten in den Journalismus nicht billigte. Aber für Kästner bedeutete Mitarbeit in einem Verlag keineswegs Prestigeverlust, sondern den Gewinn einer relativ bescheidenen Selbständigkeit, zumal mit dem zu erwartenden regelmäßigen Einkommen der Studienabschluß gesichert war. Die Tätigkeit als Famulus mußte allerdings aufgegeben werden.

Redakteur in Leipzig

Nun war er also Student und Redakteur in einer Person. Wieder hatte er, wie in seiner Kinderzeit, mehrere Beschäftigungen unter einen Hut zu bringen. Während der Redaktionsstunden saß er in der Universität in Vorlesungen und Seminaren, abends waren die liegengebliebenen Manuskripte für die Redaktion zu bearbeiten. Offensichtlich hat ihm diese Vielseitigkeit Spaß gemacht, als Streß hat er sie nicht empfunden. Im Gegenteil, er begann die neugewonnene Stellung auszubauen, indem er Glossen, Reportagen, Theater- und Kunstkritiken auch für andere Blätter, speziell für die liberale »Neue Leipziger Zeitung« schrieb, deren Feuilletonchef Hans Natonek ihn alsbald als zweiten Feuilletonredakteur und Theaterkritiker in die Redaktion holte.

Am 15. Oktober 1924 war das Studium beendet. Die zehn Semester lagen hinter ihm. Um sich ein Bild zu machen, welchen Wissensstoff die deutsche Universität ihren Zöglingen vor sechzig Jahren vermittelte und auf welchen Bildungsgrundlagen Kästners Auffassungen und Interessen fußten, sei hier der vollständige Auszug aus dem Vorlesungsverzeichnis der Leipziger Universität, das die letzten vier Semester Kästners betrifft, mit den Namen der Professoren wiedergegeben.

Wintersemester 1922/23

Geschichte der französischen Literatur des 16. und 17. Jahrhunderts	Becker
Goethe	Köster
Geschichte der deutschen Literatur von 1450 bis 1750	Witkowski
Deutsche Metrik	Sievers
Kultur der Stauferzeit	Goetz
Selbstkritik der modernen Kultur von Rousseau bis Spengler	Litt
Das mittelhochdeutsche Epos	Neumann
Einführung in die französische Umgangssprache	Wengler
Neudeutsches Seminar	Köster
Übungen zur Geschichte der Französischen Revolution (Die Ideen von 1789)	Brandenburg
Deutsches Seminar: Mittelhochdeutscher Kurs	Neumann

Philosophisch-Pädagogisches Seminar	Litt
Institut für Zeitungskunde: Allgemeine Abteilung. Desgl.: Feuilleton	Bücher
Altfranzösische Übungen	Neubert
Grundlagen der Pädagogik	Litt
Die Entwicklung des literarischen Publikums	Schöffler

Sommersemester 1923

Der französische Roman im 16. bis 18. Jahrhundert	Neubert
Philosophie des Mittelalters	Krueger
Lecture critique de traduction allemandes des poésies de J. A. Rimbaud	Wengler
Lecture et interprétation de P. Verlaine, Mes prisons, mes hôpitaux	Wengler
Literarhistorische Gesellschaft	Witkowski

Wintersemester 1923/24

Geschichte der Philosophie von Descartes bis Hume	Driesch
Psychologie der Persönlichkeit	Sander

Sommersemester 1924

Geschichte der deutschen Literatur im Zeitalter der Renaissance, des Barock und des Rokoko	Köster

Die Monate der Übergangszeit vom Studenten zum Redakteur in Leipzig sind ein sehr wichtiger Abschnitt im Leben des angehenden Schriftstellers, der sich in der Redaktionspraxis das literarische Handwerk anzueignen beginnt und Freunde gewinnt. Einer davon war sein Redaktionsleiter Max Krell, der später als Lektor in Berlin Erich Maria Remarques Buch *Im Westen nichts Neues* zum Durchbruch verhalf und der in seinen Erinnerungen von dem jungen Kollegen Kästner als von einem erzgescheiten jungen Manne spricht, mit dem man vorzüglich diskutieren konnte, der begabt war mit Sarkasmus und lachen konnte.

Krell traf Kästner, wenn er ihn suchte und ihn nicht in den Vorlesungen oder in der Redaktion wußte, mit Sicherheit im Café Merkur, vor sich auf dem Tisch einen kleinen Schreibblock, meist mit gekästelten Seiten, auf die er in seiner kleinen, zierlichen Handschrift Zeile an Zeile reihte. In diesem Café am Dittrichring 5 mit Blick auf die Thomaskirche und das Neue Rathaus entstanden seine frühen Feuilletons und Gedichte, auch Glossen, Ausstellungsberichte, Buchbesprechungen, Theater- und Kunstkritiken, desgleichen Lesestoff für die Unterhaltungsseite seines Blattes. Er ließ keine Gelegenheit aus und schrieb, wie er selbst sagt, »was das Zeug hielt«.

In die Leipziger Zeit fällt auch der Beginn der Freundschaft mit Erich Ohser, dem Zeichner, sowie dem sozialdemokratischen Redakteur und späteren Lektor der Büchergilde Gutenberg, Erich Knauf. »Als Ohser und ich uns in Leipzig kennenlernten«, heißt es bei Kästner, »trieb die Inflation ihre letzten verrückten Papierblüten in die hektische Atmosphäre der Nachkriegszeit. Er war noch ein paar Jahre jünger als ich, groß, dunkelhaarig, tapsig und voll Übermut. Er studierte an der Kunstakademie und ich an der Universität. Wir waren beide unseren Berufen entlaufen und aufs Dasein neugierig, fanden die Freiheit samt ihrem Risiko herrlich, lernten und bummelten, lachten und lebten von der Hand in den Mund. Wir glaubten getrost an unser Talent und waren sehr fleißig und sehr faul, wie es sich traf. Er zeichnete, und ich schrieb schon für Zeitungen und Zeitschriften, und sein Freund Erich Knauf, der es bereits zum Redakteur der ›Plauener Volkszeitung‹ gebracht hatte, war unser bester Abnehmer. Daß sich seine Leser über unsere ungebärdige Modernität wunderten, kümmerte Knauf wenig. Ängstlichkeit stand nicht auf seinem Programm.«

Es war eine bewegte Zeit, anstrengend und anregend. Sie waren jung und brauchten, wie Kästner erzählt, wenig Schlaf. »Noch nachts, wenn ich in der Johannesgasse 8 ›Stallwache‹ hatte und, beim Dröhnen der Rotationsmaschinen, Spätnachrichten redigierte, hockten wir zusammen. Manchmal brachte Ohser – aus dem ›Café Merkur‹ oder, in selbstgeschneiderten Kostümen, von Faschingsbällen – andere junge Künstler und Weltverbesserer mit, und dann redigierten wir die korrekturbedürftige Menschheit.«

Mitarbeit an den Leipziger Magazinen

Die an das »Goldene Stipendium der Stadt Dresden« geknüpfte Bedingung, daß das Studium an einer sächsischen Universität aufzunehmen war, erwies sich in der Folge als sehr segensreich. Leipzig besaß unter den deutschen Universitäten nicht nur einen guten Ruf, was die klassische Philologie und sein Germanistisches Institut betraf, es war gleichzeitig auch das Zentrum des Druckerei- und Verlagswesens. Angehenden Schriftstellern boten sich günstige Voraussetzungen, ihre Arbeiten an Zeitungen und Zeitschriften unterzubringen, dort freier oder fester Mitarbeiter zu werden und sich die materielle Basis für die berufliche Existenz zu schaffen. Kästner nutzte diese Chance. Ab 1921 gab der Verlag seiner Zeitung drei Magazine heraus, an denen er regelmäßig mitarbeitete, zumeist unter dem Pseudonym Peter Flint, gelegentlich auch unter seinem richtigen Namen.

Die guterhaltenen Bestände der Deutschen Bücherei Leipzig an Zeitschriften und lokalem Schrifttum ermöglichen es, den Spuren von Kästners frühen Werken detailliert nachzugehen. Beim Blättern in diesen Magazinen, mehr noch in den betreffenden Jahrgängen der »Neuen Leipziger Zeitung« im Stadtarchiv, macht man manche Entdeckung. Es finden sich darin Namen von Autoren wie Roda Roda, Herbert Eulenberg, Peter Scher, Ernst Hoferichter, Dinah Nelken, Sling, Fritz Hampel (Slang), Polgar, Franz Werfel, Armin T. Wegner, Albert Ehrenstein, Ossip Kalenter, Hans Siemsen, Klaus Mann, desgleichen die Leipziger Publizisten Hans Bauer, Hilde Decke und Hans Natonek, die die literarische Nachbarschaft zu dem jungen Kästner bilden und eine Vorstellung von der damaligen Vielfalt des Feuilletons geben, das, wie man weiß, auch eine bevorzugte Form Kästners wurde.

Die Leipziger Magazine – eines nannte sich »Die große Welt« zum Preis von 1,50 Mark mit koloriertem Umschlag – verstanden sich nach amerikanischem Muster als Unterhaltungslektüre für die breite Masse und boten auf rund siebzig oder auch hundert Seiten Lesestoff von der heiteren, amourösen Kurzgeschichte bis zur klassischen Abenteuergeschichte von Andersen Nexö, Dickens, Tschechow oder Jack London.

Kästners Pseudonym Flint findet sich neben den Namen seiner Redaktionschefs Hans Natonek und Max Krell sehr oft in den Spalten dieser Magazine, häufig mit Shortstorys unterhaltenden Charakters, wie sie auch Franz Blei, Max Brod, Klabund, Roda Roda und die zeitgenössischen englischen und französischen Autoren für das Blatt lieferten, ebenso häufig auch mit Gedichten. Themen seiner Lyrik sind

»Die kleine Stadt am Abend«, »Nacht über Städten« und »Heimkehr«, die zunächst noch um traditionelle Symbole der Goldschnittlyrik, wie Einkehr und Liebe, kreisen, im Formalen doch auch schon die Begabung des Fünfundzwanzigjährigen für die musikalisch abgerundete Strophe bekunden, ohne den Satiriker oder Parodisten zu verraten.

Ich habe im Abend der Städte gestanden
wie einer, der seine Mutter sucht.
An kahlen Tischen, bleich übertucht –
saß ich mit Menschen, die mich nicht kannten.

Ich bin durch unendliche Straßen gegangen
und habe den Kindern zugenickt.
Fröstelnde Bäume standen gebückt.
Fenster waren geizig verhangen.

Jetzt aber lieg ich im Lied deiner Hände,
aus tausend stummen Stunden erlöst. –
Und wenn es mich wieder ins Dunkel stößt:
Ich weiß, daß ich dich wiederfände.

Dieses Gedicht aus der »Großen Welt«, das eine verhältnismäßig »kleine Welt« ausschreitet, fand sich schon 1920 in dem Heft mit den *Dichtungen Leipziger Studenten*, ist demnach eine Arbeit des etwa Zwanzigjährigen. Als es 1924 von der »Großen Welt« nachgedruckt wurde, war die Zeit der Idyllen und lyrischen Romanzen für ihn eigentlich schon vorbei. Kästner war auf dem Wege zum Humoristen, er entdeckt seine Freude an der Parodie, am Ulk, an der geistreichen Pointe – Eigenschaften, die seine Freunde und Redaktionskollegen an ihm längst bemerkt hatten, die aber jetzt erst in den Leipziger Jahren literarisch produktiv werden sollten.

Einem Leipziger Unterhaltungsmagazin, der Zeitschrift »Das Leben«, die sich »das führende, erste deutsche Magazin« nannte, kommt das Verdienst zu, den heiteren Kästner entdeckt zu haben. Jedenfalls kommt er in den Nummern dieses reichhaltig illustrierten Eine-Mark-Heftes, unter mehreren Pseudonymen verborgen, erstmals regelmäßig zu Wort. Für die Rubrik »Scherz beiseite« entwirft er zum Beispiel im Gewand der aus der volkstümlichen Bänkeldichtung geläufigen Figur des Philipp Seidelbast das Faksimile eines Briefes, den ein biederes Bäuerlein aus dem Hotel zur Roten Ampel an die daheim gebliebene Gattin schreibt. Das Hotel scheint ein recht obskures Etablissement zu sein. Am Schluß hat man dem Bauern und Provinzler Aloys M., wie einst dem »Onkel Fritz aus Neuruppin« in dem bekannten Couplet von Otto Reutter, die Uhr und das Portemonnaie entwendet. In seinem mangelhaften dörflichen Deutsch meldet Aloys nach Hause:

Ja soein Grohsstadtleben ist fammos.
Und ein Verbrauch ist hier an Wein und Bieren!
Ganz wundervoll. Das eine kränkt mich blos:
Wie konnt ich nur die goldne Uhr verliehren!

Vorgestern war sie ganz bestimmt noch da,
ein Fräulein fragte mich wie spet es wäre,
und als ich speter wieder nach ihr sah –
na hin ist hin und ist mir eine Lehre.

Hier war ein neuer, humoristisch parodierender Ton angeschlagen, auch für die Leipziger Magazine, die ihre hohen Auflagen nicht zuletzt auch der Mitarbeit Erich Kästners verdankten. Die Mehrzahl der Beiträge zeichnete er allerdings nicht. Was an Vershumoresken von ihm stammte und was nicht, läßt sich aber mit ziemlicher Sicherheit herausfinden. Sein Witz hat Jugendlichkeit und Frische, jungenhaft sind auch sein Schmunzeln und seine Phantasie.

Die Leipziger Magazine, das ist interessant zu wissen, sind – neben »Tage-Buch«, »Weltbühne« und einigen anderen Periodica, auf die noch die Rede kommen wird – die Vorläufer seiner ersten Gedichtbände, die bezeichnenderweise auch in Leipzig erschienen. In der Nummer 21/1925 des Magazins »Das Leben« findet sich beispielsweise das Gedicht »Münchhausen schreibt ein Reisefeuilleton« zum erstenmal veröffentlicht. Dazu lustige, gerahmte Vignetten nach Art der Bänkelsängerschilder. Kästner hat diesen Text drei Jahre später in seinen ersten Gedichtband *Herz auf Taille* aufgenommen, ohne an der Fassung, bis auf ein Wort am Schluß, das Geringste zu ändern! In der Originalfassung heißt es auf dem Höhepunkt der Lügenkundgebung, die Münchhausen im Verein mit Felix Dahn vor dem Berliner Dom veranstaltet, so daß das Volk Feuer fing: »Die Menge brannte. Und wir auch – / Dies war der Tag, an dem wir leider starben.« Bei der Zusammenstellung seines Gedichtbandes änderte er die letzte Zeile: »Dies war der Tag, an dem wir, *unvorhergesehnermaßen*, starben.« So genau nahm es Erich Kästner mit dem Wort.

Auf das Münchhausen-Thema sollte Kästner in späteren Jahren

noch mehrmals zurückkommen. Vorerst begnügte er sich mit der Parodie auf den Lügenbaron in Form eines Gedichts, in dem allerdings fast schon das Exposé zu einem Kinderbuch steckte.

»Beyers für Alle«

»Beyers für Alle« war ein in ganz Deutschland bekanntes Familienblatt im modernen Rotationsdruck mit einer Bilder-, Roman-, Moden- und Kinderseite, benannt nach dem Leipziger Schnittmusterverlag Otto Beyer. An diesem Blatt arbeitete der junge Kästner ebenfalls eine Zeitlang mit. Sein Ressort war die Erfindung lustiger Versgeschichten für Kinder. Mit Erich Ohser zusammen machte er sich den Spaß, nicht für jede Nummer, aber etwa einmal im Quartal, Bildergeschichten in Reime zu bringen, die auf den letzten beiden Seiten vorm Schnittmusterbogen, der »Kinderzeitung«, Abwechslung und speziell eben etwas für die Kleinen bieten sollten. Was Kinder interessierte und aktuell war, wurde auf diesen Seiten von der Redaktion behandelt – Fastnachtspiele, Röntgenstrahlen, Hauskatzen, Anleitung für Scherenschnitte, Beethovens hundertster Geburtstag, Spielzeug aus dem Erzgebirge und worüber die Illustrierten so zu plaudern pflegten.

Kästner hat sich seiner Aufgabe als »lustiger Kinderonkel« mit viel Phantasie und Liebe angenommen. Als Briefkastenonkel unter dem Namen »Klaus und Kläre« fordert er die Kinder zur Mitarbeit auf. Sie sollen sagen, was sie auf ihrer Seite gern lesen würden. Oder sie sollen aufschreiben, wenn sie etwas sehr Drolliges erlebt haben, ein richtiges Abenteuer oder etwas recht Schönes, und es an die »Kinderzeitung« schicken. Er wiederum denkt sich für die Seiten Geschichten aus, die ihm vielleicht selber am meisten Spaß gemacht haben, so die folgenden Max-und-Moritz-Streiche:

Paul und Franz, die kleinen Lumpe,
finden eine Fahrradpumpe.

Und schon beißt ein großer Hund
voller Wut in ihren Fund.

Franz will fort, hingegen Paul
pumpt dem Tierchen Luft ins Maul.

Das kann natürlich nicht gutgehen. Immer schneller pumpen sie – immer größer wird das Vieh, bis sie schließlich, wie einst der fliegende Robert mit seinem Schirm, mit dem Ballonvieh davonfliegen. Der Hund platzt unterwegs, und die beiden Übeltäter landen per Hinterteil sehr schmerzhaft auf den Spitzen eines Gartenzauns. Daher die Moral von der Geschicht: »Ärgert mir die Tiere nicht!«

Was Kästner von seinen Arbeiten für die Kinderseite für belangvoll hält, etwa sein Gedicht »Hochzeitmachen« – auch dieser Text findet sich, leicht renoviert, später in seinen Gedichtbänden wieder –, signiert er mit seinem Namen. Für die anderen Arbeiten, so die Zweizeilerreime in Wilhelm-Busch-Manier, behält er sein Pseudonym Peter Flint bei. Würde man alle Jahrgänge dieser Leipziger Magazine systematisch durchblättern, kämen sicher soviel Gedichte zusammen, daß Kästner damals schon einen eigenen Band hätte in Druck geben können, zumindest einen mit Kinderversen.

Zu der Zeit, da er mit Ohser und dem Zeichner Wiron als Geschichtenonkel für den Beyer-Verlag wirkte, war er übrigens selbst schon »Onkel«. Ein hübsches Erlebnis, das er 1924 zu Hause in Dresden mit dem kleinen Franz, dem Sohn seiner Cousine Dora, im Hause der Augustins hatte, ließ er in den Band seiner Anekdoten aufnehmen. Er mußte als Jungakademiker einmal ersatzweise den Weihnachtsmann spielen, da der ursprünglich vorgesehene abgesagt hatte. Besonders wohl war ihm in dieser Rolle nicht. Sein Sträuben half ihm aber nichts. Man gab ihm einen umgewendeten Pelz, drückte ihm die üblichen Requisiten, den Sack mit Äpfeln und Nüssen, in die Hand und schob ihn ins weihnachtlich dekorierte Wohnzimmer. Mit umgehängtem Bart und verstellter Stimme tritt Weihnachtsmann Kästner an den Kleinen heran und fragt, ob er denn auch gefolgt habe. Als ihn plötzlich der »alberne Wattebart« in der Nase zu kitzeln beginnt, muß er laut niesen, worauf der kleine Franz höflich zu ihm sagt: »Prost, Onkel Erich!«

»Der Drache«

Neben der »Neuen Leipziger Zeitung« und den Magazinen gab es in Leipzig noch weitere Möglichkeiten für Nebenarbeit, die einem talentierten Journalisten wie Kästner Spaß machten. Es bestanden Kontakte zu dem Humoristen und Schriftsteller Hans Reimann und dessen Zeitschrift »Der Drache«, die sich als »republikanische satirische

Wochenschrift« um die Förderung der modernen Satire bemühte. Im »Drachen« publizierten der Maler und Illustrator Max Schwimmer, der Lyriker Max Herrmann-Neiße, der Romancier Joseph Roth, Joachim Ringelnatz; aber auch kommunistische Schriftsteller wie Erich Weinert, Bruno Apitz und der mit »Slang« zeichnende Fritz Hampel gehörten zum Mitarbeiterstamm dieses linksbürgerlich-pazifistischen Blattes.

Reimann ließ seinen Leipziger »Simplicissimus im Kleinformat« in dem Vorort Gautzsch in einer kleinen Buchdruckerei, einer sogenannten Quetsche, drucken, immer darauf bedacht, seine Interessen als Zeitschriftenherausgeber und Kabarettdirektor möglichst rentabel unter einen Hut zu bringen. Was er als Manuskript für die Zeitschrift erwarb, nutzte er gleichzeitig für die Programme seines literarischen Kabaretts »Retorte«. Beide Unternehmen hatten das gleiche Ziel: Zeitsatire unter besonderer Berücksichtigung der Lokalsatire. Was *das Lokale* betraf – sächsische Gemütsart, Leipziger Witz und Dialekt –, hatte Kästner genügend Erfahrungen, aber auch in bezug auf *die Lokale* – Cafés, Bars und Kabaretts – war er kein unbeschriebenes Blatt mehr. Die »Ansprache einer Bardame« und der »Scheidebrief der ledigen Erna Schmidt«, die er dem »Drachen« zur Veröffentlichung gab, wiesen das hinlänglich aus. Es sind Texte mit »Humor auf Taille«, beides Damenporträts, präzis gezeichnet, in ihrer Komik sozial klar definiert, geschildert mit Witz und menschlicher Anteilnahme, die für die Lyrik Kästners charakteristisch ist. Daß es sich bereits um echte Produkte der Kästnerschen Gebrauchslyrik handelt, ist nicht nur dadurch belegt, daß sich beide Texte 1928 in *Herz auf Taille* wiederfinden – es wurden auch klassische Kabarettvortragsnummern, was zu der Feststellung berechtigt, daß sich bereits in Leipzig der künftige Chansondichter ankündigte.

In dem von Reimann begründeten, später von Hans Bauer geleiteten »Drachen« erscheinen von Kästner auch politische Satiren, wie »Das franziskanische Kapitel«, dessen Spitze sich gegen kapitalistische Gewinn- und Verdienermoral richtete. Wiederum nicht unter seinem Namen. Die Benutzung des Pseudonyms Flint für die Mitarbeit an Reimanns Zeitschrift dürfte eine Folge der mit der »Neuen Leipziger Zeitung« getroffenen Absprache sein, nach der alle Arbeiten zuerst der Redaktion anzubieten waren. Damit war es für Kästner nicht möglich, in diesem renommierten satirischen Blatt unter eigenem Namen zu schreiben, eine Tatsache, die dem Wunsch, durch Veröffentlichungen bekannt zu werden, zweifellos entgegenstand. Es blieb immerhin noch das Honorar, das zwar bei einem Sachsen wie Reimann nicht übermäßig generös ausfiel, bei der schmalen Kasse des jungen Autors aber nicht zu verachten war. Die Stunden im Café Merkur, wo man den Redakteur vom Dienst recht häufig antraf, waren auf alle Fälle gut genutzt.

Die Verbindung zum »Drachen« hatte ihm sein Feuilletonchef und Redaktionskollege Hans Natonek vermittelt, der für die Zeitschrift natürlich gleichfalls unter Pseudonym arbeitete und eine Zeitlang stellvertretender Redakteur dort war. Er zeichnete mit N. O. Kent. Natonek galt in den zwanziger Jahren, als Erich Kästner sein Mitarbeiter wurde, als einer der angesehensten Kunst- und Literaturkritiker, von dem regelmäßig Beiträge in der »Weltbühne« zu finden waren. Außerdem veröffentlichte er Novellen und Kurzgeschichten sowie einen Roman, *Kinder einer Stadt.*

Der junge Kästner verdankt in dieser Leipziger Zeit dem liberalen, linksorientierten Hans Natonek – nicht weniger als dem literarisch erfahrenen Max Krell – viel an kollegialer Förderung. Beide Publizisten haben die im deutschsprachigen Schrifttum so rare Begabung für das Satirische in Kästner gespürt – den Ton der Neuen Sachlichkeit, seinen von Skepsis und Melancholie geprägten Realismus, auf dem seine Gebrauchslyrik basierte. Natonek sollte 1928, als der erste Kästner-Band in die Buchhandlungen kam, mit seiner Rezension den Anspruch dieser Lyrik untermauern. Er urteilte: »Hier spricht einer, der repräsentativ ist für seine Generation. Jahrgang 1899. Lyrik unserer Zeit kann gar nicht anders aussehen.« Es zeigt die Weitsicht wie den Literaturverstand dieser beiden Männer, daß sie dem »jungen Konkurrenten« Hilfestellung gaben, ihm uneigennützig Kontakte vermittelten, die dem Debütanten Rückschläge oder Umwege ersparten. Beide waren zudem engagierte linksbürgerliche Demokraten und dürften mit ihren Urteilen auf Kästner stärker gewirkt haben als mancher in späteren Jahrzehnten beschworene Einfluß antiker oder aufklärerischer Autoren.

Promotion zum Dr. phil.

Der Redaktionsalltag mit seinen Terminen und dem von den Rotationsmaschinen diktierten Ablauf der Arbeit verdrängte zeitweilig das Vorhaben Kästners, zum Dr. phil. zu promovieren. Nach wie vor war es aber sein Ziel, das Studium mit einer Dissertation abzuschließen, allerdings – sie durfte keine übermäßig lange Zeit in Anspruch nehmen. Der Hauptberuf war ja mittlerweile der eines Redakteurs.

Da ihm zusätzliche materielle Mittel nicht zur Verfügung standen, suchte sich der Realist Kästner ein Thema aus, von dem er glaubte, es in wenigen Monaten bewältigen zu können. Das Thema hieß: »Die Erwiderungen auf Friedrichs des Großen Schrift ›De la littérature allemande‹.« Als Doktorand versetzte sich Kästner, der seine Umwelt und das eigene Jahrhundert gerade als seinen literarischen Stoff zu entdecken begann, nunmehr zwei Jahrhunderte zurück, um den akademischen Vorschriften zu genügen. Die Aussichten waren gut. Sein Doktorvater wurde nach dem Tode Prof. Albert Kösters der ihm wohlgesinnte Prof. Witkowski, in dessen Familie er bereits verkehrte und der ihn auch schon zur Mitarbeit an seiner *Neuausgabe der Klassiker* herangezogen hatte. Es fand sich auch ein Student, der bereit war, ihn während dieser Zeit in der Redaktion gegen die Hälfte seines Gehalts zu vertreten.

Die finanziellen Verhältnisse des jungen Redakteurs hatten sich mittlerweile so gestaltet, daß sie ihm gestatteten, die Artistenpension mit den Liliputanern und dressierten Affen in Czermaks Garten, in der er bislang gewohnt hatte, zu verlassen und bei Frau Dorothea verwitwete Dr. Hübler, Rechtsanwalt, Hohe Straße 51, dritter Stock rechts, zwei Zimmerchen zu beziehen, wo er ruhiger arbeiten und bequemer wohnen konnte.

In dieser neuen Unterkunft, etwas weiter weg vom Zentrum, entstand allerdings nur ein Teil seiner Doktorarbeit. Er fuhr damals für vier Monate zu seinen Eltern nach Dresden, wo er sich um nichts zu kümmern brauchte, Ruhe hatte zum Schreiben und sich auf das mündliche Examen vorbereiten konnte. Danach legte er die fertige Arbeit der Fakultät vor, unterzog sich der Prüfung und löste seinen Vertreter in der Redaktion wieder ab.

Die mündliche Prüfung in den Fächern Deutsch, Geschichte und Philosophie bestand er mit der Note Zwei, für die schriftliche Arbeit, »eine in jeder Hinsicht ausgezeichnete Leistung«, schlug Witkowski die Note Eins vor, die er auch erhielt.

Im Gutachten zur mündlichen Prüfung wurden Kästner »gutes eigenes Denken, reichliche Kenntnisse und ein sehr gutes Verständnis der Probleme« attestiert. An der schriftlichen Arbeit bewertete Prof. Witkowski die analytische Qualität sehr positiv, was sich in der Akademikersprache folgendermaßen liest: »Die musterhaften Analysen bilden sämtlich, statt der üblichen trockenen Inhaltsangaben, selbständige und lebensvolle, aus klarer Erkenntnis ... hergeleitete Kritik.« Insgesamt schätzte er die Arbeit des Dresdner Sattlersohnes als »hoch über dem Durchschnitt unserer germanistischen Dissertationen« stehend ein.

In Kästners Promotionsakte im Archiv der Leipziger Universität sind die Urteile der Gelehrtenwelt nachzulesen. Amüsant ist, was Hauptgutachter Witkowski zu Sprache und Stil meinte: »Die Form zeigt den gewandten modernen Stilisten, der vor kühnen Satzgebilden und eigenwilliger Wortwahl nicht zurückschreckt, um möglichste Prägnanz und Eigenart des Ausdrucks zu erzielen.« – Zu der Formulierung »möglichste Prägnanz« hätte Erich Kästner sicher eingewendet: Schlechtes Deutsch, Herr Professor! – Daß der Doktorand, findet der Professor, zuweilen »die Grenzen des Korrekten« gestreift und mitunter überschritten habe, könne nicht als »ins Gewicht fallender Mangel« gelten. Die Bemerkungen beziehen sich offenkundig auf die etwas gestelzten Kästnerschen Wortbildungen wie »Schmeidigung der deutschen Sprache durch sittigenden Einfluß von Übersetzungen« und ähnliche Formulierungen, die von den Sprachreformvorschlägen Friedrichs II. beeinflußt sein könnten, mit denen sich Kästner in dem betreffenden Kapitel gerade beschäftigt.

Der Zweitgutachter, Prof. Neumann, bei dem der Student Kästner das mittelhochdeutsche Seminar belegt hatte, verzichtete auf längere Ausführungen und stellte nur fest: »Von dem sehr klugen Kandidaten mußte man eine gute Arbeit erwarten. Wirklich eine Dissertation, aus der man etwas *lernt.*« Am einzelnen, sagte er mit Seitenblick auf die Kapazität Witkowski, möchte er nicht mäkeln. Vor allem nicht am Stil. Der Kandidat sei »hinreichend als Schriftsteller erprobt«. Damit war eingeräumt, daß auch eine Doktorarbeit einen literarischen Anspruch erheben durfte. Jedenfalls die von Kästner. Neumann plädierte ebenfalls für die Note Eins, »da der Kandidat die üblichen Doktoranden überragt«.

Beide Universitätsprofessoren ließen dem Kandidaten mit ihrem Urteil Gerechtigkeit widerfahren. Die philosophisch-kritische Dissertation Kästners zur feudalen Legendenbildung um Friedrich II. von Preußen nahm sich im Angebot der geisteswissenschaftlichen Dissertationen an der Leipziger Universität ebenso aktuell wie kompromißlos kritisch aus, wenn man bedenkt, daß die Themen, über die 1925 promoviert wurde, sich im Rahmen des Herkömmlichen bewegten, sich zum Beispiel mit der »Gebärdensprache in der Dichtkunst des Mittelalters« oder mit Erörterungen der formal-philosophischen

Fragestellung »Zu welchen Konsequenzen führt der kosmische Bewußtseinsbegriff bei Schelling?« befaßten. Auch hinsichtlich der Bewertung mit der Note Eins überragte Kästner, wie aus dem Promotionsbuch hervorgeht, die übrigen Kandidaten, die sich zumeist mit einer Zwei, weit öfter noch mit einer Drei und gar nicht selten mit einer Vier begnügen mußten. Das Promotionsbuch verzeichnet für 1925 in den literaturhistorischen und kunstgeschichtlichen Disziplinen keine weitere Eins. Kästner ist auch diesmal wieder »Klassenprimus« ohne Konkurrenz.

Das Jahr 1925 sieht ihn ab 4. August somit als Dr. phil. und als einen von vielen Zeitungen und Zeitschriften geschätzten Autor. Seine Dissertationsschrift, von der sich je ein Exemplar in der Deutschen Bücherei Leipzig und in der Berliner Universitätsbibliothek befindet, war ein engagiertes Bekenntnis des Sechsundzwanzigjährigen zur deutschen Literatur. Er verteidigte sie recht anschaulich und nachdrücklich gegen die absolutistischen und antinationalen Denkweisen Friedrichs II. von Preußen, der, so Kästner, »deutsche Dichtung als vollendetes Zierobjekt, als allgemein verständlichen geschmackvollen Ideenausdruck und als gepflegte Nachahmung zu sehen wünschte – nicht als seelischen Ausdruck, nicht als individuelle Gestaltung, nicht als nationales Gut«.

Kästners Arbeit, komprimiert und kultiviert geschrieben, untersucht die vielfältigen Antworten auf die Schrift des Preußenkönigs. Anhand des Komplexes von Schrift und Gegenschrift entsteht ein Querschnitt durch die literaturtheoretische Situation um 1780. Die Dissertationsschrift bleibt dabei in den Erkenntnisschranken der Literaturwissenschaft jener Jahre, weiß aber die Bemühungen, insbesondere der deutschen Aufklärung, um eine deutsche Nationalliteratur gegen die ignoranten Schreibereien des preußischen Monarchen, der die deutsche Literatur seiner Zeit weder kannte noch zur Kenntnis nehmen wollte, zu würdigen.

In seinen Universitätsjahren hat sich Kästner ernsthaft mit der deutschen Aufklärung beschäftigt; in diese Richtung zielte ja auch das Projekt seiner ursprünglich geplanten Dissertation über die »Hamburgische Dramaturgie« Lessings. Die kraftvolle, streitbare Haltung jener Männer der Feder und ihre Impulse hat er, spätere Reden und Aufsätze belegen es, bewundert und als Vorbild für das eigene Schaffen empfunden. Siebenundzwanzig Jahre nach seiner Promotion bekannte er sich in dem Aufsatz »Das Zeitalter der Empfindlichkeit« ausdrücklich zu einer Literatur ohne friderizianischen

Zopf und zitiert einen ihm wichtig scheinenden Gedanken: »Von Lessing gibt es ein paar Sätze, die das Spannungsverhältnis zwischen den Wortführern der reaktionären Kräfte und dem Spielverderber, den einzig sein Gewissen treibt, unübertrefflich kennzeichnen. ›Ich habe auf kein gewisses System schwören müssen. Mich verbindet nichts, eine andere Sprache als die meinige zu reden. Ich bedauere die ehrlichen Männer, die nicht so glücklich sind, dieses von sich sagen zu können. Aber diese ehrlichen Männer müssen nur anderen ehrlichen Männern nicht auch den Strick um die Hörner werfen wollen, mit welchem sie an die Krippe gebunden sind. Sonst hört mein Bedauern auf, und ich kann nichts als sie verachten.‹«

Von der Lessing-Verehrung des Mannes Kästner spricht ferner ein späteres Gedicht, aus dem sich die Grundsätze des Schriftstellers Erich Kästner, der sich erklärtermaßen als Moralist und Aufklärer sah, ableiten lassen. Diese Grundsätze sind im einzelnen: die Liebe zur Wahrheit und der Mut, sie zu vertreten, oder anders formuliert: Zivilcourage im Bekennen einer als richtig erkannten Meinung, später von ihm als »Bürgermut« bezeichnet; Schreiben nicht als Selbstzweck, sondern um eines moralischen Zieles willen; die Überzeugung, daß den einzelnen Individuen, insbesondere den klugen Köpfen unter ihnen, eine besondere Verantwortlichkeit hinsichtlich der Gestaltung einer vernünftigen Weltordnung zukommt, und schließlich die Auffassung, daß gerade die Tapferkeit gefährliche Wirkungen, aber auch gefährliche Folgen haben kann, wenn der einzelne auf sich allein gestellt kämpft.

In der poetischen Sprache Kästners heißt das, auf Lessing bezogen:

Das, was er schrieb, war manchmal Dichtung,
doch um zu dichten schrieb er nie.
Es gab kein Ziel. Er fand die Richtung.
Er war ein Mann und kein Genie.

Er lebte in der Zeit der Zöpfe,
und er trug selber seinen Zopf.
Doch kamen seitdem viele Köpfe
und niemals wieder so ein Kopf.

Er war ein Mann, wie keiner wieder,
obwohl er keinen Säbel schwang.
Er schlug den Feind mit Worten nieder,
und keinen gab's, den er nicht zwang.

Er stand allein und kämpfte ehrlich
und schlug der Zeit die Fenster ein.
Nichts auf der Welt macht so gefährlich,
als tapfer und allein zu sein!

Den von Lessing übernommenen Maximen blieb Kästner seit jenen Leipziger Jahren, in denen sich seine weltanschaulichen Grundpositionen zu formen begannen, ohne Abstriche treu. Er vertraute der Kraft des Wortes und des Geistes. Solange er an diese Macht glaubte, hatte auch er die Kraft, zu schreiben, anzuklagen, sich kämpferisch mit den Zeitübeln auseinanderzusetzen. Das aber ist bereits das Thema der Berliner und der Münchner Jahre. Noch befinden wir uns in Leipzig.

Der junge Doktor der Philosophie mag es als großes Glück empfunden haben, nach fünf Jahren Studium, zum größten Teil unter widrigen Umständen, und nach abgeschlossener Promotion sich bereits in fester Anstellung zu wissen. Er hatte es geschafft, auf eigenen Füßen zu stehen, was damals keineswegs allen gelang, die das Studium beendet oder den Doktor in der Tasche hatten. Die Verbindung zum Elternhaus konnte sich nunmehr auf das »Wäscheband«, wie er es nannte, reduzieren. Der jedem Brief angehängte Satz seiner Mutter: »Junge, schick die Wäsche!« wurde nun zum Lebensfaden zwischen ihm und Zuhause. Über zwei Jahrzehnte ging das so, bis die Berliner Wohnung unter den Brandbomben des zweiten Weltkrieges in Schutt und Asche sank: Das Paket mit der schmutzigen Wäsche wurde nach Dresden geschickt, und der Sohn erhielt die von der Mutter gewaschene und geplättete Wäsche stets postwendend und akkurat zurück.

Der Sohn dankte seiner Mutter für die vielen Mühen, ihm unter großen Opfern eine gute Schul- und Universitätsausbildung ermöglicht zu haben, indem er sie zu einer kleinen Auslandsreise im Frühjahr 1926 einlud. Gemeinsam besuchten sie die Schweiz und fuhren von hier weiter nach Oberitalien, bis die Ersparnisse aufgebraucht waren. Vater Kästner blieb merkwürdigerweise wieder daheim bei seiner Zigarre in seiner Arbeitsecke im Keller neben dem Lattenverschlag vor den Kohlen.

Auf die Nebenrolle hinzuweisen, die der Sattler Emil Kästner in der eigenen Familie gespielt hat, ist schmerzlich, da man ja davon ausgehen muß, daß auch er mit seiner Arbeit und seinem Einkommen zur Ausbildung des Jungen beigetragen hat, ihm folglich ein Dank nicht weniger zustünde als der Mutter. Wie kommt es dann, daß der Vater bei allen wichtigen Entscheidungen ausgeschaltet war oder sich ausschalten ließ?

Der österreichische Publizist Werner Schneyder erklärt die Tatsache damit, daß dieser Vater nicht Erich Kästners Vater gewesen sei. Der wahre Vater sei jener Dresdner Sanitätsrat Zimmermann, der in den Kindheitserinnerungen als Sanitätsrat Neumann und in den Briefen an seine Mutter als Sanitätsrat Z. in Erscheinung trete. Schneyder beruft sich in seinen Mitteilungen auf eine Information, die er von Friedel Siebert, der Mutter des Kästner-Sohns Thomas, erhalten habe. Nach deren Aussage sei der jüdische Arzt Zimmermann kurz vor dem Kriege nach Brasilien emigriert.

Ob diese Angaben zutreffend sein mögen oder nicht, ist vor dem literarischen Werk eines Schriftstellers letztlich ohne Belang. Neue Züge vermögen sie dem Persönlichkeitsbild des Autors nicht hinzuzufügen, soviel kann man wohl sagen, doch würden sich manche Besonderheiten im Wesen und im Werk Kästners dadurch vielleicht erklären.

Der tägliche Redaktionskram

Als junger Redakteur hat sich Erich Kästner im Kreis seiner Leipziger Kollegen recht wohl gefühlt. Er galt als fürwitzig – bei Damen als keß-charmant – und durchweg als freundlich-liebenswürdiger Kollege, der dank seiner Schreib- und Wortgewandtheit auch von weitaus älteren Mitarbeitern akzeptiert wurde. In der Redaktionsstube der »Neuen Leipziger Zeitung« gab es oft Anlaß zum Schmunzeln, wenn sich Kästner mit seiner Zimmer-»Vorgesetzten« Hilde Decke, einer aus Ostpreußen stammenden Journalistin, die Chefredakteurin des Familien- und Unterhaltungsblatts »Beyers für Alle« war, in einem Frozzelgespräch anlegte. Warf sie ihm an den Kopf, wenn er länger als notwendig im Café gesessen hatte: »Arbeit ist heilsam!«, konterte Kästner: »Ja, wenn sie vorbei ist!« und setzte sich an den Schreibtisch. Mit der Decke führte er auch manches heitere Seminar über das Sächsische durch. Wenn sie mitunter eine »sächsische Spezialität« nicht begriff, schimpfte der »kleine Erich« scherzhaft: »Sie alde, einfältche Bichse!« oder: »Das is ja gadastrofal, nee, viel schlimmer is das – das is beese!«

Die vielen unaufgefordert eingesandten Manuskripte und die, die für den Feuilletonteil der Zeitung in Satz zu geben waren, nahmen einen erheblichen Teil der Arbeitszeit in Anspruch. Beim Lesen und Redigieren verbrauchte Kästner besonders viele Zigaretten. Über anmaßende, zudem noch sprachlich unbedarfte Einsendungen konnte er regelrecht ausfällig werden. An den Rand eines solchen Manuskripts, das als unbrauchbar zurückging, schrieb er einmal den vernichtenden Kommentar: »Zum Kotzen, Ede!« Der Verfasser schrieb daraufhin der Redaktion einen wütenden Brief, in dem er die leider stehengebliebene Bleistiftbemerkung von Kästners Hand empört zurückwies.

Zu dem Thema »Der Journalist Erich Kästner oder der tägliche Kram« gibt es eine Reihe von Anekdoten. Luiselotte Enderle, damals ebenfalls in der Redaktion des Beyer-Verlags beschäftigt, hat sie gesammelt in einem Büchlein herausgegeben. Sie erinnert sich, daß man sich eines Tages im Kreis der Redakteure über die Schreibsucht abgedankter Prominenter und deren nahezu krankhaftes Mitteilungsbedürfnis in Memoiren unterhielt. »Komisch«, stellte einer der Redakteure fest, »daß es im zwielichtigen Leben dieser Männer Schwierigkeiten nur als Ornament für erfolgreiche Tage und Nächte gibt.« Worauf Kästner lakonisch einwarf: »Eitelkeit foppt das Gedächtnis!«

Nicht ganz so gut wie mit den Kollegen und den Damen seiner Redaktion kam Erich Kästner mit seinem Direktor zurecht, dessen hervorstechende Leitungstätigkeit darin bestand, mit der Uhr in der Hand das verspätete Eintrudeln seiner Mitarbeiter zu kontrollieren, was Kästner zu dem ironischen Kommentar inspirierte: »Portier mit dem Gehalt eines Direktors sollte man werden!«

In einem Aufsatz der Jugendzeitschrift »Pinguin« kommt Kästner nach 1945 auf jene Situation zurück und erzählt: »Wie oft paßte mich der Herr Verlagsdirektor ab, wenn ich, statt um neun, gegen elf anrollte! Mit welch bitterem Genuß zog er die goldene Repetieruhr aus der Westentasche, obwohl ja die Korridoruhr groß genug war! Wie vitriolsüß war seine Stimme, wenn er, nach kurzem Blick auf die Taschenuhr, sagte: ›Mahlzeit, Herr Kästner!‹ Der Mann wußte genau, daß ich länger, schneller und gewissenhafter arbeitete als andere. Trotzdem verbreitete er die Ansicht, daß ich faul sei. Ihm lag nichts an den drei Stunden, die ich abends länger im Büro saß, und an den Nachtstunden, in denen ich für sein Blatt Artikel schrieb, lag ihm schon gar nichts. Er wollte nur eins von mir: Pünktlichkeit! Er war unerbittlich wie ein Liebhaber, der seiner inniggeliebten blauäugigen

Blondine einen einzigen Vorwurf macht: daß sie keine Brünette mit Haselnußaugen ist! Es war kein Vergnügen. Für mich nicht. Und für ihn auch nicht. Aber er hatte doch wenigstens einen schwachen Trost: Er war im Recht!«

Kästner rächte sich an diesem Leipziger Pünktlichkeitsfanatiker auf seine Weise, indem er ihn in seinem Roman *Fabian* als »Herr ohne Blinddarm« verewigte, allerdings in einem der Kapitel, die er auf Verlangen des Verlags vor dem Druck herausnehmen mußte. Inzwischen kann man die Episode, wie ein Direktor seinen Angestellten seine Blinddarmnarbe vorführt, in den *Gesammelten Schriften* nachlesen. Der Geschichte lag die tatsächliche Begebenheit zugrunde, daß der Verlagsdirektor der »Neuen Leipziger Zeitung« nach einer Blinddarmoperation, um seinen bemitleidenswerten Gesundheitszustand zu demonstrieren, in seinem Konferenzzimmer den Hosenbund aufknöpfte und seinen Mitarbeitern die frische, wenig ansehnliche Narbe vorführte. Kästner, dem hierbei fast übel wurde, sagte dazu nur: »Wem Gott ein Amt gibt, dem raubt er den Verstand!«

»Tage-Buch« und »Weltbühne«

Das Jahr 1926 sieht den jungen Leipziger Redakteur immer öfter als »auswärtigen« Autor. Um die Mitte der zwanziger Jahre begann seine Mitarbeit am »Tage-Buch«, einer Wochenzeitschrift für Politik, Wirtschaft und Kultur, die die fortschrittlichen Publizisten Stefan Grossmann und Leopold Schwarzschild in Berlin herausgaben. »Das Tage-Buch« war die bislang profilierteste Zeitschrift, die seine Gedichte druckte. Von den Lesern wurde sie wegen ihres grünen Umschlags zur Unterscheidung von den roten »Weltbühne«-Heften das »grüne Heft« genannt.

Am »Tage-Buch« arbeitete Erich Kästner vorwiegend bis 1928, dann verlagerte sich der Akzent seiner Tätigkeit mehr und mehr auf die »Weltbühne«. In den »grünen Heften« erscheint der Name Kästner zum erstenmal im letzten Oktoberheft von 1924 mit dem sarkastischen »Hymnus an die Zeit«. Oktober 1924 ist der Monat, in dem er gerade das Studium beendet hat, somit ist anzunehmen, daß er den »Hymnus« noch als Student geschrieben hat. In den folgenden Jahrgängen des »Tage-Buchs« lassen sich mehrere solcher »prachtvollen politischen Satiren«, wie Kurt Tucholsky sie genannt hat, nachweisen, darunter klassisch gewordene Kästner-Texte, wie die nachhaltige Warnung vor dem Unheil kündenden Deutschland der Kanonen und Kasernen:

Kennst Du das Land, wo die Kanonen blühn?
Du kennst es nicht? Du wirst es kennenlernen!

Er nahm diese Gedichte aus dem »Tage-Buch« später ausnahmslos in seinen Band *Herz auf Taille* auf. Was die Leser also 1928 über seinen »Jahrgang 1899«, den »Chor der Fräuleins«, das »Gespräch in der Haustür« oder das chemisch gereinigte »Weihnachtslied« erfuhren, hatte ein Jahr zuvor frisch im »Tage-Buch« gestanden, von keinem Geringeren als Carl von Ossietzky, dem damaligen verantwortlichen Redakteur des Hefts, in Druck gegeben.

Mit einer Auflage zwischen zehn- und zwölftausend Exemplaren war das »Tage-Buch« Kästners wichtigste politische Tribüne, die folgerichtig zur »Weltbühne« führte. Über Grossmann und Ossietzky nahm vor allem Kurt Tucholsky von dem engagierten jungen Zeitsatiriker aus Leipzig Kenntnis. Das geht aus einem Brief Kästners an Tucholsky vom Dezember 1927 hervor, in dem er mit Bezug auf eine vorangegangene Korrespondenz schreibt: »Ohne dies hätte ich wohl so bald nicht erfahren, wie und wie günstig Sie über meine ›Tagebuch‹-Gedichte urteilen. Ich möchte Ihnen für Ihre Zeilen herzlich danken und Ihnen sagen: wie sehr mich gerade Ihre Meinung gefreut hat. Ich wüßte niemanden, dessen Urteil mir zuständiger und wertvoller erschiene als das Ihrige. Und ich hoffe, mir noch manchmal Ihre gute Meinung zu verdienen.« Der Jüngere unterzeichnet den Brief an den Älteren mit: »Ihr aufrichtig ergebner Erich Kästner.«

Der in gestochen klarer Handschrift auf dem bevorzugten karierten Papier geschriebene Brief ist der erste von drei Kästner-Briefen an Tucholsky, die noch erhalten sind.

Kästners »kleine Versfabrik« erhält in den Jahren vor 1930 wesentlich Nahrung durch Honorare, die von den Redaktionen für den Abdruck seiner Arbeiten eingingen. Bei den Zeitungen waren sie bedeutend niedriger als bei den Zeitschriften – im Schnitt etwa zehn Mark. Die Zeitungen sorgten aber dafür, daß sein Name den Massen der Abonnenten bekannt wurde. Zeitungen wie das »Prager Tageblatt«, die »Dresdner Neuesten Nachrichten«, die »Vossische Zeitung«, die »Plauener Volkszeitung«, das »Berliner Tageblatt« haben an der Ausformung seiner Gebrauchslyrik nicht weniger Anteil als »Das Tage-Buch«, »Die Weltbühne«, »Querschnitt« oder »Die literarische Welt«-Blätter, die ein Begriff für die linksbürgerlich-demokratische Publizistik der Weimarer Republik sind.

Was dem Zeit- und Zeitungsdichter Kästner von Anfang an die Sympathie seiner Leser verschafft, sind, wie Hermann Kesten sagt, sein »Witz, seine Stimmungskraft, seine handfeste Sprache, sein moralischer Wille, seine Gesellschaftskritik und Zivilisationssatire, seine sprachturnende Leichtigkeit«, die das, was er schreibt, »unterhaltend und spannend« machten.

In der »Weltbühne« gibt er sein Debüt am 6. Juli 1927 mit einem tagesjournalistischen Beitrag. In der Nummer, in der sich Carl von Ossietzky mit den Erscheinungsformen des europäischen Faschismus, generell mit der Bedrohung durch die sich konsolidierende europäische Reaktion, auseinandersetzt, finden sich unter der Rubrik »Bemerkungen« von Kästner kritische Äußerungen zum Thema »Kirche und Radio«. Es geht dabei um folgendes: Eine Kirchengemeinde in der Nähe von Bremen war auf die Idee gekommen, den Gottesdienst aus der Nachbargemeinde per Radio übertragen zu lassen, damit der für beide Gemeinden zuständige Pfarrer sich einen Teil der Arbeit und den Weg sparen konnte. »Und kommt der Herr Pastor nicht mehr zur Kirche, dürfen die Bauern gleichermaßen ihren vergänglichen Leib zu Haus lassen«, kommentiert Kästner. Die Übertragung der Funktionen der Seelsorge auf die technischen Medien kritisiert er als nicht übereinstimmend mit dem von der Kirche proklamierten Anspruch. Ihm mißfällt auch das Erheben von Eintrittsgeldern in sächsischen Kirchen, eine Maßnahme, die seiner Auffassung nach ethisch motivierten religiösen Überzeugungen eigentlich entgegenstehen müßte. Der »Weltbühnen«-Glosse zu diesem Thema gibt er die Überschrift »Die theatralische Sendung der Kirche«.

Die kritischen Äußerungen des jungen Kästner zu dem damals stark diskutierten Thema Kirche und zu anderen Tagesproblemen der Politik, der Wirtschaft und der Kunst fanden in konservativen Kreisen Leipzigs verständlicherweise keine Zustimmung. Man registrierte die Veröffentlichungen des Redakteurs von der linksdemokratischen »Neuen Leipziger Zeitung«in den »roten Heftchen« besonders übel bei den »Leipziger Neuesten Nachrichten«. Zu jener Zeit war aber Kästner schon nicht mehr in Leipzig. Im Frühjahr 1927 hatte sich eine Gelegenheit gefunden, den unbequemen Schreiber und Weltverbesserer loszuwerden. Wie sich herausstellen sollte, nicht zum Nachteil des Betroffenen.

Der Fußtritt Fortunas

Mit dem Abschluß des Doktorexamens hatte Kästner 1925 eine Gelöbnisurkunde in Form eines vorgedruckten Revers unterschreiben müssen, daß er die Pflichten, die ihm mit dem Tage der Ernennung zum Dr. phil. auferlegt waren, treu erfüllen, vor allem »unsere sittlichen Güter heilig halten und verteidigen« wolle. Wie stand es damit? In seinem »Kurzgefaßten Lebenslauf« gibt er Aufschluß darüber, welche Studien er neben der Universität in seiner Leipziger Zeit noch betrieb: »Bis dann die Inflation und Leipzig kamen: / mit Kant und Gotisch, Börse und Büro, / mit Kunst und Politik und jungen Damen. / Und sonntags regnete es sowieso.«

Den erwähnten jungen Damen und den Erfahrungen mit ihnen verdankt ein Gedicht seine Entstehung, das seine Anstellung bei seiner Redaktion in Leipzig mit einem Schlage beenden sollte. »Du meine Neunte, letzte Sinfonie! / Wenn du das Hemd anhast mit rosa Streifen ...«, beginnt es. Er gab dieses eindeutig erotische und witzige »Abendlied« des Kammervirtuosen – später änderte er es in »Nachtgesang« um – an die »Plauener Volkszeitung«. Ohser fertigte eine ebenso offenherzige wie hübsche Zeichnung dazu an, und so wurde das »Abendlied« von Freund Knauf in Plauen abgedruckt. Die Beteiligten hatten allerdings übersehen, daß man sich im Gedenkjahr zu Beethovens 100. Todestag befand. Die Unbedachtheit des »kleinen« und des »großen« Erich in bezug auf Kalendergedenkjahre wurde als Absicht ausgelegt, als Affront gegenüber der Öffentlichkeit und Verstoß gegen Sitte und Anstand. Die »Leipziger Neuesten Nachrichten«, das rechtsstehende und wirtschaftlich stärkere Organ der Messestadt, nutzten die Gelegenheit und inszenierten einen Skandal gegen das liberale Konkurrenzblatt. Sie »widmeten unserer Tempelschändung«, schreibt Kästner, »einen geharnischten Leitartikel und attackierten nicht nur uns beide, sondern auch die ›Neue Leipziger Zeitung‹, die solche Frevler beschäftigte. Und am nächsten Tage saßen wir, von unserem Verlagsdirektor fristlos entlassen, auf der Straße.«

Die aus Leipzig stammende Lebensgefährtin des Dichters, Luiselotte Enderle, damals als Volontärin im Beyer-Verlag beschäftigt, hat eine detaillierte Erinnerung an dieses Ereignis bewahrt. An einem Frühlingsabend traf man sich in Kästners Behausung in der Hohen Straße im Musikviertel, um mit Hilde Decke, der Chefredakteurin von »Beyers für Alle«, und einigen Mitarbeitern den hunderttausendsten Abonnenten des Blattes zu feiern. Die Damen hatten sich zu diesem Anlaß Kinderkleidchen angezogen, waren aufgekratzt und albern, lachten viel und, wie Luiselotte Enderle berichtete, »pantschten eine Bowle zusammen, in die wir Ananas hineinschnitten. Dann spielten wir Grammophon. Wir saßen nebeneinander auf dem Sofa wie die Hühner auf der Stange und fischten, weil wir's schick fanden, mit den Fingern Ananasstücke aus der Bowle.«

Die anwesenden Herren Ohser und Kästner machten hingegen einen sehr düsteren Eindruck. Als eine der Damen zu den Kavalieren sagte: »Ihr seid ja heute wahnsinnig lustig!«, rückte der »kleine Erich« als erster mit der Sprache heraus. »Wolln wir's den Mädchen sagen?« Die Jungen nickten. Daraufhin knipste Kästner die große Festbeleuchtung aus, die die Party illuminieren sollte, »und sagte bei nur noch sparsamer Beleuchtung einer kleinen Tischlampe ziemlich kleinlaut: ›Ohser und ich sind heute rausgeworfen worden!‹

Uns blieb der Mund offen. ›Weswegen?‹

›Wegen des Abendlieds des Kammervirtuosen in der Plauener Volkszeitung!‹

Wir kannten das Gedicht. Es hatte schon im ›Bumerang‹, der Faschingszeitung der Leipziger Kunstakademie, gestanden ... Da saßen wir nun. In Kinderkleidchen, mit großen Haarschleifen. Gar nicht mehr heiter. Kästner und Ohser blickten betreten vor sich hin.

Und ich schaute Kästner an. Zum erstenmal mit anderen Augen.«

Man hatte dem Achtundzwanzigjährigen mit der Kündigung das Angebot gemacht, als Theaterkritiker für die »Neue Leipziger Zeitung« in Berlin zu arbeiten. Das Gehalt? Ein lächerliches Existenzminimum! Was half's, Kästner blieb keine Wahl.

Wie kurios! Eines seiner schönsten Gedichte hatte ihn um die Redakteursstelle gebracht! Andererseits stand fest, daß er auf die Dauer mit seiner scharfen Feder, seinen Glossen und Satiren für das Blatt nicht tragbar gewesen wäre, so daß die Verlagsdirektion, trotz des liberalen Anstrichs der Zeitung, mit Rücksicht auf das Anzeigengeschäft und die Abonnenten es für geboten hielt, ihm bei dieser Gelegenheit die Kündigung auszusprechen. Das waren die Gründe für den unfreiwilligen Umzug nach Berlin und nicht, wie gelegentlich zu lesen ist, seine »mitunter allzu radikalen Leitartikel für die linksgerichtete Leipziger Zeitung«.

Befördert von dem »Fußtritt Fortunas«, traf Erich Kästner im Herbst 1927 mit seinen Koffern in Berlin ein, wo Ohser ihn bereits erwartete. Bei der Witwe Ratkowski in der Prager Straße bezog er ein

Zimmer. Die Miete zahlte er zwei Monate im voraus, weil er dachte: Sicher ist sicher! Dann schrieb er die erste Karte nach Dresden an seine Mutter. Am nächsten Tag begann er seine Antrittsvisiten bei den Redakteuren, die ihn bislang nur gedruckt hatten, ihn aber selbst noch nicht kannten.

Und Erich Ohser schrieb an Hilde Decke nach Leipzig: »Seit Erich Kästner da ist, ist Berlin wieder schön. Jetzt kann ich wieder richtig arbeiten.«

Kapitel III

Erich Kästner in Berlin – der Start zum Erfolg

1927–1929

Wenn ich 30 Jahr bin, will ich, daß man meinen Namen kennt. Bis 35 will ich anerkannt sein. Bis 40 sogar ein bißchen berühmt. Obwohl das Berühmtsein gar nicht so wichtig ist. Aber es steht nun mal auf meinem Programm. Also muß es eben klappen! Einverstanden?

Erich Kästner an seine Mutter, 26. November 1926

Herz auf Taille

Im Herbst 1927 erhielt Erich Kästner aus Leipzig den Besuch des Verlegers Curt Weller, der ihm den Vorschlag machte, seine in Zeitungen und Zeitschriften erschienenen Verse zu einem Gedichtband zusammenzufassen. Weller, jung und ideenreich, hatte in Leipzig einen Verlag gegründet, in dessen Profil Kästners moderne Lyrik gut paßte, da sich der Verlag das Ziel gesetzt hatte, zeitgemäße neue Literatur zu fördern, besonders die Begabungen aus den Reihen der Jüngsten, die bei den in Traditionen und Konventionen befangenen großen Verlagshäusern kaum eine Chance hatten. Autor und Verleger waren sich rasch einig; sie setzten sich in Kästners Büro, das Café Carlton, und besprachen Konzeption und vertragliche Einzelheiten des Bandes, wobei der »kleine Erich« auch den »großen Erich« ins Geschäft brachte. Ohser wurde von Weller beauftragt, für *Herz auf Taille* acht ganzseitige Zeichnungen und einige Vignetten beizusteuern.

Kästner ging ohne Verzug an die Arbeit. Viel Zeit hatte ihm Weller nicht einräumen können, da er das Bändchen rasch auf den Markt bringen wollte. Das hieß für Erich Kästner, er mußte das Manuskript in dem besprochenen Sinne neu zusammenstellen, aus seinem bislang in Periodica verstreuten Œuvre – angefangen von der »Neuen Leipziger Zeitung«, dem »Prager Tageblatt«, dem »Simplicissimus« bis zu den verschiedensten Berliner Zeitungen und Zeitschriften – auswählen, was er an Versen für belangvoll hielt, und, soweit notwendig, überarbeiten.

Die Formulierung »neu zusammenstellen« hat in diesem Zusammenhang ihre Berechtigung, da bereits seit 1926 ein Manuskript existierte; Ohser kannte es und sollte es illustrieren. »Und nun suchen wir mit der Laterne einen Verleger, der den Band herausbringt«, schrieb Käster am 24. November 1926 seiner Mutter nach Dresden. »Mit Bildern dazu von Ohser.« So war es von ihm gedacht. Die gesammelten Grotesken eines aus der Provinz zugereisten Autors, wenn auch noch so fein aufgeklebt, konnten jedoch 1926 weder den Direktor des Paul List Verlags noch den Zsolnay Verlag in Wien, auf deren Schreibtischen das Werk zur Begutachtung lag, begeistern. Von List kam nach längeren Verhandlungen als Ablehnung »ein honigsüßer Brief«, und Zsolnay wollte unter dem Titel »Lyrik« kein Risiko mit heiter-komischen Versen eines Zeitungsmenschen eingehen.

In Briefen an seine Mutter heißt es von Kästners Seite immer wieder, daß es ein Jammer sei, daß niemand recht ran wolle. Die Doktorarbeit liege herum, meinte er, und sei gut, ebenso die Gedichte. Aber auch die lagen etwa anderthalb Jahre bei ihm herum, ehe sich ein Verlag dafür fand. Als das Schicksal ihn mit Weller zusammenführte, sollte sich der weitere Weg des Lyrikers Erich Kästner entscheiden. Weller, ein Neuer, genau gesagt ein Außenseiter im Verlagswesen, setzte auf seinen Autor und – gewann.

Kästner selbst wird bei der Durchsicht des Materials überrascht gewesen sein, wieviel gute Gedichte er schon publiziert hatte. Es kam eine ansehnliche Kollektion zustande. Manches war allerdings auszusondern, nicht ungewöhnlich bei einem Autor, der für die Tagespresse schrieb und unter dem Druck von Redaktionsterminen auch mal Verse oder besser Reime zu Papier bringen mußte, an die er später nicht mehr erinnert werden wollte. In diesem Punkt ging es ihm nicht anders als Mehring oder Tucholsky, die für den »Simplicissimus«, das »Berliner Tageblatt« oder die »Berliner Illustrierte« auf Bestellung Gedichte lieferten, die einem aktuellen Anlaß oder allein der Unterhaltung dienten und die sie deswegen in ihre Werke nicht aufgenommen wissen wollten.

Trotz kritischer Auswahl blieb genug, um die hundertzwanzig Seiten des Buches zu füllen, dessen Erscheinen im Frühjahr 1928 eines der erfolgreichsten Lebensjahre Kästners einleitete. In der Nummer vom 1. Mai 1928 kündigte eine Verlagsanzeige in der »Weltbühne« an: »Soeben erscheint Erich Kästners *Herz auf Taille*. Mit Zeichnungen von Erich Ohser. Quartformat. Kartoniert, Reichsmark 3,50. Ganzleinen, Reichsmark 6,–.« Ein Herz und ein auf Kufen sich frei schaukelnder Pegasus waren als Illustration dazu abgebildet.

Kästner hat für das Buch genau neunundvierzig Gedichte ausgewählt. An den Anfang stellte er »Jahrgang 1899« – das poetische Protokoll von der Desillusionierung seiner Generation –, dem Schluß gibt er einen sehr nachhaltig-ernsten Akzent mit den »Stimmen aus dem Massengrab«. Zwischen diese beiden, für ihn höchst charakteristischen Aussagen, die nicht zufällig die Eckpfeiler der Auswahl bilden, hat er eine Kollektion von Versen unterschiedlichster Stimmung und Handlung plaziert. Der Leser erhält Auskunft über Bardamen und Tippfräuleins, Hotelzimmererotik und Kaffeehausmilieu, Großstadtprobleme und Wohnungsfragen, nicht weniger auch über Junggesellen, Kinder, seine Mutter und »Zeitgenossen, haufenweise«. Deutlich hervortretende Eigenschaften seiner Gedichte sind vom ersten Band an der Charme ihres Autors, die Kultiviertheit und Präzision in Witz und Pointe, seine Fähigkeit zum Lachen und zur geistvollen Plauderei, sein Blick für Menschen und deren Sorgen und – das scheint wohl das Wesentliche – daß er so etwas wie eine persönliche Verantwortung für seine Zeit empfindet. Diesem ethisch motivierten Ziel, gleichviel ob man Idealismus oder Parteinahme dazu sagen will, entspringt die Bitterkeit seiner Formulierung, die Schärfe seiner Satire, sooft er auf soziale und politische Mißstände zu sprechen kommt und die Kräfte benennt, die sich einer vernünftigen Gestaltung der Gesellschaft entgegenstemmen.

Dem Band ist anzumerken, daß sein Verfasser ein erfahrener Redakteur war; das Prinzip der Zeitung wird von ihm kühn für die Poesie übernommen. Er stellt Unterhaltsames gegen Ernstes, Erlebtes gegen Erdachtes, Lyrisches gegen Groteskes, so daß Zufälligkeit suggeriert wird, was in Wirklichkeit sorgfältiges Arrangement unter dem Gesichtspunkt von Lesbarkeit und Lockerheit war. Für einen Gedichtband, der sich nicht auf ein eingegrenztes Sujet festlegen, eher soviel wie möglich an Zeit und Umwelt hereinholen wollte, sicher das gegebene Prinzip. Kästner kennt seinen Leser außerdem recht gut, er ist Großstädter genug, um zu wissen, daß Poesie in einer Zeit der Technik und des Tempos den Konkurrenzkampf mit Rundfunk und Grammophon, UFA-Film und Sportpalast, Kabarett, Revue und Varieté anzutreten hatte, wenn sie in die Masse gelangen wollte. Die Mode und die Liebe legten damals Wert auf Taille, also nannte Kästner seinen Band *Herz auf Taille*.

Jahrgang 1899 spricht

Was der Leitartikel für die Zeitung, das bedeutete für dieses Buch das Einleitungsgedicht »Jahrgang 1899«, dessen neun Strophen vorwiegend eine Montage aus Feststellungen sind, die in einem scharfen Protest gegen den Krieg gipfeln.

Wir haben die Frauen zu Bett gebracht,
als die Männer in Frankreich standen.
Wir hatten uns das viel schöner gedacht.
Wir waren nur Konfirmanden.

Dann holte man uns zum Militär,
bloß so als Kanonenfutter.
In der Schule wurden die Bänke leer,
zu Hause weinte die Mutter.

Dieses Schicksal seiner Generation erklärt die kritische Haltung, die der Autor Kästner mit Eintritt in die Literatur zur bürgerlichen Gesellschaft einnimmt, und die Unerbittlichkeit, mit der er die Grundübel dieser Gesellschaft anklagt. Der Satz vom »Kanonenfutter« traf besonders jene, die den Rest des Krieges als halbe Kinder noch hatten mitmachen müssen, in den Nachkriegsjahren die Universitäten bezogen und nach dem Examen sich entscheiden mußten, wem sie ihr weiteres Leben anvertrauen sollten: der schuldig gewordenen, diskreditierten Generation oder ihren eigenen Vorstellungen von der Zukunft. Kästner als Sprecher der Jungen läßt keinen Zweifel aufkommen, daß er die im historischen Verlauf abgewirtschafteten vermeintlichen Ideale der Väter-Generation von Krieg und Heldentod nicht als die seinigen betrachtet. Mehr noch, der Neunundzwanzigjährige, der hier Bilanz zieht, will sagen, was ihm und seinesgleichen widerfuhr, darf sich niemals wiederholen!

Wir haben der Welt in die Schnauze geguckt,
anstatt mit Puppen zu spielen.
Wir haben der Welt auf die Weste gespuckt,
soweit wir vor Ypern nicht fielen.

Man hat unsern Körper und unseren Geist
ein wenig zu wenig gekräftigt.
Man hat uns zu lange, zu früh und zumeist
in der Weltgeschichte beschäftigt.

Aus der persönlichen wie auch der historischen Erfahrung des ersten Weltkrieges zeigt ihn bereits dieser erste Gedichtband als einen überzeugten und leidenschaftlichen Gegner des Militarismus.

Kennst du das Land, wo die Kanonen blühn?
Du kennst es nicht? Du wirst es kennenlernen.

Dort stehn die Prokuristen stolz und kühn
in den Büros, als wären es Kasernen.

Dort wachsen unterm Schlips Gefreitenknöpfe ...
Dort wird man nicht als Zivilist geboren.
Dort wird befördert, wer die Schnauze hält ...
Was man auch baut – es werden stets Kasernen ...

In die Ablehnung eines Staates, in dem der Verstand erstens stramm- und zweitens stillzustehen hatte, sind alle Hilfswilligen wie Verbände, Kriegervereine, Schulen und sonstige Anstalten mit einbezogen, ebenso diejenigen Institutionen der Kirche, die bereit waren, die Kanonen zu segnen und den Heldentod fürs Kapital im Namen der Religion zu sanktionieren. Mit solchen »Angestellten Gottes« geht Kästner unversöhnlich ins Gericht, wie in dem letzten Gedicht des Bandes, »Stimmen aus dem Massengrab«. Er schrieb unter diese Anklageschrift: »Für den Totensonntag. Anstatt einer Predigt.«

Ihr dürft die Angestellten Gottes loben.
Sie sprachen schön am Massengrab von Pflicht.
Wir lagen unten, und sie standen oben.
»Das Leben ist der Güter höchstes nicht.«

Vier Jahre Mord und dann ein schön Geläute! ...
Vier Jahre Mord, und ein paar Kränze heute!
Verlaßt Euch nie auf Gott und seine Leute!
Verdammt, wenn Ihr das je vergeßt!

»Das sind keine Harfentöne. Die Generation von 1899 wird sich in diesem Gedichtband freudig wiedererkennen«, hieß es in der Rezension von Hans Natonek im »Leipziger Tageblatt«. Das deutschsprachige »Prager Tageblatt« stimmte in die Bejahung dieser Haltung mit den Worten ein: »Lyrik aus Geist und Gesinnung ... So neu, daß sie nie veralten kann.« Gerade aber diese gelobte Gesinnung und dieser Geist waren es, die schärfste Ablehnung von rechts hervorriefen. Die »Deutsche Zeitung«, eines der reaktionären Sprachrohre der Zeit, hatte über den neuen Ton in der deutschen Lyrik, wie Kästner ihn vertrat, sachlich nichts zu sagen, bewies aber um so mehr die eigene Dürftigkeit, als sie sich zu der Anmaßung verstieg: »Wer ist Erich Kästner? Kästner ist unbedingt kein Dichter. Ob er auch Satiriker genannt werden darf, darüber kann man auch lebhafte Zweifel haben ... O nein, sondern bloß ein Schmierfink.«

Das konsequente Nein zum Krieg und die Warnung vor dem Wiederholungsfall sind auch in den folgenden drei Gedichtbänden Kästners nicht zu überhören, ebenso wie der Ruf zur Besinnung, die Mahnung zur Vernunft. Sein kämpferischer Pazifismus ist geboren aus der intellektuellen Einsicht in die Sinnlosigkeit des imperialistischen Völkergemetzels; der fest vorhandene Glaube an die Mobilisierbarkeit des Guten im Menschen und die gleichzeitige Sorge über das eventuelle Ausbleiben dieser »Vernunft« sind bestimmende Grundzüge für das Werk Erich Kästners geblieben.

Mit *Herz auf Taille* kam 1928 neben Kurt Tucholsky und Walter Mehring eine neue Stimme im Chor der demokratischen satirischen Literatur zu Wort. Es hat damals kaum eine liberale demokratische Tageszeitung gegeben, die den unzimperlichen, nüchternen Ton der Gedichte, ihre Angriffsfreudigkeit und ihre Unversöhnlichkeit gegenüber den drückenden sozialen Mißständen nicht mit Beifall registriert hätte. Man schrieb über Kästners Verse: »Viel Menschenliebe, viel Optimismus steht in diesen bitterbösen, schneidend-amüsanten Satiren!« (Das Tage-Buch) – »Das ist das gedichtete, dichtgewordene, zusammengeballte Leben, wie es uns umgibt!« (Mannheimer Volksstimme) – »Nichts Sentimentales, aber Lyrik von heute, scharf und von bissigem Humor« (Breslauer Neueste Nachrichten) – »Endlich saß man wieder vor einem Gedichtbuch wie vor einem Abenteuerroman Londons oder wie vor einem Chaplin-Film, gepackt, begeistert.« (Leipziger Volkszeitung)

Der Vergleich mit dem Literaturklassiker Jack London und gar noch mit dem Filmstar Charlie Chaplin, so journalistisch fix er zusammenformuliert sein mag, machte immerhin deutlich, daß die Masse des Leserpublikums der deutschen Großstädte, soweit sie Lyrik kaufte, sich angesprochen fühlte und seinen Dichter entdeckt hatte. Und wirklich, wer hatte vor Kästner das Thema »Klassenzusammenkunft« – »Sie saßen da, die Beine breit, / und sprachen von der Jugendzeit / wie Wilde vom Theater.« –, die Normalgefühle im Frühling – »Nun brauchen alle Hunde eine Braut. / Und Pony Hütchen sagte mir, sie fände: / die Sonne habe kleine warme Hände / und krabble ihr mit diesen auf der Haut.« –, die »Kleine Führung durch die Jugend« – »Und plötzlich steht man wieder in der Stadt, / in der die Eltern wohnen und die Lehrer« – und all die anderen Vorkommnisse des Alltags mit soviel enthüllender Treffsicherheit und Einfühlungsvermögen in Verse eingefangen wie dieser Erich Kästner, der so dichtete, wie es jeder seiner Leser täte, wenn er es gekonnt hätte.

Die »Berliner Volkszeitung« faßte die Stimmen seiner Verehrer zusammen, als sie schrieb: »Was er nüchtern und wahrhaftig feststellt, er wundervoll zu formulieren weiß, so treffsicher, daß der Leser seine helle Freude daran hat und rote Backen bekommt.«

Kästner erhielt die Bestätigung, den eingeschlagenen Weg weiter zu beschreiten, auch von der professionellen Literaturkritik. Eines der Urteile – es war für den neunundzwanzigjährigen Autor von besonderem Gewicht – kam von der »Neuen Bücherschau« Gerhart Pohls, jener Zeitschrift, die am weitesten links stand und in literarischen Fragen als unangefochtene Autorität galt. In der Besprechung des lyrischen Kästner-Erstlings wählte der Kritiker Hans Georg Brenner zum Zeichen der Hochachtung die persönliche Anrede. Er schreibt: »Erich Kästner! Sie kennen das Deutschland, das mit Gottes Hilfe einen Krieg verlor und eine Inflation gewann. Dessen akute Herzaffektion von einer chronischen Herzverfettung mit allen körperlichen und seelischen Nebenerscheinungen abgelöst wurde. Dessen vorübergehende Aktivität einen falschen Gleisanschluß gefunden hat und nun mit Volldampf dem Platz an Wallstreets Sonne zustrebt. Dessen Intelligenz sich an den Hochöfen der ›schwerleidenden‹ Industrie unter geistreichem Verdauungsgeschmunzel die Füße wärmt, während seine Statthalter Gottes über den Massengräbern des letzten Krieges die Fahnen des nächsten segnen.«

Der Rezensent ließ sich in seinem Urteil von den Eindrücken leiten, die die schonungslos enthüllenden Zeitsatiren des Bandes auf ihn machten, wie die »Hummermarseillaise«, in der ein vollgefressener Krösus und Geldprotz den Vorteil der Armut preist, Sarkasmen wie »Der Mensch ist gut, drum haut ihm in die Fresse! / Drückt Löhne! Zelebriert die Leipziger Messe! / Der Himmel hat für so was immer Interesse« oder Zeilen wie diese: »Mensch, werde rund, Direktor und borniert. / Trag Sonntags Frack und Esse. / Und wenn dich wer nicht respektiert, / dann hau ihm in die Fresse«, die als Bildtexte unter Zeichnungen von George Grosz hätten stehen können. Brenner schreibt weiter: »Sie kennen die Menschen, die in den Kasernenstädten leben und auf der Straße, in den Büros, in der eigenen Wohnung, im ungenierten Zimmer voreinander Männchen machen. Die Menschen, deren ganze Klugheit darin besteht, den eigenen Verstand, sogar dessen embryonale Rudimente, als gemeingefährliche Bazillen abzutöten. Dieses Deutschland, diese Menschen werden von Ihnen ›besungen‹. Vor gesellschaftskritischen Romanciers, deren Blickschärfe in umgekehrtem Verhältnis zu der Dickleibigkeit ihrer

Werke steht, haben Sie die prägnante Formulierung voraus, die ohrenfälligste, einfachste Melodie, deren volksliedhafte Selbstverständlichkeit sich in das Gedächtnis einbrennt. Sie haben die Probleme und Problemchen Ihrer Alterskollegen auf die primitivste Formel gebracht und das lyrische Gestammel jüngster Epigonen, die als Gestalter der Gegenwart verschrien werden, ad acta gelegt. Sie haben das gefunden, was Brecht einmal in falschem Zusammenhang den *Gebrauchswert* der Lyrik nannte: Ihre Verse gehören auf das Podium, an die Litfaßsäule, in die Zeitung, fettgedruckt, auf die erste Seite.«

Für die Qualität der Gedichte spricht schließlich auch die Tatsache, daß die Arbeiterschaft und deren Presse ihn als einen der Ihrigen betrachtete, seine Bücher stets mit Sympathie und Hochachtung besprach und sie zur politischen Aufklärung empfahl. Von jungen, aufstrebenden Talenten aus den Reihen des Proletariats wurde Kästner damals als poetisches Vorbild, als Mentor, angesehen, in dessen Versfüßen man, ermutigt vom Beispiel des »Einfachen«, die ersten Schritte in die Literatur wagen konnte. Diese Vorzüge seiner Lyrik vermag man kaum besser zusammenzufassen, als es die in Leipzig erscheinende Arbeiterzeitschrift »Kulturwille« tat: »Seine Lehrmeister«, hieß es in Heft 12/1928, »sind Walter Mehring, Theobald Tiger, Klabund, Ringelnatz. Die Satiriker, die Zeitkritiker, die politischen Feuilletonisten. Er hat sehr viel gelernt und bringt seine etwas melancholische Jugend (Jahrgang 1899) und seine eigene kräftige Begabung hinzu. Er hat nicht, wie jene junge deutsche Lyrik, die Augen vor der Zeit zugemacht und sich ins Jahr 1900 zurückgeflüchtet, sondern das Proletariat in seiner Not gesehen, den Krieg in seiner Gemeinheit erlebt. Er hat nicht für die gute Stube geschrieben, sondern er spuckt dem Bürger in die gute Stube, seine Verse sind prachtvoll geeignet zur Rezitation in jedem von aggressivem Geiste getragenen Kreise. Solche Verse sind uns bitter nötig, sie reißen manche Binde von den Augen.«

Erheiternd wirkt angesichts solcher Wertschätzung ein Protest, der damals bei der Redaktion einer Provinzzeitung einging, die den »Chor der Fräuleins« nachgedruckt hatte. Absender der Beschwerde war eine Geschäftsstelle des Verbandes der weiblichen Handels- und Büroangestellten e. V.

In dem Kästnerschen Lobgesang auf die Tippfräuleins kommen folgende Strophen vor.

Wir hämmern auf die Schreibmaschinen.
Das ist genau, als spielten wir Klavier.
Wer Geld besitzt, braucht keines zu verdienen.
Wir haben keins. Drum hämmern wir.

Wir winden keine Jungfernkränze mehr.
Wir überwanden sie mit viel Vergnügen.
Zwar gibt es Herrn, die stört das sehr.
Die müssen wir belügen.

Zweimal pro Woche wird die Nacht
mit Liebelei und heißem Mund,
als wär man Mann und Frau, verbracht.
Das ist so schön! Und außerdem gesund.

An dieser Stelle war das Maß voll. Die sich beleidigt fühlenden Verbandsdamen entrüsteten sich, wie dieser Herr seine persönlichen Erfahrungen auf einen ganzen Berufsstand übertragen könne. Sie drohten: »Bevor wir weitere Schritte gegen dieses Schmähgedicht unternehmen, fordern wir durch Sie den Verfasser auf, eine Erklärung in Ihrem Blatt abzugeben, daß er mit dem Gedicht den Stand der Stenotypistinnen und sonstigen weiblichen Angestellten nicht kennzeichnen wollte.«

Er wollte es nicht.

Wie hätten die ehrbaren Stützen des Bürowesens erst protestiert, wenn Ohser ausgerechnet zu diesem Gedicht eine seiner deflorierenden Zeichnungen gestellt hätte! Diesmal beließ er es bei einer dezenten Vignette, ausgesprochen wohlwollend, ein weiblicher Kopf mit Hütchen, Lockenfülle, Mandelaugen und hübschem Kinn.

Von dieser Episode gekränkten Berufsstolzes abgesehen, bleibt der Satz richtig, den der Verfasser des »taillierten Humors« in einem seiner Vorworte über das Echo seiner Bücher wahrheitsgemäß niederschrieb: »Meine satirischen Gedichte fanden Anklang.«

Mit Ohser in Paris

Die übermütigen Zeichnungen Ohsers, dessen jungenhafte Art – rauflustig und unzimperlich – Kästner sehr schätzte, trugen ihr Teil dazu bei, daß die zweitausend Exemplare im Buchhandel rasch Absatz fanden. Die beiden Erichs kassierten frohgemut die Tantieme für ihr

Büchlein, »ein paar hundert Mark«, mit denen sie ihre erste gemeinsame Auslandsreise finanzierten. Es zog sie nach Paris.

Da sie das Geld einteilen mußten, nahmen sie mit einem billigen, kleinen Hotel am Bahnhof St. Lazare vorlieb, von dem sie nach allen Stadtteilen ausschwärmten. Im Hotelzimmer deponierten sie die harten Salami- und Zervelatwürste, die sie aus Berlin mitgenommen hatten. »Wir lebten wie die Wanderburschen«, liest man bei Kästner, »und wir waren ja auch welche! Von morgens bis in die Nacht trabten wir kreuz und quer durch die wundervolle Stadt, über die Boulevards zum Bois, von der Place du Tertre zum Café du Dôme und zur Coupole, von der Madeleine zur Place de la Bastille, von den Markthallen zu den Bouquinisten, und kein Winkel konnte sich vor uns verstekken.«

Beide waren so lange unterwegs, wie sie sich auf den Beinen halten konnten, mitunter bis in die Nacht hinein. Ohser war kräftig von Statur, Kästner im Laufen trainiert, also hielten sie etwas aus. Sie seien nicht mit den Hühnern zu Bett gegangen – auch nicht mit den französischen, die man »poules« nenne – und hätten auch nachts die Augen offengehalten. Keß setzten sie sich in einer dieser Nächte im weltberühmten Lido an die Bar, wo sie heimlich das Geld nachzählten, ob es noch reichen würde, die teuren Getränke zu bezahlen.

In einer dunklen Seitenstraße gerieten sie eines späten Abends in ein Lokal mit splitterfasernackter Damenbedienung. »Es handelte sich um ziemlich hübsche Mädchen in allen Haut- und Haarfarben«, die sich »aufs ungezwungenste um die Gäste bemühten.« Daran erinnerte sich Kästner noch ganz genau. Sie seien sich beide vorgekommen wie in einer Hafenkneipe von Hongkong oder Port Said, und in der Runde hätte eigentlich nur noch ein dritter Sachse, der Vollmatrose Ringelnatz, mit einem Glase Wein und einem hanebüchenen Kuddeldaddeldu-Gedicht gefehlt. Auf dem Heimweg, als sie dieses Damenlokal verlassen hatten, sprach sie ein radebrechender Levantiner an, dem sie eine Fotoserie »Les vingtquatre positions« abkaufen sollten. Der Händler tat verrucht und geheimnisvoll, kassierte rasch das Geld und verschwand in der Dunkelheit. Als Ohser unter eine Laterne trat, um das Erworbene genauer zu betrachten, brach er in schallendes Gelächter aus: Der Mann hatte ihnen vierundzwanzig Positionen von einem Ringkampf zweier dicker Männer vom Rummelplatz angedreht.

Dieses Abenteuer ihrer Pariser Nächte schildert Kästner in dem kleinen Aufsatz, den er 1963 einer Erich-Ohser-Mappe zum Gedenken des Freundes voranstellte. Als er die Blätter des Freundes für den Druck zusammenstellte, kamen ihm die glücklichen, heißen Sommertage von Paris, als sie in der grünen Oase des Jardin du Luxembourg auf einer Bank saßen, wieder in Erinnerung. Wie weit lag das zurück! Ohser zeichnete, und Kästner schaute zu, wie des Freundes Pastellstifte das Blatt füllten. Er zählt auf: ein Liebespaar, eine steinerne Amphore aus dem 18. Jahrhundert, eine Bonne, zwei gesattelte Esel, drei leere Klappstühle, die Wedel einer Fächerpalme, Vögel auf dem Kiesweg, ein Segelschiffchen im Wasserbecken, ein Junge davor und ein Mädchen, das den Kopf vor der Glut der Sonne mit einer Zeitung schützt. In diesem Park, einer Oase der Schönheit und der Harmonie, den viele deutsche Dichter von Rilke bis Tucholsky besungen haben, entstand das folgende Gedicht, dessen Metrik leicht und graziös davonrollt wie ein Reifen von der Hand der Kinder.

Dieser Park liegt dicht beim Paradies.
Und die Blumen blühn, als wüßten sie's.
Kleine Knaben treiben große Reifen.
Kleine Mädchen tragen große Schleifen.
Was sie rufen, läßt sich schwer begreifen.
Denn die Stadt ist fremd. Und heißt Paris.

Zurückgekehrt in die »geliebte Berliner Tretmühle«, begann für Kästner wieder die tägliche Büroarbeit, mal im Café Carlton, mal bei Victor Schwannecke, wo sich nach Theaterschluß die Literatur- und die Bühnenprominenz traf. An den Vormittagen ging Herr Kästner gewöhnlich in sein »Office«, stets korrekt gekleidet, »ein Sohn des Volkes mit prinzlichen Manieren«, wie Freund Hermann Kesten ihn sah, bei trübem Wetter mit einem leichten Mantel überm Arm und dem eingehängten Regenschirm mit dem Bambusgriff.

Der Kreis der Kästner-Freunde begann sich um 1928/29 rasch zu vergrößern. Aus Plauen kam Erich Knauf nach Berlin als Leiter der Büchergilde Gutenberg, und Hans Otto, ein Schulfreund von Kästner, erhielt ein Engagement am Schauspielhaus am Gendarmenmarkt. Weitere Bekanntschaften ergaben sich aus der Mitarbeit an der »Weltbühne«, über die Kästner auch zu seinem neuen Romanhelden Emil kam. Er schwört, daß ihm nie zuvor im Leben eingefallen sei, ein Kinderbuch zu schreiben, daß er dazu gekommen sei wie die sprichwörtliche Jungfrau zum Kind – durch einen reinen Zufall. Und doch schrieb er das Buch, das sogleich ein internationaler Erfolg wurde. Das wiederum nicht durch Zufall.

Emil und die Detektive

Auf einem der »Weltbühnen«-Teenachmittage, zu denen die Verlegerin Edith Jacobsohn die Autoren des »Blättchens« um sich versammelte, um mit ihnen über Neuigkeiten der Literatur und der Politik zu plaudern, und auf denen, wie Hermann Kesten berichtet, meist nur dünner Tee gereicht wurde, wohingegen sich Kästner auch an Kognak, Wermut und belegte Brötchen erinnert, wurde er von der Gastgeberin »auf den Balkon bugsiert«. Frau Jacobsohn klemmte sich das Monokel ins Auge und eröffnete dem jungen Mann: »Sie wissen, daß ich die ›Weltbühne‹ nur leite, weil mein Mann gestorben ist. Und Sie wissen auch, daß mir der Kinderbuchverlag Williams & Co. gehört.«

Das wußte Kästner natürlich, denn in diesem Verlag waren in deutscher Übersetzung die weltberühmten *Doolittle*-Bände des Engländers Hugh Lofting erschienen, auch *Pu, der Bär* von A. A. Milne und zwei Bände des nicht minder berühmten Tschechen Karel Čapek. Was sich Edith Jacobsohn und Erich Kästner auf dem Balkon im Grunewald weiter zu sagen hatten, ist in den *Vermischten Beiträgen* seiner *Gesammelten Werke* festgehalten:

»Es fehlt an guten deutschen Autoren«, meinte die Frau mit dem Monokel. »Schreiben Sie ein Kinderbuch!«

Kästner war ob dieser Aufforderung völlig verblüfft. »Um alles in der Welt, wie kommen Sie darauf, daß ich das könnte?«

»In Ihren Kurzgeschichten kommen häufig Kinder vor, davon verstehen Sie eine ganze Menge. Es ist nur noch ein Schritt. Schreiben Sie einmal nicht *über* Kinder, sondern auch *für* Kinder!«

»Das ist sicher schwer«, sagte er, »aber ich werd's versuchen.«

Als Edith Jacobsohn einige Wochen später bei ihm in der Wohnung anrief, ob er sich die Sache mit dem Kinderbuch überlegt habe, teilte er ihr – zu ihrer Verblüffung – mit, er schriebe bereits am neunten Kapitel. Woraufhin Kästner zu hören glaubte, daß es am anderen Ende der Leitung klirrte, was er nur so deuten konnte, daß der Verlegerin vor Überraschung das Monokel aus dem Auge gefallen war. Sie wollte das Manuskript auf der Stelle haben, doch Kästner zögerte, es sei nicht seine Art, Unfertiges aus der Hand zu geben, fühlte sich andererseits wiederum geschmeichelt, daß sie ihn ersuchte, in diesem Fall eine Ausnahme zu machen.

Die Verlegerin war begeistert von den frisch erzählten Geschichten um Pony Hütchen, Gustav mit der Hupe und den sympathischen Jungen Emil aus Neustadt. Andere Bekannte aus ihrem Kreise, die die ersten Kapitel lasen, fanden sie gleichfalls großartig und wollten wissen, wie die Geschichte weitergehe. Angefeuert von dem allseitigen Interesse der Erwachsenen, schloß Kästner die Arbeit in wenigen Wochen ab und legte im Herbst 1928 sein zweites Buch vor. Es hieß *Emil und die Detektive* mit der Unterzeile »Ein Roman für Kinder«.

In einer seiner zahlreichen Reden und Essays über Kinderbücher beschäftigt sich Kästner einmal mit der Frage, welches spezifische Talent einen guten Schriftsteller dazu befähige, auch ein guter Kinderbuchautor zu sein. Er erinnert sich dabei an folgendes: »Am 3. Oktober 1953 saßen in einem Züricher Gasthaus drei Kinderbuchautoren beisammen und unterhielten sich über meine Frage. Eine Schriftstellerin aus Schweden namens Astrid Lindgren, eine Dame aus England, Pamela Travers, und ich selber. Wer Astrid Lindgren ist und was sie kann, weiß heute jeder. Und auch die ›Miss Mary Poppins‹ von Mrs. Travers kennen, seit Disneys Film, viele Kinder und Eltern in der ganzen Welt.

Schweden, England und Deutschland tranken also in der Schweiz Whisky und erörterten, im Zunfthaus ›Zimmerleuten‹, meine – natürlich nicht nur meine – alte Frage. Und wir kamen, trotz einiger Sprachschwierigkeiten, sogar zu einem Resultat. Der tägliche Umgang mit Kindern, als Mutter oder Lehrer oder Großvater, spiele zwar eine Rolle. Es bereichere die Echtheit der Erzählung. Aber die Hauptrolle, die spiele er keineswegs! Der gute Kinderbuchautor habe, fanden wir, den übrigen guten Schriftstellern eines voraus, und nur dies sei entscheidend: Er stehe in unzerstörtem und unzerstörbarem Kontakt mit seiner eigenen Kindheit! Es handle sich um eine uns selbstverständliche, merkwürdigerweise aber seltene Personalunion. Um ein Geschenk, mit dem das Geschick offensichtlich sparsam umzugehen pflege. Und das sei sehr, sehr schade.

Als ich im Herbst 1965 in Stockholm war, erinnerte ich Astrid Lindgren an den Abend in Zürich. ›O ja‹, sagte sie lächelnd, ›ich weiß es noch genau. Wir haben miteinander Walzer getanzt.‹

Sie hatte unsere Unterhaltung vergessen. Ich hatte unseren Walzer vergessen. Aber eines hatten weder sie noch ich vergessen: die eigene Kindheit.«

Mit dieser kleinen Geschichte wollte er sagen, daß die Substanz eines Kinderbuches im wesentlichen die Erinnerungssubstanz seines Autors ist, der in »unzerstörtem und unzerstörbarem Kontakt mit seiner eigenen Kindheit« stehen müsse. Diese Kongruenz war im Falle Kästners gegeben. Er griff mit *Emil* auf ein Erlebnis seiner Kindheit zurück, als er selbst einmal ein detektivisches Abenteuer zu bestehen hatte. Möglicherweise lag darin der Grund, warum ihm die Geschichte so »unbändige Freude« machte und so zügig aus der Feder floß.

Als Erich elf oder zwölf Jahre alt war, hatte eines Tages, wie es häufig vorkam, eine Frau bei seiner Mutter einen Großauftrag für eine Hochzeitsgesellschaft aufgegeben. Er stand dabei, als die Einzelheiten besprochen wurden, und hörte neugierig zu, wie die Auftraggeberin, ein Fräulein Strempel mit Namen, von der bestellten Brautkutsche und weiteren fünf Droschken schwärmte, vom Hotel Bellevue, das das Diner lieferte, dem engagierten Kellner im Frack und von einer riesigen Eisbombe als Nachtisch. Sie selbst sei die Glückliche, die kommenden Sonnabend getraut werde. Zum Tag des vereinbarten Termins jedoch herrschte bei Kästners Niedergeschlagenheit. Die Mutter weinte. Die angegebene Adresse war falsch. Sie war einer Betrügerin aufgesessen.

Mißerfolge der Mutter, das war immer so im Haushalt der Kästners gewesen, bedrückten auch den Sohn. In diesem Falle konnte er wohl nichts ändern. Bis ihm eines Tages der Zufall zu Hilfe kam. Auf dem Nachhauseweg von der Schule sah er das angebliche Fräulein Strempel auf der Straße wieder. Blitzschnell drückte er dem Jungen, der mit ihm war, den Schulranzen in die Hand mit dem Auftrag, ihn zu Hause abzugeben und seiner Mutter auszurichten, »der Erich komme später«. Dann nahm er die Verfolgung auf. Da ihn das Fräulein Strempel, die wahrscheinlich gar nicht Strempel hieß, nicht wiedererkannt hatte, brauchte er sich nicht zu verstecken. Durch mehrere Straßen blieb er ihr auf den Fersen, bis zum Dresdner Altmarkt, wo sie hinter den gläsernen Flügeltüren von Schlesinger & Co., einem Geschäft für »feinste Damenkonfektion«, verschwand. Detektiv Erich marschierte hinterher und geriet damit in eine peinliche Situation als männlicher Kunde inmitten von Damenkonfektion.

»Da stand ich nun zwischen Ladentischen, Spiegeln, fahrbaren Garderoben und unbeschäftigten Verkäuferinnen und rührte mich, vor Schreck und Pflichtgefühl, nicht von der Stelle. Wenn wenigstens Kundinnen dagewesen wären und anprobiert und gekauft hätten! Aber es war ja Mittagszeit, da war man daheim und nicht bei Schlesingers! Die Verkäuferinnen begannen zu kichern. Eine von ihnen kam auf mich zu und fragte mutwillig: ›Wie wär's mit einem flotten Sommerkleidchen für den jungen Herrn? Wir haben entzückende Dessins auf Lager. Darf ich Sie zum Anprobieren in die Kabine bitten?‹ Die anderen Mädchen lachten und hielten sich die Hand vor den Mund. Solche Gänse! ... Die Mädchen wollten sich vor Lachen ausschütten. Ich wurde rot und wütend. Da erschien eine ältere Dame auf der Bildfläche, und die Etage wurde mäuschenstill. ›Was machst denn du hier?‹ fragte sie streng. Weil mir nichts Besseres einfiel, antwortete ich: ›Ich suche meine Mutter.‹ Eines der Mädchen rief: ›Von uns ist es keine!‹, und das Gelächter brach von neuem los.

In diesem Moment glitt der Wandspiegel lautlos zur Seite, und Fräulein Nichtstrempel trat heraus. Ohne Hut und Mantel. Sie strich sich übers Haar, sagte zu den anderen: ›Mahlzeit, allerseits!‹ und begab sich hinter einen der Ladentische – sie war, bei Schlesinger im Zweiten Stock, Verkäuferin! Und schon war ich auf der Treppe. Ich suchte den Geschäftsführer. Hier war ein Gespräch zwischen Männern am Platze!«

Es stellte sich heraus, daß das Fräulein gar nicht Strempel, sondern Nitzsche hieß und von einer Hochzeit keine Rede sein konnte. ›Ein alterndes Fräulein, das keinen Mann fand, hatte heiraten wollen, und weil sich ihr Wunsch nicht erfüllte, log sie sich die Hochzeit zusammen. Es war ein teurer Traum. Ein vergeblicher Traum. Und als sie erwacht war, bezahlte sie ihn ratenweise und wurde mit jeder Monatsrate ein Jahr älter. Manchmal begegneten wir uns auf der Straße. Wir sahen einander nicht an. Wir hatten beide recht und unrecht. Doch ich war besser dran. Denn sie bezahlte einen ausgeträumten Traum, ich aber war ein kleiner Junge.«

Soweit das Dresdner Detektiverlebnis, das, variiert und nach Berlin verlegt, zum Weihnachtsbucherfolg des Jahres 1928 werden sollte.

Der Sieg der Moral

Kästners *Emil* folgt im Formalen einer Erzähltradition, wie sie bereits in Kinderbüchern des 19. Jahrhunderts anzutreffen ist. Durch direkte Anrede, eingeschobene Dialoge, lebendig gestaltete Unterhaltung, Vorrede in Form einer Zwiesprache wird der Kontakt zum Leser so eng wie möglich gehalten. Diese formalen Mittel allein hätten natürlich nicht ausgereicht, dieses Meisterwerk der Kinderliteratur zustande zu bringen. Kästner gelang dank seiner Begabung und seiner Phantasie ein Buch, das durch seine Spannung, seine pädagogische Souveränität und den Glauben an die Macht des Guten junge Leser noch heute fesselt und überzeugt.

Der eigentlichen Geschichte von dem Jungen Emil, der auf der Fahrt von Neustadt nach Berlin in der Eisenbahn von einem Gauner um seine hundertvierzig Mark bestohlen wird, ist, wie könnte es bei Kästner anders sein, eine Art Vorwort vorangestellt, in dem er liebenswürdig umständlich erzählt, wie er zu der Geschichte gekommen ist, und dann folgt in Wort und Bild eine Kurzbeschreibung der wichtigsten Personen und Schauplätze. Diese Steckbriefe, die Walter Trier gezeichnet hat, überschreibt Kästner wie in einem Schulaufsatz – »Erstens: Emil persönlich. Zweitens: Frau Friseuse Tischbein, Emils Mutter. Drittens: Ein ziemlich wichtiges Eisenbahnabteil. Viertens: Der Herr im steifen Hut.« Weiter folgen Pony Hütchen und die anderen Beteiligten, am Schluß sieht man die Setzerei einer großen Zeitung.

Diese Setzerei gehört zu einem Herrn Redakteur Kästner, der als Mitspieler seines Romans den Hauptfelden Emil Tischbein auf dem Berliner Polizeipräsidium interviewt und den Sensationsbericht samt Foto in die Zeitung bringt.

Der Journalist Kästner schüttelt seinem jugendlichen Double herzlich die Hand und sagt: »Grüße deine Mutter, wenn du nach Hause kommst. Es muß eine sehr liebe Frau sein.«

»Und ob«, bekräftigt Emil.

»Und noch eins«, ruft Herr Kästner, als das Auto schon anfährt, »lies heute nachmittag die Zeitung! Du wirst dich wundern, mein Junge!«

Emil drehte sich noch einmal um und winkt. Und Herr Kästner winkt auch. Dann saust das Auto um die Ecke. Ihre Wege gingen wieder auseinander.

Der freundschaftliche Handschlag und das herzliche Winken bedeuteten, daß der erwachsene Mann Kästner Jungen wie Emil, eigentlich auch Pony Hütchen, sympathisch fand und für sie von nun an immer mal wieder ein gutes Buch schreiben würde.

Für das Jahr 1928 war *Emil und die Detektive* ein ganz und gar zeitgemäßes, in Sujet und Sprache absolut modernes Buch. Hier legte sich ein Autor nicht »auf den Bauch vor Kindern«, um recht lustig zu sein, sondern nahm sie so ernst, wie sie in ihrem Kindsein genommen werden wollten. Emils Geschichte hätte jedem Kind jeden Tag in einem beliebigen Eisenbahnabteil passieren können. Insofern eine alltägliche, aus der Realität geholte Romanidee und gerade deshalb aufregend. Emil – das heißt, daß auch Kinder schon mit Problemen konfrontiert sind, daß sie etwas zuwege bringen können, wenn sie zusammenhalten. Emil – das heißt auch ehrlich und mutig sein und für Gerechtigkeit eintreten. In der Welt der Kinder schien diese Elementarregel der Moral noch intakt zu sein. Emil bekommt im Unglück wie selbstverständlich die Hilfe gleichaltriger Kameraden zu spüren. Nur sie als Gruppe, die sich auf eigene Weise in der Verfolgung des Diebes organisieren, setzen die Entlarvung des Gauners und somit die Herstellung der Gerechtigkeit durch. Mehr noch: Im Kinderbuch wird die gute Tat noch belohnt, indem Emil die Prämie von tausend Mark erhält, die auf die Ergreifung jenes gesuchten Bankräubers, der sich hinter dem Herrn mit der Melone aus dem Eisenbahnabteil verbarg, ausgesetzt war. Das ist für ein Kinderbuch ein ideales Happy-End. Alle sind am Schluß in der glücklichen Familie mit Oma in der Berliner Schumannstraße bei Apfelkuchen und heißer Schokolade vereint, mittendrin der Realschüler Emil, »so ein richtiger Kerl, aus dem später mal was werden wird«.

Irgendein Erwachsener sagt diesen Satz zu dem siegreichen Helden des Romans, so als wäre der Lebensweg allein vom eigenen Wollen und Können oder vom guten Charakter abhängig. Spätestens an dieser Stelle hat das Buch ein Fragezeichen. Was damit gemeint ist, soll folgende Betrachtung deutlich machen: 1932 schrieb Kästner ein Gedicht, das zu seinen sozialkritischen Texten gehört, entstanden in den entscheidenden Berliner Jahren zwischen Weltwirtschaftskrise und Faschismus. Das Gedicht heißt »Kurt Schmidt, statt einer Ballade«. Es steht am Anfang seines Bandes *Ein Mann gibt Auskunft*. Vorher konnte man es schon in der »Weltbühne« lesen. Es ist jenes Gedicht, von dem Tucholsky berichtet, daß sie damals viele Zuschriften bekommen hätten, darunter »merkwürdige Briefe«, auch von Arbeitern.

An diesem Kurt Schmidt, der als Junge vielleicht die gleiche Intelligenz und Tüchtigkeit besaß wie Emil, der aber als Erwachsener zugrunde geht, obwohl er arbeitet, sogar fleißig ist, wird deutlich, was hier in Frage gestellt wird. Dem Fabrikarbeiter Schmidt mit seinen vierzig Mark Wochenlohn kommt niemand zu Hilfe, als er merkt, daß er am Ende ist, weil seinesgleichen keine Chance mehr hat und weil »er allein stand bei Gefahren«. Schmidt ist ein Mensch, dem kein Beistand und keine Solidarität zuteil werden, der im privaten wie beruflichen Leben nichts als Unglück hat und, in seiner Ausweglosigkeit zur Verzweiflung getrieben, schließlich Selbstmord begeht. Gesetzt den Fall, der erwachsene Emil wäre dieser Arbeiter oder Prokurist aus der Glasfabrik – wo sind dann Gustav mit der Hupe, wo der Professor und der kleine Dienstag? Haben sie ihre Fähigkeit zum Beistand verloren, oder wollen sie einem Kameraden nicht mehr helfen? Hat unter dem Verlust der Kindheit ihre Anständigkeit gelitten, oder war es möglich, daß in der Welt des alltäglichen Kapitalismus das Modell von Emil und den Detektiven nicht mehr funktionierte? In seinem Roman für Kinder von 1928 ist diese Frage vom Autor nicht gestellt, und in den Werken für die Erwachsenen ist sie nicht beantwortet.

Kästner sieht die Probleme schließlich als Pädagoge, der er nicht werden wollte, aber mit seinen Kinderbüchern in gewisser Weise doch geworden ist. Er ist absolut vom Wert der Erziehung überzeugt: Eine gute Saat kann nur als gute Ernte reifen. Sein Glaube an die Macht der Erziehung und die Erziehbarkeit des einzelnen, das dominierende Prinzip seiner Romane für die Kinder, ließ ihn gesellschaftliche Schwierigkeiten übersehen, ja, dieser Glaube war vielleicht überhaupt der auslösende Faktor, warum er Kinderbücher schrieb.

In seiner Rede vor dem Züricher PEN-Club 1948 »Kästner über Kästner« sagt er selbst dazu: »Als ich ihn einmal fragte, warum er neben seinen bitterbösen Satiren Bücher für kleine Jungen und Mädchen schreibe, gab er eine Antwort, die uns aus der Klemme helfen kann. Die Attacken, sagte er, die er, mit seinem als Lanze eingelegten Bleistift, gegen die Trägheit der Herzen und gegen die Unbelehrbarkeit der Köpfe ritte, strengten sein Gemüt derartig an, daß er hinterdrein, wenn die Rosinante wieder im Stall stünde und ihren Hafer fräße, jedesmal von neuem das unausrottbare Bedürfnis verspüre, Kindern Geschichten zu erzählen. Das täte ihm über alle Maßen wohl. Denn Kinder, das glaube und wisse er, seien dem Guten noch nahe wie Stubennachbarn. Man müsse sie nur lehren, die Tür behutsam aufzuklinken.«

Und so stand er zwischen der noch intakten Kinderwelt und der kontaktarmen Welt der Erwachsenen und suchte zu vermitteln, versuchte, die ihn schmerzende Diskrepanz zwischen der vorgefundenen sozialen Realität und der pädagogischen Provinz seiner Kinderromane aufzuheben. Die Kinder seiner Bücher und deren Leser würden die Erwachsenen von morgen sein. Auf sie hoffte er. Sie sollten anders werden.

Mein Sohn Emil – ein guter Junge!

Kästners Bedeutung als Kinder- und Jugendbuchautor wird von der Literaturwissenschaft darin gesehen, daß er, wie Prof. Klaus Doderer in seinem Lexikon der Kinder- und Jugendliteratur schreibt, »einen am Ende der zwanziger Jahre neuen Kindertyp als Held seiner Bücher schuf, der selbständig, auch selbstbewußt, klug, kooperationsbereit und zupackend sein eigenes Leben vernünftig und furchtlos einrichtet, der Erfolg hat und damit das Ideal des gehorsamen, braven Kindes aus der Kinderliteratur des 19. und beginnenden 20. Jahrhunderts ablöste. Zugleich holte er die Thematik gegenwärtiger Zeit und Umwelt ins Kinderbuch, schrieb eine klare, äußerst präzise und verständliche Sprache. Scheute sich nicht, vordem verpönte Alltagssprache (Straßenjargon) mit einzubeziehen.« Zu ergänzen wäre noch, daß Kästner eine gute Portion Pfiffigkeit und Heiterkeit einbringt, die es den Verlagen noch immer möglich macht, das *Emil*-Buch erfolgreich zu verkaufen, obwohl es inzwischen ein halbes Jahrhundert auf dem Buckel hat. Die Erfolgsbilanz gerade dieses Werks ist beachtlich. Nicht nur, daß es bis 1933 und nach 1945 wieder zu den meistgelesenen Kinderbüchern gehörte, es wurde im Verlauf der Jahrzehnte auch mehrfach verfilmt, außerdem für die Bühne, den Rundfunk und das Laienspieltheater bearbeitet. Übersetzt liegt es heute in etwa dreißig Sprachen vor, und in einer Reihe von Staaten, darunter in der UdSSR, in Japan, England und in den Vereinigten Staaten von Amerika, wird es in den Schulen seit langam als Lehrbuch für den Deutschunterricht verwendet. Es gibt aber darüber hinaus noch Schulbücher von »Emil« in französischer und englischer Sprache, die zur Erlernung der Heimatsprache benutzt werden.

Emil und die Detektive ist das populärste Schul- und Kinderbuch Kästners bis heute geblieben. Der Ruhm färbte auf den Verfasser ab. Vielfach wurde er von Kollegen wie Lesern mit diesem Buch identifiziert. 1956, anläßlich einer Tagung des PEN-Clubs in London, wurde er, wie es üblich ist bei solchen Anlässen, auf einer Gartenparty der englischen Königin Elisabeth vorgestellt, die ihn sogleich ins Gespräch zog, *Emil und die Detektive* habe sie in der Schule sowohl in englisch als auch in deutsch gelesen. Es war die gleiche Party, auf der eine britische Dame den Schriftsteller aus München verwundert fragte: »Wieso sind Sie noch so jung? Ich habe *Emil und die Detektive* doch schon als Schulkind gelesen!« Worauf Kästner charmant lächelnd erwiderte: »Na ja, ich habe schon als Kind zu schreiben begonnen.«

Den beziehungsreichen Satz, mit dem Kästner sein erstes Kinderbuch eröffnete, »Euch kann ich's ja ruhig sagen: Die Sache mit Emil kam mir selber unerwartet«, schrieb er 1928 als ahnungslos in die Kinderliteratur eintretender junger Mann, der eigentlich Satiriker und Lyriker war. Und der Satz stimmte sogar. Knapp ein Jahr war vergangen, da schickte er seiner Mutter fast jede Woche eine lobende *Emil*-Kritik. Sommer 1930 begannen bereits die Filmverhandlungen mit der UFA; seine Verlegerin läßt durchblicken, daß *Emil* sehr gut gehe und die Restauflage (bis 20000) wohl bis Jahresende 1929 verkauft sein würde. »Dann druckt sie neu.«

Die Erfolge seines Kinderromans spiegeln sich recht detailliert in den Briefen an die Mutter, die ihr »oller Junge« noch immer täglich nach Hause schickt. Er kann jetzt als Prominenter bei den Verhandlungen bereits die Gagen bestimmen. »Gestern hab ich wieder wegen des Films verhandelt«, heißt es. »Ich soll mitspielen. Die Rolle des Reporters ... 10000 und Auslandsbeteiligung hab ich verlangt.« Kästner ist besonders stolz, daß er über das Interesse des Auslands nach Hause berichten kann: »Am 1. Januar kommt auch die erste Abrechnung aus New York. Norwegen will auch den *Emil* erwerben. Kurzum, ein guter Junge, mein Sohn Emil.«

Der Identifikationsprozeß Kästner = Emil, Emil = Kästner setzte ein, ohne daß sein Urheber das Geringste daran ändern konnte. Ganz im Gegenteil, er selbst fing an, die Welt mit »Emil-Augen« zu sehen. Folgendes merkwürdiges Erlebnis hat er in jenen Jahren: Er kommt in Berlin auf dem Weg zur Bank am Café Josty vorüber und sieht, wie »sein Emil« von der Straßenbahn klettert, zwischen den Autos steht, mit dem Blumenstrauß, und dann zum Kiosk geht – genauso, wie er es zwei Jahre zuvor in dem Buch beschrieben hatte. »Komisch ist das, wenn man so seinen Figuren begegnet.«

Emil – das war nun also der Sohn, den er in seinem Kinderbuch und ein weiteres Mal in dem »Brief an meinen Sohn« literarisch vorweggeschaffen hatte.

Ich möchte endlich einen Jungen haben,
so klug und stark, wie Kinder heute sind.
Nur etwas fehlt mir noch zu diesem Knaben.
Mir fehlt nur noch die Mutter zu dem Kind.

Nicht jedes Fräulein kommt dafür in Frage.
Seit vielen langen Jahren such ich schon.
Das Glück ist seltner als die Feiertage.
Und deine Mutter weiß noch nichts von uns,
mein Sohn.

Doch eines schönen Tages wird's dich geben...

Als sehr spät in seinem Leben, 1957, in München Friedel Siebert und ihm ein Sohn geboren wurde, war Emil als Vorname für Kinder aus der Mode. Der Sohn bekam den Namen Thomas, und es war der Vater, der jetzt die Briefe an den Kleinen scherzhaft mit »Emil« oder »Emilchen« unterzeichnete.

An dem brillanten Siegeszug des sächsisch-berlinischen Helden Emil Tischbein, der mit einer Schar seinesgleichen einen Gangster zur Strecke bringt, war auch Walter Trier beteiligt, jener Berliner Illustrator, der von 1928 an bis zu seinem Tode die Kinderbücher Erich Kästners illustrierte. Es war ein Mann, der ihm auch in seiner Lebenseinstellung, seinem Humor und seiner Auffassung der Kunst nahestand. Trier besaß die seltene Gabe, wenn er zeichnete, den Kosmos zum zweitenmal zu erschaffen – als eine »Welt ohne Ärger«. »Er war ein stiller, ernster Mann mit Kinderaugen«, so beschreibt ihn Kästner, der ihn 1927 über Edith Jacobsohn in Berlin kennenlernte. »Alles, was er zeichnete und malte, lächelte und lachte, sogar der Schrank und der Apfel, die Wanduhr und der Damenhut. Alles war und machte heiter. Er sah die Bosheit und wurde nicht böse. Er sah die Welt, wie sie war, und lächelte sie sich zurecht. Es gibt den sprichwörtlich bösen Blick. Trier hatte den ›guten Blick‹, und der ist selten.«

Wollen Sie mir helfen, berühmt zu werden?

Seit dem Jahr 1928 arbeitete Kästner in Berlin mit einer festen Sekretärin, Elfriede Mechnig. Die gemeinsame Arbeit begann mit *Emil*, von da an schrieb sie seine sämtlichen Werke, mit Ausnahme von *Herz auf Taille*, das bereits erschienen war, auf der Maschine. Die »treue Mechnig« hat er sie in seinen Büchern genannt, sonst hieß sie »& Co.«, und er war fünfundvierzig Jahre lang ihr »Chef«, stets geduldig und voller Noblesse, wie sie versichert. Sie half ihm, in der wahren Bedeutung des Wortes, berühmt zu werden.

Das »Engagement« Elfried Mechnigs kam auf Vermittlung einer Freundin zustande, die ihr erzählte, sie habe einen jungen Dichter kennengelernt, der dringend eine Sekretärin suche. »Sie bildete sich ein, ich sei die richtige Hilfe für diesen Schriftsteller, der gerade neunundzwanzig Jahre alt war.« Fräulein Mechnig, Tochter aus gutem Hause, hatte soeben ihre Stenotypistinnenausbildung abgeschlossen, weil sie in die Firma »Gebrüder Mechnig, Medizinische Apparate, Alexandrinenstraße Berlin« eintreten sollte – so wollte es der Vater –, wozu sie aber nicht die geringste Lust verspürte. Ihr Herz und ihre Seele hingen am Klavierspiel. Die Offerte der Freundin konnte sie zunächst nicht überzeugen. Wie es weiterging, schildert sie so: »Trotzdem erzählte die Freundin Herrn Kästner von mir. Er bestellte uns an einem Sonntagvormittag auf eine Caféterrasse. Er arbeite dort. Was mir auch einigermaßen seltsam vorkam. Ich meinte, Dichter müßten zu Hause in der Wohnung dichten. Ich sah also einen zierlichen jungen Herrn an einem Tisch sitzen. Er lächelte mich freundlich an, wir begrüßten einander. Ich war schüchtern und ziemlich schweigsam. Er auch. Meine Freundin redete. In der Rückerinnerung kommt mir alles unsagbar komisch vor. Ich weiß noch genau, daß er einen blauen Anzug trug, schönes, dichtes, welliges Haar und auffallend schmale, gute Hände hatte. – Ich tat jedenfalls nichts, diese Stellung zu erringen. Vor allem haßte ich Maschineschreiben. Ich wollte Klavier spielen!«

An jenem Sonntag im Herbst auf der Caféterrasse fiel der prophetische Kästnersche Satz: »Wollen Sie mir helfen, berühmt zu werden?« Dagegen war ja eigentlich nichts einzuwenden. Vater Mechnig hatte seiner Tochter noch beim Gehen prophezeit, daß sie diese Stellung nie bekommen würde, und schon aus diesem Grunde sagte sie kurz entschlossen zu. »Ich fragte, wann ich mit der Arbeit anfangen solle. Er schlug den 1. Oktober vor. Zeit? Zehn Uhr. Er schlafe gern lange. Ich dachte: ich auch. Damit war der geschäftliche Teil erledigt, und ich fuhr nach Hause, wo mich mein Vater mit den Worten empfing: ›Na, die Stellung hast du nicht gekriegt!‹ Ich sagte triumphierend: ›Doch!‹ – ›Was bekommst du denn für ein Gehalt?‹ – Da fiel mir ein, daß wir über Gehalt überhaupt nicht gesprochen hatten. Auch nicht über Urlaub.«

Das Gehalt regelte sich im Verlauf der Zusammenarbeit. Es waren anfangs hundertfünfzig Reichsmark für Halbtagsarbeit, später wurde es entsprechend mehr. Kästner richtete damals neben seinen Verlagsverbindungen mit Unterstützung seiner Sekretärin ein eigenes

Vertriebsbüro für die gesamte deutsche, österreichische und Schweizer Presse ein, an die Elfriede Mechnig regelmäßig Gedichte und andere Arbeiten versandte. Da sich der Pressevertrieb gut anließ, meinte er zu ihr: »Ich werde Sie zu meinem ›& Co.‹ ernennen.« Bei diesem Namen ist es dann geblieben, alle seine Freunde und Bekannten übernahmen ihn.

Der Herr Doktor schrieb sehr viel und wurde sehr viel gedruckt, wie sie aus der Erinnerung bestätigen kann. Die Beteiligung für die Leiterin seines Vertriebsbüros, später übernahm sie auch den Bühnenvertrieb des Atrium Verlags für Kästners Theaterstücke, betrug zehn Prozent. Das war in der Regel eine Mark pro Gedicht.

Noch immer besteht dieses kleine Büro, in dem Elfriede Mechnig an der Schreibmaschine sitzt oder am Flügel die Beethovensonaten ihrer Jugend repetiert. Fünfundvierzig Jahre lang schickte sie von hier, aus der Niedstraße 5 in Berlin-Friedenau, einer bürgerlichen Mietswohnung, neben deren Klingel unten an der Haustür noch immer das Schild »Dr. Erich Kästner« steht, die Kästner-Verse an die Zeitungen und Redaktionen in allen Städten zwischen Zürich, Wien und Berlin. Nicht nur attackierende, politisch sezierende Strophen waren darunter, auch manch heiteres Produkt seiner Muse, wie sie die Illustrierten für ihre Fotos brauchten. Im Gedächtnis geblieben ist Elfriede Mechnig aus der Menge der Versandware ein humvorvoller Abgesang auf ein altes Sofa im Wald – das übliche Gerümpel, das der Mensch loswerden will –, geschrieben nach der Melodie »Ein Männlein steht im Walde«, ein Beispiel für die spielerischen Neigungen seines Verfassers. Der Text des Gedichtes war ihr nur noch lückenhaft in Erinnerung und daß es »sehr lustig« war. Hier ist dieser »Song auf Tante Berthas gutes Sofa«, in einer der alten Illustrierten vergangener Zeiten wiedergefunden:

Ein Sofa steht im Walde
ganz still und stumm.
Die Bäume sind das einzige
Publikum.

Sagt, wem mag das Sofa sein,
das hier steht im Wald allein?
Ein Sofa steht im Walde,
wer weiß, warum.

Es leidet voll Erbitterung
die Unbilden der Witterung.
Es hustet vor sich hin und stöhnt.
Es ist das Klima nicht gewöhnt.

Der Regen rinnt. Der Sturm heult auf.
Das Kanapee kriegt Gänsehaut.
Nachts weint es leise in die Kissen.
Der Mond erzählt's. Der muß es wissen.

Für so ein Sofa ist der Wald
ein Jammer und kein Aufenthalt.
Es denkt den größten Teil der Zeit
gerührt an die Vergangenheit.

Es träumt von Berthas Streuselkuchen
und Tante Hildegards Besuchen.
Wie schön das klang, wenn Tante sprach:
»Fritz, eure Uhr geht wieder nach!«

Dies Sofa ist ein Emigrant,
der keine zweite Heimat fand.
Und nur weil's keine Beine hat,
läuft es nicht wieder in die Stadt.

Ein Sofa steht im Walde
und sehnt sich heim.
Ein Sofa geht im Walde
allmählich aus dem Leim.

Obwohl von Kästner bereits ein Gedichtband vorlag, zudem ein erfolgreicher, so war der neunundzwanzigjährige Schriftsteller doch keineswegs schon so bekannt, daß sein Name jedermann geläufig gewesen wäre. Manch komische Verwechslung passierte. Außer Kästner gab es damals in Berlin noch zwei Schriftsteller mit ähnlich klingendem Namen, die auch in der »Weltbühne« publizierten, Hermann Kesten und Kurt Kersten.

Durch Hermann Kesten ist folgende lustige Geschichte überliefert: Kestens erster Roman *Josef sucht die Freiheit* erschien im gleichen Jahr wie Kästners *Herz auf Taille*. Ein angesehener Berliner Kritiker schrieb nun anläßlich einer Novelle von Kesten, diese sei nicht ganz so gut wie sein Gedichtband *Herz auf Taille*, der ihm, dem Rezensenten, seinen Namen unvergeßlich gemacht habe. Wie es danach weiterging, erzählt Hermann Kesten so: »Mein guter alter Verleger Gustav Kiepenheuer, selbst zuweilen zerstreut und somit voller Verständnis für zerstreute Leute, rief den alten Fritz Engel an, den Redakteur vom ›Berliner Tageblatt‹, und machte ihm klar, daß Hermann Kesten die Novellen Kestens veröffentlicht habe und daß *Herz auf Taille* Gedichte von Erich Kästner enthalte, und bat um eine Berichtigung. Diese erschien und machte Kästner zum Autor meiner Novellen und seiner Gedichte. Arm in Arm traten Kästner und ich vor den in Irrtümern ergrauten Engel hin, um ihn von der verschiedenen realen und poetischen Existenz von uns beiden visuell und akustisch zu überzeugen. Der arme Fritz Engel geriet in immer größere Verwirrung, erst hielt er mich für Kästner, dann Kästner für meinen Verleger Kiepenheuer, dann mich für Kästners Verleger Weller, schließlich uns beide für Hochstapler.«

Elfriede Mechnig war mit Antritt ihrer Stellung bei Dr. Erich Kästner vollauf beschäftigt. Am 1. Oktober 1928 nahm sie, wie auf der Caféterrasse vereinbart, den Dienst auf, tippte das Manuskript zu *Emil und die Detektive*, die Gedichte und sonstiges für die Behörden und Verlage. Kästner arbeitete zu dieser Zeit für das »Tage-Buch«, die »Literarische Welt«, den »Montag Morgen«, das »Berliner Tageblatt«, seine Leipziger Redaktion und verstärkt für die »Weltbühne«; parallel dazu liefen Beiträge für Illustrierte und verschiedene Magazine, bald kamen Film, Kabarett, Bühne und Rundfunk hinzu, so viel Arbeit, daß Elfriede Mechnig ihre eigene Stenoschrift zur Zufriedenheit Kästners bald flüssig und fehlerlos lesen konnte. Sehr komplizierte Ausdrücke ließ er sie aber nach wie vor in Langschrift aufnehmen, speziell Anspielungen aus dem erotischen Milieu, die nicht gerade zum Wortschatz eines jungen Mädchens aus guter Familie gehörten.

Unter der Post befand sich eines Tages ein Brief aus Leipzig, in dem sein Verleger Weller mitteilte, daß er von Kästner einen zweiten Gedichtband und gleichzeitig eine neue Auflage von *Herz auf Taille*, drittes bis siebentes Tausend, herausbringen wolle. Schon die zweitausend Exemplare der ersten Auflage waren für damalige Verhältnisse eine enorm hohe Zahl, für Lyrik geradezu Spitzenauflage. Gedichtbände mit so hohen Auflagen blieben erfahrungsgemäß fünf und mehr Jahre lieferbar, wenn es der Verleger nicht überhaupt für sinnvoll hielt, die Auflage zu makulieren, falls der Jahresumsatz unter fünf Stück oder gar auf Null geschrumpft war, was auch vorkam.

Schmutzsonderklasse

Kästner bekam mit fünftausend Exemplaren eine hohe Nachauflage, aber ganz ungetrübt war die Freude nicht. Weller mußte *Herz auf Taille* ohne die Zeichnungen Ohsers drucken lassen, die das Salz an der Suppe waren oder, besser, der Paprika. Einflußreiche Herren im Leipziger Börsenverein des Deutschen Buchhandels fanden die Zeichnungen »zu obszön«. Man übte Druck auf den Verlag aus. Um den Vertrieb des Bandes durch den Kommissionsbuchhandel nicht zu gefährden und ihn im Börsenblatt anzeigen zu können, blieb dem Verleger nichts weiter übrig, als sich dieser vorgeblichen Sittlichkeitszensur zu unterwerfen. Es blieben lediglich die zierlichen Vignetten Ohsers erhalten, die sich jetzt in dem Band sehr verloren, ja buchkünstlerisch geradezu dürftig ausnahmen. Als kleine Glossen am Rande waren sie natürlich bei weitem nicht so gefährlich wie die großformatigen, recht detailreich angelegten Blätter, von denen eines den deutschen Spießer in seinem Milieu vorführte. Ohser schlug damit jenen Typ k.o., den Tucholsky in seinen Satiren immer wieder attackiert hatte als ein geistig durch und durch minderwertiges und für die deutsche Politik höchst gefährliches Gemisch aus Bier, Stammtischklatsch, Vereinsmeierei und Antisemitismus.

Der Vorstoß der politischen Reaktion, die sich hinter dem sogenannten Schund- und Schmutzgesetz verschanzte, mit dem jedes mißliebige Werk verboten und konfisziert werden konnte, richtete sich 1929 in Gestalt des Deutschen Frauenkampfbundes erstmals gezielt gegen Kästner. Im Mai 1929 antwortete er darauf in der »Weltbühne« in einer glänzend formulierten satirischen Polemik mit jenem absurden Prädikat als Überschrift, das ihm in den schwarzen Listen des weiblichen Kampfbundes zugedacht worden war: »Schmutzsonderklasse.«

Der Vorfall hatte seine Vorgeschichte. 1926 nahm der Reichstag ein Gesetz zur Bewahrung der Jugend vor Schund- und Schmutzschriften an, das kurzerhand »Schund- und Schmutzgesetz« genannt wurde und dem Staat eine gesetzliche Handhabe bot zur Ausweitung der Zensur in der Bekämpfung politisch fortschrittlicher Literatur und der geistigen Freiheit überhaupt. Viele namhafte Schriftsteller protestierten schon 1926 gegen dieses Sondergesetz und warnten vor dessen Folgen. 1929, als der Kampf gegen dieses Gesetz in der Öffentlichkeit in verschärfter Form fortgeführt wurde, waren es vor allem Tucholsky und Heinrich Mann, die aus der Erkenntnis der politischen Gefährlichkeit zu Aktionen aufriefen. Tucholsky forderte: »Dies Schandgesetz – es muß fort!« In wilden Zeiten könne man damit den halben Paragraphen 48 der Reichsverfassung sparen. Bekanntlich war der Artikel 48 der Notverordnungsparagraph, der die Anwendung der militärischen Gewalt bei Aufhebung aller verfassungsmäßig garantierten bürgerlich-demokratischen Grundrechte legalisierte. Heinrich Mann wandte sich deshalb 1929 im »Berliner Tageblatt« mit einem Appell an die Öffentlichkeit, die von dem Gesetz bedrohte Geistesfreiheit zu verteidgen. Sein Standpunkt: »Um sie zu verteidigen, muß angegriffen werden.«

Kästner, bereits betroffen von den Auswirkungen des Gesetzes, ging als »Weltbühnen«-Autor im Sinne Heinrich Manns zum Angriff über. Er informierte in seinem Artikel den Leser zunächst über die Sachlage.

»Die herrschende Reaktion hat bereits ihren zwingenden Ausdruck gefunden: man hat einen Verein gegründet. Er nennt sich ›Deutscher Frauenkampfbund‹ und ist ein Holding-Unternehmen, das sich aus etwa fünfzig Vereinen zusammensetzt.« Einige werden aufgezählt: »Deutscher Philologinnenverband, Nationalverband deutscher Offiziere, Rentnerbund, Frauen- und Mädchenbund für sittliche Reinheit, Stahlhelm Groß-Berlin, Reischvereinigung deutscher Hausfrauen, Verband deutscher Akademiker, Deutscher Verein gegen Alkoholismus ... Der deutsche Spießer marschiert! Rückwärts, versteht sich. Denn hinten hat er keine Augen.«

Nachdem Kästner den reaktionär-militanten Charakter des Deutschen Frauenkampfbundes – eines der zahllosen Reservoirs der Nazi-Ideologie und des Faschismus – bloßgelegt hat, wendet er sich dessen jüngsten Aktionen zu. Im Januar 1928 hatten sich die weiblichen Kampfbündler mit einem »Weckruf« an die Kirche beider Konfessionen gewandt, ihren Feldzug energisch zu unterstützen. Kästner kommentierte, scharfsichtig und kompromißlos im Ton: »Der Sinn des Weckrufs ist: Die von Offiziers- und Militärvereinen mobilisierten Frauen nötigen die Geistlichkeit zu einer christlich-nationalistischen Allianz, deren Einfluß es gelingen soll, die Regierungen ihrerseits zu einer Art von kulturellem Staatsstreich zu nötigen. Erst wird die Kirche eingeschüchtert, und mit ihrer Hilfe hofft man, den Staat einzuschüchtern.«

Dem »Weckruf« waren Listen angehängt, was von der zeitgenössischen deutschen Literatur im einzelnen als »Volksgift« anzusehen und zu bekämpfen sei. Wegen angeblicher »Gotteslästerung« zum

Beispiel Hasenclevers Bühnenstück *Ehen werden im Himmel geschlossen*, die *Himmelfahrt der Galgentoni* von Egon Erwin Kisch, außerdem Klabunds klassischer Bänkelruf *Die Harfenjule* sowie Carl Zuckmayers Gedichte. Betroffen waren ebenfalls – wegen »Planmäßigkeit der Entsittlichung« – Bühnenwerke von Rehfisch (*Frauenarzt*), Heinrich Mann (*Bibi*), Bruckner (*Verbrecher*), Schriften des Sexualwissenschaftlers Magnus Hirschfeld und das Schaffen einer Reihe anderer namhafter Schriftsteller wie Yvan Goll, Jakob Haringer, Kurt Hiller, Gustav Meyrinck und Erich Weinert, der als Sprechdichter das politisch-hysterische Treiben der »Hutnadelamazonen« Abend für Abend auf dem Podium dem Gelächter des Publikums freigab.

Schließlich gehörte zu den schwarzen Listen des »Weckrufs« noch eine Rubrik »Schmutzsonderklasse«, die die Namen von Kästner, Polgar, Tucholsky und Klabund in gemeinsamer Nachbarschaft mit der »Weltbühne«, dem »Simplicissimus«, der »Roten Fahne«, dem »Montag Morgen«, der »Literarischen Welt« sowie der »Welt am Abend« aufführte – in der Mehrzahl Publikationsorgane, für die Kästner arbeitete. Ihre und seine eigene Gesinnung verteidigt er gegen die militante Reaktion mit der Waffe der militanten Satire. Er gießt Kübel vernichtenden Hohns über diese Verschwörung der Dummheit und Prüderie aus: »Die Generalsgattinnen haben bei ihren Familienvorständen, wie man sieht, Strategie gelernt. Zu Hause haben sie sicher Karten vom inneren Kriegsschauplatz, und wenn die Geistlichkeit von Frankfurt am Main gegen Hasenclevers *Ehen werden im Himmel geschlossen* protestiert oder die christlich-militärische Jugend von Hamburg Bruckners *Verbrecher* mit Stinkbomben belästigt hat, schmeißen die Heerführerinnen ihre Möpse vom Schoß und schicken die Pfarrer an die Front. Die Pfarrer müssen vor, ob sie wollen oder nicht, sonst verlieren sie ihre weibliche Kundschaft ... Die Offiziersfrauen und die Pfarrerstöchter sind klar zum Gefecht, und die Frau Vereinsmeier wetzt das Küchenmesser. Die Literatur soll um ein Glied kürzer gemacht werden. Die Schriftsteller des 20. Jahrhunderts sollen Sopran singen. Pfui, meine Herren Damen!«

Kästners politische Publizistik, zu der man Pamphlete satirisch enthüllenden Charakters wie die »Schmutzsonderklasse« zählen muß, entsteht parallel zu den Kinderbüchern und zeitgleich mit den Gedichtbänden der Jahre 1928 bis 1932. Bei der Beurteilung des streitbaren, politisch engagierten Schriftstellers Kästner muß man diese

»Weltbühnen«-Publizistik, einschließlich Theaterkritik, mit in Betracht ziehen, weil sonst der Eindruck entstünde, von Kästner gäbe es nur die fünf bis zehn genannten politischen Gedichte, der Rest sei die bekannte Gebrauchslyrik aus Herbstastern, schönen Fräuleins und möblierten Herren – von der Literaturwissenschaft verständnisvoll akzeptiert als »linke Melancholie« –, und was den Rest des Schaffens anbetrifft, gäbe es noch den patenten Onkel Erich für Kinder.

Ein solch rasch aufklappbares Klischeebild reduziert den hohen Grad an politischer Scharfsichtigkeit und vor allem sozialem Engagement, der seinem Schaffen innewohnt. Der die Kinderbücher schreibende Kästner bleibt der wachsame Zeitgenosse, der seine Weltanschauung nicht an der Garderobe abgibt, um ein Wort von ihm zu variieren. Der Lyriker, der sich im politischen publizistischen Tageskampf an der Seite der »Weltbühne« mit Heinrich Mann, Tucholsky und Ossietzky verbündet, führt den Kampf lediglich mit anderen Mitteln und wechselnden Akzentuierungen, wenn er das eine Mal für Erwachsene, das andere Mal für Kinder schreibt.

Kästner bleibt Kästner in diesen Jahren selbst als Theaterkritiker. Er bespricht 1929 in der »Weltbühne« mehrere Berliner Aufführungen, die trotz bestechender Inszenierung nicht über die Fragwürdigkeit der Aussage dieser Stücke hinwegtäuschen konnten. Ein Kriegsstück des Engländers R. C. Sherriff, *Johnny's end*, wird beispielsweise von ihm als Konjunkturstück abgelehnt, und er vermerkt, mit einer Gesinnung habe das Stück nichts zu tun. Die Aufführung diene dem Stück, ohne dem Krieg zu schaden. Das war Kästner entschieden zu wenig.

Kästner im *Bänkelbuch*

Der dichtende Publizist Kästner, wie man den Autor mit seinen zwei Buchveröffentlichungen 1929 durchaus noch nennen darf, erfährt eine wesentliche Würdigung, als ihn über seinen Verleger Weller ein Brief aus Wien erreicht, in dem der österreichische Rechtsanwalt und Schriftsteller Dr. Erich Singer um Nachdruckerlaubnis für einige Gedichte für sein *Bänkelbuch* ersucht. Es handelt sich um die Neuauflage einer Anthologie moderner Lyrik im Bänkelton, die den literarischen Anspruch eines Genres betonen sollte, das es in Deutschland nicht gerade leicht hatte. Kästner war einverstanden, daß Singer elf

Gedichte aus seinen beiden Bänden *Herz auf Taille* und *Lärm im Spiegel* auswählte, und wird sich gefreut haben, daß er mit der annähernd gleichen Anzahl vertreten war wie Klabund, Mühsam, Mehring und Wedekind. Von Kästner sind enthalten: »Jahrgang 1899«, »Chor der Fräuleins«, »Die Zeit fährt Auto«, »Apropos Einsamkeit!«, »Wieso warum?«, »Epistel eines Dienstmädchens namens Bertha«, »Elegie, ohne große Worte«, »Junggesellen sind auf Reisen«, »Wiegenlied«, »Ganz besonders feine Damen« und »Abschied in der Vorstadt«.

Tucholsky meinte in seiner Rezension des *Bänkelbuchs*, daß Singer »sehr gute, wenn nicht die besten Gedichte« von ihm ausgewählt hätte. Was er aber beispielsweise bei Wedekind kritisiert, daß die stärksten erotischen Produktionen fehlen würden, empfindet er bei Kästner offensichtlich nicht als Mangel. Er gibt in bezug auf Kästner ein Pauschallob ab mit einem Satz, der nur aus einem einzigen Wort besteht: »Brillant.« »Jahrgang 1899« erhält von ihm sogar den Vermerk »Nummer eins«. Er bescheinigt ihm auch, daß seine Verse »wunderbar gearbeitet seien ... mit der Hand genäht«, und macht somit den Leser nachdrücklich aufmerksam, daß es sich bei dem Dresdner Autor des Jahrgangs 1899 um eine in Deutschland seltene Formbegabung handele, die Förderung verdiente. Aber: Neben der virtuos gehandhabten Form und der sauberen handwerklichen Durcharbeitung glaubt er auch »so etwas wie mangelnde Kraft« zu bemerken. Die Rechnung gehe jedesmal zu gut auf, zu glatt dürfe es wiederum bei einem deutschen Schriftsteller auch nicht gehen.

Das ist die erste, vorsichtig vorgebrachte Kritik, sagen wir besser der höchst kollegiale Rat des neun Jahre älteren Kollegen an den jüngeren, darauf zu achten, daß Aussagen in ihrer Gewichtigkeit nicht etwa von der Glätte der Form überspielt werden. Und Kästners Verse hatten nun mal die Tendenz, daß das von ihm benutzte Metrum in jedem Falle auf die Harmonie zusteuerte.

Tucholsky hat bei seiner Rezension sicher nicht übersehen, daß das »Kanonen«-Gedicht, die »Moralische Anatomie« oder das »Ballgeflüster« in den Dimensionen der Satire und der grotesken Zuspitzung durchaus kraftvoll waren. Aber das meinte er nicht. Seine Beobachtung läuft mehr auf die Feststellung hinaus, daß Kästner in seinem Bemühen, die lyrische Formensprache zu vereinfachen, um so viele Zeitgenossen wie nur möglich zu erreichen, auch beträchtliche künstlerische Probleme zu bewältigen hatte.

Singers *Bänkelbuch* war die erste maßgebende Anthologie, in der der Autor von *Herz auf Taille* vertreten war. Deutlich wird darin die

Traditionslinie, die von Heine, Weerth und Glaßbrenner über Arno Holz, Wedekind und Mühsam zu den Poeten der zeitgenössischen Chanson- und Bänkellyrik führte, die, wie Kästner, das Gedicht in Inhalt und Form erneuerten.

Erich Singer, der Hitler und die Nazis ablehnte, emigrierte nach der deutschen Okkupation Österreichs 1938 nach Großbritannien – daher auch die spätere Schreibweise Eric Singer –, wo er als Autor vielgelesener graphologischer Bücher hervortrat. Die *Bänkelbuch*-Ausgabe von 1929 war die letzte vor der Nazizeit. Als nach dem Zweiten Weltkrieg das Buch in neuer Auflage im Atrium Verlag Zürich herauskam, stellte er sein Vorwort unter das vielzitierte lateinische Motto: Habent sua fata libelli – Bücher haben ihre Schicksale.

Das Fatum seines Buches schildert er folgendermaßen: »Als der Krieg aus war, existierte das *Bänkelbuch* nicht mehr. Nur in Argentinien ließen im Kriege deutsche Emigranten eine unautorisierte, dilettantisch verwässerte Nachahmung erscheinen (übrigens nicht die erste und die letzte). Das war der Zustand bis 1952, als ich eines Tages die Karte meines Freundes Dr. Erich Kästner erhielt, den ich zwanzig Jahre nicht gesehen hatte und der mir schrieb, ich möchte doch unbedingt das *Bänkelbuch* wieder herausgeben.«

Der »junge Autor« von 1929 war es auch, der Erich Singer nunmehr mit seinem neuen Verleger K. L. Maschler vom Atrium Verlag zusammenbrachte. 1953 lag die überarbeitete Fassung des *Bänkelbuchs* mit dem Untertitel *Deutsche Chansons* wieder vor, ein Gedichtbüchlein von eigenartigem Reiz, mit Strophen von Dichtern, die zum Teil nur noch in diesem Bändchen zu finden sind.

Lärm im Spiegel

Nur wenige Wochen nach dem Erscheinen des Singer-Bandes im Jahre 1929 lag auch Kästners neues lyrisches Opus in den Schaufenstern der Buchhandlungen. Er hatte ihm den Titel *Lärm im Spiegel* gegeben. Die Umschlagzeichnung von Rudolf Großmann, der auch Vignetten zum Band gefertigt hatte, zeigte im Spiegelglas eines Trumeaus unsympathische Zeitgenossen – zu Pauke und Grammophon Lärm produzierende Spießer und Bourgeoisexistenzen, gegen die ein junger Mann mit einer Sprechtüte anzugehen versucht. Es könnte Fabian oder Kästner sein.

Natürlich war auch dieser Band wieder im Quartformat und damit *Herz auf Taille* äußerlich angeglichen. Die beiden Versbücher zeigten auch in der Thematik und den lyrischen Ausdrucksformen eine so auffällige Einheitlichkeit, daß man getrost von einem Werk in zwei Bänden sprechen kann. Die gemeinsamen, verbindenden Merkmale sind ihr offener autobiographischer Charakter, die kritische Haltung gegenüber Zeitgenossen und Zeiterscheinungen, die mahnende Erinnerung an die Opfer des Krieges und der Appell an die Vernunft sowie, in die Politik eingestreut, Betrachtungen zum Leben und zur Liebe, teils beschwingt und komisch, teils resigniert-elegisch.

Zu den nachhaltigsten ernsten Gedichten des *Lärmspiegels* gehört der »Monolog des Blinden«, der als Mahnmal für die Opfer des Krieges zu verstehen ist. Mitten im Großstadttrubel, wie auf dem Bild von Otto Dix, steht ein Kriegsblinder, der Ansichtskarten an Passanten zum Verkauf feilbietet, aber es gehen alle an ihm vorbei. Sein Appell an das Mitgefühl, den er nur in Gedanken spricht, geht ins Leere. Der langsam fließende Rhythmus des »Monologs« gerinnt zu einem Bild der Trauer, einem Memorial des Dichters Erich Kästner für alle die, denen der Krieg auf diese oder ähnliche Weise das Leben zerstört hat. Wenn der Mann mit den handgemalten Postkarten spricht, erübrigt sich jeder Dialog, ist jeder Einwand sinnlos geworden, denn es gibt nichts, was für diesen Blinden noch einen Sinn haben könnte.

Hier ist gar kein Lärm mehr. Nur Schmerz. Und Schmerz ist bei Kästner leise. Sehr leise:

Ohne Augen steh ich in der Stadt.
Und sie dröhnt, als stünde ich am Meer.
Abends lauf ich hinter einem Hunde her,
der mich an der Leine hat.

Meine Augen hatten im August
ihren zwölften Sterbetag.
Warum traf der Splitter nicht die Brust
und das Herz, das nicht mehr mag?

Früher sah ich alles so wie sie:
Sonne, Blumen, Frau und Stadt.
Und wie meine Mutter ausgesehen hat,
das vergeß ich nie.

Mit diesem Gedicht nimmt Kästner eines der Themen vom ersten Band, den er ausklingen ließ mit den »Stimmen aus dem Massengrab«, erneut auf. Dem Blinden zugeordnet sind nunmehr »Sergeant Waurich« und die »Fantasie von übermorgen«, in der die Frauen nein! sagten, als der nächste Krieg begann. Auch das »Zitat aus großer Zeit«, das einen Herrn Pastor, »unsern Herrn Jesus« und das Maschinengewehr betraf, gehören dazu, ebenso die satirischen Attacken »Hymnus auf die Bankiers«, »Lob der Volksvertreter« und »Offner Brief an Angestellte«.

Verse dieser Art waren es, die ihn als Moralisten und Kritiker seiner Zeit auswiesen. Einige Rezensenten prägten für ihn sogar die Bezeichnung »ein lyrischer George Grosz«. Den Titel seines Bandes *Lärm im Spiegel* verstand man so, daß er »den Lärm der Welt ringsum, und die besteht zum größten Teil aus Lärm und läßt gemeinhin nur die Lärmenden lärmend gelten, im Spiegel seiner Verse aufgefangen« habe. »Den Lärm der Bankiers, der Girls, der Grandhotels, den Lärm des Krieges. Seine beiden Gedichtbände bezeugen einen Haß, der nicht nur den Krieg, sondern auch seine Minusresultate, seine Zerstörung für die Ewigkeit sieht ... Und dem Lärm kontrastiert er die Porträts der Geduckten und Gedrückten, der möblierten Herren, der Selbstmörder und der Blinden. Es sind ein paar Meisterstücke gegenwartsinterpretierender Lyrik darunter und so viele gute, freche, nachdenkliche und wirkungsvolle Gedichte ...« Das schrieb der Rezensent einer der vielen Tageszeitungen, die sich zum Erscheinen der Bücher anerkennend äußerten.

Zwischenbemerkung in Prosa

Kästner hält sich strikt an sein selbstgewähltes Prinzip der objektiven Beobachtung und Schilderung. Alle Personen, die im Spiegel seiner Betrachtung vorkommen, sind ihm bekannt, er weiß um ihre Existenz, ihre materiellen Sorgen und seelischen Nöte, von denen sich die meisten aus eigener Kraft nicht mehr befreien können.

Überwiegend sind Berufe aus dem großstädtischen Milieu der Büros, Kontore, Bars, Cafés und Boulevards vertreten. Die Beziehungen dieser Personen zum Leben und zur Liebe sind abhängig von ihrem Angestelltenverhältnis, das ihre materielle Existenz regelt. Leider nicht so, daß sie sich in ihrem Dasein zufrieden oder glücklich fühlen könnten. Deshalb ist immer die Rede vom Geld, das einer nicht hat. »Wer Geld besitzt, braucht keines zu verdienen. / Wir haben keins.

Drum hämmern wir«, ist der ewige Refrain des anonymen großstädtischen Stenotypistinnenheeres. Auch die Girls der Revue denken, während sie die Beine in die Luft werfen, an die Tretmühle ihres Daseins. »Wir haben niemals freie Zeit. / Was wir verdienen, reicht nicht weit.«

Die Zeit- und Großstadtlyrik Kästners umkreist immer wieder das gleiche Thema und wird in ihrem Tenor in den Jahren 1931/32 zunehmend melancholischer. Liebe ist selten glücklich. Meist ist sie schon vorbei, oder die bedrückenden Lebensumstände ersticken das Gefühl. Wo sich einer Gedanken macht über seine Zukunft, erkennt er die Erbärmlichkeit seiner Existenz und erschrickt davor. Wo einer nicht mehr weiter weiß, gibt er auf, wie in der Ballade von »Kurt Schmidt«, oder er wird aus Verzweiflung kriminell, unterschlägt bei seiner Bank Geld und findet sich zum Schluß als Selbstmörder am Grabe seiner Mutter wieder.

Mütter kommen häufig vor, sie sind in seinen Büchern so etwas wie der ruhende Pol – allgegenwärtig, selbst dort, wo von ihnen gar nicht die Rede ist. Für Kästner verkörpern sie eine Art Urprinzip der Gerechtigkeit und Geborgenheit, das mitsamt der beschworenen Kindheit als Gegenentwurf zu dem gefährdeten Dasein des Erwachsenen ins Spiel gebracht wird. Am meisten natürlich seine eigene Mutter. Sie schreibt als »Frau Großhennig« die bezaubernd belanglosen Briefe an den Sohn, mit ihr geht er als Junggeselle noch immer auf Reisen und preist es als Glück, mit seiner Mutter fahren zu können, »weil Mütter doch die besten Frauen sind. / Sie reisten mit uns, als wir Knaben waren, / und reisen nun mit uns, nach vielen Jahren, / als wären sie das Kind.« In der Erinnerung an die Jugend werden dem dreißigjährigen, erwachsenen Sohn die Hosenbeine kürzer. Schreibend gibt er »Muttchen« wie seinerzeit in der Königsbrücker Straße in Dresden wieder den Gutenachtkuß vor dem Einschlafen und läßt alle Welt per Gedicht an seinen Empfindungen teilnehmen.

In der offenen poetischen »Verarbeitung« des eigenen Lebens liegt eines der Geheimnisse der Anziehungskraft Kästnerscher Poesie. In den Gedichten – das fällt auch am zweiten Band seiner Lyrikproduktion von 1929 wieder auf – redet er so, als wäre er nicht der Schriftsteller Kästner, sondern einer aus der Masse seiner Leser. In Sprache und Auftreten zurückhaltend, gibt er sich den Zeitgenossen als einer der Ihren zu erkennen, der die Gabe hat, ihren Alltag zu beschreiben, ihre Sehnsucht nach dem kleinen Glück auszudrücken und gleichzeitig ihre Trauer. Diese Trauer ist es, die in seinem literarischen Schaffen zu einer eigenständigen, in der bisherigen Lyrik nicht dagewesenen, neuen ästhetischen Kategorie wird: der Kästnerschen Melancholie.

Gleichstellung mit dem Leser bedingt in bezug auf die literarischen Sujets Einbeziehung aller die eigene Person betreffenden Erlebnisse. Das weiß Kästner. Er legt sich, da er Humor hat, zwecks Beschreibung seiner Anatomie für seine Leser sogar in die Badewanne und verspritzt zwischen Schaum und Seife Witz mit Gemütlichkeit. »Der nackte Mensch kennt keine Klassenfrage. / Man könnte, falls man Tinte hätte, schreiben: / ›Ich kündige. Auf meine alten Tage / will ich in meiner Badewanne bleiben.‹« Kästner weiß auch Bescheid in Fragen der Erotik, wo er kein Feigenblatt nötig hat, schildert ungeniert das intime, hotelinterne »Präludium auf Zimmer 28«, malt »Pollys jähes Ende« an die Wand und repetiert mit viel Pläsier die Gebete von Jungfrauen, die keine mehr sein möchten.

Lyrik, produziert im isolierten Elfenbeinhaus aus mystischer Eingebung, liebt er nicht. Er ist sich da auch der Meinung seiner Leser ziemlich sicher. Wie er die Funktion seiner Lyrik sah und von der Kritik eingestuft wissen wollte, legt er mitten im *Lärm im Spiegel* in einer »Prosaischen Zwischenbemerkung« dar. Er wendet sich darin polemisch gegen eine gewisse Sorte Lyriker, die in ihrer Meinung, Dichten sei eine göttliche Konzession, hingehen und »ihr Gottesgnadentum blamieren« und die, weil sie die Lyrik persönlich diskreditieren, an der irrigen Ansicht des Publikums schuld seien, Gedichte lesen sei eine gegenwärtig unpassende Beschäftigung. »Unpassend sind nur jene Lyriker«, resümiert er und fährt fort: »Man entschuldige meinen Ärger. Er hat den Vorzug, berechtigt zu sein ... Zum Glück gibt es ein oder zwei Dutzend Lyriker – ich hoffe fast, mit dabei zu sein –, die bemüht sind, das Gedicht am Leben zu erhalten. Ihre Verse kann das Publikum lesen und hören, ohne einzuschlafen; denn sie sind seelisch verwendbar. Sie wurden im Umgang mit den Freuden und Schmerzen der Gegenwart notiert; und für jeden, der mit der Gegenwart geschäftlich zu tun hat, sind sie bestimmt. Man hat für diese Art von Gedichten die Bezeichnung ›Gebrauchslyrik‹ erfunden«, und gerade die Erfindung beweise, merkt er spöttisch an, wie selten in der jüngsten Vergangenheit Lyrik gewesen sei.

Was diese »Prosaische Zwischenbemerkung« so zugespitzt formulierte, wurde ihm von verschiedenen Rezensenten übelgenommen. Einige glaubten, Kästner überziehe den Anspruch und ließe nur seine eigene Lyrik gelten. Von der »Neuen Bücherschau« erhielt er einen Verweis wegen seiner Formulierungen, man solle die talentlosen Lyriker »mit dem lockig im Winde wallenden Gehirn« und »ihren geistig zurückgebliebenen Produkten« auf »operativem Wege literarisch zeugungsunfähig machen«. Die »Bücherschau« ermahnte ihn zur Mäßigung mit dem Argument, wer so »amüsant wie Kästner« schreibe, solle duldsamer gegen Kollegen sein.

Was den Begriff der Gebrauchslyrik betraf, so hätte man den Vorwurf auch nicht Kästner, sondern Otto Julius Bierbaum machen müssen, der schon drei Jahrzehnte zuvor im Zusammenhang mit der Überbrettl-Bewegung das Schlagwort von der »angewandten Lyrik« prägte. Bierbaum verstand darunter Gedichte im Stil von Brettl-Liedern, »die nicht bloß im stillen Kämmerlein gelesen, sondern von einer erheiterungslustigen Menge gesungen werden können«. Es gab weitere Beispiele für die genannte Richtung. Wedekind war als »Simplicissimus«-Mitarbeiter und mit seinen Bänkelliedern im Ensemble des Münchner Kabaretts der »Elf Scharfrichter« auf diesem Feld höchst produktiv gewesen. Mühsam, Peter Hille, Klabund und andere stellten sich als Vortragende eigener Werke auf dem Brettlpodium der Öffentlichkeit, und Brecht hatte bereits vor Kästner in anderem Zusammenhang vom Gebrauchswert der Lyrik gesprochen.

Kästner nimmt das nach Mitte der zwanziger Jahre neugeprägte Schlagwort von der Gebrauchslyrik für sich auf und bekennt sich zur Verwendbarkeit von Lyrik, allerdings in einem umfassenderen und tieferen Sinne als Bierbaum und seine Gilde. Was Kästners Gedichte mit dem Leben verbinden, sind ihre authentischen sozialen Inhalte, die Genauigkeit der Beobachtung sowie der zutiefst humanistische Impetus. Was Haltung, poetische Sprache und Engagement betrifft, folgt er der Tradition der antibürgerlichen Satire in Deutschland. Und so ist seine »Zwischenbemerkung in Prosa« in seinem zweiten Gedichtband zu verstehen, wenn auch der aktuelle polemische Anlaß und die Selbstentdeckerfreude des Dreißigjährigen seine Feststellungen etwas überwucherten.

Dem Ziel seiner Poesie, das er mit dieser Zwischenbemerkung erstmals aussprach, ist er in den folgenden Jahren treu geblieben. Er will mit den besagten ein oder zwei Dutzend Lyrikern im Bunde sein, die »wie natürliche Menschen empfinden und die Empfindungen (einschließlich Ansichten und Wünsche) in Stellvertretung ausdrücken. Und weil sie, die Gebrauchspoeten, nicht nur für sich selber und um ihrer Sechseroriginalität willen schreiben, finden sie inneren Anschluß.« Auf diesen »inneren Anschluß« kommt es ihm an.

Aus dem Jahre 1929 gibt es einen »Weltbühnen«-Aufsatz von

Kästner, der diese Auffassung vom Beruf des Schriftstellers auf amüsante Weise ergänzt. Der Beitrag heißt »Diarrhoe des Gefühls«. Worum ging es? Ein Wiener Professor hatte bei namhaften deutschen Schriftstellern, vorwiegend wilhelminischer Provenienz, eine Umfrage veranstaltet, wie Dichtung entstehe, mit Antworten, die Kästner erheiterten. Er nimmt sie zum Anlaß, die »Grossisten der Intuition«, die mit ihren »mystischen Beziehungen prahlen«, in der Öffentlichkeit kräftig zu verhöhnen: »Und nun legen die Befragten, diese männlichen, vom Größenwahn befallenen Backfische, gründlich los. Sie reden dem Vollbart ein, daß sie ein intimes Verhältnis mit dem Heiligen Geist hätten und bei der Ausgießung jedesmal doppelte Portion kriegten. Ernst von Wolzogen renommiert mit dem ›seligen Schauer des Entrücktseins‹. Wildgans schreibt ›wie nach einem mystischen Diktat‹. Ginzkey gerät aus beruflichen Gründen in Trance und dichtet aus einer Art priesterlichen Dranges heraus. Wille liest ›ungedruckte Gedichte im Wachtraum‹ und verweist im übrigen auf das Bruno-Wille-Buch. Franz Lüdtke, auch ›der Dichter des ostmärkischen Herbstes‹ genannt, schafft in Wachsuggestion oder Wachhypnose und wundert sich dann über das, ›was da gereift ist‹. Hermann Bartel arbeitet auch nicht persönlich, sondern ›es‹ dichtet in ihm ... Da die Antworter den Heiligen Geist zum Sekretär haben, wissen sie selber natürlich nicht das mindeste vom Rhythmischen und Musikalischen. Heinrich Vierordt ›denkt an die Versform‹, wie gesagt, ›nie‹. Oskar Wiener kümmert sich ›um die Versform noch weniger als um den Inhalt‹. Dem Hermann Bartel ist das alles ›in der Blume des Einfalls schon geboten‹. Bei Lux besorgt es ›die Musik des Himmels‹. Und so sitzen denn der Herr Professor zum Schluß da und reden mit Zittern in der Stimme vom Unbewußten, anstatt den angesammelten Quatsch ins Feuer zu werfen, da, wo der Ofen am tiefsten ist.«

Bedenkt man, daß die Lyrik, auch die der Nichtprofessionellen, 1929/30 noch immer Mystik, Ahnenkult, Völkisches oder die »Herzliebste mein« beschworen, so möchte man der »Zwischenbemerkung‹ des jungen Kästner aus *Lärm im Spiegel* die Berechtigung zur Selbsterläuterung nicht absprechen. Kästner will lieber Verse aus dem Stoff Leben fertigen als Intuition vom Heiligen Geist beziehen oder sich in einer Zeit erbitterter sozialer und politischer Konfrontation auf den Olymp zurückziehen.

Leben in dieser Zeit

1929 übernahm er zum erstenmal einen größeren Auftrag für den Rundfunk. Es entstand für den Sender Breslau ein aktuelles Sendemanuskript für ein Hörspiel mit dem Titel *Leben in dieser Zeit*, für das man den erklärenden Untertitel *Lyrische Suite in drei Sätzen* wählte. Was man auch immer darunter verstehen konnte – ein klassisches Hörspiel mit Akten und Szenen war es nach Meinung der Funkleute jedenfalls nicht, auch besaß es keine Handlung im gewohnten Sinne, und der Held namens Schmidt war ein Dutzendmensch mit ganz profanen Sorgen zwischen dem Ersten und Ultimo. Trotzdem war es ein hochaktuelles, packendes Hörspiel.

Die lyrischen Eckpfeiler sind songartige Gebilde, für die der Autor bereits bekannte Gedichte von sich verwendet oder Teile davon, die er neu ineinanderschachtelt. Dazwischen kommen Frauen- und Männerstimmen der Großstadt zu Wort, wiederholt zu dramatischen Sprechchören verdichtet, in denen sich die gleichen Sorgen artikulieren, wie sie auch Schmidt hat. Er und die übrigen Personen sagen zu ihrem Alltag das gleiche aus wie die bereits erschienenen Gedichtbände des Autors, denen der Stoff entnommen war.

Das Stück spiegelt eindringlich Existenzangst und Orientierungslosigkeit des arbeitenden Menschen im Kapitalismus, der der Weltwirtschaftskrise und Massenarbeitslosigkeit entgegenging. Das Hörspiel setzt dafür die Symbole: Großstadt, Asphalt, Lärm, Monotonie und Isolation. Die Anklage richtet sich gegen die Inhumanität der spätbürgerlichen Gesellschaft und wird vor Augen geführt durch die Revolte derer, die nicht gefragt werden, ob sie so weiterleben, richtiger gesagt, vegetieren wollen und die doch in dieser Gesellschaft die große Mehrheit sind.

Wir sind ein trübes Kapitel.
Uns bringt kein Gott vom Fleck.
Es fehlen uns alle Mittel.
Es fehlt uns jeder Zweck.
Wir leben bloß, um zu verdienen.
Die Welt wird zugeschüttet mit Asphalt.
Wohin wir spucken, stehn Maschinen.
Und nachts, da träumen wir von ihnen.
Wer Glück hat, wird dabei nicht allzu alt.

Wir essen und trinken Sorgen.
und tragen Sorgen als Kleid.
Was haben wir denn morgen?
Wie immer – keine Zeit!
Wir schuften müde im Betriebe.
Die Städte wachsen. Und wir sind verzagt.
Der Mut ist fort, und auch die Liebe.
Es ist, als ob es stets so bliebe.
Wo führt das hin? Wir werden nicht gefragt.

Das Hörspiel endet mit der orakelhaften Forderung: »Denkt an die, die später kommen!«

Leben in dieser Zeit hatte im Dezember 1929 Sendepremiere mit einem bemerkenswerten Erfolg. Die brennende Aktualität des Stoffes und die gelungene literarisch-musikalische Formung verhalfen dem Stück auf zahllosen Sendern zu nachhaltigem Echo, auch auf den Theaterbühnen, die es übernahmen. Kästners Fragestellung rührte an die Grundexistenz all derer, die sich angesichts der wirtschaftlichen Katastrophe und der politischen Zuspitzung der Situation zu entscheiden hatten. Was für diese Schichten in ihrer Lage zu tun sei, diese Frage bleibt allerdings offen; Kästner weiß es nicht, und Schmidt, der weitgehend des Autors Sprachrohr ist, kann diese Frage den Massen darum auch nicht beantworten. Daß das Stück aber die Erkenntnis zuläßt, daß etwas unternommen werden muß, und zwar von den Massen selbst, machte es als Gegenwartsstück wirksam.

Für das eigene Schaffen hatte das *Leben in dieser Zeit* in mehrfacher Hinsicht Bedeutung. Kästner erschloß sich neben Tageszeitungen, Kabaretts und Illustrierten eine weitere Tribüne für seine literarische Tätigkeit. Mit dem Funkspiel begann außerdem seine Zusammenarbeit mit Edmund Nick, der musikalischer Leiter des Senders Breslau war und die Musik zu dem Hörspiel schrieb. »Der deutsche Rundfunk« stellte fest, der Tag der Ursendung wäre mehr als eine gewöhnliche Rundfunkpremiere gewesen. Die Zeitschrift sprach sogar von einem Tag von »geradezu musikhistorischer Bedeutung«, weil die Kantate, bisher allenfalls zur Passionszeit im Sendeprogramm zu finden, für den Rundfunk wiedererstanden sei – und zwar »in der schlichten, weltlichen, zeitgemäßen Form«.

Der soliden Musik Edmund Nicks, der für das *Leben in dieser Zeit* als einer der ersten Komponisten Kästners Songs und Chansons vertonte, ist nicht zuletzt der Sendeerfolg zu verdanken. In Deutschland gab es damals bereits mehr als zwei Millionen Rundfunkhörer. Die Zahl gibt einen Begriff davon, welche Verbreitung den Kästner-Chansons allein über die Funkwellen möglich war. Aus dem Senderaum des Rundfunks nahmen die Lieder bald ihren Weg zur Bühne und zum Kabarett. Die »Ankündigung einer Chansonette«, die zu dem Hörspiel gehörte, fand cinc berufene Interpretin in Annemarie Hase, die »Möblierte Moral« (Mancher Mann darf, wie er möchte, schlafen.) und den Gesang einer Mutter vom verlorenen Sohn (Am besten wär's, die Kinder blieben klein.) übernahm Blandine Ebinger in ihr Repertoire. Auch die anderen Lieder und Songs aus dem Stück sind klassische Nummern des literarischen Kabaretts geworden und liegen in mehreren Schallplattenaufnahmen vor.

Das Funkdebüt von 1929 brachte seinen Autor somit in noch engere Beziehung zum Theater, als er sie in seiner Funktion als Zuschauer, Hospitant und Kritiker bislang gehabt hatte. Kästner wurde mit seinem *Leben in dieser Zeit* ein wirklicher Bühnenautor. Zahlreiche Theater holten beim Sender Breslau die Aufführungsrechte ein. In Wien gab es 1930 eine Aufführung vor zweitausendfünfhundert Arbeitern, die dem Stück enthusiastisch und bewegt Beifall spendeten. 1931 fand dann die Premiere im Alten Theater in Leipzig statt, und Ende 1932 hatten bereits Dutzende von Bühnen dieses »Oratorium für Laien« zur Aufführung angenommen.

Umzug in die eigene Wohnung

Der 1. Oktober 1929 wurde für Erich Kästner ein besonderes Datum. Nicht minder für seine Mutter, die es mit Zufriedenheit aufnahm, daß ihr Sohn, bisher Untermieter bei der Witwe Ratkowski, endlich eine eigene Wohnung bezog. Sie wußte zwar, daß er fast ausschließlich in seinen Cafés und den kleinen, anregenden Bars schrieb, aber zu einem ordentlichen Menschen, fand sie, und noch dazu einem Mann von Reputation, gehörte nun mal, daß er »eingerichtet« war und ein solides Zuhause aufzuweisen hatte.

Mit der Meinung der Mutter stimmte auch Kästners damalige Berliner Freudin Pony überein, die es übernahm, etwas Geeignetes zu suchen. Die endgültige Entscheidung fiel auf eine kleine Wohnung mit Komfort in Berlin-Charlottenburg, Roscherstraße 16, Gartenhaus. Die Miete, die für drei Zimmer mit Bad, Balkon, Küche, einer Mädchenkammer, kleinem Korridor, zwei Einbauschränken, Zentralheizung und Fahrstuhl zu zahlen war, betrug hundertsiebzig Mark im Monat, bei einer Abstandssumme von zweitausendfünfhundert Mark für beschlagnahmefreie Eigentumswohnungen, die an die Vermieterfirma zu entrichten war.

Gartenhaus bedeutete Blick auf Grünes. Die Wohnung hatte außerdem Morgensonne, und da auch die Fahrverbindungen ideal waren, konnte er seiner Mutter versichern: »Die kleine Wohnung ist ganz reizend.« Auch ihr würde sie bestimmt gefallen und sie könne nun oft zu ihm nach Berlin kommen.

So sah man Erich Kästner Anfang Oktober in Berlin beim Möbelkauf, zusammen mit seiner Bekannten, nach der die weibliche Heldin seines Kinderbuchs den Spitznamen »Pony Hütchen« erhielt, und dem befreundeten Erich Ohser. Im Berliner Möbelviertel suchten sie die gewünschte Couch aus, die allerdings erst gefertigt werden mußte, während sie das Bett sofort bekommen konnten, ein »sehr schönes aus echtem amerikanischem Holz, Farbe braun, Preis 400 Mark«. Ein genauer Bericht vom ersten Tag in der eigenen Wohnung ging natürlich nach Dresden. »Liebes gutes Muttchen! Geschlafen habe ich vorzüglich. Das Bett ist großartig. Dann habe ich ›& Co.‹, die pünktlich kam, bißchen diktiert. Dann bei der Polizei und Post abgemeldet. Dann im Carlton allein gegessen. Ohser kam nicht. Dann Kino. Dann Theater. Dann Schwanneke. Mit Pony. Und nun wieder Wohnungsbesitzer. Es macht schon viel Freude.« Scherzhaft unterzeichnete er den Brief neben den obligatorischen »Millionen Grüßchen und Küßchen« mit »Dein Junge und Villenbesitzer«.

Die Untermieterzeit mit dem Logis bei Witwen oder alleinstehenden älteren Damen gehörten damit für immer der Vergangenheit an. Lediglich ein Gedicht erinnerte noch daran, das ihm die Sympathie sämtlicher »möblierter Herrn« in und außerhalb Berlins eingebracht hatte, weil es die Situation der Betroffenen in witzig-sarkastischen Vergleichen schilderte. Hätte ihm aber 1929 jemand prophezeit, daß er vierzehn Jahre später von dieser Wohnung mitsamt Teppich und Klavier, den Büchern, Maßanzügen und teuren Wäschestücken weiter nichts retten würde als den Schlüssel zum Fahrstuhl, die Schreibmaschine, den Regenschirm und den Notkoffer, den er ständig im Luftschutzkeller bei sich führte, hätte er den Betreffenden mißbilligend angesehen und seine makabren Witze als Geschmacklosigkeit gerügt.

Der dreißigjährige Berliner – das war er inzwischen geworden – war im guten Sinne des Wortes auf Karriere eingestellt, nicht auf Katastrophe. Alles ließ sich für ihn in diesem Berlin gut an, im großen und ganzen jedenfalls, wenn man von dem üblichen Ärger mit den Redaktionen, Kabaretts und Verlagen absah. Er stand in Verhandlungen mit Film- und Schallplattenproduzenten. Der Rundfunk trug ihm wiederholt Aufträge an, der Operettenbuffo Max Hansen gab Liedtexte bei ihm in Auftrag, und sogar Max Reinhardt bat ihn in einer Bühnenangelegenheit zu einer Unterredung. Etwas besonders Erfreuliches war 1929 bei der Verleihung der Kleistpreise die ehrende Erwähnung seines Namens. Diese literarischen Lorbeeren hielt er für eine gute Reklame, wenn ihm auch der Kleistpreis selber »wesentlich lieber gewesen« wäre »als nur die Kleistpreis*ehrung*«. Er tröstete sich und Muttchen in der Gewißheit darüber hinweg: »Langsam werden's schon alle merken, daß ich im Anmarsch bin.«

Bilanz dreier Jahre

In der Berliner Wohnung waren indessen für den morgendlichen Spätaufsteher, der meist spät zu Bett ging, mit der Post drei Belegexemplare aus verschiedenen Verlagen eingegangen. Drei Anthologien, in denen sein Name zu finden war, konnte Kästner als Neueingänge 1929 in die Regale stellen. Zunächst das von Herbert Günther, dem späteren Ringelnatz-Biographen, zusammengestellte Buch *Hier schreibt Berlin*. Darin kam er als Großstadtdichter verhältnismäßig bescheiden zu Wort – mit nur einem einzigen Gedicht »Besuch vom Lande«. Das lag nicht an ihm, eher an dem Ehrgeiz des Herausgebers, vom Feuilleton bis zur Novelle, von der Satire bis zum Drama alles vorstellen zu wollen, was Berlin und seine besten Autoren betraf. Trotz beachtlichen Umfangs des Buches konnte der Autor von *Herz auf Taille* neben Heinrich Mann, Franz Hessel, Lion Feuchtwanger, Arnold Zweig, Joachim Ringelnatz und Alfred Kerr nur eine Seite bekommen. In dem zweiten Sammelband, *Anthologie jüngster Lyrik*, den Klaus Mann und Willi Fehse herausgab, zählte Kästner zu seiner Zufriedenheit acht Gedichte von sich.

Beim Blättern in der Klaus-Mann-Anthologie mag Kästner bewußt geworden sein, in welch augenfälligem Maße sich die Lyrik, die er schrieb, von den Produktionen anderer in dem Buch vertretener Autoren abhob. Nahezu wie ein Fremdkörper wirkte sie darin. Von den zwanzig Aufgenommenen – Martin Beheim-Schwarzbach, Manfred Hausmann, Ossip Kalenter, Paula Ludwig und Hermann Kesten sind darunter – ist Kästner derjenige, der sich in direkter Aussage mit den Problemen seiner Generation und der Gegenwart auseinandersetzt, Poesie mit Witz und scharfsinnigen Pointen zu koppeln weiß, während in anderen Poemen dieser Anthologie häufig noch »Traum und Gebet«, »Pan«, die »Pilgerschaft der Seele« oder das »Feuer der Gestirne« beschworen werden.

In der Gruppe der hier versammelten lyrischen Talente von 1929, das bleibt der Eindruck, erscheint Kästner als der einzig »Jugendliche« in Haltung, Empfindung und Sprache. Er hat den Schwung, den Rhythmus, die Nonchalance, wie sie junge Leute lieben, und ist immer konkret!

Gewichtigster Neueingang unter den drei Belegen aber war zweifellos der Band *24 neue deutsche Erzähler*, den Freund Hermann Kesten herausgegeben hatte mit Arbeiten von Anna Seghers, Ludwig Renn, Ernst Toller, Joseph Roth sowie anderen linksbürgerlich demokratischen und sozialistischen Autoren. Kästner hatte dem Herausgeber für diesen Band seine Novelle *Duell bei Dresden* überlassen.

Die drei Anthologien waren bemerkenswerte Erfolge für einen Autor, der erst seit einem Jahr mit selbständigen Publikationen auf dem Markt war. Sie bestätigten ihm ein weiteres Mal, daß er mit seinen Gedichten wie mit seiner Prosa als Stimme der zeitgenössischen deutschen Literatur ernst genommen wurde, mehr noch, daß er sich durch seine Leistung und Begabung einen eigenständigen Platz erobert hatte. Mit dem Namen Erich Kästner verband man Klarheit des Ausdrucks, jugendlichen Charme, Witz und Zorn in der satirischen Zuspitzung, vor allem aber moralisch-kritisches Engagement. So konnte er um die Jahreswende 1929/30 auf drei erfolgreiche Berliner Jahre zurückblicken: ständig vertreten in Zeitungen und Zeitschriften, gedruckt in ernst zu nehmenden Anthologien, ausgewiesen durch zwei Gedichtbände, von denen jeder auf das dreißigste Tausend zuging, und ein Kinderbuch, das die Auflagenhöhe von dreißigtausend bereits überschritten hatte.

Der unwiderruflich vollzogene Schritt in die Literatur mit enger Bindung an Verlage, literarische Zeitschriften, Theater und Rundfunk zwang zu der Überlegung, was er von seiner bisherigen Arbeit abstoßen könne, denn soviel stand fest: Die Aufträge überforderten allmählich die »kleine Versfabrik«. Es war ja nicht damit getan, daß seine Sekretärin Elfriede Mechnig seine Gedichte laufend an Zeitungen und Zeitschriften verschickte. Dieses Versandsystem gehörte zwar zur ökonomischen Sicherung seiner Existenz als freier Schriftsteller, konnte aber nicht bedeuten, daß er sich von dem Unterhaltungsanspruch der Magazine und Illustrierten den kritischen Blick auf die Zeit trüben oder sich auf die Position eines gefällig reimenden Familienonkels der Humorecke abdrängen lassen wollte.

Vielmehr erfolgt um 1930 in seinem Schaffen eine Konzentration auf literarisch Wesentliches. Sein Anspruch an die Form wird kritischer, und Hand in Hand damit geht eine Vertiefung der gedanklichen Substanz, was ein Vergleich seiner drei Gedichtbände *Herz auf Taille, Lärm im Spiegel* und *Ein Mann gibt Auskunft* zu belegen vermag. Gereimte Zufälligkeiten, wie sie der Erstling noch aufwies und wie sie auch dem zweiten Band als »leichte Beigabe« noch eigen sind, fehlen im dritten Band so gut wie ganz. Das hängt wohl damit zusammen, daß sich der Autor mehr und mehr auf sein eigentliches poetisches Thema konzentrierte.

Mehrere Faktoren begünstigten den Prozeß der Verdichtung der gedanklichen und poetischen Inhalte seiner Lyrik. Zunächst ist es der Zuwachs an Lebenserfahrung, den der junge Mann aus Leipzig, im Berliner Milieu nunmehr zum richtigen Großstädter geworden, in seine berufliche Tätigkeit einbringen kann. Was das Schreiben anbelangt, so hat er seit seinen studentischen Theaterkritiken und ersten Gedichtproben in den *Dichtungen Leipziger Studenten* ein volles Jahrzehnt Praxis hinter sich. Diese Zeit war ausreichend, um die Eigenart seiner Begabung in jener stilistischen Brillanz und Präzision, wie sie für Kästner charakteristisch sind, hervortreten zu lassen. Das Bewußtwerden seines schriftstellerischen Erfolgs, die Bejahung von Qualität und Verantwortung zogen gewisse Konsequenzen für die weitere Arbeit nach sich. Das hieß, saisonbedingte Betrachtungen in Versen wie »Ein Städter träumt von Ferien«, wie sie in der »Berliner Illustrierten« noch im Sommer 1929 zu lesen waren, ferner die vielen Oster-, Pfingst- und Weihnachtsverse und sonstigen Gelegenheitsarbeiten für den Unterhaltungsteil von Zeitungen traten zurück. Kästner machte solche Verse wohl noch gelegentlich, er sah darin auch keine Schande für einen Schriftsteller, zumal er selbst Zeitungspoesien mit Sorgfalt und Liebe zu Papier brachte, aber er konnte sich nicht mehr soviel Zeit nehmen wie früher, als er noch nicht an Sender, Verlage, Theaterbühnen und Kabaretts gebunden war.

»Der Montag Morgen«

Kästner ist immer stolz darauf gewesen, daß er die besten Blätter der Weimarer Republik beliefert hat, wie das große »Berliner Tageblatt«, an dem Kerr Mitarbeiter war, »Die Weltbühne« Tucholskys und Ossietzkys, ferner »Das Tage-Buch« Leopold Schwarzschilds und dessen Wochenzeitung »Der Montag Morgen«, der eine scharfe antihitlerische Position einnahm und die Kräfte des deutschen Industrie- und Finanzkapitals attackierte, die auf Koalitionskurs mit dem Nationalsozialismus gingen.

Dieser »Montag Morgen« wird von den meisten Autoren, die über Erich Kästner publiziert haben, ignoriert oder nur beiläufig erwähnt, fälschlicherweise als »Zeitschrift«. Kästner arbeitete für diese Wochenzeitung vom Juli 1928 bis zum Dezember 1929 und schrieb in diesem Zeitraum regelmäßig für die letzte Seite, den sogenannten Blauen Montag, das aktuelle Gedicht der Woche. Bis zur Nummer 23/1928 standen an dieser Stelle Verse von Erich Weinert, der neben seiner politischen und rezitarorischen Tätigkeit für den »Blauen Montag« über ein Jahr lang mit dem ihm innewohnenden Furor satiricus das Amt des journalistischen Scharfrichters versah. Die terminlichen Verpflichtungen eines ständigen Mitarbeiters konnte er jedoch nicht mehr erfüllen, nachdem er sich verstärkt der künstlerisch-agitatorischen Arbeit der Kommunistischen Partei zugewandt hatte. Sein direkter Nachfolger wird mit der Nummer 24/1928 Erich Kästner, nicht weniger angriffsfreudig, wenn auch von anderer Art der Satire. Seine ersten Hiebe gelten im »Montag Morgen« dem chauvinistisch aufgezäumten »Gustav-Rummel«, um jenen biederen Berliner Droschkenkutscher, der 1928 mit vorgespannten Pferden von Berlin-Wannsee nach Paris kutschierte zwecks Verständigung und Aussöhnung, während diejenigen Kreise, die den Rummel finanzierten und propagandistisch davon profitierten, für sich schon die möglichen Gewinne eines neuen Krieges überschlugen.

Kästner hat in den anderthalb Jahren, die er für Leopold Schwarzschild und dessen Wochenzeitung tätig war, seine engste Berührung mit der Tagespolitik gehabt, speziell mit wirtschaftlichen Problemen, wovon sowohl »Die Weltbühne«, »Das Tage-Buch« als auch andere Zeitschriften profitierten. Er hat sich auseinandersetzen müssen mit der Rolle der Monopole, den Erscheinungen des bürgerlichen Parlamentarismus, der Weimarer Justiz, mit den Völkerbunddebatten, der Börsenspekulation, den sozialen Problemen und nicht zuletzt mit den besonders auf die Jahre 1929/30 hin beunruhigend anwachsenden Übergriffen behördlicher Institutionen gegen progressive Kulturschaffende und Theaterstücke.

Für das wöchentlich zu liefernde Gedicht las Kästner nicht nur intensiv den Handelsteil oder die Leitartikel der Tageszeitungen. Als Kinogänger und Theaterfreund griff er selbstverständlich auch Stoffe auf, die ihm Bühne und Leinwand für Glossen lieferten. In diese Rubrik gehören seine trefflichen Versglossen »Van de Velde im Kino«, der »Sängerbrief aus Wien« und das den Geschäftsgeist Berliner Direktoren verurteilende »Berliner Sommertheater« in Nummer 30/1928, in dem es heißt:

Warum spielt man nicht das Beste,
warum spielt man nur den Mist?
Weil das, sagt man, für die Gäste
aus der Fremde nötig ist.

Wenn doch schon die Blätter fielen!
Bei James Reinhardt und Max Klein
könnte – abgesehn vom Wetter –
Pause oder Winter sein!

In diesem Stil bekommen von ihm auch der Tonfilm und die Boulevardpresse einen Hieb ab. Beide Male geschieht es auf die besondere Kästnersche Weise, mit originellen Vergleichen und knapp sitzenden Pointen. Über den Tonfilm, damals weitgehend identisch mit dem UFA-Konzern, urteilt Kenner Kästner:

Der Film kann lachen und kosen
und mit der Zunge anstoßen.
Der Film kann englisch und bellen,
kann husten, chinesisch und schrein
und schießen und Fragen stellen
und mit brechender Stimme verzeihn.

Was ist nun, besten Falles,
der Sinn dieses Tonfilmberichts?
Der Sinn ist: Der Tonfilm kann alles –
aber weiter kann er auch nichts!

Von Kästner sind im »Montag Morgen« weit über hundert Gedichte erschienen. Sie gesondert zu einem Band zusammenzufassen hätte wohl quantitativ ausgereicht, in bezug auf literarische Qualität jedoch ein zu starkes Gefälle ergeben. Da ist einmal das leicht gebaute, rein humoristische Gedicht, das sich mit der Freude am amüsanten Vorfall oder dem Spott über eine komische Erscheinung begnügt. Episch-balladeske, liedhafte, epigrammatische Elemente wechseln in den besten Gedichten dieser Spezies in vielfältiger Weise ab. Sie bewahren seine Metrik vor Gleichlauf und damit vor Eintönigkeit. Daneben steht bei Kästner stets das gewichtigere und gedanklich tiefer lotende Zeitgedicht, das sich häufig, wenn auch nicht ausschließlich, satirischer Elemente bedient und ein »größeres Thema« angeht. Dieses Nebeneinander von »kleinen« und »großen« Themen ist auch charakteristisch für die lyrische Produktion des »Montag Morgen«.

Viele Leute lasen die Zeitung überhaupt nur wegen des Kästner-Gedichts, denn sein Stil wies eine gewisse saloppe Geschmeidigkeit auf, Eleganz im metrischen Ablauf der Strophe, bewies Gespür für den Tag und Liebe zu dieser besonderen leserfreundlichen Art von Lyrik. Überhaupt hat seine Lyrik dem Journalismus Entscheidendes zu verdanken. Aus ihm speist sich der direkte Zeitbezug, der hohe Informationsgehalt und die deutlich auf den Leser gerichtete, persönlich gehaltene Form der Rede und Anrede. Die Farbigkeit in der Thematik seiner Lyrikbände, die heute noch besticht, aber auch die Anschaulichkeit in Sprache, Stil und Darstellung seiner »Geschichten« sind im Grunde Ergebnis der Tatsache, daß viele seiner Verse zuerst für eine Zeitung oder Zeitschrift entstanden.

Als Kästner seine Mitarbeit am »Montag Morgen« beendete, wo Karl Kinndt, dann Friedrich Hollaender und anschließend Max Kolpe seine Nachfolger mit dem »Montag«-Gedicht wurden, konnte er eine stattliche Zahl von Texten aus den einzelnen Zeitungsnummern für seine neuen Gedichtbände verwenden, wobei er sie mitunter mit einer anderen Überschrift versah. Manchmal gab er einem Grundgedanken eine neue lyrische Fassung, so daß man in dem Zeitungsgedicht die Vorform des späteren Buchgedichts wiedererkennt.

Bedauerlicherweise nicht aufgenommen hat er in seine Bände aus der »Blauen Montag«-Produktion ein Gedicht, das die Diktatur der Monopole an Rhein und Ruhr verurteilt und der Gruppe seiner gewichtigen politischen Dichtungen zuzurechnen ist. »Der Gott, der Eisen wachsen ließ«, heißt es im Parodieverfahren auf das alte Gedicht von Ernst Moritz Arndt, »schuf auch die Überstunden, / die Aktien und die Syndicis. / Wir sind *Ihm* verbunden.«

1928, im Jahr des *Emil* und des *Herz auf Taille*, beweist Kästner bereits klare politische Einsichten. Warnend zeigt er mit dem Finger auf die Kräfte des Monopolkapitals, die die ökonomische Macht in ihren Händen konzentrieren und über diese Hebel die politische Macht im Staat ausüben. Gegen die Interessen der Mehrheit. In dem zitierten »Choral der Ruhrbarone«, veröffentlicht in Nummer 46/1928 des »Montag Morgen«, heißt es dazu:

Ja, Gottes Güte reicht so weit
wie Kabel und Kanonen!
Er ist meist mit der Minderheit
und nicht mit den Millionen.
Das möchten wir betonen.

250000 Mann
sind gegen uns im Bunde.
Wer an der Ruhr nicht leben kann,
der geht an ihr zugrunde.

Wir sind – mit Gott – die Herrn im Haus
und wissen, was wir sollen.
Wir sperren ein. Und sperren aus.
Und machen, was wir wollen.

Wir fürchten nichts auf dieser Welt.
Not lehrt die andern beten.
Ein feste Burg ist unser Geld,
Und von der Maas bis an den Belt
hilft da kein Volksvertreten.

Wir sind der Adel, der regiert,
und bleiben das auch künftig.
Und wer sich, wenn er satt ist, ziert,
den hungern wir vernünftig.

Mit uns, da macht man keinen Staat!
Wir kennen nur noch Klassen.
Minister schreiben nach Diktat.
Sonst muß man sie entlassen.

Ach, wer noch nie Direktor hieß,
der braucht auch keine Rechte.
Der Gott, der Eisen wachsen ließ,
der wollte weiter nichts als dies:
Knechte!

Zeitungsgedichte und Zeitgeschichte

Die Bindung an den »Montag Morgen« ging Kästner zu einer Zeit ein, als *Herz auf Taille* gerade erschienen, alles Weitere für ihn aber noch ungewiß war. Für seine literarische und politische Entwicklung sollte sich die Mitarbeit bei Leopold Schwarzschild als ein produktiver Schritt erweisen. Die Zeitung bot ihm die Möglichkeit, über einen längeren Zeitraum kontinuierlich und vor allem schnell zu veröffentlichen. Daran war Kästner interessiert. Nicht weniger wichtig war ihm das Milieu der Redaktion, das geistige Klima für die Diskussion und den politischen Meinungsaustausch. Er lernte neue Autoren kennen, deren Auffassungen und Argumente auf seine Meinungsbildung und seinen Erkenntnisprozeß nicht ohne Einfluß blieben. Über den schon bekannten Kreis der »Weltbühne« hinaus kam Kästner beim »Montag Morgen« mit neuen Künstlern in Berührung; einige davon zählten zur Avantgarde, wie Rudolf Schlichter. Seine politischen Zeichnungen, oft über die gesamte Breite der Zeitungsseite ausgedehnt und unmittelbar den Kästner-Versen zugeordnet, gaben dem Wochenkommentar aus dessen Feder aggressiven Nachdruck. Schlichter, bekannt durch seine Buchumschläge für den Malik Verlag, galt als maßgebender Kopf der ASSO; er porträtierte Bertolt Brecht, Erich Maria Remarque und Egon Erwin Kisch, zeichnete vor allem markante Köpfe Berliner Arbeiter und Frauentypen der zwanziger Jahre. 1928/29, als er schon große Werke der Weltliteratur wie von Oscar Wilde, Alexej Tolstoi, Charles Sealsfield, Christoph Martin Wieland und Francis Bret Harte illustriert hatte, betätigte er sich zeitweilig auch als Pressezeichner für den »Montag Morgen«. Er war nicht der einzige Mitarbeiter von Rang. Außer Schlichter, Weinert und Kästner gehörten noch dazu: Elisabeth Hauptmann, die spätere Mitarbeiterin Bertolt Brechts, der Lyriker und Berlin-Schriftsteller Franz Hessel, der mit der »Literarischen Welt« verbundene Publizist und Theaterkritiker Willy Haas, die Zeichner B. F. Dolbin und Schäfer-Ast, der Songdichter und Satiriker Walter Mehring und viele andere, die nach Hitlers Machtergreifung Deutschland verließen. Schwarzschild selbst, der Herausgeber des »Tage-Buch« und des »Montag Morgen«, als Wirtschaftsexperte einer der einflußreichsten Publizisten der Weimarer Republik, ging sofort nach Hitlers Ernennung ins Ausland, und zwar nach Paris, wo er seine Zeitschrift unter dem Titel »Das Neue Tagebuch« herausgab.

In diesen Kreis der kritisch-bürgerlichen, mehr oder weniger weit nach links tendierenden Intelligenz ist Kästner in den entscheidenden Jahren zwischen 1928 und 1933 mit seinen literarischen Produktionen und weltanschaulichen Positionen fest eingebunden. Sein Schaffen empfängt nachhaltige Impulse aus den sich zuspitzenden politischen, sozialen und geistigen Kämpfen. Er stellt sich auf die Seite derer, die die Demokratie gegen den Feind von rechts mit dem attakkierenden, warnenden Wort verteidigen, und teilt mit ihnen die Leidenschaft des Engagements, aber auch die Tendenz vieler progressiver bürgerlicher Intellektueller, ihre parteipolitische Unabhängigkeit zu wahren, wobei sie unweigerlich in Gefahr gerieten, mit dieser Haltung zwischen den Stühlen zu sitzen.

Bei der Lösung des festen Mitarbeitervertrags 1929 einigte sich Kästner mit Schwarzschild so, daß er, solange kein geeigneter Nachfolger für ihn gefunden war, gelegentlich etwas für die Seite liefern wolle. So findet sich im Blatt auch 1930 noch eine beachtliche Zahl von kritischen Kästner-Kommentaren, unter anderem zu den kostspieligen Wintermanövern der Reichswehr und zum Panzerkreuzerbau, den er folgendermaßen ironisch glossierte: »Den Kreuzer her! Wir brauchen ihn, / und droht nicht mit den Staatsbilanzen. / Wer Schiffe hat, kriegt Kolonien. / Dort könnten wir dann größere Partien / von Arbeitslosen hinverpflanzen.«

Als lyrischer Chronist des Zeitgeschehens tritt Kästner in die Fußstapfen jener deutschen Dichter und Schriftsteller, die um 1900 herum mit ihren Versen für die satirischen Zeitschriften und das Kabarettpodium der Lyrik einen engeren Bezug zum Alltag gaben und ihr durch bewußte Hinwendung zur Trivialpoesie Volkstümlichkeit zurückzugewinnen versuchten. Die literarischen Einflüsse auf seine Lyrik reichen aber noch weiter zurück. Man erkennt deutlich Anleihen bei Kortums »Jobsiade«, auch das Vorbild Heinrich Heines und Wilhelm Buschs wird deutlich sowie die metrischen Strukturen der Jahrmarktsmoritat, des Bänkelsangs, der Volksballade und des sentimentalen Küchenliedes. Wie alle bedeutenden Satiriker entlehnt er Ton und Rhythmus dem Volkslied, das immer, wie Weinert in seinem Aufsatz von 1926 über die »Politische Satire« darlegt, »das Element der Satire in sich trug«. Oft kehrt er bekannte Liedinhalte parodistisch um. Goethes Zeile »Kennst du das Land, wo die Zitronen blühn?« wird bei ihm zu dem politisch brisanten Zitat: »Kennst du das Land, wo die Kanonen blühn?« Für den »Choral der Ruhrbarone« benutzt er die Anfangszeile des alten Luther-Chorals und prägt die neue Zeile »Ein feste Burg ist unser Geld«. Von Luther über

Goethe bis Brecht entnimmt der Gebrauchsdichter Kästner aus dem Bestand lyrischer Formen, was ihm für seine Zwecke geeignet erscheint. Im Coupletstil erinnern seine Zeitungsverse mitunter an die »Schlemihl«-Verse von Ludwig Thoma aus dem »Simplicissimus« oder an die Knüttelverse Wedekinds. Im übrigen jedoch bringt Kästner, weit entfernt von der Position eines Nachahmers, seinen eigenen Stil in die Verskunst ein.

Mit seinen Gedichtsatiren für den »Montag Morgen«, in dem er 1928/30 seine Stimme als politischer Tagesdichter erhebt, versucht Kästner, der Forderung Erich Weinerts nachzukommen, daß es mitnichten der Beruf des Satirikers sei, Gegensätze auszugleichen, daß er vielmehr dazu berufen und verpflichtet sei, Gegensätze in der Gesellschaft so deutlich wie möglich aufzudecken. Worüber er auch schreibt, was immer er kommentiert – stets sind seine Ironie und seine Pointen von politischer Eindeutigkeit: ein Plädoyer für Demokratie, für soziale Gerechtigkeit und eine Politik, die den Interessen der arbeitenden Menschen nützt.

Brief aus Köln

In dem Maße, wie der Großstadtlyriker und Zeitsatiriker Kästner sein Publikum gewann, blieb es nicht aus, daß dieses Publikum seinen Autor auf Leseabenden auch persönlich kennenlernen wollte. Mitunter erfolgten Einladungen von mehreren Seiten zugleich. Er konnte und wollte solche Wünsche, obgleich er höchst ungern seine gewohnte Umgebung verließ, nicht immer ignorieren. Seit er Aufträge des Rundfunks für das aktuelle Stück *Leben in dieser Zeit* und diverse Kabarettsendungen angenommen hatte, war er mit eigenen Gedichten wiederholt vor die Mikrophone des Rundfunks getreten. Für seine Verlage, wenn ein neues Buch oder eine Nachauflage herauskam, gehörte es ebenfalls zur Publicity, daß der berühmte Autor, der mittlerweile einen englischen, amerikanischen und französischen *Emil* aufzuweisen hatte, anwesend war, um seine Bücher zu signieren. Manche Leute schrieben ihm anschließend Briefe und dankten ihm dafür, daß er ihnen mit diesem und jenem Gedicht Mut zugesprochen und geholfen hätte, mit einem Konflikt in ihrem privaten Leben fertig zu werden. Oder daß er die Courage gehabt habe, politische Wahrheiten auszusprechen, die der Briefschreiber genauso empfinde. Andere, meist junge Männer, fragten ihn in Briefen, wie er übers Heiraten denke. Manches Lustige schrieben ihm Kinder. Einmal war ein Brief dabei von einem Jungen, der von ihm die Satire *Die Entwicklung der Menschheit* in die Hand bekommen hatte und nun an Kästner schrieb, er habe gerade das Gedicht »über die alten Affen« gelesen und »gar nicht gewußt, daß Du auch für Erwachsene schreibst«.

So oft wie der Dichter und Kabarettist Ringelnatz, der auf seinen Tourneen die verschiedenen Städte bedichtete und daraus ein eigenes Buch zusammenstellte, ist Kästner nicht gereist. Immerhin kamen 1930 so viele Einladungen zusammen, daß er in mehreren Städten unterwegs war. Seine Mutter war auch in diesen Wochen per Post täglich auf dem laufenden. Sie erhielt Briefe aus Braunschweig, Chemnitz, Leipzig, Oldenburg, Königsberg, Danzig, Prag und Köln, zu denen ihr der reiseunlustige Sohn mehr als einmal zu verstehen gab: »Das Rumkutschieren ist nichts für mich«, ihr aber auch zufrieden über ausverkaufte Lesungen berichten konnte. Aus Chemnitz schrieb er: »Der Vortrag war sehr besucht. Viele standen. Großer Beifall.« In Wien, wo er sich im Januar 1931 zur Aufführung seines Stücks *Leben in dieser Zeit* aufhielt, hat er sich vor dem Publikum wiederholt verneigen müssen. »Die Leute schrien sich heiser vor Begeisterung.« In Chemnitz wollte ihn die Volksbühne zum Vorlesen haben, in Stuttgart zeigte sich der Goethebund an ihm interessiert, und von der dortigen Hotelwirtin erhielt er noch kurz vor seiner Abreise einen Zettel zugestellt, auf dem sie ihm mitteilte, wie gut ihr sein Abend gefallen hätte.

Eine seiner Vortragsreisen führte ihn zu Beginn des Jahres 1930 nach Köln, wo er politisch akzentuierte Lyrik vortrug, darunter ein Gedicht, das er speziell zu diesem Anlaß gefertigt hatte und das nur durch den Umstand, daß er es dem »Montag Morgen« zum Abdruck gab, erhalten geblieben ist. Dieses Gedicht, das auf Kästnersche Art Lokalgeschichte und Weltgeschichte geschickt zueinanderfügt, will die Erinnerung wachhalten an das Geschehen des Ersten Weltkrieges und vor der politischen Vergeßlichkeit warnen. Das Gewissen immer wieder wachzurütteln – darin sah er den Sinn seines Berufs. Deshalb spricht er in diesem »Brief aus Köln« ausführlich vom Gestern und bekennt sich ausdrücklich zu der Auffassung, daß »zeitgenössische Gedichte« für ihn zuallererst politische Gedichte sind und diese politischen Dichtungen das für ihn wichtigste Thema – den Krieg – behandeln müssen. Zwischen damals und der Gegenwart von 1930 zieht er folgende Bilanz:

Diesmal luden Sie mich als Verfasser
zeitgenössischer Gedichte ein.
1918 lag die Sache krasser.
Und das Volk sprach, wenn auch langsam: Nein.
Doch seitdem floß sehr viel Kölnisch-Wasser
durch den Rhein.

Damals war ich eine Art Gefreiter
bei der deutschen Fuß-Artillerie ...
Auf dem Schießplatz Wahn als Meldereiter ...
Kölner Mädchen ... »Ganze Batterie!«
19jährig ... herzkrank usw. ...
Die bekannte junge Herrnpartie.

Mit 300 Frau'n und viel Geprassel
ging die Wahner Dynamitfabrik verschütt.
Später kam der übrige Schlamassel.
Später Kaiser Wilhelms Übertritt.
Die Soldaten türmten Richtung Kassel,
und die Offiziere türmten mit.

Deutschland, heißt es, übt sich im Genesen.
Und wir wären quasi mitten drin.
Alles ist, als wär es nie gewesen.
Die Vergangenheit hat wenig Sinn.
Und ich will hier Kriegsgedichte lesen,
weil ich dazu hergekommen bin!

Viele Leute sind so gern versöhnlich.
Und sie werden fett vor Zuversicht.
Viele Leute finden es gewöhnlich,
wenn man heute noch von gestern spricht.
Doch zu ihnen zähle ich persönlich
nicht.

In Berlin fanden Lesungen mit ihm noch weitaus häufiger statt, und gerade in Berlin, dem Zentrum einer starken Arbeiterbewegung, hatten diese Veranstaltungen eine besondere Bedeutung – sowohl für den Autor wie für das Publikum. Kästner konnte mehr als einmal die Erfahrung machen, daß gerade Arbeiter von der klugen Art zu formulieren, der Sachlichkeit und Präzision wie der Frische seines Witzes besonders angetan waren. In diesem Zusammenhang erinnerte er sich an ein heiteres Erlebnis. Er war nach Schluß einer Lesung gerade im Begriff zu gehen, als er – bereits in Hut und Mantel – angesprochen wurde. Ein Arbeiter, der unter den Zuhörern gesessen hatte, ihn aber nicht wiedererkannte, äußerte sich zu ihm in seinem Berliner Dialekt höchst jovial und zufrieden: »Wa, *der* war richtig! *Die* Witze! – Ob der bald wieder mal liest?« Kästner erwiderte schmunzelnd: »Tja, keine Ahnung, ob der bald wieder liest.« Einige Leute, die dabeistanden und Kästner kannten, hörten den Dialog mit an und amüsierten sich.

Von den Auftritten des Jahres 1930 sind noch erwähnenswert die Lesungen in der Berliner Stadtbibliothek, im Kaufhaus Karstadt, aber auch vor kleinerem Kreis in der Wohnung von Dr. Mario Krammer, die »Die Weltbühne« ankündigte, sowie die häufigen Rundfunktermine. Im Berliner Sender lief die Kinderstunde mit dem Vater von *Emil und den Detektiven*, es gab Wiederholungen des Sendeprogramms mit *Leben in dieser Zeit* und Abendprogramme der »Berliner Funkstunde« mit neuen Kästner-Gedichten, soweit sie nicht schon als Chansons zum festen Repertoire der Sender gehörten.

Mit den Kollegen unter den Schriftstellern, mit denen er in jenen Jahren persönlich zusammentraf, wie Friedrich Wolf oder Thomas Mann, oder beruflich zu tun hatte, wie Kurt Tucholsky, Hermann Kesten, Schwarzschild oder Natonek, war er auch in den Sendungen des Rundfunks zu finden. Die Rundfunkhörer von 1930 konnten laut Programm auswählen, ob sie in der betreffenden Sendewoche in den Abendstunden auf der Berliner Welle den Vortrag Gottfried Benns zum Thema »Schöpferische Persönlichkeit«, die Sendefolge »Friedrich Wolf erzählt sein Leben«, Leopold Schwarzschild zur aktuellen Frage der »Verkürzung der Arbeitszeit«, vom Sender Leipzig Armin T. Wegner mit eigenen Gedichten, aus dem Stuttgarter Sendesaal die Funkfassung *Lottchen besucht einen tragischen Film* von Tucholsky oder lieber *Emil und die Detektive* von Erich Kästner hören wollten.

Auf einen Sprung nach Rußland

»Am 26. April fahre ich mit Ohser zusammen auf eine Woche nach Rußland«, kündigt er seiner Mutter an. »Kesten fährt schon früher und bleibt länger. Da werden wir uns in Moskau mal guten Tag sagen.

Sehr ulkig. Eine Woche Rußland ist natürlich viel zu wenig. Aber man muß doch mal anfangen, es kennenzulernen. Ist ja heute das interessanteste Land ... Ich freue mich drauf.«

Es war nur eine kurze Reise von zehn Tagen, die Bahnfahrt mitgerechnet, aber sie war, wie er 1930 in einem Artikel »Auf einen Sprung nach Rußland« meinte, »lang genug, uns auf Jahre hinaus nachdenklich zu machen«. Es seien zehn Tage gewesen, »die das Weltbild erschütterten«.

Ohser und Kästner fuhren mit einer Reisegruppe von etwa sechzig Personen. Es handelte sich um eine Pauschalreise, wie sie die Gesellschaft für Freunde des neuen Rußland veranstaltete, die in Berlin unter ihrem Generalsekretär Erich Baron auch die Zeitschrift »Das neue Rußland« herausgab, die der Verständigung zwischen Künstlern, Wissenschaftlern und Intellektuellen der Weimarer Republik und dem jungen Sowjetstaat dienen sollte. In dieser Zeitschrift erschien im November 1930 auch der Beitrag von Erich Kästner.

Von ihrer Reise verbrachten Kästner und Ohser hundert Stunden in Moskau, fünfzig in Leningrad und die übrigen hundert Stunden im Eisenbahncoupé dritter Klasse, liest man in dem Artikel. Zum Programm gehörten Theater, Museen und die Besichtigung von neuen Arbeiterwohnsiedlungen mit dem »Stolowajas«, praktischen Einrichtungen der Gastronomie, die Kästner in Erinnerung an seine Dresdner Kinderzeit, als er das Mittagessen aus dem »Volkswohl« holte, zutreffend mit »eine Art Volksküche« übersetzt. Er lernte auch Schulen und Kindertagesstätten kennen, die den einstigen Pädagogikstudenten natürlich interessierten. Von dem Besuch in einem Betriebskindergarten existiert noch ein Foto, das »Onkel Erich« zeigt, wie er in der Hocke, den Hut auf den Knien, mit kleinen Moskauer »Emils« in Konversation zu treten versucht. Die Kinder sind sehr amüsiert.

Sie besuchten schließlich auch eine für das Kulturleben neuartige Einrichtung, die Arbeiterklubs, die für alle Freizeitinteressen eingerichtet waren, und das »Haus der Schriftsteller«, wo es, wie Kästner fand, ähnlich zuging wie im »Haus der Arbeit« mit Schreibzellen, Diktaträumen, Billardsalons, Eßzimmer, Kinos, Büchereien und Ruheräumen.

In Leningrad kam es zu einer Begegnung mit dem Satiriker Sostschenko, dessen Skizzen und Glossen aus dem russischen Alltag damals bereits deutsch übersetzt im Berliner Malik Verlag erschienen waren. Kästner kannte sie. Während er mit seinem russischen Kollegen am Tisch saß und fachsimpelte, hielt Ohser Sostschenkos markanten Kopf mit dem Zeichenstift fest.

Äußerlich sei auf dieser Fahrt alles normal verlaufen, resümiert Kästner in seinem Artikel, doch um so mehr habe sich diese Reise durch Sowjetrußland in anderer Hinsicht von jenen Reisen unterschieden, die man für ein paar hundert Mark in Europa machen könne. »Es ging weder um höchste Berggipfel noch um blühende Orangenbäume; wir sahen nur Zweimillionenstädte und dazwischen Sümpfe, sandige Steppen und winzige Holzdörfer. Aber wir begegneten einer anderen Welt!«

Es blieb seine erste und einzige Begegnung mit der Sowjetunion, jenem Land, in dem sein *Emil* längst Schullektüre für den Deutschunterricht geworden ist und in dem seine Gedichte in hohen Auflagen gelesen werden.

Kapitel IV

Kästner für Kinder und Erwachsene

1930–1931

Der satirische Schriftsteller ist ... nur in den Mitteln eine Art Künstler. Hinsichtlich des *Zwecks*, den er verfolgt, ist er etwas ganz anderes. Er stellt die Dummheit, die Bosheit, die Trägheit und verwandte Eigenschaften an den Pranger. Er hält den Menschen einen Spiegel, meist einen Zerrspiegel, vor, um sie durch Anschauung zur Einsicht zu bringen. Er begreift schwer, daß man sich über ihn ärgert. Er will ja doch, daß man sich über *sich* ärgert. Er will, daß man sich schämt. Daß man gescheiter wird. Vernünftiger. Denn er glaubt, zumindest in seinen glücklicheren Stunden, Sokrates und alle folgenden Moralisten und Aufklärer könnten recht behalten: daß nämlich der Mensch durch Einsicht zu bessern sei.

Eine kleine Sonntagspredigt

Ein Mann gibt Auskunft

Mit Beginn des Jahres 1930 meldete sich Curt Weller bei Kästner wieder, um über einen neuen, dritten Gedichtband mit ihm zu verhandeln. Allerdings war Weller jetzt nicht mehr selbständiger Verleger, sondern Lektor und Geschäftsführer der Deutschen Verlagsanstalt Stuttgart, die sein durch die Wirtschaftskrise schwer betroffenes Verlagsunternehmen und damit auch die Rechte an den Gedichtbänden übernommen hatte.

Für einen neuen Band hatte sich in der Zwischenzeit genug angesammelt, aber Kästner hätte lieber noch gewartet, zumal ihm bewußt war, daß die Ansprüche der Kritik an ein neues Werk eines bekannten Autors sehr hoch waren und er diesen Anforderungen entsprechen mußte. Die Sichtung des Vorhandenen und das Nachdenken über die Konzeption ergaben jedoch einen Befund, der ihn zufriedenstellte, und so ging er an die Arbeit. Die Substanz des Buches bildeten auch diesmal wieder die Zeitsatiren aus der »Weltbühne«; dazu kamen Gedichte vom »Montag Morgen«, die aktuellen Songs aus dem Stück *Leben in dieser Zeit*, etliche Chansons und ein kleinerer Prozentsatz Verse, die noch unveröffentlicht waren, und einiges entstand, wie stets, für die Buchausgabe neu. Weller und Kästner kamen überein, das eingeführte Buchformat beizubehalten und für die Illustrationen wieder Erich Ohser zu gewinnen.

Kästner verfügte 1930, als der dritte Gedichtband von ihm erschien, über soviel Erfahrung und Selbstbewußtsein, daß er sein Buch mit einem besonderen Titel versehen konnte. Er nannte es *Ein Mann gibt Auskunft*. Gegenüber *Herz auf Taille* und *Lärm im Spiegel* betonte er diesmal den bekenntnishaften Charakter, das Persönliche und Private stärker, indem er sich bereits im Titel als auskunftgebende Instanz einführte, was nicht mehr und nicht weniger heißen sollte als: Ich spreche von mir.

Die Auskunft des Mannes Kästner bezieht sich auf die politischen Ereignisse, mit denen er als Publizist und Satiriker konfrontiert wurde, sie bezieht sich aber auch auf die Liebe, die Partnerschaft und die Erfahrung mit Frauen, die als poetisches Thema in seinen *Gesammelten Schriften für Erwachsene* einen beachtlichen Raum einnehmen und inspirierend auf die Entstehung seiner Chansons, die Damenwelt betreffend, wirkten. Der Band enthält einige klassisch gewordene Beispiele dafür.

Seine Kritik an der Zeit ist und bleibt die Kritik an der Inhumanität und Irrationalität des spätkapitalistischen Gesellschaftssystems. Das in dieser Hinsicht stärkste Gedicht des Bandes ist jener Text, der dem deutschen Sieger- und Kriegerwahn einen so gut gezielten und wirkungsvollen Schlag versetzte, daß in sämtlichen Angriffen, die von rechts, so auch von den Nationalsozialisten, gegen ihn geführt wurden, dieses Gedicht als politische Anschuldigung für die »zersetzenden« Absichten Kästners vorgebracht wurde.

»Wenn wir den Krieg gewonnen hätten« – wie würde es dann um einen solchen deutschen Staat und seine Untertanen bestellt sein?

Die Grenze wär ein Schützengraben.
Der Mond wär ein Gefreitenknopf.
Wir würden einen Kaiser haben
und einen Helm statt einem Kopf.

Wenn wir den Krieg gewonnen hätten,
dann wäre jedermann Soldat.
Ein Volk der Laffen und Lafetten!
Und ringsherum wär Stacheldraht!

Dann würde auf Befehl geboren.
Weil Menschen ziemlich billig sind.
Und weil man mit Kanonenrohren
allein die Kriege nicht gewinnt.

»Wenn wir den Krieg gewonnen hätten – zum Glück gewannen wir ihn nicht!«

Der Haß, den der Humanist Kästner gegen Deutschland als Kasernenstaat empfindet, richtet sich mit dem neuen Band seiner Gedichte auch wieder gegen jene, die im Namen des Christentums auftraten, ohne den ethischen Forderungen ihrer Religion gerecht zu werden. Ihnen hält er das Bild des »Revolutionärs Jesus« vor, der, von der Idee der Gerechtigkeit durchdrungen, tapfer gegen die »gesamte Meute von Staat und Industrie« gestanden habe, bis man an ihm, »weil nichts verfing, / Justizmord, kurzerhand, beging. / Es war genau wie heute«.

Verglichen damit ist die moralisierende »Ansprache an Millionäre« nicht gerade seine stärkste politische Satire. Sie fällt eher unter die bei »Windstärke II« gepfiffenen Liedchen, von denen Tucholsky einmal sprach. Das Gedicht reduziert sich auf den Stoßseufzer, daß die besten Millionäre nichts taugen, weil es ihnen an der Vernunft mangele. Wenn sie vernünftig wären, schlußfolgert Kästner, würden sie sich bessern, bevor man eines Tages so oder so kurzen Prozeß mit ihnen macht. Anstatt sich zu bereichern, sollten sie etwas für die bessere Weltordnung tun. Diese Vernunftpredigt an die »Herrn«, die »das Geld und die Macht genommen«, geht vollkommen ins Leere. Übrig bleibt eine Illusion, die am Schluß des Gedichts versickert: »Ach, gäbe es nur ein Dutzend Weise / mit sehr viel Geld ... / Ihr seid nicht klug. Ihr wollt noch warten. / Uns tut es leid. Ihr werdet's bereuen. / Schickt aus dem Himmel paar Ansichtskarten! / Es wird uns freuen.«

Demgegenüber stehen straffere Verse, die ins Schwarze treffen, wie die »Primaner in Uniform«. Darin schildert er ein weiteres Mal seine Jugend, seine einstige Umwelt in Dresden im Kriege; die Rektoren und Theologen, von denen er hier redet, kennt er, und weil zutiefst erfahrene, erlittene Realität der Impuls zur Satire war, ist seine Sprache auch aggressiv, kristallhart und ohne jeden Kompromiß.

Der Lyrikband Nummer drei aus der Gedichtwerkstatt des Dr. Erich Kästner wirkte im Vergleich zu den vorangegangenen in der Gesamtheit noch interessanter, was die Kritik auch hervorhob. Es finden sich völlig neu gesehene Großstadtbilder darin, die der Autor nicht mehr in der engen thematischen Einschichtigkeit abhandelt, wie es mitunter früher erfolgte. Die Gedichtstrukturen sind mehrschichtig, der psychologische Gehalt ist tiefer und das rhythmische Geflecht der Strophen dichter geworden. In Metrik, Sprache und Witz ist Berliner Tempo erkennbar, das die Herkunft des Großstadtlyrikers aus Sachsen vergessen macht. Wieder sind die Verse »auf Taille« geschnitten, sie tragen den Bubikopf der Bürofräuleins und deren hübsche Beine, die Kästner keinesfalls übersieht. Wenn der »Busen marschiert«, dann sitzt das Kleid »stramm auf der Anatomie / und läßt keinen Raum für die Phantasie. / Man sieht den Bestand ja auch so.«

Die Beschreibung der »Anatomie« ist gut gegliedert. In der Strophe, die folgt, wiederholt er das Thema, bringt dabei neue Varianten ins Spiel. »Da wird nichts an- oder abgeschraubt. / Da gilt kein Pseudonym. / Denn was man nicht sieht, das wird nicht geglaubt. / Der Körper ist so, wie er ist, erlaubt. / Und die Haut paßt haarscharf ins Kostüm.« Frauen- und Modekenner Kästner fragt nun: »Das wäre also der neue Stil? / Immer kurz, immer jung, immer schlank?« – Keineswegs! Denn »schon wird der Frau das Zuwenig zuviel. / Es war nicht ihr Ernst, sondern wieder nur Spiel. / Und sie spuckt in den Kleiderschrank.«

Mit diesem etwas boshaften Bonmot rundet er die dritte Strophe des Gedichts ab. Sechs Strophen hat es insgesamt. Drei beschreiben die Kleidersituation der Damenwelt am Morgen, drei die veränderte Lage am Abend, für die ihm offensichtlich das Verständnis fehlt. Doch eingedenk des verpflichtenden Titels seines Buches, daß er als Mann exakt Auskunft zu geben hat, tut er es, spart aber nicht mit ironischem Kommentar:

Aber abends, da flattert der Überhang,
und die Schleppe rauscht ums Gebein.
Der Wahn war kurz. Der Rock wird lang.
Und die Brust steht vor wie der Erste Rang
und schläft im Stehen ein.

Nunmehr ist in seinem Gedicht die Rede von »Schwund«, der »ziemlich komplett. / Und die Frauen ähneln der Königin Luise und tragen Korsett.« Nun täten sie wieder, »als wären sie Feen, / und schweben massiv durch das Haus«, doch wenn sie derartig vorübergehen, so ginge den Männern, die das sähen, meint er, »vor Schreck die Zigarre aus«.

Kästner selbst hat keine Zigarren geraucht, die ihm hätten ausgehen können. Er war ein Konsument ausschließlich von Zigaretten, zeitweilig so leidenschaftlich, daß gesundheitliche Gründe ihn zwangen, das Rauchen einzuschränken. Als auch das nicht ausreichte, beschloß er, sich eine mildere, nikotinreduzierte Sorte zuzulegen. Seine Mutter, besorgt wegen der übermäßigen Raucherei, beruhigt er, er kaufe jetzt nur noch Zigaretten, denen das Nikotin entzogen sei.

Auskunft über Liebe und Frauen

Zum Thema Liebe und und Frauen enthält Kästners neuer Band weitaus mehr Gedichte als die früheren, ohne daß sich die Sicht wesentlich verändert hätte. Schon in *Herz auf Taille* und *Lärm im Spiegel* begegnet man den von der Kästnerschen Melancholie umwehten Romanzen in Moll, durchweg Geschichten mit einem wehmütigen Ausklang, die das Leitmotiv seiner Liebeslyrik geworden sind. Fast könnte es scheinen, als ob mit der goldenen Jugendzeit auch die Chancen für ein dauerhaftes privates Glück für den Menschen vorbei seien. Die Gedichtbände von 1928 und 1929 variieren diesen Gedanken auf mehrfache Weise. Eine Frau hat ihren Mann sitzengelassen. Dieser, nun allein mit dem Kind, schaukelt es mit einem »Wiegenlied« in den Schlaf. Resignation dominiert. Ein anderes Beispiel: Zwischen zwei Menschen, die sich acht Jahre gut kannten, kommt die Liebe plötzlich abhanden. Sie müssen sich damit abfinden, daß es nun so ist, wie es ist (»Sachliche Romanze«). Das Fazit: Wo Liebe ist, ist viel Schmerz. Ein weiteres Beispiel: Ein Mann verabschiedet sich von einer Frau in der Haustür; er ist verheiratet, sie haben einKind, aber mit der eigenen Frau ist er nicht glücklich (»Gespräch in der Haustür«). Das Resümee: Man fühlt, man könnte einem was bedeuten – aber dem einzelnen Menschen in seiner Sehnsucht nach Glück wird es schwergemacht. Die Liebenden bei Kästner spüren: Die Zeit vergeht, das Herz tut weh. Das sinnlose Warten zerbricht den Menschen. In letzter Konsequenz ist es ein »Gang vor die Hunde«.

Wie Kästner seelische Probleme und Nöte von Menschen im Gedicht zur Sprache bringt, ist von großer Eindringlichkeit, in der Formulierung von unendlicher Behutsamkeit, nicht selten auch voller Ratlosigkeit gegenüber den eigenen Gefühlen.

Aussagen wie die folgende, die er mit der Zeile »Ein Mann gibt Auskunft« überschreibt, gehören zu den aufschlußreichen autobiographischen Bekenntnissen des Bandes.

Das Jahr war schön und wird nie wiederkehren.
Du wußtest, was ich wollte, stets und gehst.
Ich wünschte zwar, ich könnte dir's erklären,
und wünsche doch, daß du mich nicht verstehst.

Ich riet dir manchmal, dich von mir zu trennen,
und danke dir, daß du bis heute bliebst.
Du kanntest mich und lerntest mich nicht kennen.
Ich hatte Angst vor dir, weil du mich liebst.

Gegenüber den subtilen poetischen Gebilden, wie sie für seine Liebeslyrik charakteristisch sind, nehmen sich die Bemerkungen, die Kästner in den Briefen an seine Mutter über Frauen macht, mit denen er befreundet war oder zu dem Zeitpunkt noch ist, ziemlich banal aus. Zum Bild des sensiblen, rücksichtsvollen, einfühlsamen Partners, den die Gedichte suggerieren, scheinen diese Haltungen überhaupt nicht zu passen. Seiner Mutter gegenüber versucht er, nur weil er die Partnerbeziehungen für sich als enttäuschend empfand, die Frauen als die Alleinschuldigen hinzustellen. Wieweit er nur seiner Mutter damit gefällig sein wollte, wird nicht zu klären sein, fest steht dagegen, daß die starke Mutterbindung Kästners auf seine Beziehungen zu Frauen belastend gewirkt hat und er einer Entscheidung hinsichtlich einer unwiderruflichen Bindung stets ausgewichen ist.

Über seine einstige Studentenliebe aus der Rostocker Zeit äußert er sich folgendermaßen: »Von Ilse lag ein Brief da, als ich gestern aus dem Nachtdienst kam. Ich leg Dir dieses herrliche Dokument einer Gans bei. Pfui Teufel, so schreibt mir das Mädchen, das mich 8 Jahre zu lieben vorgab! Als ob sie einem flüchtigen Bekannten, mit dem sie ein bißchen im Bett lag, paar verspätete Grüße schickte, die leider geschrieben werden müssen.« (3. Januar 1927)

Am 10. Januar 1929 heißt es in einem Brief an seine Mutter: »Gestern abend mit Ilse im Theater. Hinterher waren wir ein Stündchen tanzen. Dann hab ich sie heimgebracht. Sie freute sich sehr. Werde sie manchmal mitnehmen. Sie ist mir innerlich ganz fremd geworden. Aber das gefällt ihr, glaub ich, auch ganz gut. Zu Silvester hatte sie Besuch aus Dresden. Ihren Freund sicher. Aber wir sprechen nie darüber. Hertha ist wieder da. Die neue kleine Freundin Margot Schönlank ist ein furchtbar lieber Kerl. Bloß schon wieder zu sehr verliebt. Hat ja alles keinen Sinn auf die Dauer. Es ist wirklich so, als ob die Ilse-Affäre mir alle Fähigkeit, ein Mädchen richtig zu lieben, vollständig ruiniert hätte.«

Jedesmal, wenn er eine neue Verbindung eingeht, passieren neue Katastrophen. Eine Schauspielerin aus Dresden, Cara Gyl, von ihm Karlinchen genannt, wirft in einem Anfall, Folge einer Gemütserkrankung, plötzlich alle Sachen aus dem Fenster des Hotels, in dem sie wohnt, und muß vom Arzt in die Nervenklinik gebracht werden. Nach Karlinchen ist Kästner befreundet mit der jungen Filmschauspielerin Herti Kirchner, die vor einer erfolgversprechenden Karriere stand. Sie kam 1939 durch einen Autounfall, selbst verschuldet durch Trunkenheit am Steuer, ums Leben. Wieder war damit eine Bindung zerrissen, von der er gehofft und gewünscht hatte, daß sie von Dauer sein möge.

Da im dritten Band von 1930 das großstädtische Fluidum und die Atmosphäre der Weltstadt Berlin seiner Lyrik weit stärker als früher das Profil geben, erhalten auch seine Porträts von Frauen zwangsläufig andere Akzente. In der »Abteilung Satire« heißen die Gedichte jetzt »Sogenannte Klassefrauen« und »Höhere Töchter im Gespräch«, im privaten Bereich Familie, Liebe und Ehe lauten die Überschriften »Konferenz am Bett«, »Gewisse Ehepaare«, »Ein Mann gibt Auskunft«, »Eine Frau spricht im Schlaf« und »Die unverstandene Frau«.

Gerade die letzten drei Gedichte machen deutlich, daß im Schaffen des Autors ein deutlicher Zuwachs an Lebenserfahrung, aber auch an künstlerischer Formung zu verzeichnen ist. Konnte bei manchen der früheren Gedichte der Eindruck entstehen, daß er nur Worte und Sätze für ein vorausgewußtes metrisches Maß gefunden hätte, was zuweilen einen gewissen Gleichklang und Einklang zur Folge hatte, so ist die Form der guten Gedichte in *Ein Mann gibt Auskunft* – und es finden sich beinahe nur gute Gedichte darin – weitaus organischer aus dem Inhalt gewachsen. Er schöpft die Themen anders aus, wird in der Sprache präziser, in der Aussage weiter, im Bonmot bündiger, im Witz souveräner.

Auf diese Vorzüge weisen übereinstimmend auch die Rezensenten hin. Erich Knauf, der eine Besprechung des Buches für die »Neue Revue« vornahm, urteilt: »Kästner ist auf eine neue Art volkstümlich: gescheit und doch witzig, vielsagend und doch von kürzester Knappheit, geradeheraus und doch mit dem feinsten Gefühl für sprachliche Schönheit.« Gerade weil es eine Lyrik ohne jedes Pathos sei, »ganz einfach und ruhig, ein Achselzucken eher«, erreiche er die große Wirkung. Julius Bab, eine der prominenten Stimmen der Berliner Theater- und Literaturkritik, nannte es erfreulich, daß Kästner bei aller Leichtigkeit und Nonchalance ganz der »streitbare Mitmensch« geblieben sei.

Ein völlig unerwartetes Lob erhielt Kästner 1931 zu seinem dritten Band von einem Kollegen, der sich bis dahin niemals zu seinen literarischen Arbeiten in irgendeiner Form öffentlich geäußert hatte. Es war Hans Fallada, der Autor bedeutender sozialkritischer Romane. Aus Neuenhagen bei Berlin schickte er einen Aufsatz an die Redaktion der Zeitschrift »Die Literatur«, überschrieben mit »Auskunft über den Mann Kästner«. In diesem ungewöhnlich langen Artikel, eigentlich mehr eine Betrachtung, versucht Fallada das Besondere an dem Schriftsteller Kästner herauszufinden. Er erzählt die Geschichte eines jungen Mädchens, das sich von ihm zum Geburtstag das neue Buch von Kästner *Ein Mann gibt Auskunft* wünschte. Diese Gerda, zwanzigjährig, Studentin, wollte Fürsorgerin werden und war zu jener Zeit als Praktikantin auf einem der Berliner Wohlfahrtsämter tätig. Sie wurde zu Erhebungen in die Häuser geschickt, um soziale Fälle zu untersuchen, der Art etwa, wie sie Fallada anführt: Da hat eine Nachbarin die Witwe Müller angezeigt, sie ließe ihre zehnjährige Tochter mit dem Schlafburschen in einem Bett liegen. Ist das Kind verwahrlost? Müssen die Ämter einschreiten?

Fallada wollte von Gerda wissen, warum sie gerade ein Buch von Kästner haben wollte. Gerda sagte: »Es ist manchmal gar nicht so einfach, anständig zu bleiben. Manchmal kriegt man solche Wut ... Weißt Du. Darum Kästner.«

Fallada sah in dem Dichter, dessen Verse solch junges Ding in die Hinterhöfe Berlins begleiteten, einen Mann, der »Zehntausenden im Lande Mut macht zu einem menschlichen Durchhalten«.

Der Moralist Kästner schrieb sein Programm des praktischen Humanismus damals allen Gutwilligen ins Stammbuch mit dem Zweizeiler: »Es gibt nichts Gutes außer: Man tut es.«

Der erste Film hieß *Lebertran*

Für Kästner, der seine »Sprechstunden« und alles, was mit der Arbeit zusammenhing, konsequent ins Café verlegt hatte, brachte das Jahr 1930 noch eine weitere wichtige Begegnung. Die Gespräche mit Weller und Ohser waren gerade abgeschlossen und *Ein Mann gibt Auskunft* an die Druckerei gegeben, als neue Besucher im Café erschienen und phantastische Projekte mit ihm erörterten. Man wollte Kästners Begabung für das Leichte, Kurzweilige für den Film nutzbar machen. Zu einer praktischen Zusammenarbeit zwischen den Leuten vom Film und ihm war es bis dahin noch nicht gekommen. Es war, was Kästner betraf, eine Begegnung ohne Illusionen. Nicht, weil er das neue künstlerische Medium Film etwa verachtete, im Gegenteil, er war, wie man weiß, ein begeisterter Kinogänger, teilte aber die Zurückhaltung beinahe aller prominenten deutschen Schrifsteller, ihre Werke für die Leinwand bearbeiten zu lassen. Der deutsche Tonfilm, noch in den Kinderschuhen, hatte nichts Nennenswertes in dieser Richtung aufzuweisen, vor allem stand die Industrialisierung der Filmproduktion, zu der sich Kästner 1929 in einer Umfrage der »Neuen Bücherschau« höchst kritisch geäußert hatte, einer durchgängigen qualitativen Verbesserung seiner bis dahin recht dürftigen Erzeugnisse im Wege. Solange Filme wie Briketts oder Konfektionsanzüge hergestellt würden, war Kästners Meinung, solange könnten gute Manuskripte, begabte Regisseure und verantwortungsbewußte Darsteller nichts weiter erreichen, als daß sie in die Maschinerie gerieten oder aufs laufende Band. Wer es also von den künstlerisch gesinnten Qualitätsarbeitern unternehme, mit diesen Filmfabriken in Konkurrenz zu treten, den träfe das gleiche Schicksal wie die kleinen Handwerksmeister und Ladenbesitzer, für die die Großgesellschaften und Kaufhäuser den Ruin bedeuteten.

Wenn Kästner trotz Ablehnung der von der Industrie gelenkten deutschen Filmkonfektion mit ihren restaurativen Zügen – ihrem Hang zum Militaristischen, zum Heimatkitsch und zur Kriegsfälschung – Filmexposés anfertigte, dann deshalb, weil die UFA wie auch die Illustrierten und sonstigen Unterhaltungs- und Familienblätter der bürgerlichen Großverlage eine Verdienstmöglichkeit boten.

Auf Anregung Billy Wilders, des aus Berlin stammenden, später weltbekannten Hollywood-Regisseurs, entstand damals das Kurzexposé *Dann schon lieber Lebertran*, nach dem Kästners erster Film gedreht wurde. Das Drehbuch schildert die Geschichte von Kindern, die abends vor dem Zubettgehen zur Stabilisierung ihrer Gesundheit den obligatorischen Löffel Lebertran einnehmen müssen. Weil die Kinder es ungerecht finden, daß die Erwachsenen alles bestimmen können, vor allem daß dieses fischig-tranig schmeckende Zeug geschluckt werden muß, bitten sie den lieben Gott, die Weltordnung einmal umzudrehen: Die Eltern sollen gehorchen und die Kinder befehlen. Der liebe Gott schläft schon, und Petrus hört statt seiner den Stoßseufzer. Er dreht an einer der vielen Schrauben, und für vierundzwanzig Stunden ist auf der Erde alles umgekehrt. Die Kinder spielen nun die ersehnte Rolle der Eltern, bitten aber schon nach einem einzigen Tag den lieben Gott, alles wieder so einzurichten, wie es war – so sehr haben sie die Nase voll.

Wie es zu dem Film kam, schildert Max Ophüls in seinen Erinnerungen. Er hatte damals, als erfolgreicher Theaterregisseur von Breslau nach Berlin gekommen, von der UFA das Angebot erhalten, in die Filmbranche überzuwechseln. Auf der Suche nach einem geeigneten Stoff für sein Filmdebüt fand er in den Regalen der UFA in der Berliner Krausenstraße, die vollgestopft waren mit Skripten, tatsächlich etwas, was ihm gefiel, »ein Dichtwerk auf zwei Seiten. Es war eine Idee von Erich Kästner.«

Er traf sich mit ihm im Café. Da sich beide bereits kannten – Ophüls hatte in Breslau *Leben in dieser Zeit* wie auch *Emil und die Detektive* inszeniert –, ging die Verständigung schnell. Acht Kaffeehausnächte soll die Arbeit am Drehbuch für ihren Erstling gedauert haben, zuzüglich nochmaliger Überarbeitung nach der Abschrift durch die Sekretärin. Die letzte Fassung entstand gemeinsam mit Emmerich Preßburger, mit dem Kästner im Laufe seines Lebens noch manchen Kinolorbeer erringen sollte.

Vierzehn Tage nach dem Treff mit Kästner im Café stand Ophüls bereits im Atelier. Die Engel des Films, von Kästner programmiert als Berliner Möbelträger mit Flügeln, standen da und wollten gedreht werden. Petrus war einer der Urväter des deutschen Rundfunks, der Sprecher der »Berliner Funkstunde« Alfred Braun. Er stand da und wollte gedreht werden. Den Erzengel Michael spielte einer der besten Komiker – Paul Kemp, die Mutter – Käte Haack, die Tochter – Hannelore Schroth. Auch sie standen da und wollten gedreht werden. »Und der liebe Gott, der das alles drehen und gestalten sollte, war ich selbst. Mir war vor meiner Gottähnlichkeit bange, und mir fiel das Herz in die Hose.«

Der Film wurde allmählich fertig, der Tag der Aufführung kam heran. Ophüls hörte durch die geschlossene Tür des Aufführungsraumes, in dem die Generaldirektoren der UFA saßen und in den er sich nicht hineintraute, das Schnurren der Vorführmaschine, und ihm fiel nochmals das Herz in die Hosen. Etwa fünfunddreißig Minuten lief die kleine Filmkomödie. Dann war es soweit. »Ich habe noch nie so lange Gesichter gesehen, als die Tür aufging und die Herren an mir vorbeigingen, wie wenn sie von einem erschütternden Begräbnis kamen. Nur Erich Kästner klopfte mir auf die Schulter. Er führte eine alte Frau am Arm. ›Meiner Mutter hat's gefallen‹, sagte er. Und Muttchen strahlte. ›Wissen Sie, ich hab nämlich noch nie einen Film gesehen.‹«

Ein paar Wochen darauf kam der *Lebertran*-Film trotz der skeptischen Einschätzung der Filmgewaltigen ins Kino. Diesmal war nicht der UFA-Palast am Zoo vorgesehen, in dem gewöhnlich die großen Berliner Filmpremieren stattfanden, sondern eines jener schmalen, muffigen Handtücher im Arbeiterbezirk Wedding, wo sich das Publikum vom Kurfürstendamm nicht hinverirrte. Den Besuchern ging es an diesem Tag wie Mutter Kästner. Ihnen gefiel der Film. Man hörte viel Lachen, Zustimmung und beifälliges Klatschen. Nun stand der Aufführung im Filmpalast am Zoo nichts mehr im Wege.

Was den Regisseur betraf, so sagte er, hätte er aus diesem Vorfall etwas Wichtiges für seinen Beruf gelernt: Er sei von da an nie mehr bei einer Voraufführung seiner Filme zugegen gewesen. Das hätte ihm Glück gebracht.

Emil im Kino

An die kurzweilige Geschichte vom *Lebertran* schloß sich unmittelbar ein zweiter Filmerfolg an, der den ersten völlig in den Schatten stellte. Gerhard Lamprecht drehte nach einem Buch vom Emmerich Preßburger und Billy Wilder den ersten *Emil*-Film und machte ihn zu einem Bestseller für viele Jahre. Der Film bekam außergewöhnlich gute Kritiken, obwohl Kästner selbst mit dem Ergebnis nicht restlos zufrieden war, und lief in den Kinos noch lange nach 1933 – unter Weglassung des Namens des inzwischen verbotenen Autors.

Am Tag der Uraufführung von *Emil und die Detektive* standen vor Eröffnung der Kassen lange Schlangen von Kindern an den Kinos, wanderte der Film in ein anderes Kino, wanderten die Schlangen mit. Die »Literarische Welt« fand, es sei »einer der hübschesten deutschen Tonfilme« entstanden, dem es gelungen sei, eine romantische Wunschfigur der inneren Erlebniswelt des Kindes auf der Leinwand lebendig zu machen«.

Der Kritiker, den das »Berliner Tageblatt« zur Premiere geschickt hatte, schrieb am nächsten Tag von »Schwung, Spannung, Natürlichkeit und Helligkeit«, die der Film ausstrahlte. Es sei hoch hergegangen, selbst noch im Treppenhaus und auf der Straße. »Überall heiße Gesichter und leuchtende Augen, Aufregung und Begeisterung.« Ähnlich lauteten die Berichte anderer Berliner Tageszeitungen, deren Kritiker sich von der Stimmung im Kino mitreißen ließen. Sie fanden, Erich Kästners Welt sei bei Billy Wilder (Drehbuch), Gerhard Lamprecht (Regie) und Allan Gray (Musik) in guten Händen, und bestätigten mit ihrem Urteil über den »hervorragenden Film« im Grunde nur noch einmal, was längst alle wußten: daß *Emil* das »entzückendste Kinderbuch« und sein Held ein »knorker Kerl« sei.

Der Weg des *Emil* vom Buch auf die Leinwand verlief jedoch keineswegs so glatt, wie man es bei seinem prominenten Autor hätte annehmen können. Kästner hatte viel Ärger mit dem Drehbuch. In den Maitagen 1931, da er seiner Mutter den Rat gab, sie solle wegen des schönen Wetters viel ins Freie gehen, Spaziergänge machen, brannte bei ihm die Nacht hindurch bis zehn Uhr morgens das Licht. Eines Tages hatte er bis halb fünf das *Emil*-Filmmanuskript gelesen und sich dermaßen darüber geärgert, daß er dann vergaß, das Licht zu löschen. »Das ist aber kein Wunder«, schreibt er an seine Mutter. »Das Manuskript ist ekelhaft. Emil klaut in Neustadt für seine Großmutter einen Blumentopf am Kiosk, in Berlin in der Straßenbahn klaut er einem Herrn den Fahrschein aus dem Hut und läßt ihn für sich knipsen. Der Herr muß bei einer Kontrolle aussteigen, Emil hingegen fährt vergnügt weiter.« Alles Dinge, die in dem Buch überhaupt nicht vorkommen. Kästner kommentiert ironisch: »Ein Goldjunge, dieser Emil!« Die UFA hat es bei diesen bescheidenen Korrekturen nicht bewenden lassen. In ihrem Textbuch wurde Emil obendrein noch der »Stier von Alaksa« und Pony die »Rose von Texas« genannt.

Die ganze Atmosphäre des Buches war für ihn zum Teufel. In der Pfingstpost nach Hause konnte er 1931 wahrheitsgemäß nichts weiter schreiben, als daß es diesmal keine Feiertage für ihn gebe. »Früh um zehn Uhr kommen die UFA-Leute in meine Wohnung, schmeißen mich aus dem Bett und beraten weiter. Heute wieder seit elf Uhr früh in der UFA getextet. Eben nach Haus. Es ist nach fünf Uhr. Kopfschmerzen habe ich und leg mich gleich ein paar Stunden lang«, so lauten die Tagesberichte an seine Mutter nach Dresden. Ein gutes Ende hat die Sache schließlich doch, indem der Film »nun ziemlich so wie das Buch« gedreht wird. »Aber Nerven hat das gekostet. Und Zeit!«

Immer neue »Emils« schlüpften aus dem Ei! Fast parallel zur Filmpremiere fand im Berliner Theater am Schiffbauerdamm die Bühnenpremiere von *Emil und die Detektive* statt. Als Gauner Grundeis, der dem Schüler aus Neustadt im Zugabteil die hundertvierzig Mark entwendet, agierte Theo Lingen. Die Berliner Bühnenaufführung wie auch die weiteren Inszenierungen, die vor 1933 noch an mehr als fünfzehn deutschen Theatern herauskamen, basierten auf dem im Chronos Verlag erschienenen Bühnenmanuskript, dessen Autor Kästner selbst war. Chronos hieß der Bühnenvertrieb der Deutschen Verlagsanstalt, die seine Werke herausbrachte.

Emil auf der Bühne und die Kritik an *Kakadu*

Als Kästners erster literarischer Sproß sich anschickte, 1930 in den USA und in Ungarn und kurz darauf in England, Frankreich, Italien, Jugoslawien, Finnland, Schweden, der Tschechoslowakei und Lettland neue Freunde zu gewinnen, kam in Berlin im Schauspielhaus ein Kinderstück von einem bekannten deutschen Schriftsteller auf die Bühne, das Erich Kästner als Theaterkritiker der »Weltbühne« einer näheren Betrachtung unterziehen sollte. Es handelte sich um Carl Zuckmayers *Kakadu*. Das Schicksal wollte es, daß der Kritiker von Kindern und Kinderbüchern, aber auch von Theaterstücken etwas verstand, was sich auf die Rezension vorteilhaft auswirkte. Leider aber ungünstig auf das Stück, denn es war ein Verriß, temperamentvoll und glänzend geschrieben. In dem Kinderstück ging es um die Urlaubsreise zweier Berliner Familien und verschiedene Abenteuer, die die Kinder dabei erleben. Ein Papagei, Kakadu genannt, spielt eine Rolle, weshalb Kästner seine Rezension in ironischer Anspielung auf eine Kunstrichtung mit der Überschrift versieht: »Zuckmayer und der Kakadadaismus.«

Unter den wahrlich nicht wenigen Rezensionen, die Kästner im Laufe seines Lebens für Zeitungen und Zeitschriften geschrieben hat, ist diese geradezu ein Schulbeispiel für Präzision im Denken und Formulieren und dafür, in welch besonderem Maße der Witz bei Kästner an das Wort gebunden ist. Schon der erste Abschnitt läßt souveräne Formulierungskunst erkennen. Der Leser erfährt in Kästners Art kurz und bündig, worum es geht.

»Carl Zuckmayer hat ein Stück für Kinder geschrieben. Man hoffte, es würde etwas. Es wurde nichts. Das ›Motto‹ lautete (im Textbuch, bitte, nachzulesen: ›Datasching, schnedderengdeng, wummwumm rapapah, wau, wau, wau, Kakadu, Kakadah!‹« Es folgt die Verallgemeinerung aus den seltsamen Sprachzitaten: »Zuckmayer wollte kindlich sein und wurde bloß albern. Er warf sich vor den Kindern, um nicht größer zu erscheinen als sie, platt auf den Bauch und erfand so den Kakadadaismus.«

Der anschließende Abschnitt der Kritik beschäftigt sich mit der Unzulänglichkeit des Unternehmens, die darin besteht, daß die »bäuchlings verlaufende, läppische Anbiederung« von Zuckmayer nicht nur stilistisch, sondern auch moralisch betrieben wird, was der Rezensent vollends für verfehlt hält und vom moralischen Standpunkt entschieden in Frage stellt. Worin äußerte sich das Fragwürdige?

Der Erfinder des Kakadadaismus »kroch, da er nun schon mal parterre war, zu den lieben Kinderlein hinüber, zog den Erwachsenen eine lange Nase und meinte: ›Die dummen doßen Dafsdöpfe, nis?‹ Und so gleichen seine Erwachsenen fast ausnahmslos blöden oder bösartigen Flüchtlingen aus einem Wachsfigurenkabinett. Und so verzapft er Sentenzen wie diese: ›Allzu große Sauberkeit bringt Verdruß und Herzeleid‹ oder ›Wenn man ein warmes Herz hat, braucht man nicht zu frieren.‹« Beides Sätze, die weder vom Empfinden noch von der Sprache der Kinder her echt waren. Noch mehr forderte die pädagogische Tendenz des Zuckmayer-Stücks die Ironie Kästners heraus, zumal er als Junge im Haushalt seiner Eltern viel arbeiten mußte und im häuslichen oder schulischen Fleiß niemals eine Schande sah und arme Leute – das war die Grunderfahrung seiner Kindheit – immer fleißig sein mußten. Zuckmayer schwärmte dagegen »für schlechte Zensuren, für Arbeitsunlust, für Fresserei. Er identifiziert Fleiß mit Minderwertigkeit und Faulheit mit stiller Größe«, indem er die schlechten Eigenschaften lobte und die guten verulkte.

Damit würde sich der Kritiker noch abfinden, wie er durchblicken läßt, wenn – trotz unechten Stils und kindischer Gesinnung – die Handlung etwas taugen würde. Es könnte ja trotzdem ein spannendes Theaterstück sein. Aber es war keines, es fehlte die tragende Handlung. Was dagegen Emil aus Neustadt erlebte, war etwas Besonderes, das nicht jedem Jungen, der im Zug fährt, passiert. Die Spannkraft der Kästnerschen Fabel reichte aus, um ein Buch, einen Film, ein Bühnenstück, ein zweites Emil-Buch, in jüngerer Zeit selbst Laienspiele und Puppenstücke daraus zu fertigen, während bei *Kakadu* der Zündstoff schon nach einer Saison verpufft war.

Wenn Kinderbuchautor Kästner hier so gnadenlos verurteilt und mit der Kritikerkeule ausholt, geschieht das aus einer Situation heraus, die mit seiner eigenen literarischen Tätigkeit zu tun hat, speziell mit seinen Bemühungen um realistische, in den Gefühlen und Gedanken wahrheitsgemäße Kunst für Kinder. Da auch Autoren nicht frei sind von Eitelkeit, ist es durchaus möglich, daß Kästner noch etwas in Zorn war, weil man sein Stück im Schauspielhaus abgelehnt hatte und statt dessen *Kakadu* nahm, der ein Reinfall wurde. Die Vermutung stützt sich auf einen Brief an seine Mutter, in dem er schreibt, er verstehe nicht, »daß auch nicht ein Kritiker auf den *Emil* hingewiesen hat! Da hätten sie doch alle schreiben müssen: Warum hat man den *Emil* nicht genommen!«

Das schrieb aber keiner. An dem sachlichen Gehalt der *Kakadu*-

Rezension ändert das nichts. Sie ist, wenn auch scharf formuliert, keine böswillige Attacke auf einen möglichen Konkurrenten. Von Kästner sind in der »Weltbühne« 1931 noch andere Theaterkritiken erschienen, in denen er mit den Autoren und ihren Stücken nicht weniger unglimpflich verfährt, wenn er sie für mißlungen oder ungeeignet hält. Dramaturgisch sicheres Urteil verbindet sich bei ihm mit der Fähigkeit, pointiert zu formulieren, die unfreiwillige Komik an den Stücken bloßzulegen, ihre Schwächen am Zopf zu fassen, indem er sie zitiert. Bei Zuckmayer tat er vielleicht etwas zuviel des Guten, als er mit den Schlußsätzen zu verstehen gab, daß es so nicht gehe. Der Autor breche seinen Charakteren sämtliche Knochen und ersäufe sie im familiären Normalkitsch. Die Gefühle seien verkitscht. Die Urwüchsigkeit trage ein Sabberlätzchen. Die Situationen stünden auf Plattfüßen.

Die Verurteilung der Kinderkomödie erschien zu einer Zeit, da Carl Zuckmayer bereits ein bekannter Dramatiker war, der mit seinen Stücken *Der fröhliche Weinberg, Schinderhannes, Katharina Knie* und *Der Hauptmann von Köpenick* große Bühnenerfolge hinter sich hatte. Wie der prominente, ältere Zuckmayer auf den Verriß seines Stückes durch den jüngeren Kollegen Kästner reagierte, ist mit folgender Anekdote überliefert.

Kästner sitzt im Café – es war kurze Zeit nach der Premiere des *Kakadu* –, als eine heiter lärmende Gesellschaft ins Lokal kommt und sich in der Nähe seines Tisches niederläßt, darunter Carl Zuckmayer. Man hat gerade Platz genommen, als einer seiner Begleiter laut ausruft: »Da sitzt ja Kästner!« Zuckmayer dreht sich daraufhin um und beginnt seinen Kontrahenten scharf zu mustern. Dann steht er auf, geht mit dem Glas in der Hand auf Kästners Tisch zu und sagt nach eindrucksvollem Schweigen, so daß alle es hören können: »Ihnen hat mein Stück nicht gefallen. Mir hat Ihre Kritik nicht gefallen. Beides kann vorkommen. Ich glaube, wir sind quitt!« – Worauf er ihm lächelnd zutrank.

Mittlerweile erfolgte die Aufführung des Theaterstücks *Emil und die Detektive*, das Kästner nach seinem Buch selbst geschrieben hatte.

Emil Tischbein aus Neustadt erscheint auf der Bühne, um ein neues Kapitel in der Geschichte des Kindertheaters zu eröffnen. Er hat einen Koffer in der Hand, neben ihm steht seine Mutter mit einem Blumenstrauß und einem Stullenpaket für ihren Jungen. Für das Theater war der Stoff stark gerafft und auf wesentliche Momente beschränkt, die die Handlung rasch vorantreiben sollten. Beim *Emil*-Stück entfällt das ganze erste Kapitel des Buches, es beginnt direkt mit Frau Tischbeins Mahnung: »Und erzähl keinem Menschen, daß du soviel Geld bei dir hast. Hörst du, Emil?«

Mutter und Sohn rechnen an der Sperre, bevor der Zug einfährt, schnell noch einmal das Geld durch. Von den hundertvierzig Mark gehören hundertzwanzig der Großmutter, von den restlichen zwanzig Mark soll Emil sich die Rückfahrkarte kaufen, macht sieben Mark achtzig, so daß zwölf Mark übrigblieben. Er will davon das Essen und Trinken bezahlen, wenn sie ausgehen. »Herr Ober, bitte zahlen! Ja, wir hatten eine drei Meter lange Gänsekeule, zweimal Sauerkraut mit Schlagsahne ...« phantasiert er übermütig. Genau an dieser Stelle gibt Kästner dem Dialog eine Wendung und bringt einen wichtigen Gedanken ins Spiel, der das enge Mutter-Sohn-Verhältnis, das sich durch das gesamte Werk des Autors zieht, erkennen läßt. Emil sagt besorgt zu ihr: »Arbeite nicht zuviel, Muttchen! Und iß richtig, hörst du!« Es sind die gleichen Sätze, die dreißig Jahre lang in beinah jedem Brief und auf jeder Karte an seine Mutter wiederkehren. Dann fällt ihm ein, ob sie denn selbst noch genügend Geld hat. Er will ihr plötzlich den als Taschengeld gedachten Betrag zurückgeben, damit sie seinetwegen nichts entbehren muß. »Ich brauche nämlich gar nicht die zwanzig Mark«, sagt er, »und du könntest doch ...«

Angesichts der sozialen Probleme, die sich im Alltag kleiner Leute für ihre Kinder ergeben, erscheint Kästner eine Idyllisierung wie Verniedlichung seines Stückes auf der Bühne unangemessen. Er will eine sachliche, moderne Inszenierung, unter Ausschöpfung aller poetischen Momente selbstverständlich. Requisiten sollen sowenig wie möglich verwendet werden. Geeignet erscheinen ihm Projektionsleinwände, die die Funktion von Filmbildern übernehmen und gleichzeitig die Bühne nach allen Seiten hin eingrenzen. Und um Himmels willen keinen Weihnachtsbaum! Weg mit dem »Theaterunkraut«! Er muß die Gepflogenheiten der Bühnen und ihrer Regisseure gut gekannt haben, daß er ein besonderes Verdikt in dieser Richtung für natürlich hielt.

Wie er auf eine natürliche Weise aus den Charakteren seiner Figuren Stimmung entwickelt, ohne sie von außen künstlich an das Stück heranzutragen, soll hier nur eine Stelle belegen: Es ist Nacht. Die Sterne glitzern, und der Mond schielt mit einem Auge über die Hochbahn weg. Was die beiden Knaben Emil und der »Professor« zu dieser Stunde miteinander zu reden haben, war Kästner so wichtig, daß er den Dialog aus seinem Buch voll in das 6. Bild seines Stückes als selbständigen Auftritt einmontierte. Nahezu wörtlich sind die Sätze übernommen. Es kommt jene reizvolle Mischung aus Poesie und Wirklichkeit, Kunst und Kindheitserleben zustande, die den Kästner-Büchern das unverwechselbare Kolorit gibt.

Emil: Habt ihr viel Geld?
Professor: Das weiß ich nicht. Wir sprechen wenig drüber.
Emil: Ich glaube, wenn man wenig darüber spricht, hat man viel.
Professor: Schon möglich.
Emil: Wir sprechen oft darüber. Wir haben wenig. Meine Mutter muß dauernd verdienen – sie frisiert die Damen, weißt du –, und trotzdem reicht's an keiner Ecke. Wenn wir aber einen Klassenausflug machen, gibt sie mir oft mehr Geld mit, als die andern Jungen kriegen.
Professor: Wie kann sie das denn?
Emil: Das weiß ich nicht; aber sie kann's. Und da bring ich ihr dann die Hälfte wieder mit.
Professor: Verlangt sie das denn?
Emil: Unsinn. Aber *ich* will's.
Professor: Aha, so ist das bei euch.
Emil: Ja, so ist das. Und wenn sie mir erlaubt, bis neun Uhr abends zu bummeln, bin ich schon gegen sieben wieder da. Weil ich nicht will, daß sie allein in der Küche sitzt und Abendbrot ißt. Sie freut sich ja doch, wenn ich früher heimkomme.
Professor: Das ist bei uns alles anders. Wir haben uns ja auch gern. Muß man schon sagen. Aber wir machen wenig Gebrauch davon.
Emil: Es ist das einzige, war wir uns leisten können. Deswegen bin ich noch lange kein Muttersöhnchen. Und wer das nicht glaubt, den schmeiß ich an die Wand! – Es ist eigentlich ganz einfach zu verstehen ...
Professor: Ich versteh's schon. Da habt ihr euch wohl sehr lieb?
Emil: Kolossal!

Kinder demonstrieren Vernunft

Elfriede Mechnig, die Sekretärin, saß in den Sommermonaten 1930 und 1931 unentwegt an der Schreibmaschine. Kaum waren Drehbücher und Theaterfassung zum *Emil* beendet, der dritte Gedichtband für die Deutsche Verlagsanstalt abgeschrieben, begann Kästner ihr in den Nachmittagsstunden ein neues Manuskript zu diktieren. Diesmal keine Detektivgeschichte, aber auch ein aufregendes Buch von der Freundschaft zweier Kinder – Pünktchen und Anton –, durch deren Verhalten im Leben der Erwachsenen manches wieder ins Lot kommt, und es spielt natürlich wieder in Berlin. Eine blinde Bettlerin, mit der es eine geheime Bewandtnis hat, steht nachts an der Weidendammer Brücke. Ein mutiger kleiner Junge, Anton, kommt allen Erwachsenen zuvor und bringt einen Einbrecher zur Strecke. Hauptdarstellerin in dem Roman ist das kleine erfindungsreiche Pünktchen aus besserem Hause, das einen Fabrikdirektor zum Vater hat und eine Mutter, die sich um nichts kümmert. »Meine Mutter macht gar nichts. Augenblicklich hat sie Migräne«, sagt das kleine Mädchen wahrheitsgemäß über ihr Zuhause. Antons Mutter als Aufwartefrau hat es dagegen recht schwer. Die beiden Kinderhelden des Buches, die unter völlig verschiedenen Bedingungen aufwachsen, werden von Kästner als fröhliche, sympathische Kinder geschildert, die durch einen merkwürdigen Umstand zusammenfinden, indem beide auf der Weidendammer Brücke nachts Streichhölzer beziehungsweise Schnürsenkel verkaufen. Er aus Not, da seine Mutter wegen Krankheit keinen Verdienst hat, sie, weil sie sich zu Hause langweilt und überhaupt ein »ziemlich abwechslungsreiches Mädchen« ist.

Kind aus gutem Hause nachts mit Bettlerin auf der Weidendammer Brücke! Die Geschichte stand seinerzeit in der Zeitung. Kästner schnitt sich die Meldung aus und hatte damit die Idee zu seinem Buch. Was die weiteren Personen und Anton betraf, erfand er dazu, und er tat dies mit so viel Einfallsreichtum und Geschick, daß ein richtiger Roman für Kinder daraus wurde. Das Happy-End stellt sich prompt mit der letzten Seite ein.

Kästner kommentiert den Ausgang seiner Geschichte als »gerecht und glücklich ... Das Schicksal hat nach Maß gearbeitet.« Der Maßschneider des Schicksals war allerdings Kästner selbst, der mit diesem sozialen Happy-End seine Vorstellungen von einer möglichen Harmonie zwischen Menschen sozial gegensätzlicher Schichten in sein Buch hineinprojiziert hat. Von den Kindern, seinen Lesern, verabschiedet er sich, nicht ohne ihnen wiederum eine Mahnung in seinem Sinne mit auf den Weg zu geben. »Seht zu, wenn ihr groß seid, daß es jetzt anders und besser wird. Uns ist es nicht ganz gelungen. Werdet anständiger, ehrlicher, gerechter und vernünftiger, als die meisten von uns waren!« lautet sein moralischer Appell. »Die Erde soll früher einmal ein Paradies gewesen sein. Möglich ist alles. Die Erde könnte wieder ein Paradies werden. Alles ist möglich!«

Der Autor spricht hier zum erstenmal deutlich in einem Kinderbuch aus, was der Sinn seiner Kinderbücher sein soll: die Bewahrung des Glaubens an die Möglichkeit einer menschenwürdigen Welt. Als Wegweiser zu diesem Ziel beschwört er die für ihn unantastbaren Werte der Vernunft, der Ehrlichkeit, der Anständigkeit und Gerechtigkeit. Die Besserung der Menschen durch Erziehung zur Vernunft blieb Kästners große Utopie. In einem Essay interpretiert Heinz Kamnitzer diese Position folgendermaßen: »Von seinem Vorfahren Heinrich Heine sagt man, daß bei ihm die blaue Blume neben der Barrikade blüht. Erich Kästner dagegen steht mit einer Herbstzeitlose an der Straßenecke und bittet die Passanten, es doch einmal mit dem gesunden Menschenverstand zu versuchen. Er baut auf die Vernunft, aber er weiß nicht recht, worauf die Vernunft bauen soll.«

Elfriede Mechnig, inzwischen zur Leiterin seines Berliner Büros avanciert, hat den Werdegang der beiden kleinen Romangestalten Pünktchen und Anton miterlebt. Sie tippte unermüdlich, bis ihr Rükken und Arme weh taten. Dr. Erich Kästner aber schmunzelte. Seine Bürostütze war selbstverständlich einverstanden, als er sie darum bat, dem Wortschatz der Familie Mechnig einen Ausdruck entlehnen zu dürfen. Der Vater hatte in ihrer Kindheit ihre dünnen Beinchen Trommelstöcke genannt, weil es mit dem Wachstum ein bißchen langsam ging. Bei Kästner kehrte das Wort nun im ersten Kapitel seines Kinderromans wieder. »Die dünnen nackten Beine, die unter der Morgenjacke ihres Vaters vorguckten, wirkten wie Trommelstöcke.«

Was Elfriede Mechnig weiterhin von der sehr konzentrierten und raschen Arbeitsweise ihres Chefs berichtet, wird durch die erhaltenen Briefe Kästners an seine Mutter bestätigt. Am 30. Mai 1931 schreibt er an sie: »Ich denke, den Kinderroman *Pünktchen und Anton* in drei, vier Tagen richtig überlegt zu haben. Dann geht's los mit dem Aufschreiben. Pro Tag ein Kapitel, so daß ich am 25. Juni ungefähr fertig bin. Ich denke, es wird nett werden.« Auf den Tag genau erhält »Muttchen« unter dem 24. Juni die Nachricht: »Morgen wird ›& Co.‹ mit dem Kinderbuch fertig. Freitag korrigier ich's, so daß Du Anfang nächster Woche ein Exemplar kriegst. Du liest es bald und schreibst, was Dir nicht gefällt, ja?« Seiner Mutter gegenüber hat er damit Wort gehalten, als er ihr einmal unter Hinweis auf Emil – »gewissermaßen Dein kleiner Enkel« – versprach: »Dieses Jahr kriegst Du nun Pünktchen als Enkelin hinzu«.

Das hübsche Buch, so schätzte es seine Mutter ein, wurde für den Sohn wieder zu einem Erfolg, so daß Edith Jacobsohn kurz nach Erscheinen bereits die zweite Auflage anzeigen konnte. Ursprünglich war sie nicht einverstanden mit den Illustrationen Walter Triers und wollte aus einer Verärgerung heraus nicht drucken. Da sie sich nicht schlüssig werden konnte, drängte Kästner, ihm das Buch freizugeben. Das wiederum wollte sie nicht, er sollte es gänzlich umändern. Da Kästner das konsequent ablehnte, sind die zwei Unzertrennlichen, Pünktchen und Anton, mitsamt ihrem Dackel Piefke, Triers Illustrationen einbegriffen, im Buchhandel erschienen. Anfang Januar wurde das Buch für Dänemark übersetzt, die Verhandlungen mit Italien, England, Finnland, Ungarn, Polen und den USA begannen. Frau Jacobsohn hatte mit Jahresende bereits 10500 Exemplare verkauft, und noch im November 1931 begann Gottfried Reinhardt, der Sohn Max Reinhardts, mit den Proben am Deutschen Theater.

In den einschlägigen Publikationen über Leben und Werk Erich Kästners ist als Aufführungsjahr für *Pünktchen und Anton* stets 1932 angegeben. Diese Zahl findet sich auch in der Ausgabe seiner *Gesammelten Schriften* und in der noch von ihm selbst durchgesehenen Kästner-Biographie von Luiselotte Enderle. Die Premiere des Kinderstücks fand jedoch bereits am 19. Dezember 1931 statt, wie aus den Meldungen der Tagespresse hervorgeht. Das »Berliner Tageblatt« kündigte am 10. Dezember 1931 an, daß *Pünktchen* am 19. Dezember unter der Regie Gottfried Reinhardts mit der Musik von Ignaz Strasfogel zur Erstaufführung gelange. So steht es am 17. Dezember auch im Annoncenteil des Blattes, der das Berliner Theaterpublikum darüber informiert, daß im Deutschen Theater um acht Uhr abends *Antonius und Cleopatra* von Shakespeare unter Hilperts Regie mit Moissi, von Winterstein, Kampers, Gerda Müller und an den Tagen 19., 20., 25., 26. und 27. Dezember als Kindernachmittagsvorstellung um halb vier *Pünktchen und Anton* von Erich Kästner gespielt werde.

Daß es sich hierbei nicht um eine Zeitungsente handelte, belegt die erschienene Vorkritik zur Aufführung vom 20. Dezember und die einen Tag später folgende ausführliche Rezension von Fritz Engel. Er bescheinigte dem Stück, daß es »voll Leben, klugem Zeitsinn und kräftiger Heiterkeit« sei. Die Regie des jungen Reinhardt erhält von ihm das Prädikat »bewegungsfroh, farbig, heiter, guter Komödiensinn, auch dem Gemüt nicht verschlossen«. Was Kästner sagen wolle, werde den Kindern »nicht feierlich eingetrichtert, es wird in der lustigsten Form erzählt, und ihre Anteilnahme kennt keine Grenzen«. Auch die Großen hätten begeistert mitgespielt.

Wenn der Rezensent gewußt hätte, wie sehr das Stück an den Nerven seines Verfassers gezerrt und was sich an Ärgernissen und Querelen noch acht Tage vorher abgespielt hatte, hätte er sicher auch den Autor mit ein paar freundlichen Worten bedacht. Es begann damit, daß Kästner auf den Proben zu einzelnen Szenen andere Auffassungen hatte als der Regisseur. »Der junge Reinhardt und ich sind einander schon paarmal an die Karre gefahren. Er macht manchmal rechten Quatsch und bringt die Schauspieler schrecklich durcheinander.« Was Kästner außerdem noch verdroß, erfährt man aus dem Briefwechsel zwischen Mutter und Sohn. »Gestern kam Herr Regisseur Gottfried Reinhardt anderthalb Stunde zu spät zur Probe. Das kann ja gut werden.« Zu Hause wartete Kästner dringend auf die fälligen Honorarabrechnungen von Edith Jacobsohn, die mit der Zahlung auch nicht pünktlich war. Als sie endlich das Geld schickte, mit fast einem Monat Verspätung, war es nur ein Postscheck, den »& Co.« in der Stadt mit Anstehen bei der Bank einlösen mußte, »nur daß wir das Geld kriegen ... Schreckliche Zustände.«

Was »& Co.« betraf, so konnte sie für Kästner in diesen Tagen so gut wie gar nichts erledigen. Sie war über den Teppich gestolpert, lang in die Stube gefallen, hatte einen Nervenschock erlitten, weinte und konnte nicht sprechen. Der Arzt verordnete Morphium und Bettruhe. Zu allem Unglück bekam der kleine Darsteller des Anton noch eine Erkältung und war vollkommen heiser. Und die Zeit verging, der angesetzte Premierentermin schob sich immer näher ...

Dringende Terminarbeiten fürs »Berliner Tageblatt«, Notizen zum obligatorischen Zeitungsgedicht, Einladungen zu Lesungen und die Kinderpost zu den *Emils*, die zu beantworten war, veranlaßten Kästner, einige Tage mit dem Besuch der Proben bei Reinhardt auszusetzen. Seiner Mutter schlug er scherzhaft vor, da müsse sie wohl mal als sein »Stellvertreter auf die Proben hüpfen«. – »Eine schrecklich nervöse Zeit durch dieses Theater um *Pünktchen*, klagte er. Und seine Mutter schrieb besorgt zurück: »Rauch nicht soviel Zigaretten!«

Die Zwillinge *Emil* und *Anton* machten indessen auf dem Buchmarkt für ihren Vater erfolgreich Reklame. Die Bilanz sah gut aus: *Emil* hatte im Weihnachtsgeschäft 1931 einen Absatzrekord von 17000 Exemplaren, von *Pünktchen und Anton* waren bis Ende Dezember 12000 Exemplare verkauft. Die dritte Auflage sollte Januar 1932 kommen, die Premiere bei Reinhardt hatte trotz der Malaisen pünktlich stattgefunden, und in der »Berliner Funkstunde« begann man noch im gleichen Jahr mit den Arbeiten zu einem Hörspiel.

Das hörte sich zunächst alles ganz gut an, lief aber nicht so reibungslos. Trotz wohlwollender Kritik und zeitnaher Thematik wurde *Pünktchen* nach acht Aufführungen wieder vom Spielplan abgesetzt, da es für die Reinhardt-Bühnen ökonomisch zuwenig einbrachte. Kästners Protest und seine Interventionen im Direktionsbüro konnten daran nichts ändern. Die allgemeine Wirtschaftslage war so kritisch geworden, daß ohnehin bald niemand mehr von den Arbeiterfamilien seinen Kindern die fünfzig Pfennig für den billigsten Platz in der Nachmittagsvorstellung geben konnte, geschweige denn fünf Mark für einen Logensitz. Jeden Tag las man in den Zeitungen von Krisenstimmung, Notverordnungen, Massenentlassungen in Großbetrieben, Selbstmorden aus Existenznot, Streik, Schließungen von Banken und Börsen, Kundgebungen gegen Lohnabbau, Arbeitslosenelend und faschistischem Terror.

Die gutgemeinte Geschichte, wie Antons Mutter bei reichen Leuten eine Stellung bekommt und damit ihrer größten Sorgen enthoben ist, schien vom Leben überholt. Die Ereignisse kamen Kästner zuvor.

Das Fräulein mit dem Muff

Die von der Kritik und dem Buchhandel mit höchstem Lob bedachten Werke des für Kinder wie für Erwachsene schreibenden Autors, die Filme und Bühnenerfolge machten Kästner zu Beginn der dreißiger Jahre zu einem in der Presse, im Rundfunk und in Diskussionen vielgenannten Autor. Auch persönlich war er bekannt, er brauchte nicht mehr als Unbekannter den Hut zu ziehen. »Guten Tag, Herr Doktor!« hieß es von allen Seiten im Restaurant, in der Bar, an der Theatergarderobe, an der Kinokasse, auf der Bank, bei der Post oder wenn er nur ein Stück die Straße entlangging. Er war populär geworden.

Hinzu kamen nicht unbeträchtliche Einkünfte. Aber Geld mit vollen Händen ausgeben war nicht Kästners Sache. Er galt als sparsam, in jedem Falle als bedachtsam im Umgang mit Scheckbuch und Brieftasche. Keineswegs konnte man ihn jedoch als geizig bezeichnen, denn seine Großzügigkeit gegenüber Taxichauffeuren, Kellnern oder Garderobenfrauen war geradezu sprichwörtlich. Vor allem Damen gegenüber, die mit seiner gewachsenen gesellschaftlichen und literarischen Reputation jetzt eine größere Rolle in seinem Leben spielten als früher, zeigte er sich als Gentleman von der gewohnten Kästnerschen Noblesse. Dabei schätzte er mitunter die weibliche Psyche nicht ganz real ein. Elfriede Mechnig erinnerte sich an eine lustige Geschichte, über die seine Freunde im Café viel gelacht haben. Einer seiner Bekannten hatte er damals einen teuren Pelzmantel gekauft. Der Flirt war wohl schon vorbei, als ihm eines Tages eine Rechnung ins Haus gebracht wurde. Von demselben Pelzgeschäft, das den Mantel geliefert hatte, der längst bezahlt war. Kästner wollte die Rechnung empört zurückweisen, mußte sich aber über einen Irrtum aufklären lassen. Die Freundin hatte sich, passend zum Mantel, noch einen Pelzmuff anfertigen lassen und die Rechnung mit dem nicht geringen Betrag an die Anschrift Dr. Erich Kästner, Berlin-Charlottenburg, Roscherstraße 16, senden lassen.

Es gab auch andere Geschichten zum Schmunzeln, die aber ganz in den Bereich der Anekdote fallen. So erhielt er eines Tages vom Sekretariat Max Reinhardts einen Anruf, ob er bereit wäre, eine textliche Neubearbeitung von Offenbachs *Schöner Helena* vorzunehmen. Wenn ja, ließe Reinhardt ihn zu einer Besprechung bitten. Kästner erschien pünktlich zum vereinbarten Termin, mußte aber lange auf die »Audienz« warten. Reinhardt eröffnete das Gespräch mit der Bemerkung, daß man ihm Kästner empfohlen habe. »Ich selbst habe von Ihnen allerdings noch nichts gelesen.« Das war für Kästner kein guter Auftakt. Obwohl enttäuscht, war er dennoch interessiert, den literarisch reizvollen Auftrag zu übernehmen. Er fragte nach dem Termin. »Vierzehn Tage«, sagte Reinhardt mit einem Unterton in der Stimme, der keine Debatte zuließ. Kästner erhob sich und verließ, empört über eine derartige Geringschätzung seiner schriftstellerischen Arbeit, mit einem eisigen »Guten Tag« den Raum.

Wo bleibt das Positive?

Kästners Arbeit für die »Weltbühne« blieb auch im Jahr 1930 wieder klar ausgerichtet auf die Forderung des Tages. Am 1. Oktober erschien sein Pamphlet »Ganz rechts zu singen«, das sich auf die Reichstagswahlen vom 14. September 1930 bezieht, bei denen die Nationalsozialisten einen beträchtlichen Stimmenzuwachs erzielten. Kästners Kommentar dazu lautete:

Kein schönrer Tod ist auf der Welt
als gleich millionenweise.
Die Industrie gibt uns neues Geld
und Waffen zum Selbstkostenpreise.

Wir brauchen kein Brot, und nur eins ist not:
Die nationale Ehre!
Wir brauchen wieder den Heldentod
und schwere Maschinengewehre.

Die Absage an den Faschismus wiederholt sich in einem Weihnachtsgedicht von 1930 in der »Weltbühne«, das er als Bittgedicht an den Weihnachtsmann richtet. »Und nach München lenk die Schritte, / wo der Hitler wohnen soll. / Hau dem Guten, bitte, bitte, / den Germanenhintern voll! / Komm, und zeige dich erbötig, / und verhau sie, daß es raucht! / Denn sie haben's bitter nötig. / Und sie hätten's längst gebraucht.«

Wenn Kästner mitunter auch in seiner Haltung und seiner Sprache konzilianter ist als andere Schriftsteller in ihren politischen Gedichten, so ändert das nichts an der Tatsache, daß er die Gefahr real erkennt und die Verantwortlichen genau benennt. Es sind die Industriellen, die mobil gewordenen Nazis und die Regierenden jener Weimarer Republik, die an ihrer eigenen Schwäche zugrunde ging. In den sich zuspitzenden politischen Auseinandersetzungen steht Kästner nicht am Straßenrand und bietet Weltverbesserungsprogramme feil. Ihn berührt die Existenz der namenlosen Kurt Schmidts, die die Masse der Gesellschaft ausmachen und mit denen Politik gemacht wird. Eine Politik, die nicht *ihnen* nützt und über die er seine Leser zum Nachdenken zwingen will. »Wir wollen nicht sterben fürs Ullsteinhaus, / aber für Kirdorf sehr gerne.« – »Die Köpfe haben ja doch keinen Zweck. / Damit kann der Deutsche nicht schießen.« – »Wir brauchen eine Diktatur ... Wir brauchen zunächst einen Putsch. / Und falls Deutschland daran zugrunde geht, dann ist es eben futsch.«

An anderer Stelle heißt es über die Rolle das Kapitals und die wahren Interessenten am Kriege:

Den Millionären geht es schlecht.
Ein neuer Krieg wär ihnen recht.
So macht den Ärmsten doch die Freude!

Solche und ähnliche Stophen artikulieren Kästners bittere Befürchtung, daß die Deutschen aus dem Ersten Weltkrieg, dem bis dahin größten Massensterben der Geschichte, nichts gelernt haben. »Wir starben, doch wir starben ohne Zweck. / Ihr laßt euch morgen, wie wir gestern, schlachten!«

In einem »Kinderlied für Arbeitslose«, das ebenfalls zu den politischen Satiren des »Weltbühnen«-Jahrgangs 1930/31 gehört – in seine *Gesammelten Werke* hat er es nicht aufgenommen –, führt er den Betroffenen und deren Kindern die Zukunft erbarmungslos vor Augen: »Ihr seid der Bund der Kinderreichen. Ihr liefert für die Zukunft Leichen.« Die Zukunft, von der er sprach, ließ mit dem Machtantritt der Nazis nur noch zwei Jahre auf sich warten. Die Prophezeiungen Kästners sollten sich in Ausmaßen realisieren, die jede menschliche Vorstellung in den Schatten stellten.

Seit der Zeit, da Kästner politische Gedichte zu schreiben begann – und in seinen beiden letzten Versbänden war ihr Anteil gewachsen –, erhielt er immer wieder Beschwerdebriefe von Lesern, die mit seiner kritischen Haltung und dem radikalen Ton nicht einverstanden waren. Sie wollten einen bejahenden, keinen »zersetzenden« Autor, wie es alsbald in der Sprache der nationalsozialistischen Ideologie heißen sollte. Man vermißte in seinen Gedichten die sogenannte nationale Ehre, die Ehrfurcht vor den großen »sittlichen Werten der Nation« – was immer die deutsche Bourgeoisie, die einen Weltkrieg angezettelt und verloren hatte, darunter verstand.

In enger Nachbarschaft zu dem faschistischen Ausdruck »zersetzend« steht ein anderes Adjektiv, mit dem Kritiker aus dem Lager der politischen Reaktion lange vor 1933 schon Kästners unbeirrbares Eintreten für die Humanität und den gesellschaftlichen Fortschritt zu denunzieren versuchten, indem sie seine Gedichte als »zynisch« abqualifizierten. Diese Vokabel taucht noch heute in Artikeln und literaturwissenschaftlichen Untersuchungen auf. So schreibt der englische Germanist Colin Butler 1964 in seiner Arbeit über den Dichter Ringelnatz im Hinblick auf Kästner von den »kaltschnäuzigen Gedichten der ›Neuen Sachlichkeit‹ mit ihren bewußt zynischen ›Gebrauchsanweisungen‹«. Er verweist dabei ausdrücklich auf Erich Kästners »Sachliche Romanze« in *Lärm im Spiegel*, Leipzig 1928.

Abgesehen davon, daß dieses Buch nicht, wie angegeben, 1928, sondern 1929 erschienen ist, erweist sich die Terminologie »kaltschnäuzig« und »zynisch« für die Lyrik Kästners, die mindestens

Zorn *und* Güte, Protest *und* Liebe zum Menschen, Bitterkeit *und* Freundlichkeit zu gleichen Teilen einschließt, als wenig zutreffend. Was die zum Beleg herangezogene »Sachliche Romanze« betrifft, so ist sie Kästners persönlichstes und vielleicht schmerzlichstes Gedicht, für das die Bezeichnung »zynisch« geradezu absurd erscheint, denn das Gedicht mit den Anfangszeilen »Als sie einander acht Jahre kannten / (und man kann sagen, sie kannten sich gut, / kam ihre Liebe plötzlich abhanden. / Wie andern Leuten ein Stock oder Hut« bezieht sich auf das Auseinandergehen einer lange Jahre währenden Verbindung Kästners zu seiner Leipziger Freundin Ilse, ein Ereignis, das ihn zutiefst getroffen hat, was sich in dem wehmütigen Stimmungsgehalt, der leisen Trauer der vier Strophen deutlich ausspricht.

Zu seinen politisch akzentuierten Gedichten in der »Weltbühne« gab es seinerzeit jedoch auch Zuschriften, die von Lesern kamen, die Kästners Zorn wohl richtig verstanden und seine Haltung im Grunde billigten, trotzdem aber von ihm wissen wollten, welche Ziele er für bejahenswert hielt. »Und wo bleibt das Positive, Herr Kästner?«

»Ja, weiß der Teufel, wo das bleibt.«

Die Antwort auf die Leserpost nimmt er zum Anlaß, öffentlich im Gedicht zu erklären, daß er sich von seinen Positionen und Überzeugungen nicht abdrängen lasse und keine Schönfärberei, keinen Selbstbetrug dulde: »Ich werde nicht schwindeln. / Die Zeit ist schwarz, ich mach euch nichts weis. / Es gibt genug Lieferanten von Windeln. / Und manche liefern zum Selbstkostenpreis.«

Seine Reise in die Sowjetunion lag zu diesem Zeitpunkt gerade hinter ihm. Was er dort erlebt und gesehen hatte, bestärkte ihn in der instinktiven Erkenntnis, daß sich ein Weltwandel vorbereitete und die Tage des Bürgertums gezählt waren, und er warnte deshalb seine Leser vor jeglichen Illusionen:

Die Zeit liegt im Sterben. Bald wird sie begraben.
Im Osten zimmern sie schon den Sarg.
Ihr möchtet gern euren Spaß daran haben ...?
Ein Friedhof ist kein Lunapark.

Was er sieht, ist der Untergang der alten Welt, ein Friedhof.

»Und wo bleibt das Positive, Herr Kästner?« Er sah es nicht, konnte sich nicht vorbehaltlos anfreunden mit dem, was »drüben« an Neuem entstand. In einem viel späteren Gedenkwort für Ohser aus Plauen erwähnt er seine Reise in die Sowjetunion – deren positive Eindrücke er an anderer Stelle zum Ausdruck brachte – noch einmal und sagt ziemlich lapidar: »Wir sahen, was man uns zeigte, und noch ein bißchen mehr. Die Berliner Freiheit und das Leben auf eigene Gefahr waren uns lieber.«

So dachte er 1930. Nach dem Krieg konnte er, um viele Erfahrungen reicher, seinem Vorbehalt den relativierenden Satz anfügen: »Doch die Jahre der Berliner Freiheit waren, ohne daß wir es wußten, schon gezählt, und unser Leben auf eigene Gefahr sollte nur zu bald in ständige Lebensgefahr ausarten.«

Im Dezember 1931, als Kästner mit seinem Roman *Fabian*, vier Gedichtbänden, drei Kinderbüchern, Bühnenaufführungen und Filmen auf dem Höhepunkt seiner schriftstellerischen Laufbahn angelangt war, traf ihn zusammen mit anderen fortschrittlichen Schriftstellern und Publizisten ein Verbot. Ein Sammelband, den der Neue Deutsche Verlag Willi Münzenbergs mit Gedichten und Fotos aus verschiedenen Jahrgängen der »Arbeiter-Illstrierten-Zeitung« unter dem Titel *Rote Signale* zusammengestellt hatte, war beschlagnahmt worden. Zu den Autoren des Bands gehörten auch Kurt Tucholsky, Emil Ginkel und Erich Weinert. Es war nicht der erste Fall, daß Bücher progressiver Autoren in Auslegung der sogenannten Notverordnung verboten wurden. Auch diesmal war in der Begründung des Berliner Polizeipräsidiums nur allgemein die Rede von der »ganzen Tendenz der Druckschrift«, die unerwünscht war. Damit setzte sich das »Berliner Tageblatt« am 18. Dezember 1931 auseinander: »Es ist nicht zu leugnen, daß in diesem Gedichtband nicht geflüstert wird. Es wird gesprochen, eindeutig, männlich, rücksichtslos, es wird angeklagt, es wird gekämpft. Nicht zuletzt gegen den Faschismus.« Unter den zur Begründung des Verbots angeführten Gedichten waren gerade solche, die sich eindeutig gegen den Faschismus richteten.

Der Schutzverband deutscher Schriftsteller und sein Komitee zur Erkämpfung der Pressefreiheit, dem Kästner angehörte, hatten sich 1931 immer wieder mit willkürlichen Verboten von Zeitungen, Zeitschriften und Druckerzeugnissen anderer Art auseinandersetzen müssen. Kurz bevor das Verdikt der Behörden die Münzenberg-Anthologie traf, waren der Roman des Arbeiterschriftstellers Hans Marchwitza *Sturm auf Essen* und das Buch *Barrikaden am Wedding* von Klaus Neukranz verboten worden. Dazu bemerkte die Redaktion des »Berliner Tageblatts«, daß, während rechtsgerichtete Verleger ungestört ihre Broschüren und Bücher auf den Markt bringen könnten, die linksgerichteten unter einem ständig wachsenden Druck der Verbote stünden. »Es ist uns nicht bekannt geworden, daß in den letzten Monaten nationalsozialistische Druckschriften verboten wurden«, argumentiert die Zeitung und meint weiter, es sei an der Zeit, daß sich die Organisationen der Geistesarbeiter mit den literarischen Maßstäben befassen, die bei der Bewertung zugrunde gelegt würden.

Kaum anzunehmen, daß den Kulturredakteuren des »Berliner Tageblatts« entgangen sein sollte, daß hier andere als literarische Maßstäbe angelegt wurden. Die Vorfälle waren Symptome für eine Entwicklung, die nichts Gutes verhieß. Forcierte militaristische Aktivitäten faschistischer Organisationen, Provokationen durch randalierende Nazigruppen in aller Öffentlichkeit, Überfälle, Schlägereien, Störaktionen durch die gleichen Elemente in Kabaretts und Theateraufführungen, das war bereits die alltägliche politische Wirklichkeit. Sie schärfte Kästners Blick für die Gefährlichkeit der Entwicklung, ohne ihm aber gleichzeitig auch die Problematik bewußt zu machen, die mit der Position eines nur beobachtenden und zu wenig handelnden »Moralisten« verknüpft war.

Kapitel V

Der streitbare Moralist

1931–1933

Unser Gast, meine Damen und Herren, ist gar kein Schöngeist, sondern ein Schulmeister! Betrachtet man seine Arbeiten – vom Bilderbuch bis zum verfänglichsten Gedicht – unter diesem Gesichtspunkte, so geht die Rechnung ohne Bruch auf. Er ist ein Moralist. Er ist ein Rationalist. Er ist ein Urenkel der deutschen Aufklärung, spinnefeind der unechten »Tiefe«, die im Lande der Dichter und Denker nie aus der Mode kommt, untertan und zugetan den drei unveräußerlichen Forderungen: nach der Aufrichtigkeit des Empfindens, nach der Klarheit des Denkens und der Einfachheit in Wort und Satz.

Kästner über Kästner
Rede vor dem Zürcher PEN-Club 1957

Kästner im Kabarett

Kästners polemische Lyrik war nicht nur in den Spalten der AIZ, den lokalen Organen der Arbeiterpresse, großen Tageszeitungen und satirischen Zeitschriften zu finden, sondern auch auf den Podien der kleinen und großen Kabaretts. Die Verbindung dahin bestand schon, als seine Gedichte noch gar nicht in Buchform erschienen waren. Von einer ständigen Mitarbeit kann aber erst die Rede sein, als er in engeren persönlichen Kontakt zu den Schauspielern, Direktoren und Komponisten der Berliner Kabaretts kam und für die Diseusen dieser Bühnen Chansons zu schreiben begann. Das war um 1929 herum.

Mit dem Umzug in die Roscherstraße war er in die Nähe des »Kabaretts der Komiker« gerückt, des größten Berliner Unternehmens seiner Art. Im oberen Stock des Gebäudes befand sich das Café Léon, das nunmehr zum Stammcafé des neu zugezogenen Dr. Kästner wurde. Hier traf man sich, besprach die Arbeit, die Ereignisse des Tages, die Politik, aber auch den Theaterklatsch und Privates, wie es üblich war. Durch das »Kabarett der Komiker« und seinen Direktor Kurt Robitschek verband sich Kästner in produktiver Weise mit einem Metier, für das er seine Liebe schon als Leipziger Student entdeckt hatte, als er in der »Retorte« bei Hans Reimann Satiriker und Lyriker von Rang wie Joachim Ringelnatz, Walter Mehring, Erich Weinert und Max Herrmann-Neiße auf dem Podium erleben konnte.

Die Zusammenarbeit mit dem »Komiker«-Kabarett erfolgte in mehrfacher Richtung. Zunächst ist als Programm- und Hauszeitschrift »Die Frechheit« zu erwähnen, die Kästners Gedichtbände besprach und regelmäßig Verse von ihm abdruckte. Das geschah ganz in Übereinstimmung mit der Auffassung Kurt Robitscheks, der 1929 zum *Lärm im Spiegel* geschrieben hatte: »Wenn heute noch Gedichte gelesen werden, dann sollen es in erster Linie jene von Kästner sein!«

Bei der Durchsicht der einzelnen Jahrgänge der »Frechheit« bekommt man eine Vorstellung davon, wie beliebt Kästner beim Publikum gewesen sein muß. Fast keine Nummer erschien, in der nicht ein Beitrag von ihm enthalten war. Sehr bekannte Gedichte finden sich darunter, wie »Die Entwicklung der Menschheit«, »Das moderne Märchen«, »Ein Beispiel von ewiger Liebe«, »Berlin in Zahlen«, »Herbst auf der ganzen Linie«, aber auch weniger bekannte wie die »Sächsischen Sonette«, mit denen er seine Landsleute porträtierte: »Wir sinn nich so gemiedlich, wie wir schbrechen. / Wir hamm, wenns sein muß, Dinnamit im Bluhd«, oder ein »Wiegenlied für Erwachsene« mit aktuellen Spitzen gegen die Weltwirtschaftskrise. Dazwischen finden sich kleinere gereimte Lokalglossen, wie die Geschichte von einem feuchten Ausflug ins verregnete Rahnsdorfer Wochenende am Berliner Müggelsee oder »Karneval 1933« mit einer sehr zeitgemäßen Pointe: »Die Zukunft ist vermauert. / Nicht angeheitert, eher angetrauert / schwankt man nach Haus.«

Durch die Programmzeitschrift dieses Kabaretts mit den lustigen Titelblättern von Walter Trier lernten ihn die Verehrer seiner Versbände auch als Autor satirischer Skizzen kennen, in denen er die Rekordsüchtigkeit des Sports, den Amerikafetischismus der zwanziger Jahre oder die Untugenden der Boulevardpresse glossierte. Für das Verhältnis Kästners zum Kabarett sind sie jedoch nicht wesentlich. Sein eigentlicher Beitrag für diesen Musenzweig war vor allem das Chanson.

Ende der zwanziger Jahre gab es kaum eine Diseuse von Rang, die nicht Kästner-Chansons im Repertoire hatte oder sich welche wünschte. Man suchte aus seinen Gedichtbänden Texte aus und ließ sie vertonen, wenn der Autor nicht gar selbst für die betreffende Schauspielerin Chansons lieferte, die dann allerdings Maßarbeit waren. Solche Lieder besaßen von ihm Trude Hesterberg, Blandine Ebinger, Kate Kühl, Annemarie Hase und manch andere, die schon damals bekannt war oder es mit Kästner-Texten werden sollte.

In Berlin ergab sich wieder ein fester, bleibender Kontakt zu Trude Hesterberg, für deren einstiges Kabarett »Wilde Bühne« er schon als Student ein Chanson geschrieben hatte, und zwar ein Wiegenlied. Wahrscheinlich war das der erste Versuch auf diesem Gebiet, noch keineswegs spezifisch kabarettistisch, eher beschaulich, lyrisch gestimmt, während das typische Kästner-Chanson von 1930, das man mit dem Namen Trude Hesterbergs in Verbindung bringt, temperamentvoll zündende, auf Taille gearbeitete Persiflage war. Das klassische Beispiel der Chansongeschichte sind ihre »Ganz besonders feinen Damen« mit dem auf die Verdi-Melodie »Ach wie so trügerisch« gereimten Refrain:

Kaum sind die Fremden weg,
fliegen die Hemden weg.
In ihrer Wohnung
gibt's keine Schonung.
In ihren Armen
gibt's kein Erbarmen.
Bis auf die Straße hört man sie schrein,
wie gesagt – wie gesagt –
die sind gar nicht fein.

Trude Hesterberg, seit den Tagen ihrer »Wilden Bühne« bekannt als Interpretin des großangelegten, radikal zugespitzten Mehring-Chansons, engagierte sich ebenso für die politische Kästner-Satire, als sie im Juli 1932 im »Kabarett der Komiker« seine »Chansons von Berlin« sang und in der Saison danach mit einem aktuellen Kästner-Programm auftrat unter dem Titel »Trotz Notverordnung«.

Zur Charakteristik ihrer Persönlichkeit bleibt noch nachzutragen, daß sie eine Schauspielerin von beträchtlicher Risikofreudigkeit war. Weil die Eltern »dagegen« waren, legte sie die Grundlagen zu ihrem künftigen Bühnenberuf selbst, indem sie auf dem Laubengrundstück der Familie Landwirtschaft betrieb und Hühner züchtete, um mit dem Erlös ihrer Produkte heimlich ein Gesangsstudium zu finanzieren. Kästner wußte solch Berliner Unternehmersinn zu schätzen. Noch mehr die Begabung für das literarisch kultivierte Chanson.

Im Oktober 1930 hatte eine andere Diseuse Berliner Herkunft, auch aus dem Kreis der Prominenten, mit einem Kästner-Programm auf der Bühne des »Kabaretts der Komiker« gestanden. Es war Blandine Ebinger. Im Briefwechsel mit seiner Mutter ist sie 1930 mehrfach erwähnt als »Termin«. Er müsse unbedingt noch zur Ebinger, die ihm seine Sachen vorsingen wolle, die sie im Kabarett nächstens vortragen würde. »Ich bin sehr gespannt.« Der Autor gibt über den Ablauf dieses »Termins« nichts weiter bekannt, er hat ihr aber im Vorwort einer seiner Gedichtausgaben in den siebziger Jahren das schriftliche Kompliment gemacht, er wünschte seinen Gedichten, sie möchten so jung bleiben wie Blandine.

Die Ebinger galt am Kabarett der zwanziger Jahre als die Inkarnation des »armen Mädchens« und damit als bedeutendste Hollaender-Interpretin im Fach der Milieulieder. Sie kam aus einer Berliner Familie, in der die Musen und die Medizin heimisch waren. Ihr Vater war Arzt, die Mutter Schauspielerin und Theaterleiterin. Über die Reinhardt-Schule und die Theaterbühne führte ihr Weg zum Chanson, zunächst zu Milieugesängen zwischen Rummelplatz und Hinterhof, bald danach zum großstädtisch-parodistischen Hollaender-Revuechanson und zur Kästner-Lyrik.

Die Schauspielerin hat damals von Kästner, wie sie mitteilte, vorwiegend Chansons aus *Leben in dieser Zeit* in der Vertonung Edmund Nicks vorgetragen, wie »Das Chanson für Hochwohlgeborene«, »Eine Mutter zieht Bilanz«, aber auch Texte in der Vertonung anderer Komponisten, darunter die »Klassefrauen« und »Hamlets Geist«. Das Lied, das sie am meisten geliebt habe, sagte sie 1982 in einem Gespräch mit der Autorin dieses Buches, sei jener wunderbare Monolog »Eine Mutter zieht Bilanz«, in dem die tief anrührenden Zeilen enthalten sind: »Ich hab von ihm noch ein paar Kinderschuhe. / Nun ist er groß und läßt mich so allein. / ... Am besten wär's, die Kinder blieben klein.«

Als Erich Kästner nach 1945 in München wieder mit der Kabarettarbeit begann, sprach er Blandine an, ob sie nicht Lust hätte, bei der »Schaubude« mit ihm zusammenzuarbeiten. Sie konnte dieser Einladung nicht Folge leisten. Daß ihr diese Arbeit für die Bühne damals wegen Krankheit ihrer Mutter nicht möglich war, bedauerte sie noch heute.

Eine andere Interpretin von Rang, mit der das Kästner-Chanson vor 1933 verbunden ist, war Annemarie Hase. Sie, das schwarze Schaf aus einer Berliner Familie von Gelehrten und Großkaufleuten, galt als unübertroffene Begabung in der Darstellung sozial zu kurz Gekommener, Benachteiligter, Überrundeter, deren Anspruch auf eine lebenswürdige Existenz sie im Chanson Gehör verschaffte. »Die Hase«, wie sie in ihren Kreisen hieß, stand auf den Brettern aller bedeutenden literarischen Bühnen Berlins, die ihr die Welt bedeuteten – vom ersten Nachkriegskabarett »Schall und Rauch« bis zu Werner Fincks »Katakombe«. Mit Chansons von Hollaender, Klabund, Mehring, Tucholsky und natürlich auch Kästner.

Ihr berühmtestes Kästner-Lied wurde die »Ankündigung einer Chansonette«. Sie sah darin einen Text mit Bekenntnischarakter, der sie von den Soubrettentypen des damals noch immer wuchernden Tingeltangels abgrenzte, die Erich Weinert einmal treffend als die Damen »mit den bordelliziösen Mienen« gekennzeichnet hatte. Im Gegensatz zu diesen Chansonetten, die nicht wußten, was sie sangen, da sie als Animierdamen des kommerziellen Kneipenkabaretts hauptsächlich für Zigaretten- und Bierumsatz zu sorgen hatten, bekennt sich Kästner ausdrücklich zum Kabarett als Kunst mit Anspruch und persönlichem Engagement, ausgedrückt in den Zeilen:

Sie singt, was sie weiß. Und sie weiß, was sie singt.
Man merkt das am Gesang.
Und manches, was sie zum Vortrag bringt,
behält man jahrelang.

Sie pfeift auf das mühelos hohe C.
Und ihr Ton ist nicht immer rund.
Das Herz tut ihr manchmal beim Singen weh.
Denn sie singt nicht nur mit dem Mund.

Mit diesem Plädoyer auf die menschlichen Qualitäten derer, die Chansons vortragen, ist Kästner ein Porträt auf eine große Diseuse der deutschen Bühne gelungen, die stets etwas im Schatten ihrer Kolleginnen und deren Reizen stand, da sie weder die attraktiven Beine einer Marlene Dietrich noch den gewinnenden Charme einer Trude Hesterbergs besaß, nicht die mondäne Note einer Margo Lion und nicht die erotische Ausstrahlung einer Kate Kühl, in ihrem Fach jedoch unerreicht war als großartige Gestalterin von Figuren aus dem Wedding.

Die »Chansonette« aus dem Munde Annemarie Hases war vorwiegend im »Küka« zu hören, wie sich ein fast zehn Jahre existierendes kleines Künstlercafé in der Budapester Straße neben dem Romanischen Café nannte. Hier sprachen Erich Weinert, Karl Schnog und Werner Finck ihre Gedichte. Das »Küka« war auch das Café, in dem sich Erich Kästner in seinen Anfangsjahren, laut Finck, »bei Soleiern über Wasser hielt«.

Kästners Texte gelangten auch in die Programme der sehr aktiven »Wespen«, eines fliegenden Kabaretts, das hauptsächlich in den Vierteln der Proletarier und kleinen Angestellten sein Publikum hatte und das als das wohl progressivste literarische Zeitkabarett der Weimarer Republik angesehen werden kann.

Zwischen Kästner und den »Wespen« bestanden lange Zeit hindurch gute Beziehungen. Er unterstützte die Truppe, indem er die Mitwirkenden autorisierte, seine Gedichte und Chansons vorzutragen oder selbst an Lesungen teilnahm, deren Erlös dem Ensemble zugute kam. Es war das letzte Mal wenige Wochen vor der Machtergreifung Hitlers, im Oktober 1932, daß er, die Lyrikerin Else Lasker-Schüler, der prominente Conférencier Paul Nikolaus vom »Kabarett der Komiker«, der Anekdotenerzähler Roda Roda, der politische Satiriker Erich Weinert, der Zeitdichter und »Weltbühnen«-Autor Karl Schnog und der unbeugsame Erich Mühsam an einem Tisch vereint auf einer Bühne saßen, bevor sich der Vorhang über dem demokratisch gesinnten, linksbürgerlichen Kabarett in Deutschland schloß.

Kästner, Panter und andere

Kästners Gespür für das Komische, seine Begabung, Pointen brillant zu formulieren, hatten sich in Schauspielerkreisen längst herumgesprochen. Die leichte Hand für eine schwere Kunst oder, anders ausgedrückt, die Fähigkeit, ernstgenommene Themen in unterhaltsamer Kürze auf eine Bühne zu bringen, so daß sich die Leute amüsieren konnten, ohne sich hinterher schämen zu müssen, hatten nicht allzu viele deutsche Schriftsteller. Das wußte Kästner. Tucholsky wußte es auch und machte sich 1929 den Spaß, Erich Kästner als handelnde Person in einer seiner Glossen für die »Vossische Zeitung« mit auftreten zu lassen. Der Beitrag hieß »Die Zeit schreit nach Satire«, hätte aber ebensogut heißen können: Herr Wendriner engagiert uns für eine Revue.

In der Satire Tucholskys spielt sich eine für das Berliner Kunstleben der delirierenden zwanziger Jahre typische Szene ab. Ein Herr Dr. Milbe, als Manager das geradezu abschreckende Beispiel der Branche, hat wegen einer Revue drei prominente deutsche Schriftsteller zu sich bestellt, die voneinander nichts wissen und erstaunt sind, sich im Vorzimmer bei Milbe wiederzutreffen.

»Nanu! Mehring? Was machen Sie denn hier? ... Und was ... der Onkel Kästner!«

»Tag, Panter. Ja, wir kommen hierher, wir haben uns unten getroffen, wir wissen auch nicht ... Mehring sagt mir, er arbeitet hier an einer Revue. Ich arbeite hier auch an einer Revue.«

»Ich auch, ganz ulkig – mir hat der Mann gar nicht gesagt, daß er noch andere auffordert ... da hätten wir doch gut zusammenarbeiten können ...«

Milbe läßt die Herren sodann bitten, um sie im Berliner Geschäftsjargon über seine Revue ins Bild zu setzen.

»Also, sehn Se, ich hab mir das so gedacht –: wir machen eine

Revue, verstehn Se, also eine Revue, so was hat Berlin überhaupt noch nicht gesehn! Scharf, verstehn Sie mich, witzig, spritzig – also es ist ja gar kein Zweifel: diese Zeit schreit ja nach Satire! – das wird eine ganz große Sache! Wir haben sofort an Sie gedacht – nehm Sie 'ne Zigarette? – Nu ist da allerdings ein Haken: Ablieferungstermin des Manuskriptes in acht Tagen. Ja, also das is nich anders! Warten ist zu teuer. Wir haben das Theater gepachtet – wir müssen mit der Sache raus. Na, Sie werden das schon machen! Und gehn Sie ran, besonders in den Couplets ... nein, halt, machen Sie keine Couplets – machen Sie Sonx – jetzt macht man Sonx – natürlich nicht zu literarisch, nicha, wir wenden uns ja an ein großes Publikum ... also 'n bißchen allgemeinverständlich ... wir haben so etwa gedacht: Dreigroschenoper mitm Schuß Lehár ...«

Das eben war das, was Kästner bei aller Flexibilität nicht machen wollte. In welche Richtung seine Interessen gingen, läßt sich aus den Briefen an seine Mutter ersehen, die in weiten Teilen, wenn auch nur flüchtig, so etwas wie Arbeitsprotokolle über seinen Tagesablauf sind.

Schon 1927, frisch nach Berlin zugezogen, interessiert er sich lebhaft für das neugegründete »Kabarett der Namenlosen«, in dem Viertel Friedrichstraße–Jägerstraße gelegen. Dort trugen Arbeiter, pensionierte Angestellte sowie jüngere Leute eigene Sachen vor. Ohser sollte für eine Zeitung etwas zeichnen, und Kästner wollte darüber schreiben. Mit einem Berliner Schauspieler, Manfred Geis, der eigene Vortragsabende veranstaltete, bespricht er Anfang Januar 1929 ein neues Programm. Am 30. August 1929 heißt es: »Heute will ich noch einen Chansonvorschlag an Robitschek machen.« In der gleichen Woche hat ihm Klaus Mann ein Stück geschickt, zu dem er Lieder schreiben soll, und Trude Hesterberg läßt per Brief fragen, ob er Lust hätte, mit ihr zusammenzuarbeiten. Sie wolle mit Kurt Tucholsky, Ernst Busch und Max Hansen ein neues Kabarettunternehmen auf die Beine stellen.

Im November 1929 verwandelt sich seine Wohnung gar in eine Probebühne. Bei ihm sind der Komponist Edmund Nick und der Schauspieler Ernst Busch, den er für die Hauptrolle einer Funkrevue vorgesehen hatte. Man probt und debattiert bis in die späte Nacht, so daß die Mitteilung, die er seiner Mutter nach der Rückkehr von einem Warnemünder Ostseeaufenthalt macht, absolut zutreffend gewesen sein dürfte. »Ich arbeite, seit ich zurück bin, schwer und zäh.«

»Surabaya-Johnny« und Küchenlieder

Zwischen 1928 und 1933 gab es in Berlin eine beachtliche Zahl guter Kabaretts, die Kästner sehr schätzte, aber keines hat einen so nachhaltigen Einfluß auf ihn ausgeübt wie Werner Fincks »Katakombe«. Hier ergaben sich die Kontakte zu Ernst Busch und Kate Kühl, aber auch zu andern Künstlern, wie Ursula Herking, die er nach dem Ende des Zweiten Weltkriegs wieder für die Kabarettarbeit heranzog, als er half, die »Münchner Schaubude« und »Die kleine Freiheit« ins Leben zu rufen. Mit diesen beiden Unternehmen trat Kästner das Erbe der »Katakombe« an, was die Tagessatire, den moralischen Anspruch sowie die schauspielerische und literarische Qualität der Programme betraf. Auch er verstand wie Finck das Kabarett als moralische Anstalt, die ihre Unterhaltungsfunktion mit dem Anspruch auf Kunst ausübte, ohne daß das Lachen an der Garderobe abgegeben werden mußte. So umschrieb Finck seine Situation einmal treffend mit dem »Schwert des Damokles«. Kästner kommentierte die Realitäten der Politik auf eine ruhigere, gemessenere, aber doch auf eine Finck verwandte Weise, als er auf die doppelte Gefährlichkeit einer Stecknadel aufmerksam machte, der man den Kopf abschlug und die nun »hinten und vorn gefährlich« sei.

Die den beiden Autoren gemeinsame Liebe zum kabarettistisch zugespitzten Epigramm läßt sich auch nicht übersehen, wenn es um ein völlig anderes Thema, die Frauen, geht. Von Finck gibt es dazu den drolligen Vierzeiler von einem Fräulein, das an sein Bette trat und von sich behauptete, die Märchenfee zu sein. »Und sie fragte mich, ob ich drei Wünsche hätte, / und ich sagte, um sie reinzulegen: nein!«

Kästner hat diesbezügliche Erfahrungen in dem »Damentoast im Obstgarten« niedergelegt und in diversen anderen Spruchweisheiten wie dieser:

Zu einer unverstandnen Frau
sagte der Doktor, ungeschliffen:
»Sie werden nicht zu wenig verstanden,
sondern zu wenig begriffen!«

Durch die Zusammenarbeit mit der »Katakombe« wurde Kästner auch zu näherer Beschäftigung mit einem Genre angeregt, das gerade damals wieder in den Blickpunkt der Öffentlichkeit zu rücken begann: Er schrieb ein Vorwort zu einer Ausgabe von Küchenliedern, herausgegeben von dem Regisseur R. A. Stemmle, der sich um die Neuedition dieser »Waisenkinder der Lyrik«, wie Kästner sie nennt, mit mehreren Editionen verdient gemacht hat. Sein 1931 erschienenes Bändchen nannte er »Ja, ja, ja, ach ja«. Die musikalische Bearbeitung der beigegebenen Melodien übernahm Allan Gray, das Titelblatt und die Vignetten zeichnete Freund Erich Ohser, und »Katakomben«-Stammgast Kästner steuerte eine liebevolle Plauderei bei. Darin spricht er von den »geheimnisvollen, hintergründigen Liedern« der Küche, deren Reiz gerade darin bestehe, daß sie uns »nach der komischen und nach der ergreifenden Seite hin oft über jene Grenzen des Empfindens hinausführen, die uns die zünftige Kunst und der zivilisierte Kunstgeschmack gezogen haben«.

Der Bühnenverlag Eduard Bloch Berlin übernahm den Druck dieses Küchenliederalbums, das inzwischen zu einer bibliophilen Rarität unter den Musikalien geworden ist. Das Heft war im Umfang bescheiden, es enthielt nur acht Lieder, gewann aber aktuelle Bedeutung als Repertoireband für die Bühne. Ein Regisseur, ein Komponist und ein Schriftsteller gaben es zu einer Zeit heraus, da die Kabaretts mit amerikanisierten Schlager- und Tanzmelodien, gestanzter Klischeeware aus den Fabriken für Sehnsucht und Träume, überschwemmt waren. Dem stellten sie jene schmucklosen Lieder aus der Küche gegenüber, die naives Empfinden einst gedichtet hatte und die auf ihre Weise zu Volksliedern geworden waren.

Köchin Berta aus dem Bühnenstück *Pünktchen und Anton* war die erste, die von diesen Studien profitierte. Kästner schrieb für sie eigens ein Küchenlied, das im Roman selbst nicht vorkommt. Sie singt es auf die Melodie von der »schönen Gärtnersfrau«, aber leider nur eine einzige Strophe:

Wieder kehrt – der Frühling, Lenz genannt,
bei uns ein – mit Tulpen in der Hand.
Schelmisch lä – chelt er mit dem Gesicht.
Wo er hin – tritt, wächst Vergißmeinnicht.

Kästners Beitrag zur heiteren Gebrauchslyrik erschöpfte sich jedoch nicht in der Poetisierung des Trivialen zum Zwecke der Komik auf der Bühne. Er liebte das Epigramm, schätzte alte Bänkel- und Volksweisen im literarischen Kabarett, betrachtete aber als sein eigentliches Feld das moderne parodistische Chanson. Er begnügte sich mit sparsamen Ausflügen in dieses Gebiet, wenn er aber Texte schrieb, waren sie von solcher Treffsicherheit und Qualität, daß es einem leid tut um die vielen anderen Parodien, die er nicht geschrieben hat.

Kate Kühl kreierte im Märzprogramm 1930 in der »Katakombe« seine wohl berühmteste Parodie, den »Surabaya-Johnny II«, mit den komischen Zeilen: »Du kamst aus den Wäldern bei Pirna. / Du sagtest nicht Frau, sondern Weib. / Du warst tätowiert wie ein Seemann. / Du hattest nichts Warmes im Leib.« Mit der rigorosen Reduzierung des »Surabaya«-Themas auf die Verhältnisse einer sächsischen Kleinstadt erwies sich Kästner in der Kunst, »auf einen Mann mit der Waffe seiner eigenen Form zu schießen«, wie Robert Neumann das literarische Verfahren der Parodie bezeichnete, als ein Meisterschütze. Kate Kühl war zu dem Zeitpunkt, als das Chanson für sie entstand, mit dem originalen Surabaya-Johnny von Brecht bereits ein Begriff für die Berliner Bühne. Aus dieser Tatsache bezog der Kästnersche Text einen zusätzlichen Reiz, da der Vortrag gleichzeitig eine Selbstparodie Kate Kühls darstellte.

Du sagtest, du wärst ein Verbrecher
und hättest die Konzession
als vereidigter Messerstecher.
Ich glaubte dir jeden Ton.
Du versprachst mir, mich zu ermorden.
Du stachst mich schon in die Haut.
Es ist nichts draus geworden.
Du hast dich nicht getraut.

Die Arbeit für die »Katakombe«, die solange anhielt, wie das Kabarett bestand, belegt, daß Erich Kästner sich durchaus nicht auf eine bestimmte metrische Form festlegen lassen wollte oder darin festgefahren war, wie zuweilen Rezensenten an ihm bemängelten. Er benutzt den Zeilenstil des herkömmlichen Kästner-Gedichts – ein Hauptsatz = eine Zeile –, vermag aber ebenso virtuos den melodisch fließenderen Chanson- und Songstil zu handhaben.

Um 1930/31 waren Kästners Chansons auf Grund ihrer Bissigkeit und Witzigkeit ebenso populär wie die »Anna-Luise« von Tucholsky, die »Kleptomanin« von Friedrich Hollaender oder das durch Busch zum Begriff gewordene »Stempellied« von Eisler. Seine Texte für die »Katakombe«, ob er sie unter seinem Namen oder seinem Pseudonym E. Fabian schrieb, sprechen für die hohe künstlerische Substanz seiner »Gebrauchslyrik«. Kästner steht somit am Ende einer Entwicklung, die vom frühen Brettl-Lied Bierbaumscher Prägung der Jahrhundertwende über das zeitbezogene literarische Kabarettchanson der frühen zwanziger Jahre überleitet in die Ära des Rundfunks und des Tonfilms, deren Komponisten wie Franz Wachsmann, Allan Gray, Werner Richard Heymann, Edmund Nick, Wilhelm Grosz oder Claus Clauberg auch seine Komponisten wurden.

Anregend, wie das Kabarett für den Schriftsteller Kästner gewesen ist, so hat der Kabarettdichter Kästner die Musik des Genres in mancher Richtung produktiv beeinflußt. Allan Gray zum Beispiel schrieb die Musik zum ersten *Emil*-Film und nahm Kästner-Vertonungen in seine 1932 in Leipzig erschinene Ausgabe »Zwölf Chansons von heute« auf. Edmund Nick, vom Rundfunk kommend, aktiv bei Werner Finck an der »Katakombe« tätig und nach 1945 wieder an der »Münchner Schaubude«, schrieb die Musik zu dem Stück *Leben in dieser Zeit* und den darin enthaltenen Chansons, die als Kabarettrepertoire bald ihren eigenen Weg gingen. Viele andere Komponisten, die an den Bühnen außerhalb Berlins Chansons für »ihre« Schauspielerinnen nach Kästner-Texten schufen, ohne daß diese Titel jemals gedruckt worden wären, kamen hinzu und sorgten dafür, daß der Name des Autors in die Kabarett- und Chansongeschichte einging.

Fabian – der Weg eines Moralisten

Zwischen Chansons und Theaterkritiken, Generalproben und Redaktionssitzungen, Kino und Café entstand 1930 das Manuskript zu einem Roman, der sein erster Roman für Erwachsene werden sollte. Sein ursprünglicher Titel, von Elfriede Mechnig auf dem obersten Blatt des Manuskripts in Großbuchstaben getippt, lautete: »Sodann & Gemorrha« – eine scherzhafte Verdrehung der Chaos und Untergang beschwörenden Redewendung »Sodom und Gomorrha«.

Einen satirischen Zeitroman zu schreiben, hatte sich Kästner nach Aussagen befreundeter Kollegen, wie Hermann Kesten, schon zu einem Zeitpunkt vorgenommen, da er in Berlin noch gar nicht richtig Fuß gefaßt hatte. Wahrscheinlich hat er den Plan dazu schon in Leipzig gehegt und Material dafür gesammelt, wie die bereits erwähnte Geschichte von der Blinddarmnarbe seines Direktors vermuten läßt. Weller erhielt jedenfalls das fertige Manuskript im Juli 1931 und bereitete es zum Druck vor. Es gab aber Schwierigkeiten, die Verlagsleitung intervenierte. Sie erhob Einwände gegen den Titel und zwei Kapitel des Romans sowie gegen das vom Autor beigegebene Nachwort. In langwierigen Gesprächen wehrte sich Kästner gegen die Amputation seines Buches und schlug einen anderen Titel, »Der Gang vor die Hunde«, vor, der ebenfalls abgelehnt wurde. Schließlich stimmte er dem Titel *Fabian – die Geschichte eines Moralisten* zu sowie der Streichung der beiden Kapitel und des beanstandeten Nachworts. Trotz dieser »mäßigenden« Eingriffe wurde der *Fabian*, wie das Buch in seiner eingebürgerten Kurzform von nun an hieß, einer der eigenwilligsten und provokantesten deutschen Romane der Weimarer Republik.

Fabian ist dasjenige Buch Kästners, das die moralistischen Intentionen und weltanschaulichen Positionen seines Autors am stärksten zur Geltung bringt. In der Form einer schonungslosen Satire auf die Krise des bürgerlichen Gesellschaftssystems ist *Fabian* der Roman zwischen Hoffnung und Verzweiflung, verkörpert in den beiden Hauptgestalten Fabian und Labude. Stärker noch als die Gedichtbände präsentiert er sich als Zerrspiegel vom Untergang einer Gesellschaft, indem er den Zustand der Krise in Form fotografischer Nahaufnahmen schildert, deren Optik er absichtlich verzerrt, um das Chaos deutlicher zu machen. Warum der Autor diesen künstlerischen Stil gewählt hat, erläutert er in einem Vorwort zur Neuauflage seines Romans nach dem Zweiten Weltkrieg: »Das vorliegende Buch, das großstädtische Zustände von damals schildert, ist kein Poesie- und Fotografiealbum, sondern eine Satire. Es beschreibt nicht, was war, sondern es übertreibt. Der Moralist pflegt seiner Epoche keinen Spiegel, sondern einen Zerrspiegel vorzuhalten. Die Karikatur, ein legitimes Kunstmittel, ist das Äußerste, was er vermag. Mit dem ursprünglichen Titel ›Der Gang vor die Hunde‹ war vom Autor ein ausgesprochen moralisches Ziel fixiert worden. Dieser Titel wollte warnen. Er wollte vor dem Abgrund warnen, dem sich Deutschland und damit Europa näherten! Er wollte mit angemessenen, und das konnte in diesem Falle nur bedeuten, mit allen Mitteln in letzter Minute Gehör und Besinnung erzwingen.«

Die Absicht, mit Literatur auf eine Veränderung in den sozialen und moralischen Verhaltensweisen der Menschen hinzuwirken, objektiviert sich im Roman gerade in der Darstellung umgekehrten, extrem amoralischen Tuns und Treibens und in den Bewußtseinsprozessen zweier Gestalten, die ihre Funktion inmitten der Gesellschaft, in der sie sich bewegen, zu erfassen suchen.

Fabian, ein junger bürgerlicher Intellektueller, blickt fassungslos auf eine Welt, die er nicht mehr versteht, und so muß er nach der Logik des Buches und dem Willen seines Schöpfers untergehen. Auf dem Weg dahin läßt Kästner ihn mit beinah enzyklopädischer Vollständigkeit alle Stätten des Lasters, Irrsinns, Zynismus, der Verkommenheit und der Demoralisation passieren: möblierte Zimmer, Männerbordelle, Bars, Redaktionen, Ateliers und Kabaretts. Wie in einer Filmcollage reiht sich Bild an Bild, Szene an Szene, Episode an Episode zu der immer gleichen Aussage, die nicht erst durch Handlung beweiskräftig werden muß. »Wo ist das System, in dem ich funktionieren kann?« fragt Fabian. Es existiert nicht, und da es nicht da ist, hat alles für ihn keinen Sinn. Er ist keine Kämpfernatur. Und die Vernünftigen werden nie an die Macht kommen, ist seine Überzeugung, und die Gerechten noch weniger.

Kästner als der Operateur seines Films dreht die Szenen hinter der Kamera mit einer Nüchternheit und tödlichen Genauigkeit, die an seinem Buch besticht und ihn als Stenographen der Auflösungserscheinungen der kapitalistisch-bürgerlichen Welt in Deutschland zur Zeit der Weltwirtschaftskrise ausweist. Der gedankliche Kern des Buches liegt in den Debatten, die Fabian und Labude über ihr gemeinsames Ziel führen, das sie aber auf unterschiedlichen Wegen zu erreichen suchen. Held Fabian bekennt sich zu der Maxime der Anständigkeit und Vernünftigkeit, ohne zu praktischen Konsequenzen in seiner Haltung zu kommen. Er sagt: »Ich möchte helfen, die Menschen anständig und vernünftig zu machen.« Er sagt aber auch: »Ich sehe zu und warte. Ich warte auf den Sieg der Anständigkeit, dann könnte ich mich zur Verfügung stellen. Aber ich warte darauf, wie ein Ungläubiger auf ein Wunder.« Labude widerspricht dieser Illusion mit dem Argument der Aktion: »Erst muß man das System vernünftig gestalten, dann werden sich die Menschen anpassen.«

In der Aufstellung von These und Antithese erreicht Kästner, daß dem Leser wichtige Einsichten zur Entscheidung unterbreitet werden, ohne daß das Buch deshalb ein Roman der bloßen Debatten wäre. Farbige Schauplätze wechseln einander ab, interessante Menschen werden vorgestellt, und in der Handlung geht es so turbulent zu wie in den Gedichten, deren Sujets sich im *Fabian* noch einmal in Prosa abspielen, nur krasser, auf eine Entscheidung hin zugespitzt, so daß die vielen Teilgeschichten, aus denen der Roman zusammengesetzt ist, sich dem Leser zwanglos als Symbole enthüllen und – darin liegt ein gravierender Unterschied zu den Lyrikbänden – daß es ein Kästner-Buch ohne jede heitere Note, eine Satire mit trauriger Bilanz ist.

Das Buch endet damit, daß Fabian einem Kind das Leben retten will und dabei ertrinkt, weil er nicht schwimmen kann. Die einzige Aktion, die er überhaupt unternimmt, endet paradoxerweise mit seinem Untergang.

Dieser zufällige wie sinnlose Tod ist mit der Zufälligkeit und Sinnlosigkeit aller Zustände in diesem Buch an sich hinlänglich erklärt. Man kann den Schluß aber auch anders lesen, so, wie ihn Kästner gemeint haben könnte: Der Fabian-Weg ist der falsche! Wer handeln will, muß Voraussetzungen dazu haben, oder wer die Gesellschaft aus ihrer Krise retten will, muß über politische Kenntnisse und Fähigkeiten verfügen. Fabian hatte sie nicht und kam demzufolge als Retter nicht in Frage.

Eine weitere Schlußfolgerung liegt nahe: Es nützt nichts, daß es Ehrliche, Anständige, Kluge und Vernünftige gibt, wenn die Zeit und die Umwelt nichts mit ihnen anzufangen wissen. Man muß solche Verhältnisse schaffen, daß Vernunft und Moral zu ihrem Recht kommen. Über den Weg dorthin, muß der Leser über den Roman hinaus selbständig weiterdenken.

Fabian im Urteil der Kritik

Wegen der radikalen Haltung seines Buches wurde Kästner 1931 in den Kritiken von rechts maßlos attackiert als »Autor der nationalen Schande«. Es fielen Ausdrücke wie »zersetzend«, »Schund und Schmutz«, »Asphaltliteratur«. Es war damals die »Rote Fahne«, das Zentralorgan der Kommunistischen Partei, die diesen Roman bei aller Kritik seiner begrenzten politischen Grundhaltung in Schutz nahm. Sie schrieb in der Nummer 224 des Jahres 1931: »*Fabian* ist ein Buch, von dem es sich lohnt, Notiz zu nehmen. Es wurde geschrieben von Erich Kästner, der seine Gedanken und das, was ihn bewegt, bisher fast nur in lyrischen Versen äußerte. Einer Lyrik, die oft eine Oase in der wüsten Einöde der bürgerlichen Lyrik war.« *Fabian* zwinge zur Stellungnahme, um so mehr, als es sich bei diesem Buch zu einem großen Teil um ein Selbstporträt handele, das auf große Teile der bürgerlichen Intellektuellen zutreffe. »Fabian irrlichtert durch die bürgerliche Welt. Er betrachtet, er beobachtet, er kritisiert, aber er kommt zu keinem festen Standpunkt.« Die »Rote Fahne« ist nicht damit einverstanden, daß Nichtschwimmer Fabian ins Wasser springt und ertrinkt. »Soll das das Los des deutschen Intellektuellen sein, der es nicht versteht, in der kapitalistischen Welt zu schwimmen? Soll ihn der Sumpf verschlingen? Nein!« Die Kritik kommt zu der Schlußfolgerung: »Was den meisten deutschen Intellektuellen noch fehlt, das ist die belebende und anregende Verbindung mit dem Proletariat ...«, jener Klasse, »die die Zukunft hat und den Willen, diese Zukunft so zu formen, daß sie darin leben kann. Auch Kästner wird das erkennen.«

Schlußfolgerungen ähnlicher Art, die »zugleich auch praktische, politische Entscheidung bedeuten«, zieht in Heft 4/5 von 1932 die radikal-demokratische Zeitschrift »gegner«, deren Herausgeber der kommunistische Schriftsteller Franz Jung und der den Positionen des Proletariats nahestehende Intellektuelle Harro Schulze-Boysen waren. Sie sehen Kästners Werk als streitbaren Beitrag zur grundsätzlichen Diskussion um das große Programm der »Emanzipation des Menschen«. Der Vorzug des Romans: »Kästner sagt alles kurz und schlicht. Man muß es lesen. Wenn du's nicht bist, ist es dein Nebenmann.«

Zur literarischen Qualität des Romans äußert sich mit Ausführlichkeit und Hochachtung die »Weltbühne«. Sie findet, Kästners Sprachgefühl zeige sich fast noch deutlicher in der schwereren Kunst der Prosa, wo kein Reimkorsett zur Form zwinge, als in den Versen. Dem Kritiker Rudolf Arnheim gefiel die »ausgezeichnete Einheit zwischen den abstrakten Thesen mit dem rein Anekdotischen der Handlung«. Nirgends konstruierte Schulbeispiele, meint er. Für die Qualität der Schilderung einzelner Episoden fällt das Wort: »Oft chaplinhaft.«

Für die Zeitschrift »Das Tage-Buch«, an der Kästner 1931 noch immer Mitarbeiter war, übernahm die Besprechung des Buches Hermann Kesten. Seine Betrachtung steht unter der Überschrift »Abrechnung mit der Moral«. Durch die einfühlende Art und Weise, wie Kesten den Roman interpretiert, gelingt es ihm, die stark ausgeprägte Sensibilität Kästners, seine im *Fabian* verdeckte lyrisch-romantische Grundhaltung evident zu machen, in der sowohl seine Melancholie wie seine zornigen Attacken letztendlich ihren Ursprung haben. Kesten sieht auch noch eine andere Seite des Buches. Das ist seine autobiographische Faktur. »Fabian hat eine Mutter, die ihn liebt, die sich um ihn sorgt, die ihm nachfährt und ihm alles und ihr Herz geben möchte und die in Dresden zittert, weil ihr Sohn in Berlin wohnt, aber Fabian kehrt zu ihr nach Dresden zurück, er ertrinkt nicht in der

Spree, er ertrinkt in der Elbe. Die Heimat, die Familie, alle die uns lieben, die uns treu sind, was helfen sie uns, wenn wir gefährdet sind, wenn die Zeit krank ist und wir nicht den Weg zur Gesundung kennen? Man muß die Zustände verbessern, aber, fragt Fabian, genügt das, müßte man nicht die Menschen verbessern? Und sind sie zu verbessern?«

Über die literarische Leistung des Prosaschriftstellers Erich Kästner urteilt Kesten in Worten höchsten Lobes. *Fabian* schätzt er als einen der »witzigsten und gescheitesten Romane« der jüngsten Generation ein, »voll der klaren Vernunft und der süßen Poesie der lyrischen Gedichte und voll der Bildkraft der Balladen Kästners«. Alles sei darin zu finden: spöttischer Charme, elegante Schärfe, witzige Präzision, epigrammatischer Hohn, melodiöse Lyrik, vernünftige Leidenschaft der Sprache und Gedanken und die sehr seltene Leichtigkeit der Erzählung und des szenischen Wechsels, die Kästners Talent manifestieren. Sie seien jedoch nicht allein dazu da, »den Leser sehr gut zu unterhalten«.

Trotz Fürsprache angesehener Zeitschriften und namhafter Kritiker hat *Fabian* lange Zeit zu den umstrittenen Werken gehört. Das lag an der Brisanz des Themas und Kästners Mut, es in der moralischen Sphäre mit derartiger Offenheit und Ehrlichkeit abzuhandeln. Die Auflagenhöhe war davon nicht betroffen, ganz im Gegenteil. Im Oktober 1931 ist der Roman bei der Deutschen Verlagsanstalt erschienen. Im Januar 1932 betrug die Auflagenhöhe schon 20000 und im März 25000 Exemplare. Und immer war das Buch vergriffen. Anderthalb Jahre nach der Veröffentlichung waren bereits Übersetzungen in neun Sprachen zu verzeichnen, und zwar, fast zeitgleich, in England, Frankreich, Ungarn, den Niederlanden, den USA, der Sowjetunion, Polen, Italien und der Tschechoslowakei.

Von den ausländischen Stimmen zum *Fabian* sind die sowjetischen Kritiken besonders interessant. Einmal, weil es für die Leser der UdSSR die erste Begegnung mit dem Schriftsteller Kästner war, und zum anderen, weil die politische Situation der Jahre 1933/34 die besondere Aufmerksamkeit herausforderte. Die Zeitschrift für Literaturkritik und Bibliographie »Inostrannaja Kniga« meinte deshalb, es sei verständlich, daß das Interesse des sowjetischen Lesers jetzt in erster Linie Deutschland zugewandt sei. Der Staatsverlag für Künstlerische Literatur habe recht daran getan, dem Leser eine Reihe neuer Werke von Schriftstellern vorzustellen, die in der UdSSR bereits bekannt seien: 1933 Ernst Glaesers *Frieden*, Leonhard Franks *Von drei*

Millionen drei, Kellermanns *Stadt Anatol* und nun – noch unbekannten Namens – Kästner mit dem *Fabian*. Die Rezension charakterisiert den Roman präzis als Spiegelbild der »Perspektivlosigkeit einer Generation von bürgerlichen Intellektuellen, die von der Krise über Bord geworfen« wurden. »Wir beobachten, wie Fabian im Kampf um die Existenz auf der sozialen Stufenleiter Stück um Stück nach unten rutscht, dorthin, wo die kleinen Leute bei Leonhard Frank und Hans Fallada stehen. Auch er ist, wie jene, in die Sackgasse geraten und wartet fatalistisch auf das Ende. Vor den handelnden Personen steht wie auch bei Frank die bedrückende, ungelöste Frage: Wie nun weiter?«

Eine andere sowjetische Zeitschrift, die »Literaturny Kritik«, sah den Wert des Buches darin, daß es ein Bild von den Zuständen in Deutschland am Vorabend des Faschismus vermittle, prägnant ausgedrückt in dem Kästner-Zitat über Berlin: »Soweit diese riesige Stadt aus Stein besteht, ist sie fast noch wie einst. Hinsichtlich der Bewohner gleicht sie längst einem Irrenhaus. Im Osten residiert das Verbrechen, im Zentrum die Gaunerei, im Norden das Elend, im Westen die Unzucht, und in allen Himmelsrichtungen wohnt der Untergang.« Von der scheinbar unpolitisch wirkenden Haltung des Autors solle man sich nicht täuschen lassen, der Zerfall des alten bürgerlichen Deutschlands, seine Auflösungserscheinungen und die Bereitschaft, sich in die Gefolgschaft eines »starken Mannes« zu begeben, seien von Kästner ziemlich gut dargestellt worden. »Der Roman«, heißt es, »ist lebendig geschrieben und mit Talent.« Der Kritiker konstatiert »hohes literarisches Können, Präzision in den Schilderungen ... Alle blockierenden Momente der Darstellung sind beiseite gelassen, vorgeführt wird ausschließlich, was das Wesen der Sache betrifft.« Wenn Kästner auch nicht die emotionale Tiefe eines Remarque erreiche, meinte der Kritiker, so bemühe er sich in jedem Falle, ihm gleichzukommen.

In Deutschland selbst gab es bis kurz vor Hitlers Machtantritt immer wieder Veröffentlichungen mit heftigstem Pro und Kontra zu diesem Werk eines »Radikalen«. Die Divergenz der Meinungen spiegelte sich ziemlich kraß in einer Diskussion wider, die »Der Bücherwurm«, eine kleine literarische Zeitschrift, im Herbst 1932 veranstaltete.

Mehrere Personen kamen in der Debatte zu Wort. Der als Verleger bekannte Joachim Langewiesche erhob Einspruch gegen die in der Gestalt des Fabian angelegte Energielosigkeit und schrieb aus der Sicht der sogenannten neuen Bewegung der Nationalsozialisten:

»Unsere Generation ist nicht so hoffnungslos, wie Kästner sie sieht.« Er räumt ein, daß die Unmoral in dem Buch »bloßgestellt« werde, fragt aber: »Was erreicht der Dichter damit, wenn er den Leser in ein Bordell nach dem anderen führt?«

Auf Kästner in persona zielte ein Pamphlet, das ein gewisser Hans Schwarze als Diskussionsbeitrag zum Thema einsandte – typisch für den Haß und dic Methode der Völkischen in der Verunglimpfung linksstehender Schriftsteller.

»Herr Erich Kästner, bekannt durch seine ›Lyrikbände‹, die alles andere als ›Lyrikbände‹ sind, hat Zeit. Da es draußen regnet, hat er nicht nur Zeit, sondern auch Langeweile, die ihn schließlich dazu treibt, einen Roman zu schreiben. Das Versemachen wird ihm auf die Dauer unangenehm. (Bei solchen Massen kein Wunder!) Am Abend selbigen Tages noch beendet er das Gerippe zu der denkwürdigen Geschichte des Moralisten Fabian.« Als Beweis für die seines Erachtens fragwürdige These, Fabian sei »moralisch«, führe er an: »10 bis 20 Bordellbesuche, herzaufwühlende Gespräche mit seinem Freund und sanfttraurige Weltenuntergangsstimmung. Noch 'n Schuß Moralin. Noch 'n Stück Bordell. Noch 'ne Kiepe voll ›Bon-mots‹. Punkt.« Er hätte bisher einen lobenswerten gesunden Schlaf gehabt, selbst nach aufregenden Tagen, läßt Schwarze verlautbaren. Bis vor kurzem, das heißt, bis er *Fabian* las, hätte er schwören mögen, daß nichts ihm diesen Schlaf rauben könne. »Heute denke ich anders. Grund: Häufige Ekelanfälle.«

Es war der einflußreiche und schon berühmte Hermann Hesse, der die Angriffe aus dem Lager der Nazis gewissermaßen ad absurdum führte. Hesse beteiligte sich ebenfalls an der Diskussion des »Bücherwurm« und stellte sich, vielleicht zur Überraschung mancher seiner Leser, vorbehaltlos hinter den *Fabian*. Er sprach von einer »liebenswerten und graziösen Erzählung«. Der Dichter ließe mitten im irrsinnigen Berlin von heute »einen Menschen herumlaufen, einen weder sehr starken noch sehr geschickten, aber eben einen Menschen: einen, der noch nicht irrsinnig ist, der ein Herz und einen Verstand hat. Ein klein wenig zwar ist auch er schon geknickt und entstellt, aber überall, wohin er gerät, schimmert Menschlichkeit auf, glänzt mahnende Erinnerung an etwas, was es vor kurzem noch überall gab und was jetzt unter einer Million bloß noch einer besitzt.« Auf die grell ausgeleuchteten Szenen des Berliner Nachtlebens geht Hesse überhaupt nicht ein. Er bleibt beim Wesen des *Fabian* und schreibt: »Sein Bildnis und die vielen leicht und zart hingezeichneten Berliner Bilder sind in reiner Künstlerfreude geschaffen, nicht ganz ohne gute Absicht, nicht ganz ohne Moral, aber nicht von ihr verzerrt. Das Zeitgemäße konnte nicht zeitloser gesagt werden als hier, es ist von Hölle und Irrenhaus die Rede, aber es klingt wie Musik, es ist durch den Filter der Kunst gegangen und voll Anmut geworden.«

Es gibt nichts Gutes außer: Man tut es

Die soziale Lage in Deutschland um 1931 glich genau den im *Fabian* beschriebenen Zuständen. Kästner, so fanden Zeitgenossen immer wieder, hätte nur das geschildert, was krasse Realität war. Nun sah es schon manchmal so aus, als sei der Roman von der Wirklichkeit bereits überholt. Die Zahl der Arbeitslosen betrug das gesamte Jahr 1931 hindurch mehr als vier Millionen. Die Regierung war nicht mehr fähig, ihr Amt auszuüben. Es wurde mit sogenannten Notverordnungen regiert, die Hindenburg als Reichspräsident unterzeichnete und die keiner parlamentarischen Bestätigung und Kontrolle mehr unterlagen.

Im März 1931 wurde sogar der Reichstag um sechs Monate vertagt sowie die verfassungsmäßig garantierte Demonstrations- und Pressefreiheit eingeschränkt. Von Juli bis Dezember 1931 traten vier Notverordnungen in Kraft, die die Krisenlasten weiter auf die arbeitenden Schichten abwälzten. Gerade in Berlin waren die Auswirkungen dieser antisozialen Politik recht deutlich zu spüren, als im Sommer 1931 nach den kleineren Betrieben nun auch die Monopole von der Krise erfaßt wurden. Am 21. Dezember 1931 fanden die Borsigarbeiter morgens die Werktore verschlossen, ein Plakat davor verkündete: »Die gesamte Belegschaft ist entlassen.« Die Firma Siemens entließ von 42000 Arbeitern und Angestellten 10000. Das war fast jeder vierte. Andere Betriebe folgten. Parallel dazu driftete die politische Szene weiter nach rechts ab. Am 11. Oktober 1931 kam es zum Zusammenschluß aller reaktionären Kräfte der Weimarer Republik einschließlich der Nationalsozialistischen Deutschen Arbeiterpartei Hitlers zur berüchtigten Harzburger Front. Am 14. Dezember erfolgte mit dem Verbot der Betriebsrätewahlen ein erneuter Angriff auf die Grundrechte der Werktätigen.

Kästner setzte in dieser Situation seine mit den Verlagen vereinbarte Arbeit fort. Allerdings: Nicht nur Fabian im Roman – auch Kästner selbst war von den Auswirkungen der ökonomischen und politischen Krise betroffen. Er lebte in Angst, bei einer weiteren Zuspitzung der Verhältnisse seine Existenz als freier Schriftsteller zu verlieren. Sollte er sein Geld zu Hause lassen oder weiter auf die Bank bringen und auf welche? Bereits im Juli 1931 passierte es ihm, daß die Post für die Telefonrechnung den Scheck seiner Bank gar nicht mehr annahm. Er mußte bar bezahlen. Andererseits wollte ihm die Verlegerin seiner Kinderbücher, Edith Jacobsohn, wegen eigener finanzieller Schwierigkeiten über seine Honorare nur noch Wechsel ausstellen, was ihm gar nicht gelegen kam. Auch bei den Theatern war das Geld knapp. Reinhardt ließ für die Kindervorstellungen von *Pünktchen und Anton* keine Inserate mehr drucken, und Kästner jammerte: »Nicht einmal Steuerkarten geben sie für Bekannte.«

Andern ging es unter der Krise viel schlimmer. Ende November sah Kästner in Berlin einen Mann barfuß auf der Straße stehen. Er sprach ihn an und erfuhr, daß es ein Bäckergeselle aus Frankfurt war, der als Arbeitsloser keinerlei Unterstützung erhielt. Er gab ihm zehn Mark für ein Paar Schuhe und dazu noch eine Mark Fahrgeld. Der junge Mann, froh darüber, daß ihm jemand half, wollte die Mark extra gar nicht annehmen.

Von diesem Vorfall und der Tatsache, daß er auch anderen Bedürftigen Geld gegeben habe, berichtete Kästner, wie über alles in seinem Leben, natürlich auch seiner Mutter. Die sah das ungern. Als Kind der Familie Augustin mit dem beengten Blick auf das eigene kannte Ida Kästner nicht das Gefühl der Solidarität, wie es unter Arbeitern selbstverständlich ist. Sie konnte nicht verstehen, daß ihr Sohn so leichtsinnig mit dem Geld umging. Er wiederum versuchte in den Briefen, ihr seine Haltung klarzumachen, sie zu beruhigen, daß er doch genug verdiene und eben nur etwas weniger spare. »Was hast Du nur dagegen?«

Ungeachtet der Vorbehalte seiner Mutter beriet er im September 1931 mit dem Chefredakteur des »Berliner Tageblatts«, Theodor Wolff, seinen Plan, für den Winter eine soziale Hilfsaktion in die Wege zu leiten. Er hatte vorgeschlagen, in der ersten Etage seines Stammcafés einen großen Mittagstisch für Notleidende zu veranstalten. Das Geld sollte aus Spenden von Schauspielern, Schriftstellern, Filmleuten und anderen Künstlern seines Bekanntenkreises zusammenkommen; die Kellner des Léon hatten ihm versprochen, umsonst zu bedienen. Diese hilfreiche Geste reihte sich ein in die zahlreichen

Aktionen, die Berliner Künstler damals in Verbindung mit Zeitungen, sozialen Ausschüssen und politischen Organisationen zugunsten hungernder Kinder und mittelloser Arbeiterfamilien durchführten. Claire Waldoff beteiligte sich daran ebenso wie Werner Finck, Alexander Granach, Paul Nikolaus, Erich Weinert oder Max Hansen.

Als einem Moralisten und Schriftsteller, der seine Hoffnungen auf die junge Generation setzte, machte Kästner ein Phänomen besondere Sorge, das er mit wachsender Unruhe beobachtete. Das war die steigende Arbeitslosenziffer unter den Jugendlichen. Er schrieb dazu im September 1931 für die »Weltbühne« folgendes Gedicht:

Ihr habt uns in die Welt gesetzt.
Wer hatte euch dazu ermächtigt?
Wir sind nicht existenzberechtigt
und fragen euch: Und was wird jetzt?

Sind wir denn da, um nichts zu tun?
Wir, die geborenen Arbeitslosen,
verlangen Arbeit statt Almosen
und fragen euch: Und was wird nun?

Auf eigne Rechnung und Gefahr
will jeder, was er lernte, nützen.
Die Tage regnen in die Pfützen,
und jede Pfütze wird ein Jahr.

Die Zeit ist blind und blickt uns an.
Die Sterne ziehn uns an den Haaren.
Das ganze Leben ist verfahren,
noch ehe es für uns begann.

In seinen Briefen findet sich zum Jahresende 1931 die Bemerkung: »Sehr niederdrückend diese allgemeine Lage. Man muß sich sehr zusammennehmen, wenn man in so einer Zeit arbeiten will.«

Der 35. Mai – ein Ausflug in die Südsee

Zur Erholung schreibt Kästner im Anschluß an den *Fabian* wieder mal ein Kinderbuch, in dem er die literarische Kulisse weit ins Märchenhafte, Exotische ausdehnte, über Ort und Zeit hinaus – das heißt, was die Zeit betraf, nur bedingt.

An einem erfundenen Kalendertag, dem 35. Mai, läßt er einen unternehmungslustigen Jungen namens Konrad mit einem ebenso fidelen Onkel, Ringelhuth genannt, eine Weltreise machen, die nach vielerlei Stationen in der Südsee endet. Diesen Schauplatz mit Dattelpalmen und dem kleinen Mädchen Petersilie, das auf Bäumen hockt, hatte sich seine Phantasie schon 1928 auserkoren, bevor ihm der Kellner seines Stammcafés riet, für Kinder doch lieber eine reale Geschichte zu erzählen. Diese reale Geschichte von *Emil* war inzwischen geschrieben, hatte sich in den drei Jahren acht Länder erobert und dazu die Bühnen der Theater, die Sender des Rundfunks, die Schallplatte und den Film. Seitdem erreichten Dr. Kästner in der Roscherstraße ständig Telefonanrufe und Briefe. Lehrer schickten ihm Kinderzeichnungen und Schüleraufsätze zu *Emil;* Briefe von Kindern mit dem Poststempel Dresden, Braunschweig oder Frankfurt und so weiter ließen ihn wissen, wie sehr ihnen die Geschichte gefallen hätte; ein Junge schilderte, wie er die Straßen von Berlin entlanggelaufen sei, um sich die Gegend, in der das Abenteuer spiele, genau anzuschauen, und ein Mädchen wollte schließlich wissen, wie die Bücher zustande kämen. »Du schreibst so schöne Geschichten und ich hab schon viele davon gelesen. Hast Du sie alle selbst erlebt oder träumst Du sie? Und wenn Du sie träumst – wie machst Du das bloß?«

Diese Frage hätte vielleicht nicht einmal Kästner richtig beantworten können, andererseits steht fest, daß auch *Der 35. Mai* zu den Werken des Autors gehört, von denen Kinder, wenn man sie fragt, welches seiner Bücher ihnen am besten gefallen habe, spontan behaupten: »Alle.«

Zustande gekommen ist eine höchst vergnügliche Lektüre, der es weder an Humor noch an Farbe mangelt, geschrieben von einem fröhlichen Pädagogen, der mit großem Vergnügen in die Rolle des Schulmeisters schlüpfte, um Lektionen zu vermitteln – unauffällig, humorvoll, in das Schokoladenpapier seiner Kapitel gewickelt, so daß es Kindern schmeckt, aber wiederum auch so, daß die Süßigkeiten nicht das Gehirn verkleistern. Eine der Stationen auf dieser Reise führt beispielsweise in die »Burg zur großen Vergangenheit«. An diesem Ort sind die sogenannten großen Helden der Geschichtsbücher versammelt, wie Napoleon, Cäsar, Hannibal und Wallenstein. Onkel Ringelhuth und Konrad bewegen sich frei und ehrfurchtslos in der Gesellschaft dieser Heroen, und Kästner benutzt die Gelegenheit, kritische Distanz zu falschem Heldentum und kriegerischen Idealen zu schaffen.

Fünfzehn Jahre später schrieb Kästner in der »Neuen Zeitung« in München, als er sich mit den notwendigen Reformen des Geschichtsunterrichts befaßte, die folgenden Sätze: »Man hat uns in der Schule die falsche Tapferkeit gelehrt, man hat uns die falschen Jahreszahlen eingetrichtert und abgefragt. Man hat uns die gefährliche Größe ausgemalt, und die echte Größe fiel unter das Katheder. Man hat die falschen Ideale ausposaunt, und die Wahrheit hat man verschwiegen. Man hat uns Kriegsgeschichte für Weltgeschichte verkauft. Wollen wir denn wirklich, daß Weltgeschichte Kriegsgeschichte bleibt?«

Diese Frage ist mit dem Kinderbuch bereits gestellt und schlüssig beantwortet. Realität und Utopie, die Pole der Kästnerschen Vernunftlehre, sind mehrfach in den Kapiteln dieses Kinderbuches konfrontiert. Stets streng an Handlung und Unterhaltung gebunden, werden im *35. Mai* Fragen der gerechten Verteilung der Güter, des Widerspruchs zwischen perfektionierter Automatisierung der Industrie und der Existenz von Not und Armut, der erstrebenswerten Eigenschaften im menschlichen Charakter und andere moralische Fragen aufgeworfen. Pädagoge Kästner entwirft auch originelle Zukunftsmodelle. Es gibt in seinem Buch eine Schule für schwererziehbare Eltern, eine Art Strafanstalt, in denen Erwachsenen dasselbe angetan wird, was sie ihren Kindern antun, und eine überelektrifizierte Stadt Elektropolis, die an ihrer Superperfektion zugrunde geht.

Aus Schlaraffenland, Elektropolis und Südsee werden Onkel Ringelhuth und Konrad vom Autor schließlich wieder in den heimatlichen Schrank und damit in die Wirklichkeit zurückversetzt. Konrad muß nach Hause ins Bett, während der Onkel noch etwas aufräumt. Die Vermutung jedoch, daß es neben dem Alltag noch eine Wunderwelt geben müsse, verbleibt dem Leser mitsamt einem frohen Gefühl, das die Lektüre des Buches hinterläßt.

Gesang zwischen den Stühlen

Das Erscheinen des dritten Kinderbuches, wiederum mit Zeichnungen von Walter Trier, beendete ein Arbeitsjahr, in dem es sehr turbulent zuging. Für Kästner war es als erfolgreich zu bezeichnen – erfolgreich, was die Auflagen, die Übersetzungen in andere Sprachen und 1931 seine Wahl in den PEN-Club betraf. Pausen aber gab es deshalb für ihn nicht. Weller wollte von ihm Ostern 1932 den vierten Gedichtband herausbringen. Zunächst waren einige Leute im Verlag der Meinung, damit noch zu warten; Kästner aber befürchtete, »daß das Schreiben bald nur noch unter ganz strenger Zensur möglich sein« würde. So stellte er in den Wintermonaten 1931 seinen vierten Gedichtband zusammen. Als Titel wählte er diesmal die Zeile *Gesang zwischen den Stühlen*, auf diese Weise die Fabian-Position umschreibend.

Die Liebhaber seiner Lyrik bekamen einen Band in die Hand, der, wie zu erwarten, mit Versen über die Kindheit, die Großstadt, die Liebe, die Jahreszeiten und die Politik, im Klang vertraut durch die bisherigen Versbände, aber in mancher Hinsicht auch wieder anders war. Der Verlag brachte statt der üblichen dreitausend Exemplare gleich fünftausend heraus, und noch im selben Jahr ließ er die zweite Auflage mit weiteren siebentausend Exemplaren folgen. Die Kritik bestätigte, daß er mit seinem Lektor Weller wiederum ein Büchlein zusammengestellt hatte, das brandaktuell war. Vom Material her enthielt es überwiegend Texte, die die »Weltbühne« bereits gebracht hatte.

Die Position des Autors bleibt links, demokratisch, warnend gegenüber Reaktion und Hakenkreuz, deren Parolen und Aufmärsche er mit beinahe schon verzweifeltem Sarkasmus attackiert. Wo die Kraft zum Angriff nachläßt, machen sich Bitterkeit und Resignation bemerkbar. Die Ironie in diesem Buch trägt häufig einen schwarzen Zylinder. Da findet sich ein »Eisenbahngleichnis« mit wenig optimistischen Feststellungen: »Wir sitzen alle im gleichen Zug ... und keiner weiß, wie weit ... der Zug kommt niemals an sein Ziel ... niemand weiß, warum.« Vor dem Hintergrund der geistigen und ökonomischen Krise der bürgerlichen Gesellschaft wird es nunmehr zum Gleichnis einer Höllenfahrt. Die Gedichte sind bloß noch einzelne Stationen, und es macht keinen Unterschied, ob sie in der Bar, im Sprechzimmer des Arztes, nachts auf menschenleerer Straße, »auf einer kleinen Bank vor einer großen Bank« oder in dem zitierten Gespensterzug spielen. Aus allen Gedichten schaut bereits das Chaos, das Unheil, die Fratze, das Entsetzen. Wer in solchem Zug sitzt, muß sich auf das Ende gefaßt machen. Zu lachen wird es da wohl nichts mehr geben.

Den *Gesang zwischen den Stühlen* kann man als den reifsten und geschlossensten der vier Versbände Kästners ansehen. Alles, was seine Gedichte an Schmiegsamkeit und Musikalität, an Sensibilität und skeptischem Beobachtersinn aufzuweisen haben, ist hier in höchster Vollendung zusammengefaßt, ohne daß inhaltlich oder stilistisch gegenüber den Vorbänden eine nennenswerte Veränderung eintritt. Es läßt sich an diesem Band am besten erkennen, was es mit der »Melancholie« bei Kästner auf sich hat. Die Kritiker gehen jedoch vor allem auf die Aktualität dieser Strophen ein. Die Zeitschrift »Die Literatur« resümierte: »Er blickt in das Privatleben der Wirtschaftskrise, in den Kehricht der bankrotten Profitwirtschaft, in die Glotzaugen der Gewalt und öffnet in wirksamen Strophen, die sich beim Lesen ganz von selbst in Musik setzen, dem Leser die Augen für eigene und fremde Inkonsequenz. Unscheinbare Zeitungsnotizen werden zu Reportage-Balladen, deren resignierte Untertöne das Blut aufrühren und Widerstand entfachen. Dann schließt er die Augen, entsetzt von dem Gesehenen. Aber hinter den geschlossenen Lidern tauchen Halluzinationen auf, groteske Gleichnisse, unheilige Legenden und Fieberträume, in denen die bürgerlich-kleinbürgerliche Welt vollends den Kopf verliert, und das Gesicht. Und den Kragen.«

Die antifaschistische Zeitschrift »gegner« urteilt über die »zwischen den Stühlen« entstandenen Lieder, Visionen, Nekrologe und Protokolle, die den Band füllen, ähnlich: »Kästner hat scharfe Augen, man staunt, was er alles sieht, er sieht die Lüge, die Attrappe, die Kulisse, die Imitation, die die Gegenwart beherrschen. Uns lehrt er sie sehen. Kästner hat helle Ohren, er hört das Sterbemurmeln der alten Zeit, hört die Lautsprecher des Rückschritts, hört den Applaus für den neuesten Sieg der Dummheit. Wir hören das auch, nur hören wir nicht genau genug hin, wie dieser Lärm fabriziert wird. Kästner lehrt uns dies hören.«

Die Kritiker der Literaturzeitschriften weisen in diesem Zusammenhang auch auf die Vervollkommnung der technisch-formalen Mittel des Lyrikers Kästner hin, für die ihnen der jüngste Gedichtband ein glänzender Beweis war. Mehrfach erfolgt der Hinweis auf Heinrich Heine.

Tatsächlich lassen sich von Anfang an im Werk Kästners sowohl indirekte als auch direkte Einflüsse Heines erkennen. Im Band selbst belegt dies exemplarisch der »Handstand auf der Loreley«. Mit diesem Gedicht gliedert sich Kästner in die Reihe der Heine-Adepten ein, die wie Eichrodt, Scheffel und Klabund vom *Buch der Lieder* inspiriert worden sind. Brentanos dichterische Erfindung, die bei Heine schon als Märchen aus alten Zeiten auftritt, wird bei Kästner in Gestalt der deutschen Heldensage ironisiert, allerdings stark auf Kosten der sozialen Aspekte, die hinter dem spektakulären Vorfall verborgen bleiben. Vorgeführt wird ein Turner, der im Abendsonnenschein auf dem Loreleyfelsen einen Handstand macht:

Er stand, verkehrt, im Abendsonnenscheine.
Da trübte Wehmut seinen Turnerblick.
Er dachte an die Loreley von Heine.
Und stürzte ab. Und brach sich das Genick.

Ernster zu nehmen ist Kästners Heine-Nachfolge, wenn er an die satirischen Gedichte seines Vorbildes anknüpft, sie, variiert, in einem modernen, zeitgemäßen Gewand vorführt. Von Heine gibt es das nach 1848 geschriebene Gedicht »Jammertal« von den zwei armen Seelen, die im Dachstubenelend umkommen. Heine schildert die Hungervision unter Benutzung der Vierzeilerstrophe im balladesken Volksliedton. Kästner greift das Motiv des Hungertodes und die Satire auf das widersinnige Walten ärztlicher Kunst am sozialen Leichnam auf, um beides im Stil Heines zu einer »deutschen Allegorie« vor dem Hintergrund der Weltwirtschaftskrise umzufunktionieren. Den Vorgang des Gedichts führt er bereits mit der Überschrift »Hunger ist heilbar« ad absurdum. Die soziale Anklage tritt um so deutlicher hervor:

Es kam ein Mann ins Krankenhaus
und erklärte, ihm sei nicht wohl.
Da schnitten sie ihm den Blinddarm heraus
und wuschen den Mann mit Karbol.

Befragt, ob ihm besser sei, rief er: »Nein.«
Sie machten ihm aber Mut
und amputierten sein linkes Bein
und sagten: »Nun geht's Ihnen gut.«

Der arme Mann hingegen litt
und füllte das Haus mit Geschrei.

Da machten sie ihm den Kaiserschnitt,
um nachzusehn, was denn sei.

Sie waren Meister in ihrem Fach
und schnitten sogar ein Gesicht.
Er schwieg. Er war zum Schreien zu schwach.
Doch sterben tat er noch nicht.

Sein Blut wurde freilich langsam knapp.
Auch litt er an Atemnot.
Sie sägten ihm noch drei Rippen ab.
Dann war er endlich tot.

Der Chefarzt sah die Leiche an.
Da fragte ein andrer, ein junger:
»Was fehlte denn dem armen Mann?«
Der Chefarzt schluchzte und murmelte dann:
»Ich glaube, er hatte nur Hunger.«

Kästner hat von Heine gelernt, die knappste und treffendste Formulierung einzusetzen und einen Stil scheinbarer Lässigkeit und Leichtigkeit zu handhaben, hinter dem in Wahrheit eine strenge Arbeit am Wort steckte, langwieriges Suchen nach der passenden Zeile, Feilen am rhythmischen Gerüst der Strophe und am Gesamtablauf des Gedichts. Von Heine bezog er nicht zuletzt Anregungen, in welcher Dosierung Sarkasmus und Ironie, Hohn und Spott im Dienst der Satire am besten zur Wirkung kommen.

Seinen *Gesang zwischen den Stühlen* läßt Kästner auf der letzten Seite mit einem dramatischen Dialog enden, der philosophische Fragen aufwirft und über alle Zweifel des Melancholikers und Skeptikers hinweg die verändernde Tat aus dem inneren Auftrag des Menschen setzt.

Das Gedicht heißt »Das ohnmächtige Zwiegespräch« und ist angelegt als Dialog zwischen der weisen, betrachtenden Vernunft des »Chronisten« und eines auf Aktion drängenden »Fragestellers«, der die These proklamiert: »Das Ziel, das wir erreichen werden, heißt: / Die Welt zu ihrem Glück zu zwingen!«

Was sollen denn die Güte und der Geist,
wenn sich ihr Wesen nur an denen,
die selber gut und weise sind, erweist?

Das Glück der Welt, das wir so sehr ersehnen,
wird durch die Sehnsucht nicht erreicht.
Das Glück der Menschheit kostet Blut und Tränen!

Gerade aber Blut und Tränen möchte der Chronist im Interesse der Menschen vermieden sehen. Er will wohl die Veränderung der Welt und der Verhältnisse, aber er will sie nicht durch die Anwendung von Gewalt. So antwortet er seinem Kontrahenten mit dem tiefgründigen Satz: »Du liebst die Menschen nicht. Du hast es leicht.«

Neue Anthologien Berliner Verlage

Das kritische Engagement Kästners blieb in den Jahren 1931/32 nicht auf die Gedichtbände beschränkt. Mit anderen Autoren nahm er häufig an gemeinsamen Lesungen teil, sprach seine Verse auf öffentlichen eintrittsfreien Veranstaltungen für Arbeitslose, auf Solidaritätsabenden und auf politisch-satirischen Abenden linker Kabaretts. Er gehörte mit Heinrich Mann, Erich Mühsam, Alexander Granach und Professor Gumbel der Liga für Menschenrechte an, ebenso einem Komitee, das der Schutzverband deutscher Schriftsteller, seine Berufsorganisation, zur Bekämpfung der im Gefolge der »Notverordnungen« erlassenen Verbote gegen Zeitungen und Zeitschriften gegründet hatte.

Der literarische Rang und das streitbare Naturell des engagierten Zeitgenossen Kästner veranlaßten damals den Leiter des Malik Verlags, Wieland Herzfelde, ihn in den Band *Dreißig neue Erzähler des neuen Deutschland* aufzunehmen. Dieses Buch, siebenhundertfünfzig Seiten stark, Umschlaggestaltung von John Heartfield, war unter den Neuerscheinungen von 1932 eine Besonderheit. Es erschien in Fortsetzung des Bandes *Dreißig neue Erzähler des neuen Rußland* und stand unter dem Motto des amerikanischen Schriftstellers Upton Sinclair, der in einem seiner Bücher geschrieben hatte: »Die Ideale der revolutionären Arbeiterschaft sind mit denen des wirklich schöpferischen Künstlers identisch.« Unter diesem Leitgedanken war auch Herausgeber Herzfelde »bestrebt, zu wählen, was dem Sozialismus und der Kunst dient«, überzeugt, wie er in der Einleitung schreibt, daß das eine nicht möglich sei ohne das andere.

Wir haben es bei dem Malik-Band deutscher Erzähler zum erstenmal mit einem zeitgenössischen Sammelwerk zu tun, in dem Kästner gleichberechtigt neben Arbeiterschriftstellern wie Ludwig Turek, Hans Marchwitza und den besten Namen der fortschrittlichen deutschen Prosa wie Oskar Maria Graf, Friedrich Wolf, Theodor Plievier, Ernst Ottwalt, F. C. Weißkopf und anderen vertreten ist.

Zum Zeitpunkt der Anthologie war der *Fabian* bereits erschienen. Was lag also näher, als ein Stück Prosa aus dem Umfeld dieses Romans auszuwählen? Herzfelde entschied sich für den »Herrn ohne Blinddarm«, eines jener beiden Kapitel, die vom Stuttgarter Verlag aus dem Roman entfernt worden waren. Zu Kästners Namen setzte der Herausgeber eine biographische Anmerkung, die einen Autor der Neuen Sachlichkeit nicht sachlicher vorstellen konnte: »geb. 1899 Dresden, Vater Sattler, Mutter Friseuse; Lehrerseminar, Fußartillerie Reg. 19; Kriegsabitur, Studium, Redakteurzeit in Leipzig; 4 Gedichtbände, 5 Kinderbücher, 1 Roman, 1 Oratorium« (gemeint war *Leben in dieser Zeit*).

Aus einem anderen Verlag war kurz zuvor das Belegexemplar einer weiteren Anthologie eingetroffen, herausgegeben von Robert Seitz, die unter dem Titel *Um uns die Stadt* zeitgenössische Großstadtdichtung vorstellte. Kästner war darin mit vier Berlingedichten vertreten. Eines davon, »Berlin im Regen«, war ausgesprochen malerisch empfunden, Stimmungskraft und Sehweise erinnerten an die impressionistischen Bilder des Berliner Malers Lesser Ury. Gleich ihm sieht er die Weltstadt im nächtlichen Lichterglanz, den Tauentzien, Autos, Bäume, Boulevards und Cafés, doch der Regen, der den Betrachter wie durch einen Vorhang von dem Geschehen trennt, läßt alles flüchtig erscheinen, zwielichtig, unwirklich, so als wolle er fragen: Was vermag die Riesenstadt dem, der in ihr wohnt, zu geben? Ist sie Heimat? Ist sie Fremde? Kästner versucht diese Frage im Gedicht für sich zu beantworten. Was er auch immer beschreibt – er sitzt zuletzt allein »in der großen Stadt Berlin / an einem kleinen Tisch«, der sich nur noch reimt auf »Plüsch«, und um ihn herum sind fremde Menschen.

Daß seine Gedichte auch noch in anderen Anthologien erschienen, während gleichzeitig seine eigenen Werke auf dem Markt waren und in jeder Buchhandlung in beliebiger Stückzahl erhältlich, empfand er nicht als Nachteil. Er gab die Zustimmung zum Abdruck seiner Arbeiten ohne Vorbehalt, einmal, weil er die Arbeit der Herausgeber als ernsthafte literarische Tätigkeit schätzte – schließlich waren Wieland Herzfelde, Hermann Kesten, Klaus Mann und Eric Singer bekannte

Schriftsteller –, und zum anderen, weil die Aufnahme mit und neben anderen Autoren in Sammelbänden auch ein literarhistorisches Urteil bedeutete, in dem Sinne, daß Kästner mit den verschiedenen Genres seines Schaffens in die zeitgenössische Literatur eingeordnet wurde.

Seit 1929 standen somit mindestens acht Anthologien in der Bibliothek seiner Wohnung, jede mit einem speziellen Akzent, der auf die einzelnen Seiten seines literarischen Werks von einem gesonderten Blickpunkt aus hinwies: Eric Singer auf seine Chansons, Hermann Kesten auf seine Prosa, Klaus Mann auf seine moderne Lyrik, Herbert Günther auf seine Berlinthematik, Wieland Herzfelde auf seine Zeitsatire und Erich Knauf auf seine humoristischen Geschichten. Solche Anthologien waren schon wichtig! Denn sie brachten auch Erstveröffentlichungen, und eine Arbeit wäre wahrscheinlich vollkommen in Vergessenheit geraten, wenn sie Knauf damals nicht in seine Sammlung *Das blaue Auge* aufgenommen hätte. Er ließ sie 1930, als er Lektor bei der Büchergilde Gutenberg war, in seinem den Gewerkschaften nahestehenden Verlagsunternehmen erscheinen. Die heitere Geschichte »Karl der Faule« handelt von einem Wecker für Schwerhörige und einer menschlichen Untugend, Faulheit genannt. Durch die Illustrationen Alfred Kubins ist der Band mit der Kästner-Humoreske mittlerweile zu einer bibliophilen Angelegenheit geworden.

Lange Arme und verhexte Telefone

Die produktive Phase Kästners, die seit seinem Eintreffen in Berlin ungebrochen andauerte, bestimmte auch das Ende des Jahres 1932. Eltern, die ihren Kindern zu Weihnachten ein neues Kästner-Buch schenken wollten, hatten damit keine Sorge. Der Buchhändler konnte ihnen zwei neue Bilderbücher aus dem Verlag Williams & Co. empfehlen: *Arthur mit dem langen Arm* und *Das verhexte Telefon*.

Daß Kästner hübsche Geschichten für Kinder in Reime bringen konnte, hatte er schon als junger Mann bei der Zeitung in Leipzig bewiesen. Seine beiden Bilderbücher haben ihre Vorläufer tatsächlich auf der Kinderseite des Leipziger Familienblatts »Beyers für Alle«. Hinsichtlich der Idee und des literarischen Genres sind sie also für Kästner nichts Neues, es sei denn, daß man gegenüber den Zeitungsbilderversen von damals, meist in Zweizeilern gehalten, den bündigeren Gedichtcharakter der jetzigen Strophen hervorheben könnte. Jedesmal geht es um die kleinen Untugenden der kleinen Arthurs und Emils, wie Übermut, Prahlsucht, Bosheit oder Eigennutz, die Onkel Erich jeweils in einer lustig erfundenen und gereimten Geschichte bestraft.

An den gefällig und glatt gereimten Strophen im Stil des »Max und Moritz« und des »Struwelpeter«, die sich für Kinderzungen zum Auswendiglernen und Nachplappern eigneten, hatte wahrscheinlich sein Neffe in Dresden, der Enkel der Augustins, Anteil, der immer ein dankbarer Zuhörer war, wenn der Onkel zu Besuch in Dresden war und aus dem Stegreif Reime erfand. Im Vorwort zu *Arthur mit dem langen Arm* liest es sich so: »Eh ich mich aus dem Mantel schäle, / verlangt er schon, daß ich erzähle. / Das tue ich denn auch, sonst wär ich / ja nicht der gute Onkel Erich.«

Eine amerikanische Zeitung, die »Saturday Review«, New York, hatte in einer Rezension zu *Emil* geschrieben, nachdem dieser Roman ins Englische übersetzt war: »Es ist lange her, daß man auf solch echte Kinder getroffen ist. Niemand, der Kinder wirklich liebt, kann an diesem Buch vorbeigehen.« Auf *Arthur* und das *Telefon* könnte man das Urteil sinngemäß abwandeln: Niemand, der ein wirkliches Kind ist, wird diese Bücher ungelesen zur Seite legen.

Für die dreißiger Jahre stellen seine Kinderbücher unbestritten eine Zäsur dar, denn es gab nur wenige Werke, die so viel Gegenwart in die Kinderliteratur einbrachten wie die von Kästner. So nimmt er statt der üblichen Feen und Zwerge lieber Telefone, Luftballons und Motorräder, um realistisch zu bleiben. Die »Weltbühne« konnte in ihrer Rezension mit Recht auf dieses Verdienst hinweisen, indem sie schrieb: »Es gibt noch nicht viele Bilderbücher, die, statt immer wieder die alte Zauberwelt auszubuddeln, unsere neue Welt kindlich verzaubern«, und feststellte, daß das Kästner und Trier mit den zwei Bilderbüchern ausgezeichnet gelungen sei.

Während die beiden Neuheiten aus dem Verlag Williams & Co in den Schaufenstern lagen, beschäftigte sich Kästner, angeregt durch Kurt L. Maschler, bereits mit einem neuen Projekt in dieser Richtung. In Fortsetzung seines Bestsellers *Emil und die Detektive* beabsichtigte er, ein zweites Buch zu schreiben. Der Titel stand schon fest: *Emil und die drei Zwillinge*. Seine Vorstellung war, den Freundeskreis um Emil, der inzwischen größer geworden war, in ein spannendes Ferienabenteuer hineinzustellen.

Das Buch, im Verlauf der Herbstmonate 1932 zu Papier gebracht, konnte allerdings nicht mehr in Deutschland erscheinen.

»Frau Großhennig schreibt an ihren Sohn«

Der berufliche Alltag eines Schriftstellers, an sich weder sensationell noch besonders interessant, war auch im Falle Erich Kästners geregelt durch immer wiederkehrende Terminc – Ablieferung der Manuskripte, Teilnahme an den obligaten Redaktionssitzungen, Theaterbesuche, Arbeitspensum im Café, Diktatstunden mit Elfriede Mechnig, Verhandlungen mit Verlegern, Filmproduzenten, Regisseuren, Illustratoren, Komponisten, Drehbuchautoren und wer sonst mit ihm zu tun hatte. Dazwischen lagen die Lesungen und die Urlaubsreisen, die er gewöhnlich allein unternahm oder – für einige Tage – mit einer der ihm befreundeten Schauspielerinnen. In Berlin bestand Kontakt persönlicher Art zur Familie Ohsers und Walter Triers und verschiedenen Künstlern von Bühne, Film und Kabarett. Zu dem Personenkreis, der ihm privat nahestand, gehörten der für den Film und die »Katakombe« tätige Schiftsteller Aldo von Pinelli, sein Partner auf dem Tennisplatz, ferner sein Dresdner Jugendfreund Werner Buhre sowie Hermann Kesten und der Produktionschef der UFA Eberhard Schmidt. Man traf sich im Theaterbüro, im Filmstudio oder in der Redaktion, ging gemeinsam zum Mittagessen oder nach dem Theater in Begleitung der Frauen oder Freundinnen noch in die Bar, um sich bei Tanzmusik und anregenden Getränken im geselligen privaten Kreis zu unterhalten, wie es zum Lebensstil jener Zeit gehörte. Insofern unterschied sich der Alltag Kästners nicht von dem anderer Schriftsteller, die in Berlin wohnten und arbeiteten. Eine Besonderheit ist allerdings hervorzuheben: die tägliche Post an seine Mutter, die neben aller sonstigen Arbeit zu seinem Tagespensum gehörte.

Seit der Sohn der Friseuse Ida Kästner das Elternhaus verlassen hatte, gingen die Briefe zwischen Mutter und Sohn täglich hin und her, mit einer Regelmäßigkeit und Innigkeit, wie es wohl ganz selten sein dürfte. Es fanden sich nach dem Tod der Mutter in Dresden noch Kisten und Schachteln, angefüllt mit Briefen, die sie ein Leben lang gesammelt hatte. Als Hinterlassenschaft gelangten sie in den Besitz Erich Kästners und wurden 1981 von dessen Lebensgefährtin Luiselotte Enderle in Auswahl in einem Hamburger Verlag veröffentlicht. Jeder Brief beginnt mit der Anrede »Mein liebes gutes Muttchen, Du!« und endet mit der Schlußzeile »Millionen Grüßchen und Küßchen – Dein oller Junge«.

Über einen Zeitraum von dreißig Jahren hinweg funktionierte diese Korrespondenz, die beiden das vertraute Gespräch miteinander ersetzte, offensichtlich aber mehr auf die Belange der Mutter eingehend, den Inhalten der Briefe nach zu schließen, als auf die des Sohnes, der – freiwillig und aus Liebe – noch als Erwachsener ihr gegenüber die Rolle des »ewigen Jungen« spielt. Der Grund dafür ist wohl in den komplizierten Lebensumständen und der Person Ida Kästners zu suchen. Die Mutter wollte und konnte sich mit der Trennung von ihrem Kind, das ihr einziger Besitz und zugleich das einzige Band zum Leben war, nicht abfinden. Und der Sohn, der um die Größe dieser Liebe und die Gefährdung seiner Mutter für den Fall wußte, daß das Band zwischen ihnen einmal zerreißen könnte, fühlte sich für die Mutter verantwortlich. Für sie, die einfache Frau, waren die Briefe aus Berlin Zuspruch, Gespräch, Trost, Lebensinhalt, Bestätigung ihrer Existenz. Lieber trat er mit eigenen Problemen und Sorgen zurück, als seine Mutter zu beunruhigen, und bemühte sich, unverändert »der Erich« zu sein, das Erfolgskind, wie es die Mutter eben verstand und lesen wollte.

So falsch es wäre, Erich Kästners innige Zuneigung zu seiner Mutter zu bagatellisieren, zumal sein gesamtes Werk solchen Versuchen entgegensteht, so merkwürdig berührt es doch, zu lesen, wenn der Dreißigjährige aus freien Antrieben Bekenntnisse nach Hause schreibt wie diese: »Es ist so schön, daß wir beide einander lieber haben als alle Mütter und Söhne, die wir kennen, gelt? Es gibt dem Leben erst den tiefsten heimlichen Wert und das größte verborgene Gewicht … Was sind denn andere Beziehungen dagegen? Freundschaftliche Liebe und solche Dinge sind daneben ganz unbedeutend, wir beide sind uns das Wichtigste, und dann kommen alle andern noch lange nicht.«

Wollte er mit solchen Beteuerungen die Angst seiner Mutter vor möglichen anderen Liebesbindungen, die sie aus seinem Leben hätten verdrängen können, zerstreuen, oder fand er tatsächlich das Gefühl der »unendlichen Sicherheit« nur in der Beziehung zu seiner Mutter? Was veranlaßte ihn, andere Formen der Liebe und Bindungen zu Frauen, die er einging, dem Verhältnis zu seiner Mutter so stark unterzuordnen? Die Briefstelle klingt beinahe wie ein Gelübde. Viele Fragen bleiben offen. Tatsache ist, daß Mutter und Sohn unzertrennlich waren und daß diese enge Bindung Kästner bis ins Alter prägte.

Fast täglich erstattete er ihr Bericht über den Ablauf seines Lebens und seiner Arbeit, auch über die Beziehungen zu seinen Freundinnen, und die Mutter antwortete ausführlich, nicht mit Ratschlägen sparend, was das Geld, das Rauchen, die Frauen und die Wäsche betraf.

Denn neben den Briefen gab es noch immer das »Wäscheband«. Seine Mutter bestand darauf, für ihn auch weiterhin die Wäsche selbst zu waschen, zu bügeln und instand zu halten. Der Sohn legte dem Karton mit der Wäsche regelmäßig ein »Scheinchen« bei, um ihr in Form des »Wäschegeldes« eine Unterstützung zukommen zu lassen.

Ida Kästner brachte die gewaschene Wäsche häufig selbst nach Berlin, um in der Wohnung in der Roscherstraße gleich nach dem Rechten zu sehen. Elfriede Mechnig kann sich erinnern, daß die Mutter als ehemalige Hauswirtschafterin größten Wert auf Ordnung, vor allem im Wäscheschrank, legte, wo die gestickten Taschentücher Monogramm auf Monogramm zu liegen hatten und nicht anders. Eine penible Hausfrau. Trotzdem freute sich der Sohn, wenn sie kam. Er nahm sie dann mit zu den Redaktionssitzungen oder in die Filmstudios, natürlich auch ins Café. Alle wußten, »Erichs Mutter« ist wieder da, und hatten sich im Lauf der Zeit daran gewöhnt, selbst im Kreis der »Weltbühne«, wo die Mitarbeiter manche Tage in der Nähe Dr. Kästners eine Frau sitzen sahen, von der man wußte, daß sie nicht zum Autorenstamm des Blattes gehörte.

Allgegenwärtig wie in seinem Leben ist Ida Kästner folglich auch in den Büchern ihres Sohnes. Sie erscheint im ersten Gedichtband als »Frau Großhennig«, die an ihren Sohn schreibt. Im zweiten Band ist sie zugegen in dem Gedicht »Eine Mutter zieht Bilanz«, im dritten Band als »Stiller Besuch« (Und er dachte: Gott, hab ich sie lieb!), im vierten Band auf dem Wäschetrockenplatz und in Dutzenden Gedichten über die Kindheit und Jugend noch. Im *Emil* ist sie die Friseuse Tischbein, im *Anton* die kranke, sich redlich plagende Frau, im *Fabian* hat sie einen Seifenladen, und immer ist sie die tüchtige, den Lebensunterhalt verdienende Frau, das Muster an Aufopferung und Liebe zu ihrem Jungen. Kurzum, sie erscheint im Buch als Idealfrau ohne Fehl und Tadel.

Einmal wurde Kästner von Elfriede Mechnig darauf aufmerksam gemacht, daß seine Mutter so ideal, wie in seinen Büchern stilisiert, eigentlich doch gar nicht sei. Kästner wollte das auch nicht unbedingt behaupten, schrieb er doch selbst in seinen Kindheitserinnerungen *Als ich ein kleiner Junge war* den verschlüsselten Satz: »Meine Mutter war kein Engel und sie wollte keiner sein.« Zu seiner Sekretärin meinte er damals nur nachsichtig lächelnd: »So war sie nicht, aber so wollte sie sein!« Und deshalb hat er auch mitunter an Gedichten, in denen sie vorkam, vor dem Druck im Manuskript noch Veränderungen vorgenommen, genauso, wie sie es wollte.

Halb Bürgerschreck – halb erschrockener Bürger

Die durchschnittlichen Alltagssorgen seiner Mutter, wie sie ständig in den Briefen wiederkehren, sind im wesentlichen die Bausteine für das autobiographische Schlüsselgedicht »Frau Großhennig schreibt an ihren Sohn«, das 1928 in *Herz auf Taille* zu finden ist. Es betrifft noch die Zeit seines Untermieterdaseins.

Und wie geht es Dir sonst und bist du den trockenen
  Husten los?
Das macht mir Sorgen mein Kind. Und das darf man
  nicht hinhängen lassen.
Mein Kostüm habe ich umfärben lassen. Jetzt ist
  es marineblau.
Laß Dein Zimmer heizen. Wir machen schon lange
  Feuer.
Das Fleisch das kaufe ich jetzt bei unsrer
  Gemüsefrau
da ist es zehn Pfennige billiger. Ich finde es
  trotzdem noch teuer.

Drei Monate bist Du nun schon nicht zu Hause
  gewesen.
Läßt es sich wirklich nicht mal und wenns auf
  zwei Tage ist machen?
Erst vorgestern habe ich eine Berliner Zeitung
  gelesen.
Fritz sieh Dich bloß vor! Da passieren ja
  gräßliche Sachen!

Ist das Essen auch gut in dem Restaurant
  wo Du ißt?
Laß Dir doch abends von Deiner Wirtin zwei Eier
  auf Butter braten.
Das wird alles anders, wenn Du erst richtig
  verheiratet bist.
Ich weiß schon Du hast keine Lust. Das ist schade
  da läßt sich nicht raten.

Es gibt zu dem Thema Mutter – Sohn – und Liebe in seinem Werk bessere Gedichte als dieses, aber der Schriftsteller Robert Neumann nahm gerade die Epistel der Frau Großhennig zum Anlaß für seine Parodie auf Erich Kästner. Das schwache poetische Rohmaterial konnte nur ein durchschnittliches Resultat für das Ganze ergeben. Was bei Kästner humorvoll-versöhnlich in simpler Zeilenmetrik stimmig für das Charakteristische der Frau Großhennig steht, wendet Neumann in nachahmender Übertreibung mit dem gleichen Versmaß auf die Person des Dichters an. »Ein Sohn, etwas frühreif«, schreibt nunmehr an Frau Großhennig, frei nach Erich Kästner:

Liebe Mutter! Das war natürlich sehr freundlich,
daß du mir schriebst. Und ich bin dir durchaus
  nicht gram.
Im Augenblick war es ja allerdings etwas peinlich,
  weil eben ein Mädchen bei mir lag, als der
  Briefbote kam.

Sie heißt Hilda und ist gesund, da mußt du dich
  nicht erst erregen.
Das tut dir nicht gut. Sie ist zärtlich, sie hat
  eine Tante und wohnt nebenan Nummer acht.
Diese Mitteilungen mache ich dir hauptsächlich
  des Reimes wegen.
Und weil das mit der Tante sich so reizend
  natürlich macht.

Du fragst, was ich treibe. Ich treibe soziales
  Gewissen.
Ich treibe auch Kinderseele. Wie bitte? Danke,
  es geht.
Dagegen gibt es welche, die wollten meinen Roman
  lieber missen,
weil er fast nur aus zu Prosa gewalzten
  Kästnergedichten besteht.

So gebe ich eben plauderdings dem
  Kurfürstendamme,
was des Kurfürstendammes ist, gut für Kunz
  oder Hinz.
Die halten das dann für Asphalt. Aber gleich
  darunter flackert mit scheu leuchtender Flamme

die Melancholie. Und ein wenig Moral. Und ein
wenig Provinz.

Ist das neu? Lies den Heine, wenn du den Heine
liest. Uns Erwürger
des Gefühles würgt ja doch nur das Gefühl.
Na, schon gut! Halb ein Bürgerschreck und halb
ein erschrockener Bürger
dichte ich mich leicht frierend durch das
Menschengewühl.

Brillant an dieser Parodie von 1930 ist, wie hier im Zitat die Manier Kästners auf die Spitze getrieben wird, allerdings auf Kosten des tatsächlichen Erscheinungsbildes Kästners, das mehr repräsentiert als nur die etwas diffuse Mischung aus »Mutter«, »Mädchen«, »Heine« und »Reime« plus »ein wenig Moral und ein wenig Provinz«. Den kritischen Chronisten der Zeit, die ernst zu nehmende politische und gesellschaftliche Satire läßt Neumann generös unter den Tisch fallen. Er bringt Kästner auf die Formel »halb Bürgerschreck, halb ein erschrockener Bürger« und hatte damit ein Etikett geprägt, das sich von seinem Träger nie mehr entfernen ließ. Später hat Neumann eingeräumt, daß seine Aussage über den Mann Kästner nicht genüge. Kästner sei vor allem eine Kästner-Gestalt, schreibt er in seinem Buch *Ein leichtes Leben*, und gleich seinem Emil von den Detektiven gar nicht leicht zu erwischen.

Das dürfte zutreffend sein.

Kästner, aus Berliner Tagen mit Neumann gut bekannt, war dem Kollegen nicht gram, daß er mit der Waffe seiner eigenen Form auf ihn angelegt hatte. Das gab umgekehrt wieder Anlaß, mit Kästnerscher Lust an der Karikatur am Bild Neumanns etwas herumzukratzen. Neumann, so erzählt Kästner, sei stets mit einer smarten Lederkoffertasche mit Fächern und Unterfächern unterwegs gewesen, um den Redaktionen wie ein Handlungsreisender seine Storys, Erzählungen und Romane anzubieten, weshalb Kästner, sagt er, beeindruckt von solchem Talent, jüngeren Kollegen stets das Vorbild Neumanns vor Augen halten würde mit dem Hinweis, zu einem wirklich guten Schriftsteller gehöre zweierlei. Er müsse gut schreiben und auch gut rechnen können.

Neumann dementierte das charmant. Es sei gar kein Handkoffer gewesen, mit dem er umhergereist sei, sondern ein Rucksack.

Die Neumann-Parodie auf Kästner hatte noch eine andere Episode im Gefolge. Im Januar 1933, kurz vor der Machtergreifung Hitlers, besuchte Kästner den Berliner Presseball. Die meisten seiner Bekannten und Freunde, die er hier trifft, werden drei Wochen später Deutschland verlassen haben. Zu denen, die er an diesem Abend für viele Jahre zum letzten Male sehen sollte, gehörte auch Neumann. Daß er ihm nicht gram sei, wollte Kästner ihm eigentlich auf diesem Ball persönlich sagen. Es kam aber nicht mehr dazu. Neumann schildert die Situation folgendermaßen: »Ich trete auf ihn zu und sage: ›Sind wir eigentlich Freunde, Feinde – wegen der Parodie – wie ist das nun?‹ Er wollte mir erklären, wie es nun war, aber da war jene Dame, oder eine andere Dame, wer weiß das noch – ich wandte mich ab, ich hörte seinen Satz nicht zu Ende an. Daß ich Kästner das nächstemal sah, war fünfzehn Jahre später, 1947 in Zürich, anläßlich jenes ersten Zusammentreffens von Schriftstellern nach dem Krieg. Er kam auf mich zu, als wäre er von Kästner, er sagte nicht guten Tag, er sagte: ›Unlängst bei dem Presseball in Berlin – da haben Sie mich nicht ausreden lassen. Was ich Ihnen sagen wollte, war – ‹

Und er sprach seinen Satz zu Ende, den er damals im Januar dreiunddreißig unterbrochen hatte. Dazwischen lagen die ›tausend Jahre‹ des Dritten Reichs.«

Der Satz hieß: »Warum sollte ich Ihnen eigentlich böse sein?«

Ansichten über Kästner

Neben den Rezensionen der Tageszeitungen und literarischen Zeitschriften liegen 1931 eine Reihe von Aufsätzen vor, die über das einzelne Buch hinaus eine Deutung der literarischen Erscheinung Erich Kästners zu geben versuchen, mehr oder weniger subjektiv, ohne Anspruch auf literaturwissenschaftliche Fundierung, für die unterschiedliche Sicht der Zeitgenossen auf Kästner jedoch aufschlußreich. Die Verfasser gehen in der Betrachtung von eigenen Erfahrungen und Zielstellungen aus, ihre Vorurteile einbegriffen. Als wichtigste Aufsätze müssen die von Hans Fallada, Julius Bab und Walter Benjamin angesehen werden.

Fallada interpretiert Kästners Werk mit Blick auf den *Fabian* als Credo der Anständigkeit. Er liebt den Dichter der großstädtischen Misere um seiner Ideale willen, die er verkündet, und daß er diesen Idealen die Treue hält. Seine Kinder- wie Erwachsenenbücher werden als Varianten ein und derselben Lektion des Moralisten Erich Kästner gesehen, der den Zeitgenossen ins Gewissen reden möchte und Verhaltensregeln aufstellt. »Es ist die alte Melodie, im Anfang, am Ende, wie in der Mitte. Sie ist der Grundakkord des Menschen Kästner: seid anständig. Laßt euch nicht verführen. Bleibt anständig. Und herum das bunte Gewirr seiner tausend Bilder: schwermütig und frech, erotisch und voll Kampf, Gärten und Frauen und alte Klassenkollegen, Unteroffiziere und Kinder. Und Mütter. Die Kurt Schmidts der Welt aber rufen hinein in den Wust und Trubel: Denkt an die, die nach euch kommen!

Daß sie es erst täten! Daß sie erst auf ihren Kästner hörten!«

Fallada und Kästner begegnen sich hier in dem gemeinsamen Glauben an die Integrität des Guten und Anständigen im Menschen, das trotz einer Umwelt von Zynismus, Betrug, Profit und moralischem Schlamm letzten Endes siegen muß. Den gleichen Gedanken griff 1957 Kasimir Edschmid auf, als er bei der Verleihung des Georg-Büchner-Preises an Erich Kästner in seiner Rede sagte, selten sei in der deutschen Literatur »so nebenbei, so gar nicht theatralisch, so ganz zwischen den Zeilen soviel sozialer Mut proklamiert worden«.

Betrachtet Robert Neumann Kästner durch die Brille des Parodisten, sieht Hans Fallada ihn mit den Augen des Autors politisch-sozialer Romane, so stellt ihn der Essayist, Kunst- und Theaterkritiker Julius Bab 1931 in die klassische Tradition der deutschen Lyrik. In Kästners Gedichtbänden mit den hohen Auflagen sieht er den »lebendigen Beweis dafür, daß von der Gebrauchspoesie her ein neuer Erfolg wertvoller Lyrik in unserer Epoche möglich wird«. Bab nimmt seinen Autor vor den kritischen Anfragen nach dem Verbleib des Positiven in Schutz und meint, daß viel Positives bei Kästner zu entdekken sei, daß er trotz seiner bösen Strophen gegen »Das Land, wo die Kanonen blühn«, trotz seines politischen Ingrimms und sozialen Hasses »von Menschenfeindschaft, Weltschmerz und Verzweiflung sehr weit entfernt« sei.

Unter den positiven und bleibenden Werten nennt Bab an erster Stelle die Liebe zu Kindern. »Gibt es überhaupt etwas Positiveres als Liebe zu Kindern? Gefühl für das auch in den Menschen immer neu aufsteigende Leben?« Die ganze Spielfreude der Jugend, die in einem richtigen Dichter ungeniert weiterlebe, finde sich in den Kinderspielen seiner Bände, meint er.

Wie von den Kindern, so dichte er auch von den Müttern ergreifende Stücke. »Der reife Mann«, schreibt Bab, »empfindet die allertiefste tröstliche Verbundenheit seines Lebens zu dieser alten Frau. Sie ist zu Besuch, sie schreibt einen Brief. Er sitzt auf dem Balkon und sieht ihr zu: ›Und er dachte: Gott, hab ich sie lieb!‹ Kästner spürt als Dichter diese mütterliche Zuflucht so stark, weil er auch die Einsamkeit der Kreatur so schaurig empfindet. Aber das Schaudern ist der Menschheit bestes Teil! Kästner kennt die Einsamkeit der Großstadtstraßen ... und er schildert sie hinreißend, und er mahnt, sie manchmal aufzusuchen.«

Babs Resümee mündet in der Feststellung: »Kein Literat – ein streitbarer Mitmensch – offen allen Erschütterungen der Zeit und der Ewigkeit. Ein wirklicher Dichter.«

Nichts von alledem, was die einzelnen Betrachter an ethischen und moralischen Antrieben in der Dichtung Kästners erkennen, läßt der bürgerliche Literaturwissenschaftler Walter Benjamin gelten. Er bezeichnet in seinem Aufsatz »Linke Melancholie«, den er 1931 in der mit antikommunistischen Tendenzen behafteten Zeitschrift Rudolf Hilferdings »Die Gesellschaft« erscheinen ließ, die Gedichte Kästners als »lackierte Kinderbällchen«.

»Die linksradikalen Publizisten vom Schlage der Kästner, Mehring oder Tucholsky« werden von Benjamin als »die proletarischen Mimikry des zerfallenden Bürgertums« eingestuft, deren Funktion darin bestehe, »politisch betrachtet, nicht Parteien, sondern Cliquen, literarisch betrachtet, nicht Schulen, sondern Moden, ökonomisch betrachtet, nicht Produzenten, sondern Agenten hervorzubringen«. Kästner erscheint in diesem Licht als Markt- und Konjunkturdichter von »gequälter Stupidität«, »Süffisanz« und »Fatalismus«, der mit »dem Takt ganz genau den Noten folge, nach denen die armen reichen Leute Trübsal« bliesen. »Kästners Gedichte sind Sachen für Großverdiener, jene traurigen, schwerfälligen Puppen, deren Weg über Leichen geht.« Anders formuliert: Kästner als literarischer Clown zur Unterhaltung des Bourgeois.

Das erscheint aus heutiger Sicht als eine sehr anfechtbare These, denn wie die Praxis im Kulturleben der Arbeiterorganisationen jener Jahre hundertfach belegt, waren die enthüllenden und attackierenden Gedichte Kästners keineswegs Sachen für Großverdiener, wie Benjamin meinte. Gerade der *Fabian* belegt, wie wenig sinnvoll eine Kritik an einem Autor war, der sich in der Praxis mit seinen Büchern den Positionen der Arbeiterklasse näherte, ihre Kritik am herrschenden System zu seiner eigenen machte und für moralische, humane Grundlagen der Gesellschaft eintrat. Kästners Arbeiten waren darum genausowenig wie die Publizistik Kurt Tucholsky oder die Songlyrik Walter Mehrings »Gegenstände der Zerstreuung und des bloßen Amüsements«, wie sie durch Benjamin von linksradikalen, intellektuellen Positionen aus dargestellt und abgeurteilt werden.

Die Leistung des Schriftstellers Kästner ist in jüngerer Zeit von dem Literaturhistoriker Heinz Kamnitzer in dem Aufsatz »Es gibt nichts Gutes, außer: man tut es« historisch-kritisch zusammengefaßt worden. In den Grundthesen ist dieser Aufsatz mit der Arbeit identisch, die der Autor 1962 als Vorwort zu einer sowjetischen Ausgabe mit Kästner-Gedichten erscheinen ließ. Kamnitzer sieht Kästner als »satirischen Berichterstatter in Versen«, als »lakonischen Lyriker des zwanzigsten Jahrhunderts, dem jedes Pathos nicht nur fremd, sondern widerwärtig« gewesen ist. Obwohl man seine Gedichte als Gebrauchslyrik abgetan habe, hätten sich die Waren aus seiner Versfabrik merkwürdigerweise aber nicht abgenutzt. Die Gründe dafür sieht Kamnitzer in Folgendem: »Erich Kästner ist so zornig und angriffslustig wie Kurt Tucholsky. Er nimmt dem bürgerlichen Helden- und Liebesleben jeden Heiligenschein und geißelt die Heuchelei des deutschen Spießers, der hinter der Maske des Biedermanns die Fratze des Barbaren verbirgt. Er stellt fest, ohne Sentimentalität, aber auch ohne Zynismus, kritisch und witzig zugleich. Sein Spott ist stets ernst, seine Stimmung immer etwas melancholisch. Dennoch versinkt er weder im Trübsinn noch im Tiefsinn.« So nüchtern oder salopp seine Reime mitunter erscheinen mögen – so enthielten sie doch »eine moralische Leidenschaft und eine humanistische Eindeutigkeit, die zeitgemäßer und dauerhafter sind als oft große Worte«.

Kapitel VI

Als verbotener Autor in Deutschland

1933–1945

Ich bin ein Deutscher aus Dresden in Sachsen.
Mich läßt die Heimat nicht fort.
Ich bin wie ein Baum, der – in Deutschland gewachsen –
wenn's sein muß, in Deutschland verdorrt.

Notwendige Antwort auf überflüssige Fragen

In einem Kapitel seines Romans *Fabian* läßt Kästner die beiden Hauptfiguren Fabian und Labude Zeugen einer nächtlichen Schießerei am Märkischen Museum in Berlin werden, wie sie in der Realität von damals keine Seltenheit war. Ein Nazi, der einen Arbeiter in einer Kneipe mit Hakenkreuzschmierereien provoziert hatte, verfolgt diesen auf der Straße weiter und gibt mehrere Schüsse auf ihn ab. Da sich der Arbeiter ebenfalls mit der Waffe wehrt, liegen beide politischen Gegner schließlich angeschossen auf dem Bürgersteig. Fabian und sein Freund kommen den Verletzten zu Hilfe. An dieser Stelle des Buches läßt Kästner seinen Fabian so etwas wie eine politische Erklärung abgeben: »Das Proletariat ist ein Interessenverband ... Es ist der größte Interessenverband. Daß ihr euer Recht wollt, ist eure Pflicht. Und ich bin euer Freund, denn wir haben denselben Feind, weil ich die Gerechtigkeit liebe.«

Ein Jahr nach Erscheinen des Buches fand in Berlin eine Großkundgebung statt, die zu einer der eindrucksvollsten Aktionen der Berliner Arbeiterbewegung gegen die Hitlerdiktatur werden sollte. Um ihrem antifaschistischen Kampfwillen Ausdruck zu geben, marschierten am 25. Januar 1933 über 130000 Kommunisten, Sozialdemokraten und Parteilose vor dem Sitz des Zentralkomitees der KPD in Berlin auf. Trotz eisigen Windes, bei Temperaturen von minus achtzehn Grad, zogen die Kolonnen der schlechtgekleideten, zumeist arbeitslosen Arbeiter und Angestellten zum Karl-Liebknecht-Haus und wichen diszipliniert allen Provokationen der Polizei aus, die nach einem Vorwand suchte, die Demonstration gewaltsam aufzulösen. Wo Polizisten das Singen von Kampfliedern untersagten, antworteten die Arbeiter in Sprechchören. Verlangten Polizeioffiziere mit gezogenem Revolver, die Sprechchöre einzustellen, begannen sie die Lieder zu pfeifen. An Straßenkreuzungen, wo Polizei die Kolonnen aufhielt, reichten Arbeiterfrauen den frierenden Demonstranten heißen Tee. Die Einheit der Arbeiterklasse, die als einzige Kraft die Gefahr des Faschismus abzuwenden in der Lage gewesen wäre, fand in diesem stundenlangen Demonstrationszug überzeugenden Ausdruck.

Fünf Tage später, nachdem die Vereinbarung zwischen den Spitzen des deutschen Monopolkapitals und der Führung der Nationalsozialisten perfekt und Hitler von Hindenburg zum Reichskanzler ernannt worden war, übermittelte das Zentralkomitee der Kommunistischen Partei Deutschlands dem Parteivorstand der Sozialdemokratischen Partei ein Angebot zur Aktionseinheit, das unverzüglich Maßnahmen zur Verhinderung der faschistischen Diktatur vorsah.

Prominente deutsche Künstler und Wissenschaftler, wie der Präsident der Sektion Dichtkunst der Preußischen Akademie der Künste, Heinrich Mann, der Nobelpreisträger für Physik, Albert Einstein, die Zeichnerin des Proletariats, Käthe Kollwitz, die Schriftsteller Ernst Toller, Arnold Zweig, Theodor Plievier und zahlreiche andere – unter ihnen selbstverständlich Erich Kästner –, hatten bereits im Juli 1932 einen dringenden Appell unterzeichnet, der mit den Forderungen der demonstrierenden Arbeiter und den Vorschlägen der KPD übereinstimmte.

Der in Massenauflage als Plakat gedruckte Appell hatte folgenden Wortlaut: »Die Vernichtung aller persönlichen und politischen Freiheit in Deutschland steht unmittelbar bevor, wenn es nicht in letzter Minute gelingt, unbeschadet von den Prinzipien und Gegensätzen alle Kräfte zusammenzufassen, die in der Ablehnung des Faschismus einig sind. Die nächste Gelegenheit ist der 31. Juli. Es gilt, diese Gelegenheit zu nutzen und endlich einen Schritt zu tun zum Aufbau einer einheitlichen Arbeiterfront, die nicht nur für die parlamentarische, sondern auch für die weitere Abwehr notwendig sein wird. Wir richten an jeden, der diese Überzeugung mit uns teilt, den dringenden Appell, zu helfen, daß ein Zusammengehen der SPD und KPD für diesen Wahlkampf zustande kommt, am besten in der Form gemeinsamer Kandidatenlisten, mindestens jedoch in der Form von Listenverbindung. Insbesondere in den großen Arbeiterorganisationen, nicht nur in den Parteien, kommt es darauf an, hierzu allen erdenklichen Einfluß aufzubieten. Sorgen wir dafür, daß nicht Trägheit der Natur und Feigheit des Herzens uns in die Barbarei versinken lassen!«

Zu einer parlamentarisch legalen Ausschaltung der Nazis sollte es nicht mehr kommen. Der Faschismus und das ihn protegierende Großkapital, die Banken und Konzerne, hatten die Weichen bereits gestellt.

Zu Jahresbeginn 1933 war in der »Weltbühne« das letzte politische Gedicht von Kästner zu lesen. Es hieß »Die scheintote Prinzessin«, eine im Gewand des Märchens vorgetragene Satire auf das angestrebte offizielle Bündnis zwischen feudal-monarchistischer Reaktion und den Faschisten. Dornröschen verkündet, daß sie im Zuge der neuen Bewegung nun auch »erwacht« sei:

»Ich hab geschlafen viele Jahr
und mag nicht schlafen mehr.
Und, es muß werden, wie es früher war,
weil's sonst nicht wie früher wär.«
Das war ein Fest für Groß und Klein.
Und alle fingen an zu schrein,
als sei es ihre Sache.
Sie schrien: »Deutschland erwache!«
Und schliefen darüber ein.

Ich bin ein Deutscher aus Dresden in Sachsen

In den entscheidenden Wochen des Machtwechsels in Deutschland befand sich Kästner auf einer Urlaubsreise in der Schweiz. Als am 27. Februar der Reichstag in Berlin brannte, hielt er sich in Zürich auf. In dieser Stadt trafen jeden Tag neue Flüchtlinge aus Deutschland ein, Freunde, Bekannte, denen es in letzter Minute gelungen war, sich dem Zugriff der Nazis durch die Flucht zu entziehen, und die die Schweiz als erste Zuflucht ihrer Emigration gewählt hatten. Als sie erfuhren, daß er zurückfahren wollte, boten sie alle Beredsamkeit auf, ihn von diesem Schritt zurückzuhalten. Man warnte ihn, man beschwor ihn – es war alles vergebens. Er ließ sich nicht davon abbringen, nach Deutschland zurückzufahren.

Über die letzten Stunden und Gespräche in der Schweiz hat er später folgendes geschrieben: »Die deutschen Zeitungsagenturen meldeten, die Kommunisten hätten den Reichstag angezündet. Uns allen war klar, daß es sich im Gegenteil um ein Manöver Hitlers handelte, hinter dem sich nichts weiter verbergen konnte als die Absicht, geplante innenpolitische Gewaltmaßnahmen mit dem Schein des Rechts in Gegenmaßnahmen umzufälschen. Er fingierte diesen Angriff seiner politischen Feinde, um ihre Vernichtung als bloße Selbstverteidigung hinzustellen.«

Wenn Kästner im Februar 1933 klar war, was der Reichstagsbrand bedeutete, warum ist er dann nicht im Ausland geblieben? Warum schlug er die Ratschläge von Anna Seghers, die er in Zürich traf, und dem Verleger Kurt Maschler, der ihm entgegengereist war, und die Meinung anderer um seine Existenz besorgter Emigranten in den Wind?

Es gibt von Kästner selbst eine Erklärung dazu. Das ist das vielzitierte Epigramm »Notwendige Antwort auf überflüssige Fragen«, in dem er seinen Entschluß zur Nichtemigration begründete: »Ich bin ein Deutscher aus Dresden in Sachsen. / Mich läßt die Heimat nicht fort. / Ich bin wie ein Baum, der – in Deutschland gewachsen – / wenn's sein muß, in Deutschland verdorrt.« An seine Mutter schreibt er am 27. März 1933 aus Meran: »Mein liebes, gutes, besorgtes Muttchen, Du! Also, mit dem Draußenbleiben, das kommt gar nicht in Frage. Ich hab ein gutes Gewissen, und ich würde mir später den Vorwurf der Feigheit machen. Das geht nicht. Außerdem bekommt mir das Fortsein immer nur ein paar Wochen ...«

Hermann Kesten hat später, in den fünfziger Jahren, die Gründe, die Kästner bewogen, Deutschland nach dem Machtantritt der Nazis nicht zu verlassen, noch einmal interpretiert. Dabei konnte er sich auf ein Gespräch berufen, das er vor Antritt seiner Pariser Emigration mit Kästner in Berlin hatte. »Kurz bevor ich im März 1933 Deutschland verließ, erzählte ich Erich Kästner, daß ich vorhabe, von nun an statt bei Mampe am Kurfürstendamm im Café des Deux Magots, gegenüber der Kirche von St. Germain des Prés, meinen Apéritif zu nehmen, und fragte ihn, was er vorhabe. Ich glaube, ich schlug ihm sogar ein Rendezvous in Paris vor. Er erwiderte, er wolle bleiben, seiner Mutter wegen und um Augenzeuge der kommenden Greuel zu sein, er wolle den Roman der Nazidiktatur schreiben, und er wolle dabeigewesen sein, als ihr zukünftiger Ankläger.«

Es ist also offensichtlich, daß mehrere Gründe zusammentrafen, warum der Moralist und politische Schriftsteller Kästner Deutschland nicht verließ. Der entscheidende war – bei allem kritischen Abstand zum aufkommenden Faschismus – die Unterschätzung der Gefährlichkeit und des Vernichtungswillens, die im Wesen dieses Systems lagen. »Das wird und kann nicht lange gehen!« Diese Fehleinschätzung der Hitlerdiktatur teilte er Anfang 1933 mit vielen anderen Intellektuellen, auch solchen, die in den Monaten danach auf Grund ihrer Erfahrungen mit dem neuen Regime die Konsequenz zogen und die Emigration antraten. Nicht so Kästner. Er war tatsächlich von der Idee überzeugt, der vielleicht am wenigsten Gefährdete müsse als Augenzeuge ausharren, um später wahrheitsgemäß über diese Episode der deutschen Geschichte schreiben zu können, also Bericht zu geben, »wie das Volk, zu dem er gehört, in schlimmen Zeiten sein Schicksal erträgt«. Daß es sich dabei nicht um eine im Nachhinein geschaffene Motivation handelt, geht aus der Tatsache hervor, daß alle seine Gedichtbände, wie auch der *Fabian*, bereits diesem Chronikcharakter Rechnung tragen. Die Vorstellung von der Beobachter- und Berichterstatterpflicht, die der Schriftsteller seiner Auffassung nach zu erfüllen habe, ist bei ihm bereits vor 1933 klar vorgeprägt.

Im Februar 1933 löste Erich Kästner also die Rückfahrkarte für den D-Zug Zürich–Berlin. Er stand am Fenster seines Abteils und sah kurz vor der Abfahrt, wie auf dem Nebengleis ein Schnellzug aus Deutschland mit Kollegen und Bekannten einfuhr. Man sah einander, begrüßte sich in freudiger Erregung, wie es in dieser Situation verständlich war. Die soeben eingetroffenen Flüchtlinge aus Deutschland, für die der Reichstagsbrand das Signal gewesen war, noch in der gleichen Nacht das Land zu verlassen, redeten Kästner zu, mit seinen Koffern wieder auszusteigen und den Zug abfahren zu lassen. Ohne Erfolg. So ergab sich die groteske Situation, daß Kästners Zug zur gleichen Zeit in den Staat der Nazis zurückfuhr, als ihm die Züge mit den aus diesem Staat geflüchteten Gesinnungsgenossen entgegenkamen.

Die Überzeugung von der Chronistenpflicht des Schriftstellers seinem Volk und der Zeit gegenüber ließ sich Kästner nicht ausreden. Nach seiner Ankunft in Berlin versuchte er sogar noch, Gleichgesinnte von der Flucht ins Ausland abzubringen. Hier ist sein Bericht darüber: »Ich beschwor sie zu bleiben. Es sei unsere Pflicht und Schuldigkeit, sagte ich, auf unsere Weise dem Regime die Stirn zu bieten. Der Sieg des Regimes und die schrecklichen Folgen eines solchen Sieges seien, sagte ich, natürlich nicht aufzuhalten, wenn die geistigen Vertreter der Fronde allesamt auf und davon gingen. Sie hörten nicht auf mich. Hätten sie auf mich gehört, dann wären sie wahrscheinlich alle tot. Dann stünden sie auch in den Listen der Opfer des Faschismus.«

Der seiner Mutter gegenüber gebrauchte Satz, der so naiv anmutet – »Ich habe ein reines Gewissen« –, kann nicht heißen, daß er so unbedarft war, zu glauben, daß es im Staat der Nazis künftig »nach dem Buchstaben des Gesetzes zugehen« würde. Sosehr er in diesen Wochen Kollegen zu überreden versuchte, nicht zu emigrieren, so war er andererseits bereit zu helfen, unmittelbar Gefährdete in Sicherheit zu bringen. Er bemühte sich, gemeinsam mit anderen, den bei der Reaktion besonders verhaßten Carl von Ossietzky zu bewegen, ins vorbereitete Exil zu gehen. Doch Ossietzky, »gegen eine Flucht unter allen Umständen«, lehnte ab mit der Begründung: »Es ist für sie unbequemer, wenn ich bleibe.« Diese Haltung hatte das moralische Argument auf ihrer Seite. Für die neuen Machthaber war dieser Entschluß in höchstem Maße unbequem, denn das Martyrium Ossietzkys entlarvte ihren Staat weltweit als ein System der Barbarei und der Brutalität. Für Ossietzky selbst bedeutete die aufrechte und kompromißlose Haltung physische wie psychische Qual und einen frühen Tod. Er starb 1938 an den Folgen seiner Haft in den Konzentrationslagern – noch nicht fünfzig Jahre alt.

Der verbotene Augenzeuge

Kästner befand sich im März 1933 wieder in seiner Berliner Wohnung, erledigte die Post, ging, wie gewohnt, in sein Café, um zu arbeiten, doch die Konzentration war gestört, die meisten Verbindungen waren abgebrochen. Keiner konnte sagen, wie es weiterging. Würde er selbst vor Haussuchungen und Verhaftung sicher sein? Und wenn ja, wie lange?

Es erfolgte vorerst nichts. Auch keine Haussuchung. Vielleicht vermutete man ihn tatsächlich, wie später in einer Gestapovernehmung zutage kam, im Ausland, vielleicht begünstigte auch das Durcheinander in den Nazibehörden, daß er nahezu unbehelligt existieren konnte, während im Morgengrauen nach der Brandnacht, als der Rauch noch aus dem Gebäude des Reichstags aufstieg, Polizei und SA-Sturmkommandos die Wohnungen der Personen stürmten, die auf der schwarzen Liste standen. Die Verhaftungsaktionen setzten sich systematisch fort. Ossietzky war schon schwer mißhandelt worden, und Kästners Schulkamerad Hans Otto, der Staatsschauspieler, wurde wenig später in der Prinz-Albrecht-Straße von der Gestapo erschlagen und aus dem Fenster geworfen. Ein mutiger Mann, der angesichts des Todes seinen Peinigern den Satz ins Gesicht schleuderte: »Das ist meine schönste Rolle!« Ein anderer Freund von Kästner, Erich Knauf, befand sich im KZ und machte seine Erfahrungen mit dem, was die neuen Machthaber unter Schutzhaft verstanden. »Zeuge« Kästner mußte schon in den ersten Wochen unter Hitler so viel Schreckensnachrichten zur Kenntnis nehmen, daß ihm nicht wohl gewesen sein dürfte. Dennoch ging er mit nahezu selbstverachtendem Stoizismus zu der angesetzten Generalversammlung des PEN-Clubs, die für ihn ein Anschauungsunterricht werden sollte, was die neuen Herren unter Demokratie verstanden. Kästner hat darüber 1946 in der »Neuen Zeitung« das sarkastische Protokoll »Briefe in die Röhrchenstraße« veröffentlicht. Er datiert diese Zusammenkunft auf den Frühsommer 1933 und schreibt, es sei darum gegangen, den Vorstand des Reichsverbandes deutscher Schriftsteller zu wählen; der Schutzverband deutscher Schriftsteller sei aufgelöst und seine Bücher seien zum Zeitpunkt dieser Versammlung schon verboten und verbrannt gewesen.

Als er den Sitzungssaal im »Haus der Presse« betrat, sich an einen der Tische setzte und ein Bier bestellte, richteten sich ziemlich entgeisterte Blicke auf ihn. Die meisten Anwesenden trugen SA-Uniform.

Aufschlußreich ist, von Kästner zu erfahren, in welchen Bahnen die Faschisierung der Schriftstellerorganisationen nach dem Reichstagsbrand und dem Tag der Bücherverbrennung vollzogen wurde. Die besagte Generalversammlung des PEN-Clubs war schon einmal einberufen, aber abgebrochen worden, weil sich nach den Worten Kästners »die Konservativen und die braunen Autoren rettungslos in die Haare gerieten«. Die erneut einberufene Versammlung begann daher zunächst mit der Zuwahl neuer Mitglieder, ausschließlich exponierter Nazis und »Männer der nationalen Erhebung«, darunter der Reichsjugendführer der NSDAP, Baldur von Schirach, Schreiberlinge wie Stoffregen, Steguweit, Schauwecker und der Verfasser des antipolnischen Hetzromans O.S. Arnolt Bronnen. Die Versammlung akzeptierte außerdem eine weitere Liste von Mitgliedern, die vom faschistischen Kampfbund für deutsche Kultur aufgestellt und empfohlen worden waren. Die neuen Mitglieder waren sofort abstimmungsberechtigt, die Nazimajorität konnte in die Offensive gehen. Die sogenannten Wahlvorgänge dieses Abends endeten damit, daß die SA-Dichter, nachdem sie alle Vorschläge der Deutschnationalen zurückgewiesen, im Schreikonzert mit der Gegenpartei Beleidigungen, Provokationen und Verhöhnungen vom Stapel gelassen hatten, ein Ultimatum vorlegten: Die Geduld der Parteigenossen sei zu Ende und die Geduld des Dr. Goebbels gleichermaßen. Die neue Vorstandsliste sei ohne jede Änderung zu genehmigen. Und zwar binnen der nächsten zehn Minuten. Widrigenfalls würden sie die Sitzung verlassen und dem Minister sofort Meldung machen. Dieser habe ihnen erklärt, daß er bei Ablehnung der Liste eine Verbandsbildung generell verbieten würde. Die Deutschnationalen schwiegen betroffen. Die SA-Dichter legten die Uhren auf den Tisch. Einer sagte: »Noch fünf Minuten.« Dann war die Liste akzeptiert. Im neuen Vorstand saßen nun Hinkel, Johst, Schlösser, von Leers, von Schmidt-Pauli, Elster und Kochanowski.

Als stiller Zuhörer und einziger Zeuge, der nicht zur politischen Rechten gehörte, hatte Kästner an diesem Erpressungsmanöver faschistischer Machart teilgenommen. Im Saal sah er auch den übergelaufenen ehemaligen »Arbeiterdichter« Max Barthel sitzen, der Kästner »heimlich grinsend« zutrank, »wohl, weil er sich noch immer als Arbeiter fühlte, gleich aus der Flasche«. Kästner sah durch ihn hindurch und an ihm vorbei. Das war alles, was er in dieser Lage tun konnte.

Man ließ ihn unbehelligt nach Hause gehen, nachdem sich die Pegasus-SA zur Siegesfeier zurückgezogen hatte. Aber der Schein trog. In Wirklichkeit stand sein Name, ohne daß er es wußte, bereits auf jener schwarzen Liste, die der neunundzwanzigjährige nationalsozialistische Bibliothekar Dr. Wolfgang Hermann im Auftrag des Propagandaministeriums im Februar und März des Jahres 1933 zusammengestellt hatte, um »reichseinheitlich« die Voraussetzung dafür zu schaffen, »unerwünschte Autoren für Druck und Bibliotheken auszuschalten« sowie die Verbrennung der »marxistischen« und »jüdischen« Bücher einzuleiten.

Auf der schwarzen Liste standen sämtliche Autoren, die im Dritten Reich als unerwünscht galten. Von Kästner waren alle Werke verboten mit Ausnahme des Kinderbuchs *Emil und die Detektive*. Der *Emil* war in Deutschland ein so populäres Kinderbuch, daß man nicht riskieren wollte, es auf den Scheiterhaufen zu werfen, da diese Maßnahme in weiten Kreisen auf Unverständnis gestoßen wäre, zumal der Film in den Kinos weiterlief. Trotzdem gab es schon 1933 beflissene Bibliothekare, die den *Emil* von sich aus entfernten und ihre Buchbestände generell von Kästner »säuberten«.

Nun gehörte Dr. Erich Kästner, seines Zeichens Schriftsteller, wohnhaft in Deutschland, zu den Verbotenen. Und wenige Wochen später sollte er auch zu den verbrannten Dichtern gehören.

Der Tag der Bücherverbrennung

Am Nachmittag des 10. Mai 1933 errichtete man in Berlin auf dem großen Platz zwischen der Universität und der Staatsoper Unter den Linden massive Gerüste für die Scheinwerfer und Kameras der UFA, die am Abend das von den Faschisten inszenierte Autodafé des fortschrittlichen, humanistischen deutschen Geistes filmen sollte. In dieser Nacht des 10. Mai loderten in Berlin und auf den öffentlichen Plätzen aller Haupt- und Universitätsstädte des Reichs die Scheiterhaufen.

In Berlin ging die Aktion unter der persönlichen Leitung von Propagandaminister Dr. Goebbels vonstatten. Während Studenten, angefeuert von »Heil!«-Rufen und Geschrei der umstehenden Hitlerjugend und SA, die Bücher der Verfemten in die Flammen warfen, schallten weithin aus den Lautsprechern die Anweisungen und Feuersprüche. Die »eigentlichen Schädlinge« der deutschen Belange wurden namentlich aufgerufen, es waren die auf der schwarzen Liste mit einem Kreuz versehenen einundzwanzig Autoren.

Kästner war Augenzeuge dieses Ereignisses. Er stand anonym unter der Menge im Schutze der Dunkelheit, die von den Fackeln gespenstisch beleuchtet wurde, und hörte die Sprüche gegen jene Publizisten und Schriftsteller, die seine Redaktionskollegen, Chefredakteure und Bekannten gewesen waren.

»Gegen Frechheit und Anmaßung!
Für Achtung und Ehrfurcht vor dem unsterblichen deutschen Volksgeist!
Ich übergebe den Flammen die Schriften von Tucholsky und Ossietzky!«

»Gegen volksfremden Journalismus demokratisch-jüdischer Prägung!
Für verantwortungsbewußte Mitarbeit am Werk des nationalen Aufbaus!
Ich übergebe den Flammen die Schriften von Theodor Wolff, Georg Bernhard!«

»Gegen dunkelhafte Verhunzung der deutschen Sprache!
Für Pflege des kostbarsten Gutes unseres Volkes!
Ich übergebe den Flammen die Schriften von Alfred Kerr!«

»Gegen Dekadenz und moralischen Verfall!

Für Zucht und Sitte in Familie und Staat!

Ich übergebe den Flammen die Schriften von Heinrich Mann, Ernst Glaeser und Erich Kästner!«

Immer neue Stapel von Büchern flogen in die lodernden Flammen. Goebbels verkündete in seiner Tirade an die deutschen Männer und Frauen, »das Zeitalter eines überspitzten jüdischen Intellektualismus« sei nun zu Ende, und der »Durchbruch der deutschen Revolution« habe auch »dem deutschen Wesen wieder die Gasse freigegeben ...« – »Ihr tut gut daran, um diese mitternächtliche Stunde den Ungeist der Vergangenheit den Flammen anzuvertrauen. Es ist eine starke, große und symbolische Handlung, eine Handlung, die vor aller Welt dokumentieren soll ...« – Kästner stand da, wie vor den Kopf geschlagen, ein dekadenter, unmoralischer Verfallsdichter, ein Feind von Zucht und Sitte in Familie und Staat. Da hörte er, wie eine weibliche Stimme nicht weit entfernt von ihm halblaut und überrascht ausrief: »Da steht ja Kästner!« Es war eine Schauspielerin, die ihn erkannt hatte.

Er entfernte sich so rasch und unauffällig wie möglich.

Die Bücherverbrennung, von Alfred Kerr als »das EK I der Heimatlosen« bezeichnet, war die höchste Ehre, die dem vierunddreißigjährigen Schriftsteller bis dahin widerfahren war. Sie wog mehr als die ehrende Erwähnung bei der Kleistpreisverleihung von 1931. Er gehörte nunmehr unverlierbar zum Bestand der humanistischen deutschen Literatur. Nach 1945, als der Krieg zu Ende war, sollte Kästner auf den Tagungen des PEN-Clubs sowie in Vorworten, Reden und Aufsätzen immer wieder auf das Thema der Bücherverbrennung zurückkommen. Es war *sein* Leitthema geworden, mit der Mahnung, den Anfängen zu wehren, rechtzeitig entschlossen zu handeln und niemals wieder zu warten, »bis der Freiheitskampf Landesverrat genannt wird«.

Da Kästner sich nun einmal entschieden hatte, komme, was wolle, in Deutschland zu bleiben, konnte er als Schriftsteller nur leben, vorausgesetzt, er wurde nicht verhaftet, wenn seine materielle Existenz gesichert blieb. Für das sogenannte Gebiet des Deutschen Reiches galt er zunächst einmal als verbotener Autor, von dem die Bürohilfe Elfriede Mechnig keine Gedichte mehr an Zeitungen oder Zeitschriften zu versenden brauchte. Wer auf der schwarzen Liste stand, dem räumte weder ein Verlag noch eine Redaktion auch nur eine einzige Zeile ein. Abgesehen davon, gab es keine »Weltbühne«, keinen »Montag Morgen«, kein »Tage-Buch« und keinen Williams-Verlag in Berlin mehr. Edith Jacobsohn, seine Verlegerin, hatte Berlin in realer Einschätzung ihrer Situation am 28. Februar 1933 fluchtartig verlassen. Leopold Schwarzschild emigrierte Anfang März.

Die Ereignisse des Jahres 1933 machten zwangsläufig eine Neuorientierung erforderlich, nicht nur für jene, die das politische Exil gewählt hatten, sondern auch für alle, die, wie wahrscheinlich auch Kästner, ihre vermeintlichen staatsbürgerlichen Rechte angesichts der Nazis zu behaupten versuchten und entschlossen waren weiterzuarbeiten. Es konnte sich allerdings nun nicht mehr um kritische, politisch akzentuierte Stoffe handeln, selbst wenn die Bücher, wie in seinem Falle, im Ausland herauskamen.

Hermann Kesten spricht in seinem Vorwort zu den *Gesammelten Schriften für Erwachsene* (1969) von einer »singulären Situation«, in die Kästner mit Anbruch des Faschismus geriet. »Er ging nicht ins Exil, wie auch tausend andre deutsche Autoren geblieben sind. Aber seine Bücher wurden verboten. Es gab auch Autoren mit Schreibverbot, die blieben. Aber Kästner erhielt die Erlaubnis, im Ausland zu publizieren, wahrscheinlich weil er dadurch ein ›Devisenbringer‹ wurde. Natürlich unterstand er wie andere deutsche Autoren, die in Deutschland geblieben waren, der Zensur. Er hat also von 1933 bis 1945 nichts für das Dritte Reich geschrieben. Er konnte aber in seiner Situation auch nichts gegen das Dritte Reich schreiben, um so weniger, als er schon vor 1933 den Nazis verhaßt war, wie tausend satirische, pazifistische, humanistische oder konservative Autoren, die ins Exil gingen.«

Von Kästner sind, um es einmal im Überblick vorwegzunehmen, zwischen 1933 und 1945 im Ausland insgesamt sieben Bücher erschienen. In der zeitlichen Reihenfolge: 1933 *Das fliegende Klassenzimmer,* 1934 *Drei Männer im Schnee* sowie *Emil und die drei Zwillinge,* 1935 *Die verschwundene Miniatur,* 1936 *Doktor Erich Kästners lyrische Hausapotheke,* 1938 *Georg und die Zwischenfälle* und als letztes Buch im selben Jahr die Nacherzählung *Till Eulenspiegel,* mit der die zweite Phase seines literarischen Schaffens vorerst abbricht. Von 1938 bis 1945 erschienen generell keine Bücher mehr von ihm, es entstanden jedoch einige Manuskripte für die Schublade, Entwürfe für später gedachte Arbeiten.

Unter den angeführten Werken des verbotenen weiterschreibenden

Autors waren wiederum Bücher für Kinder und auch eine lyrische Publikation. Der Akzent seiner veröffentlichten Prosa verlagerte sich jedoch merklich auf das Unterhaltungsgenre.

Das fliegende Klassenzimmer

Mit diesem Roman für Kinder, eines der wohl schönsten Bücher zum Thema Kinderzeit und Schule, erfüllte sich Kästner einen Wunsch, der in seinem Leben niemals hat in Erfüllung gehen können. Wir wissen ja, auf die »Schulbeamten«-Laufbahn subalterner Prägung hat er nach Rückkehr aus dem Ersten Weltkrieg verzichtet, nicht aber auf die Sehnsucht, ein einziges Mal richtiger Lehrer unter richtigen Jungen in einer richtigen Schule zu sein. Im Buch konnte er es werden. 1932 setzte er sich hin und schrieb eine Weihnachtsgeschichte über eine Internatsschule in dem kleinen Städtchen Kirchberg, über dem die Sterne wie Juwelen zu schimmern scheinen. Inmitten einer Zeit politischer und ökonomischer Katastrophen, die die äußere und innere Existenz von Menschen bedrohten, legt er mit diesem Jugendbuch abermals ein Bekenntnis zur Kindheit ab, jener ungebrochenen Lebensphase im Dasein, die dem erwachsenen Menschen immer wieder Halt und Sicherheit gewährt.

Das fliegende Klassenzimmer ist eigentlich der Titel eines Theaterstücks, das die Internatsgymnasiasten für den letzten Tag vor den Weihnachtsferien proben. Der Inhalt ist ein Schülerwunschtraum: daß die Klasse im Geographieunterricht immer jeweils zu dem Ort fliegen dürfe, der gerade das Thema ihres Unterrichts ist. Um dieses Theaterstück herum hat Kästner zwölf Kapitel erfunden, in denen es höchst turbulent zugeht mit Ehrenhändeln zwischen Schülern zweier höherer Schulen, Gefangennahme eines Schülers, Massenkeilerei, Ehrenwort und Ohrfeigen, in denen aber auch viel Leises, Trauriges, Anrührendes geschieht.

Jugendbuchautor Kästner stellt mit dem neuen Buch die uralte Frage nach dem Verhältnis von Kindern zu Erwachsenen, Schülern zu Lehrern, nach den ethisch-moralischen Antrieben der Erziehung und den Werten menschlicher Existenz überhaupt. Er sieht sie in Eigenschaften wie Liebe, Güte, Hilfsbereitschaft, Kameradschaft, Fröhlichkeit, Ehrlichkeit und vor allem Gerechtigkeit – Prinzipien, die schon seinen bisherigen Kinderbüchern zugrunde lagen. Seinen Lesern kommt er auch diesmal nicht mit Zeigefinger und Moralpredigt, vielmehr mit einer handfesten Geschichte, die schließlich den Erwachsenen sich wünschen läßt, daß es doch in seiner Schule so gewesen wäre wie in Kirchberg bei Martin Thaler, Uli, Matthias, Johnny und ihrem Lehrer »Justus« Bökh.

In die Handlung hat der kluge Herr Kästner wie immer ein Erlebnis seiner eigenen Jugend eingebaut, als er – Seminarist für den angehenden Lehrerberuf – einmal hart bestraft wurde, weil er entgegen den Bestimmungen das Gelände der Schule verlassen hatte, um zu Hause seine erkrankte Mutter zu versorgen. Die Maßregelung durch jene »Kinderkaserne« hat er niemals vergessen können, sie gehört zu seinen frühen schlimmen Erfahrungen mit Erwachsenen. Die erlebte Episode taucht nun im Buch als persönliche Rückerinnerung des Hauslehrers Dr. Bökh auf. Dieser Mann verhält sich seinen Zöglingen gegenüber als ein Pädagoge von Güte, Feinfühligkeit und Toleranz. Er ist es auch, der einem armen, verzweifelten Jungen seiner Schule, Martin Thaler, zwanzig Mark schenkt, damit dieser am Heiligen Abend schließlich doch noch nach Hause zu seinen Eltern fahren kann. Und deshalb enthält das letzte Kapitel, das vom wahren Glück handelt, nach dem Willen Erich Kästners »viele schöne Christbäume und eine kleine Fichte! Apfelsinen, die pro Stück vier Pfund wiegen; sehr viele Tränen; wiederholtes Klingeln; Weinen und Lachen zu gleicher Zeit; neue Buntstifte und ihre erste Verwendung; den Hermsdorfer Nachtbriefkasten und eine Sternschnuppe«.

Natürlich fällt der Erzähler zu Beginn des Buches nicht mit der Tür ins Haus. »Kein Buch ohne Vorrede« ist die Devise, also läßt er auch seinen vierten Roman für Kinder wiederum mit einem besonderen Einleitungskapitel beginnen. Es enthält eine Debatte zwischen Frau Kästner und ihrem erwachsenen Sohn, endlich doch das Buch zu schreiben, obwohl es mitten im heißesten Sommer ist, wo man von Kälte, Schnee und Eis schlecht fabulieren kann. So meinte er – aber: »Frauen sind praktisch. Meine Mutter wußte Rat. Sie trat an den Fahrkartenschalter, nickte dem Beamten freundlich zu und fragte: ›Entschuldigen Sie, wo liegt im August Schnee?‹

›Am Nordpol‹, wollte der Mann erst sagen, dann aber erkannte er meine Mutter, unterdrückte seine vorlaute Bemerkung und meinte höflich: ›Auf der Zugspitze, Frau Kästner.‹

Und so mußte ich mir auf der Stelle ein Billett nach Oberbayern lösen. Meine Mutter sagte noch: ›Komme mir ja nicht ohne die Weihnachtsgeschichte nach Hause! Wenn's zu heiß wird, guckst du dir ganz einfach den schönen kalten Schnee auf der Zugspitze an! Verstanden?‹ Da fuhr der Zug los ...«

Das Buch über die sympathischen Gymnasiasten aus Kirchberg, das in Deutschland zwar noch gedruckt, aber nicht mehr vertrieben werden durfte, eroberte sich als Kästner-Neuheit rasch den ausländischen Markt. 1934 brachte die Post in die Roscherstraße fünfmal Pakete mit Belegexemplaren aus fünf Ländern. Es kamen *The flying classroom* aus London, *A repülö osztály* aus Budapest, *Det flyende Klassevaerelse* aus Oslo, *La classe volante* aus Mailand und *Lietajúca trieda* aus Žilina (Slowakei). Andere Übersetzungen folgten.

Drei Schneemänner und ihre Emigration nach Zürich

Das nächste Buch, das 1934 von ihm erschien, trägt den Titel *Drei Männer im Schnee*. Es beruht auf einem wenig schönen Erlebnis etwa um das Jahr 1925 herum. Kästner machte damals Pläne für seinen ersten bezahlten Urlaub. Von der »großen Welt« hatte er als junger Mann noch nicht viel gesehen, also beschloß er, das nachzuholen. Die zweihundertfünfzig Mark Gehalt, die er in Leipzig als Redakteur verdiente, waren zwar nicht üppig, für einen Anfänger, der nebenher Gedichte und Artikel veröffentlichte und sparsam lebte, aber immerhin so viel, daß er sich das Geld für einen größeren Urlaub zusammensparen konnte. Rechtzeitig im Herbst bestellte er für Februar in einem prominenten Wintersportort in den Alpen ein Zimmer. Er freute sich, nach all den Jahren der Inflation und der Paukerei des Studiums einige Wochen in lieblicher Landschaft bei Sonne und Schnee ausspannen zu können. Vom Hotel kam die Bestätigung, das Zimmer sei reserviert. Als er dann dort eintraf, mußte er erleben, daß er für den Portier am Empfang dieses Luxushotels zunächst einmal Luft war. In seinem Sportpelz mit Bisamfutter, einem Geschenk seiner Fleischermeistertante Lina aus Dresden, machte er, wiewohl modisch gekleidet, keinen besonderen Eindruck auf das Personal, jedenfalls nicht soviel wie der Herzog von Windsor und der amerikanische Filmstar Douglas Fairbanks, die vor ihm angereist waren. Wegen des Zimmers bedauerte der Portier. Ja, ja, es sei zwar vorbestellt, aber das Hotel total überfüllt. Leider. Eventuell wäre da noch ein Zimmerchen in einer Dependance, wie man in der Hotelsprache zu abgelegenen

Räumlichkeiten sagte. Der Preis? Wie vereinbart. Essen, Trinken und so weiter natürlich im Hotel.

Das Zimmer, in dem Kästner zehn Minuten später stand, war gar kein Zimmer, man hatte ihn in die Kammer des Haustischlers einquartiert, einen Raum ohne fließendes Wasser und unbeheizbar. In dünnen Lackschuhen mußte er am Abend durch den Schnee ins Grandhotel laufen. Die richtige Wut überkam ihn aber erst in der Nacht nach Rückkehr von seinem ersten Ball, als er, statt im hotelüblichen Schlafanzug, mit den übereinandergezogenen Wollsachen aus seinem Koffer ins Bett gehen mußte. Fröstelnd dachte er über die Ungerechtigkeit des Schicksals nach. Sein mittelmäßiges Untermieterzimmer in Leipzig erschien ihm in der Erinnerung jetzt »wie ein Sommernachtstraum und die pfenniggenaue Wirtin als ein Engel der Rechtschaffenheit«. Im kalten Bett seiner Dachkammer wurde ihm allmählich klar, daß er einen gravierenden Fehler gemacht hatte. Er hätte nicht für die Reise und den Wintersport sparen sollen – sondern für den Portier.

Das ist die Geschichte, wie Kästner die große Welt kennenlernte. Aus der Erinnerung an diese kalte Abstellkammer keimte die Idee zu einem heiteren Roman. Die Handlung beginnt damit, daß ein Millionär das Preisausschreiben seiner eigenen Firma gewinnt: zehn Tage Winterurlaub in einem Grandhotel. Der Millionär reist allerdings nicht als Geheimrat Tobler, der er ist, sondern als anonymer Herr Schulze. Verwickelt wird die Geschichte dadurch, daß ein gewisser Doktor Hagedorn, stellungsloser Akademiker, den zweiten Preis gewonnen hat und bei seiner Ankunft in dem Hotel für den millionenschweren Mann gehalten wird. Man behandelt ihn standesgemäß, während der geheimrätliche, powre Herr Schulze in jene eiskalte Dachkammer einquartiert wird, in der Romanautor Kästner Jahre zuvor den Alpenurlaub verbracht hatte.

Diese eisige Kemenate dürfte der einzige Bezug sein, den das Buch mit seinen rund dreihundert Seiten zur Wirklichkeit hat. Der hübsche junge Mann Fritz Hagedorn erhält am Schluß die noch hübschere Tochter des Millionärs, die an der Verwechslungskomödie schuld ist, da sie jenes Hotel geheim verständigte, ihr spleeniger Vater würde als armer Mann getarnt erscheinen. Warum, weiß kein Mensch. Außer Tobler. »Ich will das Glashaus demolieren, in dem ich sitze. Warum soll es immer nur mir gutgehen.« Ja, warum? Für ihn hat sich offenbar das Frieren gelohnt, das Schicksal bescherte ihm einen patenten Schwiegersohn. Das ist eine ebenso simple wie unglaubwürdige Fabel, wenn auch mit liebenswerter Leichtigkeit dargeboten.

Die Lektoren der Deutschen Verlagsanstalt, zu der 1932 noch immer gute Beziehungen bestanden, waren davon angetan, als Kästner ihnen die Idee unterbreitete, eine Erzählung über einen modernen »Hans im Glück« zu schreiben. Das versprach ein leichtes Unterhaltungsbuch zu werden, dem der Name Kästner vorstand, und somit war abzusehen, daß kein Verlagsrisiko zu befürchten war. Das um so weniger, als er diesen Stoff schon für die Metro Goldwyn Mayer, den bekannten Hollywood-Konzern, zu einem Filmskript verarbeitet hatte. Man drehte dort bereits, als das Manuskript für den Buchverlag noch in Arbeit war. 1933 gelangte der Film in die amerikanischen Kinos, kurz danach lief er mit Untertiteln auch in Frankreich, der Tschechoslowakei und in Schweden an.

Das Filmpublikum amüsierte sich über die komischen Verwechslungsszenen, noch mehr über das erstaunte Gesicht des jugendlichen Helden, der zu seiner Überraschung zwei Siamkatzen auf seinen Zimmern vorfindet und abends fürs Bett einen erwärmten Ziegelstein, die dem ältlichen Geheimrat zugedacht waren. Kästner hatte sich in der Führung der Fabel, den Dialogen und der Situationskomik für sein Opus von Schnee und Sonnenschein etwas einfallen lassen. Eine spezielle Seite seiner Begabung trat hier in Erscheinung, die man bisher an seinen Büchern nicht so wahrgenommen hatte. Das war seine Fähigkeit, mit Anmut zu schreiben, einen Handlungsfaden mit graziösem Schwung um eine Handvoll Figuren zu schlingen – Damen einbegriffen –, diese Figuren hierhin und dorthin zu wirbeln, Wirrwarr und Überraschungseffekte zu präsentieren und dieses Gegeneinander und Durcheinander am Schluß wie selbstverständlich im glücklichen Finale aufzulösen. Hier spricht ein anderer Kästner als in *Fabian* und dem *Gesang zwischen den Stühlen*.

Um die Zeit etwa, da die *Drei Männer im Schnee* erschienen, ließ sich der emigrierte Berliner Theaterkritiker Alfred Kerr in Paris in eine Polemik mit einem Landsmann ein, der es nicht schicklich fand und Klage darüber führte, daß sich Emigranten angesichts ihrer ernsten Situation in der Öffentlichkeit in überlegenem, heiter-souveränem Ton äußerten. Das sei leichtfertig zu nennen und müsse schaden. Kerr, Antifaschist und leidenschaftlicher Polemiker, gibt seinem Briefpartner eine öffentliche Antwort mit der rhetorischen Frage: »Haben wir die Pflicht, traurig zu sein – bloß weil in Deutschland traurige Burschen am Ruder sind? Blüht uns schon der Nachteil der Verbannung: da sollen wir auch noch ›Verbannung‹ repräsentieren? – Nicht im Traum!« Die Kraft zum Handeln, sagt er – und man kann das in einem weiteren Sinne ausdehnen auf die Kraft zum Leben und Überleben –, komme nicht aus einem »Geschöpf auf Halbmast«, das mit »gesenktem Seelensterz herumwanke«. Die Leute sähen keinen gern, der ein sogenanntes Stück Unglück ist, sondern man liebe stets den, »der sich hilft – auch durch Glück, durch Spaß, durch Zuversicht«.

Kästner als ein in Deutschland lebender, verbotener Schriftsteller scheint eine solche Maxime für seine Arbeit ebenfalls als gültig empfunden zu haben. Er bearbeitet einen heiteren Stoff zu einer Zeit, die von Hoffnungslosigkeit und Existenzgefährdung, Grauen und Gewalt gezeichnet war. Ihr setzte er nun zum erstenmal einen Protest in anderer Form entgegen, indem er in eine Literatur der Schwerelosigkeit ausweicht. Das Ergebnis einer solchen Haltung konnte nur eine literarisch aufgebaute, fiktive Welt ohne Angst, ohne Konflikte und ohne Schatten sein. Einige Literaturwissenschaftler sehen darin – nach ihren Wertungsmaßstäben – eine Erscheinungsform von Realitätsflucht. Der Schweizer Dramatiker Friedrich Dürrenmatt hingegen, der sich mehr als einmal als ein Verehrer der Kästnerschen Werke und der darin waltenden Ratio erklärt hat, zweifelt die These von der Realitätsflucht an und macht auf einen anderen Gedanken aufmerksam. »Versagen, ein Sichflüchten in die Welt der Kinder – wirklich? Gibt es nur die Position des Helden, ist jede andere Position Feigheit? Im Griff der Gewalt herrscht eine andere Dialektik. Auch Negieren kann tödlich sein, stellt eine der Geheimwaffen des Geistes dar, nicht nur der Protest.« Auf den Roman *Drei Männer im Schnee* bezogen, dessen besonderen und bleibenden Wert er gerade in »Kästners Kunst des Leichten« sieht, kommt Dürrenmatt zu der Feststellung, daß »der Widerstand des Individuellen gegen das Allgemeine nur individuell sein kann«, und so gesehen habe Erich Kästner »seinen Widerstand geleistet auf seine Weise«.

Drei Männer im Schnee sollte das Buch werden, das dem Autor auch für die dreißiger Jahre wieder eine starke internationale Resonanz verschaffte. Noch im Jahr des Erscheinens erwarben neun Länder die Übersetzungsrechte bei der Deutschen Verlagsanstalt, zumeist die, die schon den *Fabian* und den *Emil* übernommen hatten, wie England, Frankreich, Polen, Schweden, Ungarn und die Tschechoslowakei.

Das Erscheinen seiner Bücher im Ausland sicherte Kästner die materielle Existenz und bedeutete gleichzeitig einen gewissen Schutz für seine Person. Solange Werke von ihm immer wieder auf dem Film- und Buchmarkt des Auslands in Verbindung mit seinem Namen präsent waren, war es komplizierter, seine Existenz anzugreifen.

So harmlos die *Drei Männer im Schnee* waren, erwiesen sie sich doch als Stein des Anstoßes. Als die Verlagsanzeige im Börsenblatt für den Buchhandel erschien, wurde das Goebbels-Ministerium sofort tätig, und der Deutschen Verlagsanstalt wurde noch am gleichen Tag mitgeteilt, Kästner sei »unerwünscht und politisch unzuverlässig« und dürfe nur für sich schreiben. Einige Zeit später wurde dem Verlag die Erlaubnis erteilt, die Rechte an den Züricher Verlag Rascher abzugeben. Auf die Devisen wollte man bei der Reichsbank offenbar nicht verzichten, während man die »unpolitische Kästnerschnulze« entbehren zu können glaubte.

Die Börsenblattanzeige hatte noch Folgen in anderer Richtung. Mit großer Verspätung gelangte sie in die Hände des emigrierten Klaus Mann in Paris, der daraus schloß, Kästner habe sich »gleichschalten« lassen, und, darüber erbost und tief verletzt, im »Neuen Tagebuch« eine Polemik gegen ihn veröffentlichte. »Was wird aus Schriftstellern im Dritten Reich? Erich Kästner war doch mal einer. Über seinen Wert und Rang konnte man verschiedener Ansicht sein. Aber er gehörte zur Literatur; man rechnete ihn sogar zu ihrem ›linken Flügel‹. Der sächsische Gemütsmensch genoß den Ruf eines bissigen Satirikers. Jetzt kündigt die Deutsche Verlagsanstalt einen neuen Roman von Erich Kästner an: *Drei Männer im Schnee*. Sie beginnt mit der beruhigenden Feststellung: ›Nach seiner Sturm-und-Drang-Periode entwickelt sich Kästner immer mehr zum Humoristen großen Stils.‹ Dann ist ja alles in Ordnung, gerade so was braucht man im Dritten Reich.«

Was Klaus Mann offensichtlich entging, war die Tatsache, daß Kästner schon lange verboten war, als er diesen polemischen Artikel gegen ihn veröffentlichte. In einem hatte der zornige Klaus Mann allerdings recht – wenn er angesichts der absoluten Bedeutungslosigkeit der zum Roman aufgeblasenen Filmbagatelle auf die Gefahren aufmerksam machte, die solche Literatur für die Propagandazwecke der Nazis bedeuten konnte. Sich auf diese Weise durchschlagen und dem Dritten Reich ein Schnippchen schlagen zu wollen war im Fall Kästners infolge des sofortigen Eingriffs der Behörden schon im Versuch gescheitert. Nicht nur das. Die Nazis glaubten, sich Kästners »neutrale Haltung« nach Erscheinen des Buches *Drei Männer im Schnee* zunutze machen zu können. Der stellvertretende Präsident der Reichsschrifttumskammer, Dr. Wismann, bestellte ihn zu einer Unterredung und bot ihm unter vier Augen an, in der Schweiz eine deutsche Zeitschrift herauszugeben mit dem Ziel, gegen die deutschen

Emigranten »Stimmung zu machen«, wie er sich ausdrückte. Das Propagandaministerium wollte das Naziblatt getarnt finanzieren. Um dieser Zumutung zu entgehen, wies Kästner darauf hin, daß zu viele Emigranten, wie man wisse, gute Freunde von ihm seien. Sie und auch andere würden ihm diesen Gesinnungswandel nicht glauben. Das Argument zog. Für dieses Mal war er seinen Gegnern entkommen. Wie lange, das wußte er nicht.

Ende 1933 begann der selbstmörderische Kleinkrieg mit einem politischen Regime, dem er in verhängnisvoller Selbsttäuschung eine nur kurze Herrschaftsdauer eingeräumt hatte, von neuem. Im Dezember wollte er bei seiner Bankfiliale am Olivaer Platz Geld von seinem Konto abheben. Am Schalter sagte man ihm, daß sein Konto gesperrt sei. Auf die Frage nach dem Grund erhielt er keine Auskunft. Er sollte am übernächsten Tag wiederkommen. Was ihm die Schalterbeamten nicht sagten, war, daß die Geheime Staatspolizei auf Grund der Verordnung vom 23. November 1933 den Deutschen Bankenverband ersucht hatte, die Konten, Depots und Schrankfächer von vierundvierzig Schriftstellern – es war eine namentliche Aufstellung beigefügt – zu sperren. Auf der Liste der Personen, deren Vermögen polizeilich beschlagnahmt war, standen unter anderen Bertolt Brecht, Max Brod, Leonhard Frank, Joseph Roth, Ernst Ottwalt, Anna Seghers, Oskar Maria Graf, Erich Kästner, Hermann Kesten, Erich Weinert und Arnold Zweig.

Kästner erschien am übernächsten Tag wieder. Kaum hatte er den Kassenraum betreten, als sich eine Hand auf seine Schulter legte und eine Stimme sagte: »Sie sind verhaftet! Folgen Sie mir unauffällig!« Unter einem Vorwand gelang es ihm, noch rasch mit seiner Sekretärin Elfriede Mechnig zu telefonieren, die er über die Situation informierte und beauftragte, sich umgehend mit seinem Rechtsanwalt in Verbindung zu setzen. Dann fuhren der Verhaftete und sein Bewacher mit dem Taxi, das Kästner bezahlte, in die Prinz-Albrecht-Straße, dem Sitz der Gestapo. Dort begrüßten ihn die SS-Männer zynisch-arrogant mit der Bemerkung: »Ha, da kommen ja Emil und die Detektive!«, was darauf schließen ließ, daß ihnen das Buch oder der Film des unerwünschten Autors bekannt war.

In dem anschließenden Verhör wollte man herausbekommen, wo sich Kästner derzeit aufhalte. Er wurde bezichtigt, seit längerer Zeit in Prag zu leben und von dort aus gegen die Naziregierung zu schreiben. Als Beweis legte man ihm ein Gedicht vor, das – mit seinem Namen gezeichnet – in einer Prager Emigrantenzeitschrift erschienen war. Es handelte sich um ein altes Gedicht aus dem »Montag Morgen«, dem drei Strophen gegen die Nazis hinzugefügt worden waren. Auf die Frage, wie er beweisen könne, daß die letzten zwölf Zeilen nicht von ihm stammten, argumentierte Kästner sinngemäß, er lebe nicht in Prag, sondern nach wie vor in Berlin. Dafür gebe es bis zu seinem Hausmeister in der Roscherstraße Zeugen genug. Die einfachste Stilanalyse würde beweisen, daß die drei Strophen nicht von ihm verfaßt seien. Außerdem könne man in den alten Jahrgängen des »Montag Morgen« nachlesen.

In dem Verhör trat eine Pause ein. Sie konnte Kästners Rettung bedeuten oder auch nicht. Einer der Gestapoleute verließ den Raum, kam nach einigen Minuten wieder und gab Kästner den Paß zurück mit der Bemerkung: »Sie können gehen!« Auf das »Heil Hitler« der SS-Leute erwiderte Kästner zivil: »Auf Wiedersehen«, erschrak aber im gleichen Augenblick über den makabren Doppelsinn seiner Worte.

Die Vernehmung durch die Gestapo war eine verhältnismäßig harmlose Überprüfung gewesen. Gemessen an den derzeitigen offenen und unterirdisch schwelenden Auseinandersetzungen in den eigenen Reihen der Machthaber, war Kästner für sie unwichtig. Lediglich sein Geld blieb weiterhin gesperrt, es dauerte nach seinen Angaben fast ein Jahr, bis sein Rechtsanwalt bei der Dresdner Bank die Freigabe durchgesetzt hatte.

Soweit ist die Verhaftung und die Vernehmung durch die Gestapo von Kästner auch in der Biographie von Luiselotte Enderle, seiner langjährigen Lebensgefährtin, geschildert worden. Als Datum ist in beiden Ausgaben dieser Biographie (Kindler München, 1960, und rowohlts monographien, Reinbek bei Hamburg, 1966) der September 1934 für die erste Verhaftung angegeben. In den Briefen an seine Mutter, von Luiselotte Enderle 1981 veröffentlicht, erscheinen die gleichen Vorgänge unter dem Datum des Dezember 1933, was stimmen dürfte, da die Anweisung der Gestapo über die Vermögensenteignung schon im November 1933 erlassen wurde. Unter dem 11. Dezember 1933 schreibt Kästner an seine Mutter nach Dresden: »Eben wollte ich auf der Bank etwas Geld abheben. Da sagten sie mir, mein Konto sei leider beschlagnahmt. Deines wohl auch, aber das wollen sie erst durch eine Rückfrage feststellen.« Am 14. Dezember 1933 erwähnt er brieflich die »polizeiliche Vernehmung«, mit Rücksicht auf seine Mutter ziemlich bagatellisierend: »Man dachte also, ich lebe in Prag und sei heimlich da, um Geld zu beheben. So ähnlich. Na, Schwamm drüber. Ich erzähl's Dir ausführlicher in Dresden.«

Die politische Seite der Vorgänge verschweigt er der Mutter, schärft ihr aber zu seiner eigenen Sicherheit mehrmals ein, zu »niemandem über diese Dinge zu sprechen«.

Emil und die drei Zwillinge

Unter diesem Titel erscheint 1935 in der Schweiz als fünfter Kinderroman ein neues Buch von Kästner, das an den *Emil* von 1928 anknüpfen sollte und als zweite Geschichte dazu gedacht war. Zum Schauplatz des Geschehens macht er diesmal den Badeort Korlsbüttel an der Ostsee, in dem Emil und seine Kumpane ein nicht ungefährliches Seeabenteuer erleben und eine Hilfsaktion zugunsten eines armen, elternlosen Jungen organisieren. Emil Tischbein ist inzwischen zwei Jahre älter geworden, die Berliner Jungen sind nach wie vor zuverlässige Freunde geblieben, auch die Großmutter lebt noch. Sie und Pony Hütchen, ferner der »Professor« genannte Junge aus gebildetem Hause, der kleine Dienstag, Gustav mit der Hupe, der ehemalige Liftboy aus der Berliner Zeit der Detektive, inzwischen Pikkolo im Strandhotel von Korlsbüttel, gehören zu dem Kreis der handelnden Personen, in dem auch ein Kapitän, drei Varietéartisten und einige »überflüssige Erwachsene« eine Rolle spielen.

Was es mit den drei merkwürdigen Zwillingen auf sich hat, ist eine schnell erklärte Geschichte. Ein Varieté- und Zirkusartist, der mit Zwillingen unter dem Namen »The three Byrons« reist, will einen davon, weil er wegen zu schnellen Wachstums nicht mehr in die Nummer paßt, loswerden und dafür heimlich den Pikkolo des Hotels entführen. Das verhindern die Kinder, weil ein so schäbiges Vorhaben ihrem Gerechtigkeitssinn widerspricht.

Ehe die Detektive jedoch etwas Entscheidendes unternehmen können, müssen erst acht von den fünfzehn Kapiteln des Buches vergehen, auch ist der Anlaß zur Aktion weniger aufregend als damals, als Emil von einem gewissenlosen Subjekt im Eisenbahnabteil die hundertvierzig Mark gestohlen worden waren. Das soll nicht heißen, daß die neue Kästner-Geschichte für Jungen und Mädchen weniger aufregend verliefe als der *Emil* von 1928. Dafür sorgen schon die drei Byrons mit ihrer Artistik, Gustavs Motorrad, das unfreiwillige Robinsonabenteuer auf einer Ostseeinsel, die Überfahrt auf dem Eisenbahntrajekt nach Dänemark und eine Reihe unvorhergesehener

Zwischenfälle. Alles wendet sich schließlich zum Guten. Die Erwachsenen bekommen ihre Lektion und die Kinder eine Feriengeschichte, von der sie nur träumen können. Autor Kästner setzt sich mit ihnen in den Zug, um in das Land seiner Phantasie zu fahren, dorthin, wo die Gerechtigkeit regiert, die Güte siegt und ewig die Sonne scheint.

Der Zug, in den sie steigen, »war mit Kindern, Eimern, Fähnchen, Bällen, Schaufeln, Apfelsinenschalen, zusammengeklappten Liegestühlen, Kirschentüten, Luftballons, Gelächter und Geheul bis an den Rand beladen und dampfte munter durch die Kiefernwälder der Mark Brandenburg. Es war ein kreuzfideler Zug. Der Lärm drang aus den offenen Abteilfenstern hinaus in die stille Landschaft. Die Kiefern wiegten sich leicht im Sommerwind und flüsterten einander zu: ›Die großen Ferien haben begonnen.‹ – ›Drum‹, brummte eine uralte Buche.«

Ferienglück, Sommerwind, Ostseestrand – so unbeschwert, wie Walter Triers Einband das Leben malt, ist es jedoch nicht! Emil hat in diesem zweiten Band seiner Erlebnisse einige Schwierigkeiten mit dem Heldentum, diesmal mehr seelischer Art. Seine Mutter will wieder heiraten, so bekäme er einen neuen Vater, den Oberwachtmeister Jeschke aus dem ersten Band. An sich ist es ihm recht, wenn seine Mutter die Entscheidung, ob sie heiraten solle oder nicht, nicht ausgerechnet ihm, dem Emil, überlassen hätte. Hin und her gerissen zwischen einer vernünftigen Entscheidung, spürt der Leser immer mehr, daß es Liebe ist, die das Leben schön und kompliziert zugleich macht. So sagt Emil an einer Stelle des Buches zu dieser ihn seelisch belastenden Situation: »Ich glaube, ich habe zwei Menschen in mir drin. Der eine sieht alles ein und nickt mit dem Kopfe. Und der andere hält sich die Augen zu und weint ganz leise. Kennst du das?«

Kästner hat sich als Kind viele Male in dieser Situation befunden und entscheiden müssen: Manchmal war es bitter, aber so ist das im Leben. Gut ist es, rechtzeitig zu lernen, gründlich darüber nachzudenken und dann das Richtige zu tun. Daß er solche Konflikte menschlichen Verhaltens, Erfahrungen der eigenen Kindheit, in seinen Büchern für Kinder zur Sprache bringt, gibt ihnen eine besondere Dimension. Reich an Aktionen und Charakteren, sind sie zugleich reich an Emotionen, und gerade die Aufrichtigkeit, mit der Kästner auch die Probleme von Erwachsenen in seinen Büchern für Kinder zur Sprache bringt, macht sie so wichtig für Kinder.

Kästner gibt dem Buch nicht ohne Grund den Untertitel *Die zweite*

Geschichte von Emil und den Detektiven. Neu ist daran, daß der *Emil*-Film, der gerade in Korlsbüttel anläuft, in das Geschehen einbezogen ist. Die echten Emils des Films haben im Buch die Idee, vor der Aufführung persönlich im Kino aufzutreten, um einen Teil der Einnahmen dem durch Erwachsenenschuld eltern- und stellungslos gewordenen Artistenjungen Jackie Byron zufließen zu lassen. Parallel dazu organisieren sie unter der »Parole Emil« noch eine Geldsammlung in den umliegenden Städten und Ortschaften, bei der eine beachtliche Summe zusammenkommt. Der Redakteur der Lokalzeitung, der den Spendenaufruf der Kinder veröffentlicht, meint dazu: »Ein Musterbeispiel für durchorganisierte Nächstenliebe.«

Echte Kameradschaft unter Kindern, gegenübergestellt einer moralisch, sprich sozial nicht mehr intakten Welt von Erwachsenen. Damit ist ein Modellmilieu gegeben, in dem Konkurrenzdenken, Egoismus oder Profit nicht existieren. Die Kinder schließen sich unter der »Parole Emil« zu »Interessengemeinschaften der Anständigen« zusammen, wie Klaus Doderer in seiner Analyse zur Gesellschaftskritik in dem Kinderroman *Emil und die Detektive* schreibt. Was er für den ersten *Emil* feststellt, kann ohne Einschränkung auch für den zweiten verallgemeinert werden. Doderer deutet Kästners Absicht dahingehend, daß er nicht auszöge, »um einen politischen Entwurf auszubreiten«. Er schriebe kein Lehrstück im Sinne Bert Brechts, er setze vielmehr gegen den Schlamassel der Verhältnisse den Glauben an die Menschen, und zwar präziser: den Glauben an die Jugend, »die noch unbelastet, unverbogen, unvoreingenommen die Chance der Verwirklichung des Entwurfs besitzt«.

In diesem Konzept sieht Doderer zugleich utopische Züge, und zwar insofern, als Kästner im *Emil* dem morschen gesellschaftlichen System von 1928 einen Entwurf entgegensetze, »der nicht auf eine Reform der objektiven Gegebenheiten, sondern des subjektiven Verhaltens der einzelnen gerichtet ist. Aus ›Leuten‹ sollen ›Menschen‹ werden. Die einzelnen Menschen sollen sich bessern, menschlicher werden und zugleich durch Einsicht gewitzter. Zugespitzt formuliert, appelliert der Autor an einen ›neuen Menschen‹ in der alten Ordnung.«

Der Glaube an die postulierte »Erziehbarkeit der Jugend« nach dem Modell *Emil*, zu dem sich der Vierundfünfzigjährige in seiner Rede über »Jugend, Literatur und Jugendliteratur« 1953 abermals bekannte, ist Kästners großes Programm beim Schreiben von Büchern für kleine Leser geblieben. Er mag die Schwierigkeiten in der alsbaldigen Erreichung des Ziels, vielleicht auch die Anfechtbarkeit des nur in Büchern realisierbaren Ideals geahnt haben, das Ziel selbst wie auch sein Ideal hat er nie aufgegeben, solange er lebte.

Copyright Atrium Verlag

In der Zusammenarbeit mit den Verlagen gab es 1933 für den verbotenen Autor eine völlig neue Situation. Mit der Rückgabe der Rechte durch die Deutsche Verlagsanstalt war Kästner bei keinem Verlag auf deutschem Boden mehr unter Vertrag – außer bei Williams –, so daß seine Bücher schließlich in der Schweiz bei Atrium erschienen. An diesen Verlag, den der antifaschistische Verleger Kurt L. Maschler gegründet hatte, gingen die Rechte an sämtlichen Kästner-Büchern des bisherigen Buchverlags Williams & Co. über, den die gefährdete Edith Jacobsohn in Berlin nicht mehr fortführen konnte.

Über die Situation jener Jahre – wie es zur Gründung von Atrium kam – gab der in London lebende Verleger Kurt L. Maschler folgende Darstellung: »Ich war Inhaber des Josef Singer Verlags, des Axel Junkker Verlags und der Schlesischen Verlagsanstalt mit Harmonie Verlag. Als die Nazis zur Macht kamen, bestanden noch Verträge mit dem Williams Verlag, obgleich Frau Jacobsohn, die auch Inhaberin der ›Weltbühne‹ war, in der Nacht des Reichstagsbrands Deutschland fluchtartig verließ. Der Verlag Williams existierte noch, und so kam es, daß der Vertriebsleiter, den ich sehr gut kannte, sich mit mir in Verbindung setzte. Ich flog am 17. Oktober 1933 (den Tag weiß ich so genau, weil mein Sohn einen Tag vorher zur Welt kam) nach Zürich und erwarb dort von Frau Jacobsohn den Williams Verlag. Wie das vor sich ging und wie ich ihn bezahlt habe, ist ein Kapitel für sich. Als ich zurückkam, also noch 1933, setzte ich mich mit Erich Kästner in Verbindung. Er war froh, daß sich jemand fand, der die gute Absicht hatte, sich weiter für ihn einzusetzen, und wir sprachen auch darüber, neue Bücher herauszubringen.«

Kurt Maschler verlegte den Williams Verlag in seine Berliner Büroräume in der Fomstraße und übernahm die bisherige enge Mitarbeiterin von Edith Jacobsohn, Cecilie Dressler, die bekannte spätere Kinderbuch-Verlegerin. Im Frühsommer 1934 erschien die Gestapo und beschlagnahmte alle Bestände einschließlich des Leipziger Lagers. Kurt Maschler, auf die Ereignisse vorbereitet, flog daraufhin nach

Zürich, um den neuen Verlag Atrium zu gründen, mit Sitz zunächst in Basel.

Der auf das klassische Altertum weisende Name (nach dem Lateinischen atrium = Vorhalle der römischen Patrizierhäuser) ließ auf ein alteingesessenes, gediegenes Verlagsunternehmen schließen – unverdächtig und solide. Auf den Namen Atrium waren die Gründer durch ein Kino in Berlin gekommen, das ebenfalls so hieß. In der Geschichte des Hauses gab es noch eine weitere Besonderheit. Kurt Maschler führte diesen Verlag bis 1937 von Berlin aus, was möglich war, da er als österreichischer Staatsbürger im Besitz eines Passes war und unbehindert reisen konnte. Die Tätigkeit des Schweizer Verlags mit dem Verleger-Wohnsitz in Berlin ging vier Jahre gut. Maschler verlegte damals neben Kästner auch ehemalige, gut eingeführte Titel der Verlage Mosse, Scherl und Bondy, darunter Bücher des bekannten Kunsthistorikers Fritz Stahl, des Schachweltmeisters Eduard Lasker und des Literarhistorikers Friedrich Gundolf.

Kurt Maschler verließ Deutschland erst, nachdem Anfang 1937 auch gegen ihn das Berufsverbot ausgesprochen wurde und er mit Wirkung vom 1. September sein Büro nicht mehr betreten durfte. Er war fest entschlossen, die verlegerische Tätigkeit für seinen Autor Kästner im Ausland fortzuführen. Zunächst bot sich Wien an, wo für ihn keine Aufenthaltsbewilligung erforderlich war. Nach dem Einmarsch der Hitlerwehrmacht war die nächste Station Amsterdam, wohin ihm in letzter Minute die Flucht gelungen war. Die Wiener Wohnung Maschlers mit einer wertvollen Bücher- und Autographen-Sammlung fiel der Gestapo in die Hände, die auch das Wiener Lager und die Verlagskorrespondenz beschlagnahmte.

In Amsterdam konnte sich der »Atrium«-Verleger nicht niederlassen, da ihm die Aufenthaltsgenehmigung nicht bewilligt wurde. So ging er nach London. Das war 1939. Kästner sagte damals zu ihm: »Ihnen laufen die Grenzen nach!« und traf damit wieder einmal den Nagel auf den Kopf, denn überall, wo sich Kurt Maschler aufhielt, mußte er neue Briefbogen drucken lassen mit der jeweils zusätzlichen Anschrift: »Basel – Wien«, »Basel – Amsterdam« und »Basel – London«.

Der Verkauf von Büchern war, nachdem die ČSR und Österreich besetzt waren, nur in der Schweiz möglich und sehr gering. Anders stand es mit den Auslandsrechten. Kurt Maschler, ein Mann mit kaufmännischer Weitsicht, konzentrierte sich in dieser Zeit auf den Verkauf dieser Rechte – von einem möblierten Zimmer aus, in dem seine

Familie wohnte und er arbeitete, – »und zum Schluß erschien Erich Kästner in 35 Sprachen.«

Die Verbreitung des Kästner-Werkes rund um den Globus hatte mithin zwei Voraussetzungen: die literarische Qualität des Autors Erich Kästner und die verlegerische Fähigkeit Kurt Maschlers, von dem Elfriede Mechnig zu Recht sagte, daß er allein für den Welterfolg von Erich Kästner verantwortlich sei.

Autor und Verleger blieben über vierzig Jahre lang freundschaftlich verbunden, wovon die etwa tausend Briefe der Geschäftskorrespondenz Zeugnis geben. Auch heute noch ist der Londoner Verleger darum bemüht, das Erbe Kästners lebendig zu erhalten. Er stiftete 1982 einen Preis für das beste Kinderbuch des Jahres, der von der British National Book League vergeben wird, dotiert mit 1000 Pfund und verbunden mit einer »Emil«-Figur aus Bronze, die an zwei Klassiker des Kinderbuchs, Erich Kästner und seinen Zeichner Walter Trier, erinnern soll.

Als erster Titel mit dem Eindruck »Atrium Verlag« erschien 1935 *Emil und die drei Zwillinge*, es folgten eine heiter erzählte Kriminalgeschichte *Die verschwundene Miniatur* mit einem biederen Fleischermeister als Helden, 1936 eine Neuzusammenstellung von Kästner-Gedichten unter dem Titel *Doktor Erich Kästners lyrische Hausapotheke*, schließlich ein zur Erzählung umgeschriebenes Filmexposé *Georg und die Zwischenfälle* und als vorläufig letztes Buch die *Till Eulenspiegel*-Nacherzählungen.

Wenn man diese fünf Atrium-Titel, dazu *Drei Männer im Schnee* des Rascher Verlags Zürich auf die zwölf Jahre umrechnet, ergibt sich gegenüber den Jahren vor 1933 ein auffälliger Rückgang in der Produktivität Kästners. Nimmt man die *Hausapotheke* heraus, bleiben an eigentlich neugeschaffenen Werken nur noch fünf übrig: zwei Bücher für Kinder beziehungsweise Jugendliche und drei Erzählstoffe, von denen nur die *Miniatur* das Prädikat selbständiger Prosa beanspruchen kann. Neue Gedichte erscheinen generell nicht mehr. Der politische Lyriker und Ankläger Kästner ist mit dem Jahr 1933 in das Schweigen emigriert, was bedeutete, daß der beste Teil seiner Kunst unterdrückt blieb, seine Entwicklung abgebrochen, wenn nicht zerstört wurde. Eine andere Frage ist allerdings, ob Kästner mit der Art seiner Lyrik, falls er emigriert wäre, das politische Phänomen Faschismus tatsächlich wirksam hätte bekämpfen können.

Fehldiagnosen und Filmprojekte

Zu der Statistik seiner Buchtitel muß noch bemerkt werden, daß in diesem Zeitraum von ihm mehr geschrieben wurde als veröffentlicht werden konnte. Von dem realen Umfang der Arbeiten erhielt die Öffentlichkeit erst 1959 Kenntnis, als er seine *Gesammelten Schriften in sieben Bänden* erscheinen ließ. In dieser Werkausgabe finden sich neben anderen Prosaversuchen aus den Jahren 1933–1945 auch die ersten drei Kapitel eines Fragment gebliebenen Romans unter dem Titel *Die Doppelgänger*. Die wenigen Seiten lassen vermuten, daß es sich um eine metaphysische Variante des *Fabian*-Romans handelt mit dem Hintergrund Berlin zu Beginn der dreißiger Jahre, in diesem Fall zur bedeutungslosen Kulisse degradiert, ohne den sozialkritischen Impetus des *Fabian*.

Im ersten Kapitel der *Doppelgänger* findet eine Begegnung zwischen einem potentiellen Selbstmörder, genannt Karl, und einem Engel in Gestalt eines Weinreisenden statt, der ihm die Botschaft übermittelt, sich ohne Verzug auf die Suche nach seinem Ebenbild zu begeben. Diesem Befehl der himmlischen Mächte unterwirft der junge Mann sich widerstandslos, vorher geht er aber noch in ein Café, um die Rahmenhandlung seiner eigenen Geschichte zu skizzieren, wie sie Kästner zum Weiterarbeiten wahrscheinlich selbst benötigte. Die Notizen sind nicht ohne Humor, schwarzen Humor, versteht sich. Er protokolliert: »Rahmennotiz zu epischem Stoff: 1. Station. Ein Mann, Mitte 30, soll aus medizinischen Gründen zu fixem Termin sterben. Glaubt Diagnose. Richtet Lebensrest auf terminiertes Ende ein. Verwirklicht – fieberhaft – seelisch, abenteuerlich, finanziell usw. alles bisher Versagte; Notwendiges und Überflüssiges. Läßt sich ausbluten. Termin kommt und vergeht: der Mann lebt weiter! Als Fehldiagnose. Tatbestand: alle Brücken abgebrochen. Alle Fäden zerschnitten. Monate ohne Fenster. Robinson im Tunnel. Lebender Leichnam.

2. Station. Was nun? Rekapitulation der Geburt. Voraussetzungsloses Dasein ab ovo. Neues Milieu. Herr Nemo. Neue Bindungen. Ende als Voraussetzung für Anfang.

3. Station. Unausbleibliche Komplikationen: Begegnung mit Vergangenheit. Auferstehung der Lebenden. Zweierlei Aggregatzustände der gleichen Person. Explosive Mischung. Explosion? Oder? Was soll werden?«

Inwieweit sich im Rahmen solcher Disposition Zeitkritik realisieren ließ, kann aus den überlieferten zwölf Seiten dieses Werkes nicht geschlossen werden. Kästner hat in dieser Richtung nichts mitgeteilt, lediglich eine Anmerkung gibt es, daß er diesen Romanstoff nach dem *Fabian* niederzuschreiben begonnen und nach 1933 beiseite gelegt habe. Die Gründe dafür liegen auf der Hand, wenn man sich seine reale politische Umgebung im Dritten Reich vergegenwärtigt. Was bedeutete schon der Selbstmord einer Romanfigur im Café angesichts der täglich zu registrierenden Morde des Systems an Kommunisten, Sozialdemokraten, KZ-Häftlingen, politischen Widersachern und Widerstandskämpfern? Wenngleich Kästner nicht zur Kategorie der letzteren gehörte, war er doch nicht so wirklichkeitsfremd, um das Mißverhältnis zwischen der Realität der Politik und der Phantasie seiner Romanwelt nicht zu empfinden. Er hörte auf zu schreiben, sowie er es bemerkte. Daß seine Situation eines Tages völlig aussichtslos und verfahren sein könnte, daß er sich durch ein Verstummen schuldig machen könnte gegenüber denen, die vom Ausland her das Hitlersystem bekämpften, Widerstand leisteten – hat ihn sicher über seine Entscheidung, nicht zu emigrieren, nachdenken lassen. Was würde er verlieren, wenn er ginge? Was riskieren, wenn er bliebe? Von seinen Romanen und Filmen könnte er immer noch leidlich existieren, der ausländische Markt stand ihm unbeschränkt offen. Vorläufig wenigstens.

1935 erwarb die Metro Goldwyn Mayer, eine der größten Filmgesellschaften der Welt, die Verfilmungsrechte für *Die verschwundene Miniatur*, was ihm eine größere Summe Geldes aus den USA sicherte neben den Einnahmen durch den Vertrieb des Buches in sieben europäischen Ländern. Die Rolle, die gerade der Film zur Popularisierung seines Namens und seiner Bücher in den dreißiger Jahren im Ausland übernahm, ist im Detail noch nicht untersucht. Es fehlen präzise Unterlagen über Produktion und Verbreitung seiner Filme; die internationalen Rezensionen dazu sind nicht dokumentiert, auch ist nicht bekannt, in welchem Umfang und über welche Personen Kästner an den Verfilmungen zumindest beratend mitwirkte. Aber auch ohne die dokumentarischen Belege kann man mit Sicherheit sagen, daß durch die Filme und Bücher sein Name in der Schweiz, Österreich und den deutschsprachigen Teilen der Tschechoslowakischen Republik ständig im Gespräch war, so als wohnte und arbeitete der Autor in einem dieser Länder.

Indessen saß Erich Kästner in seiner stillen Charlottenburger Wohnung in der Roscherstraße, wenn er sich nicht im Café aufhielt oder in

Terminangelegenheiten unterwegs war. Nach wie vor gingen die Briefe an seine Mutter nach Dresden; sie schickte ihm zu Weihnachten und zum Geburtstag die obligatorischen Geschenke, meist teure Wäschestücke für seine »Aussteuer«, manchmal etwas Besonderes für den Abendbrottisch, Hausgemachtes, wie es Schulkind Erich liebte, und er packte sein Wäschepaket zusammen, stets mit einem »Scheinchen« und den üblichen Ermahnungen versehen, irgendwohin Mittagessen zu gehen, sich bei der großen Wäsche zu schonen, sich nicht über Emil Kästner zu ärgern und auf die Gesundheit zu achten.

Äußerlich schien im Leben Kästners nicht viel verändert. Seiner Mutter gegenüber spielte er den unerschütterlichen Optimisten, der er nie war. Er ginge jeden Tag Tennis spielen, versicherte er zu ihrer Beruhigung, sein Konto sei wieder freigegeben, es ginge ihm gut, sie solle sich keine Sorgen machen. Dabei gab es oft Tage, an denen Kästner in Berlin unauffindbar war, und zwar immer dann, wenn Gerüchte über bevorstehende Verhaftungswellen kursierten. Dann verließ er die Wohnung und fuhr nach Dresden. Durch das Ausweichen in die elterliche Wohnung glaubte er sicherer oder zumindest weniger gefährdet zu sein. Lange konnte dieser Zustand, das war nach wie vor seine Meinung, ja nicht dauern!

Erneuter Angriff durch die Nazis

Es gab keine neue Verhaftung, dafür erfolgten aber recht massive Angriffe auf den »Kulturbolschewisten« Kästner. Einer der NS-Propagandafunktionäre mit Namen Werner Schlegel ließ im Januar 1934 eine Schrift erscheinen, mit der die Goebbelssche Bücherverbrennung im Nachhinein gerechtfertigt werden sollte. Die Broschüre unter dem Titel *Dichter auf dem Scheiterhaufen* verstand sich, so der Untertitel, als Kampfschrift für deutsche Weltanschauung und erschien in einem obskuren »Verlag für Kulturpolitik«. Kästner ist darin – neben Kerr, Tucholsky, Brecht, Feuchtwanger und Klaus Mann – in einem eigenen Abschnitt mit Leseproben abgehandelt, die nachweisen sollen, daß er und die Genannten mit ihren »Verfalls- und Tendenzdichtungen« zu Recht auf die Scheiterhaufen geworfen worden wären. Sind bei Brecht verschiedene Songs aus der *Dreigroschenoper* als Beweisstücke für »Nihilismus« und »Bolschewismus« angeführt, bei Kerr einige volkstümliche Berliner Vierzeiler, so werden bei Kästner die »Moralische Anatomie« und »Die andere Möglichkeit« als »kulturbolschewistisch« verunglimpft.

Die Methode ist primitiv, Formulierungen und Argumente sind von blinden Haßinstinkten diktiert, so, wenn der Verfasser dieser NS-Schrift im zynischen Zitat die überlieferten Bewertungen des Schriftstellers Kästner durch die Publizistik der Weimarer Republik ad absurdum zu führen versucht: »Die gefällige Systempresse feierte ihn mit folgenden Hymnen: Ein warmes, lebendiges Herz, ein Mitfühlen menschlichen Leides. Unsentimental, unpathetisch, wirklichkeitsnah, aufbegehrend gegen Stumpfheit und Sattheit, sind seine Verse Ausdruck der Zeit und noch mehr: Wegweiser in die Zukunft.«

Von solcher Zukunft wollte die braune Schlegel-Schrift nichts wissen. Für sie war Kästner ein typischer Repräsentant der »Verfallszeit« mit der demagogisch unterstellten Tendenz, »allen Unrat, alle Gemeinheiten, alle Perversitäten« in seine Werke »hineinzupressen«. Er und die anderen vier hätten sich angemaßt, »Führer des Volkes« zu sein – bis hin »zum letzten Verfall« und »zur Entwertung aller Werte«. In diesem Zusammenhang werden auch Toller und Bruckner, Wolf und Remarque, Mehring und Döblin namentlich erwähnt, die wie Kästner nur »aus Geltungs- und Geldbedürfnis« heraus geschrieben und als die eigentlichen Schädlinge zur »Verwahrlosung des Volkes« und zum »Anwachsen des kulturellen Nihilismus wesentlich beigetragen« hätten. Weil sie »nur einreißen, aber nicht gestalten und aufbauen«, nur zerredet, zergliedert, beschmutzt, zerquält, beschimpft und jedes gesunde Lebensempfinden vergewaltigt hätten, sei es notwendig gewesen, sie, die sogenannten und vielgerühmten Dichter des Verfalls, zum Schweigen zu bringen.

Mit dieser nachgereichten Begründung zur Bücherverbrennung hatte sich der Schriftsteller Kästner, von faschistischen Ideologen in die Reihe der Volksschädlinge gestellt, abzufinden. Die Atmosphäre verschlechterte sich, als sich mit der Schließung der beiden kritischen Kabaretts im Jahre 1935 die Arbeitsmöglichkeiten für ihn weiter einschränkten. Beruhigende Aussichten waren den Tageszeitungen, die der politisch interessierte Journalist Kästner nur noch mit Skepsis und Widerwillen las, schon lange nicht mehr zu entnehmen. Nur die Geschäftspost brachte hin und wieder eine gute Nachricht. Von Kurt L. Maschler kam die Mitteilung des Atrium Verlags, daß *Die verschwundene Miniatur* als Lizenz auch nach Dänemark vergeben worden sei, eine englische und finnische Ausgabe waren schon in Vorbereitung; außerdem hatten sich ein italienischer, ein niederländischer, ein norwegischer, ein polnischer, ein ungarischer und ein amerikanischer Verleger um die Rechte an dem Buch bemüht. Die internationale Resonanz war für den Autor positiv, bedeutete sie doch, daß die materielle Existenz vorerst weiter gesichert und der Name Kästner auf dem Buchmarkt blieb, sogar auf dem deutschsprachigen, wenn er auch im Dritten Reich als nicht existent galt. Hier wußten nur Freunde noch von seiner stillen literarischen Existenz.

Obgleich die faschistische Bücherverbrennung mit ihrer durchorganisierten Propaganda deutliche Zeichen der totalen geistigen Unterdrückung setzte, konnte nicht verhindert werden, daß gelegentlich, auf illegalem Wege, Exemplare der draußen erschienenen Bücher Kästners nach Deutschland gelangten; man las sie, gab sie weiter oder versteckte sie im eigenen Bücherschrank. In den Regalen der Leihbüchereien hingegen stand jetzt allein noch *Emil und die Detektive*, bis auch das letzte, total verschlissene Exemplar davon nicht mehr aufgebunden werden konnte, so daß der Name Kästner allmählich verschwand und an die Stelle des *Emil* mit seinem unbeirrbaren Streben nach Gerechtigkeit die verordneten Neudrucke des Machwerkes vom *Hitlerjungen Quex* von einem gewissen Aloys Schenzinger traten.

Denunziation im »Tingel-Tangel«

Trotzdem blieb Kästners Name im Gespräch, sogar an Stellen, wo es ihm, falls er davon gewußt haben sollte, nicht angenehm gewesen sein dürfte. Im Zusammenhang mit der Liquidierung der beiden letzten noch bestehenden oppositionellen Berliner Kabaretts wurde auch Kästner denunziert, der für beide Bühnen arbeitete und in den Schauspielerkreisen um Werner Finck verkehrte.

Seit dem 27. Dezember 1934 gab es eine Anweisung der Gestapo, die »Katakombe« in der Lutherstraße und das »Tingel-Tangel« in der Kantstraße wegen staatsfeindlicher Propaganda zu überwachen. In den Protokollen der Gestapo werden beide Bühnen als »Treffpunkte aller unzufriedenen und gegen den heutigen Staat eingestellten Personenkreise« und ihre Leiter als »typische Vertreter jenes überspitzt intellektuellen und zersetzend wirkenden Literatenklüngels« bezeichnet, die »im nationalsozialistischen Staat keine Daseinsberechtigung mehr« hätten. Das Vokabular war das gleiche wie in den Reden zur

Bücherverbrennung und der bereits zitierten Kampfschrift des Kulturpolitologen Schlegel.

Die Denunziation Kästners erfolgte durch einen Spitzel, den Parteigenossen Max Elsner, Berlin-Charlottenburg, Königin-Luise-Straße 4, der damals Geschäftsführer des »Tingel-Tangel« war. Er meldete nach oben, daß Erich Kästner ein guter Bekannter des »Katakomben«-Leiters Werner Finck und der Jüdin Kolman sei.

Die Schauspielerin Trude Kolman hatte 1935 das von dem emigrierten Friedrich Hollaender begründete »Tingel-Tangel« neu eröffnet. Bei ihr trat auch die Schauspielerin Herti Kirchner auf, mit der Kästner damals liiert war. Auf sie bezieht sich die folgende Stelle des von Elsner unterschriebenen Aussageprotokolls der Gestapo-Abt. II A 1 vom 15. Mai 1935: »Wie mir bekannt ist, verkehrt die Herti Kirchner mit dem Kommunisten Dr. Kestner« (so die Schreibweise seines Namens), »der ihr Freund ist, und da ihm das Schreiben für Bühnen verboten ist, schreibt er getarnt und gibt diese Texte den Autoren.« Genannt werden unter anderem Herbert Witt und Aldo von Pinelli. »Dies ist mir besonders aufgefallen, da beim Anfang des Stükkes täglich in der ersten Zeit die Herti Kirchner von Dr. Kestner kontrolliert und beraten wurde.« Der Denunziant beschuldigte den »Kommunisten Kestner«, für das »Tingel-Tangel« einen überwiegenden Teil der inkrimierten Texte geschrieben zu haben.

Die administrativen Maßnahmen zur Überwachung, mit denen Goebbels und SS-Obergruppenführer Heydrich persönlich befaßt waren, führten schließlich am 10. Mai 1935 zum radikalen Verbot beider Bühnen. Kästner blieb – trotz schwerwiegender Anschuldigungen – auf freiem Fuß, während Finck und zwei weitere Mitwirkende der »Katakombe« sowie drei Künstler vom »Tingel-Tangel« festgenommen und in das Konzentrationslager Esterwegen nahe der holländischen Grenze eingeliefert wurden.

Kästner blieb auch dieses Mal verschont, möglicherweise durch Verbindungen, die der Schauspieler Viktor de Kowa, mit dem er bekannt war, über Käthe Dorsch zu Goebbels' Rivalen im Berliner Theaterleben, Hermann Göring, hatte. Wie lange solche Beziehungen den persönlichen Schutz garantieren konnten, schien manchem seiner Bekannten nur noch eine Frage von Wochen oder Monaten. Kästner wurde von jetzt an sehr vorsichtig, beschränkte sich auf einen festen, ihm bekannten Personenkreis, vermied aus Sicherheitsgründen neue Freundschaften und Bekanntschaften, mußte gleichzeitig aber auch erleben, daß der eine oder andere, den er bislang gut zu kennen geglaubt hatte, auf die andere Straßenseite wechselte, wenn er ihn kommen sah.

Zu dem engeren Personenkreis um ihn gehörten neben Herti Kirchner und Elfriede Mechnig noch Werner Buhre, den er seit der gemeinsamen Dresdner Gymnasiumszeit als Freund schätzte, und die beiden Zeichner Erich Ohser und Walter Trier mit ihren Familien. Ohser, gleichfalls mit Berufsverbot belegt, durfte für die »Berliner Illustrierte« auf Grund einer Sondergenehmigung, die Verlagsmitarbeiter für ihn erwirkt hatten, die humoristische Serie »Vater und Sohn« publizieren. Während Ohser, ein gebürtiger Sachse, der stark unter dem Einfluß Kästners stand, dem er sich vor mehr als zehn Jahren in Leipzig eng angeschlossen hatte, in Deutschland bleiben wollte, befaßte sich Trier, aus Prag stammend, ernsthaft mit Auswanderungsplänen. Bislang hatte er noch einigermaßen arbeiten können, aber der faschistische Kulturbetrieb mit seinen repressiven und aggressiven Erscheinungsformen, die ihm in seiner Tätigkeit als zweiter Vorsitzender des Verbandes der Pressezeichner schwer zu schaffen machten, ließen ihn das Schlimmste befürchten. Er sah für die heiteren Kinder seines Zeichenstifts in diesem Staat keinen Raum mehr. 1936 verabschiedete er sich von seinen Berliner Freunden und Kollegen, um nach London zu emigrieren.

Der Kreis um Kästner lichtete sich immer mehr.

Zeit für Epigramme

Was seine schriftstellerischen Neigungen betraf, so fand Kästner in jenen Jahren der Isolation immer mehr Interesse daran, sich einer sprachlich besonders geprägten Gedichtform zuzuwenden: dem Epigramm. Je lärmender und lauter die gestanzte politische Propagandasprache der Nazis das Feld um ihn herum beherrschte, um so mehr wurde die Beschäftigung mit der deutschen Sprache zu einer Schutzfunktion für ihn. Er nahm sich in seinen Mußestunden die Epigramme von Lichtenberg sowie von Martial in der Nachdichtung von Lessing und Herder aus dem Bücherregal, um über die künstlerischen Möglichkeiten des Epigramms nachzudenken, weil er Lust hatte, sich anstelle der nicht recht vorangehenden Prosaarbeiten wieder auf lyrischem Gebiet zu versuchen. Er meinte, seinen Verlegern an leichter Lektüre genug geliefert zu haben, jetzt wollte er einmal ohne Auftrag und Terminzwang etwas versuchen, was ihm Spaß machte und nicht unbedingt auf dem Markt verkauft werden mußte.

Mit dem Eintritt in das Reich des Epigramms begab er sich in eine Phase des Sprachtrainings, die ihm Vergnügen machte, indem sie seinen Witz herausforderte. Die Versuche, sich *Kurz und bündig* auszudrücken, hat er nach 1945 in einem eigenen Bändchen zusammengefaßt, das sehr schöne Stücke der Gattung enthält wie die folgenden:

Kleiner Rat für Damokles

Schau prüfend deckenwärts!
Die Nähe des möglichen Schadens
liegt nicht in der Schärfe des Schwerts,
vielmehr in der Dünne des Fadens.

Damentoast im Obstgarten

Casanova sprach lächelnd zu seinen Gästen:
»Mit den Frauen ist es,
ich hoffe, ihr wißt es,
wie mit den Äpfeln rings an den Ästen.
Die schönsten schmecken nicht immer am besten.«

Übers Verallgemeinern

Niemals richtig.
Immer wichtig.

Präzision

Wer was zu sagen hat,
hat keine Eile.
Er läßt sich Zeit und sagt's
in einer Zeile.

Was den Lyriker Kästner reizte, war das Vergnügen an der Bündigkeit, mit der ein Einfall auf seine kürzeste Formel zu bringen war. Einen Gedanken nicht auf verschiedenen Ebenen in immer neuen Bildern und Stimmungen variieren wie beim Chanson, sondern in seines Wortes engster Hülle literarisch realisieren, hieß die von den Klassikern abgeleitete Regel des Epigramms. Also Telegramme der Lyrik.

Und sie durften beileibe nicht witzlos sein oder ohne sprachliche Raffinesse; sogar aktuelle Dinge ließen sich bei diesem literarischen Verfahren zur Sprache bringen, wie das Bild von der doppelt gefährlichen Stecknadel mit dem abgeschlagenen Kopf belegte. Für ihn hatten die kleinen Zwei- und Vierzeiler zu Zeiten der Resignation die Funktion der Selbsttröstung, etwa so, wenn er an der Wende eines neuen Jahres fragt: »Wird's besser? Wird's schlimmer?/ fragt man alljährlich« – und gefaßt die Antwort gibt: »Seien wir ehrlich:/Leben ist immer/ lebensgefährlich.«

Für den Daheimgebliebenen, der immer schon eine produktive Natur war, galt in jenen Jahren mehr denn je das Wort des Komponisten Kurt Weill, das dieser in bezug auf die Situation des schöpferischen Künstlers in unwirtlichen Zeiten geprägt hat: »Man muß immer produzieren!« Kästner versuchte, sich an diese Devise zu halten, und begann 1935, wie mit seinem Verleger Maschler abgesprochen, aus seinen vier Versbänden einen Gedichtband zusammenzustellen, der 1936 in der Schweiz erscheinen sollte.

Die *Lyrische Hausapotheke*

Endlich konnte man wieder einen Gedichtband von ihm kaufen! Endlich wieder diese klug formulierten Verse mit Verstand und Herz zur Hand nehmen, die gerade jetzt erkennen ließen, welches Maß an Weitsicht und prophetischer Gabe ihr Verfasser ihnen mitgegeben hatte.

Wie Bertolt Brecht einst seine Balladen und Gesänge, zu Lektionen geordnet, unter dem Titel *Taschenpostille* erscheinen ließ, so nahm Kästner zu völlig anderen Zwecken eine Neuordnung seiner alten Gedichte unter dem Titel *Doktor Erich Kästners lyrische Hausapotheke* vor. Der Untertitel verweist darauf, daß der Band, in kleinem Format gedruckt, als Buch für die Tasche gedacht war, ausdrücklich bestimmt »für den Hausbedarf des Lesers«. Dementsprechend ist er mit einer Gebrauchsanweisung versehen in Form eines thematischen Registers von A bis Z, nach dem der Benutzer die Verse findet, die der Therapie des Innenlebens zugedacht sind, beispielsweise, wenn die Liebe oder die Ehe entzweiging, wenn man an die Mutter denkt oder an die Jugend, wenn man in der Fremde hockt, an Heimweh leidet und dergleichen Probleme und Stimmungen hat.

Im Vorwort kommt der Autor noch einmal auf einen Gedanken seiner »Prosaischen Zwischenbemerkung« von 1929 zurück, daß es seit jeher sein Bestreben gewesen sei, »seelisch verwendbare Strophen zu schreiben«, und daher auch das vorliegende Buch bewußt in diesem Sinne angelegt wäre. Humor, Zorn, Ironie, Kontemplation und Übertreibung hält er für geeignete Medikamente gegen die kleinen und großen Schwierigkeiten der Existenz, weil er der Meinung ist, es tue wohl, den eigenen Kummer von einem anderen Menschen formulieren zu lassen. »Formulierung ist heilsam«, lautet sein Rezept.

Was sich hier unverfänglich im Apothekerkittel präsentierte, hatte für das Jahr 1936, obwohl alle seine großen politischen Satiren darin fehlten, aktuelle Bedeutung. Kästner war verbrannt – das Erscheinen der *Hausapotheke* aber hieß, daß seine Gedichte lebten! Was der Feuerspruch der Nazis als schädlich für »Zucht und Sitte in Familie und Staat« in Acht und Bann getan hatte, kehrte nun von der neutralen Schweiz auf mancherlei Wegen nach Deutschland zurück. Eine illegale Schrift beinahe, in der nicht die Rede war von den »großen Zeiten«, sondern vom einzelnen Menschen und dessen kleinen und großen Lebenssorgen. Es kommt ein weiterer Gesichtspunkt hinzu: Auf den zweihundertzwanzig Seiten der *Hausapotheke* ist ein Stück Berlin bewahrt, wie es vor 1933 bestanden hat, und damit zugleich ein Stück unvergänglicher humanistischer Kunst, das sich weder verbieten noch verbrennen ließ. Gerade an diesem Buch konnte man ablesen, wie sehr die Kästner-Lyrik von ihrer Sprache, ihrem Geist und ihrer Empfindung her faschistischer Ideologie widerstand. Und gewiß nicht nur, indem sie das Pathos mied.

Der neue Kästner-Band fand natürlich nur in der Schweiz und in Österreich Verbreitung, in Deutschland blieb er offiziell unbeachtet, doch kursierten viele Exemplare illegal, selbst in der deutschen Wehrmacht kannte man dieses Buch und zitierte daraus, wie man weiß. Parallel mit der Drucklegung der schweizerischen Ausgabe erfolgte 1935/36 die Übersetzung ins Ungarische, und 1939 folgte die Tschechoslowakei mit ihrer *Lyrická domáci lékárnička*. Das waren die beiden einzigen Länder, in denen dieses Werk vor Ausbruch des Zweiten Weltkriegs noch erscheinen konnte.

Mit der Okkupation der Tschechoslowakei war Kästner auch hier ein Verbotener, seine Gedichte wurden aber gelesen und als Zeugnisse eines freien Geistes in mancher privaten Bibliothek versteckt aufbewahrt. Nach dem Zweiten Weltkrieg tauchten in Prager Antiquariaten mehrere dieser kleinen, in auberginenfarbenes feines Leinen gebundenen und mit Goldprägung versehenen Bücher wieder auf, so daß sich manche Bibliothek in den Besitz eines Exemplars bringen konnte. Daß gerade Prag zum Fundort der *Lyrischen Hausapotheke* wurde, erklärt sich aus der Tatsache, daß der damalige, in Mährisch-Ostrau ansässige Inhaber des Copyrights, angegeben im Impressum mit »Julius Kittls Nachf., Keller & Co.«, die im Atrium Verlag erscheinende Auflage bei Heinrich Mercy Sohn in Prag drucken ließ.

Ein besonderes Exemplar des Kästnerschen Buches, dem der Wert eines historischen Dokuments zukommt, ist eine handgeschriebene *Lyrische Hausapotheke* in deutscher Sprache, die in den Jahren der faschistischen Okkupation in Polen im Warschauer Ghetto von Hand zu Hand ging. Sie befindet sich heute in einem jüdischen Museum in Warschau. Man hat sie über das Inferno der Menschenvernichtung hinweg gerettet: Gedichte eines aufrechten Moralisten, der zum Durchhalten und zur Standhaftigkeit aufrief, bedeuteten in einer finsteren Zeit für Bedrückte, Verzweifelte und Verfolgte Zuspruch und somit Lebenshilfe.

Der Kleine Grenzverkehr oder Freiheit in Portionen

Zwischen dem emigrierten Walter Trier und Erich Kästner gab es eine Verabredung, sich im August 1937 zu den Salzburger Festspielen auf österreichischem Boden zu treffen, um gemeinsam ein Buch über die Stadt Salzburg vorzubereiten, das Maschler in Wien herausbringen wollte. Trier, als Gast der Festspiele im Besitz zweier Eintrittskarten für verschiedene Aufführungen, hatte die zweite Karte seinem Freund Erich zugedacht, dessen Theaterleidenschaft bekannt war.

Im Juli setzte sich Kästner in den Zug nach Bad Reichenhall, dem letzten Ort vor der österreichischen Grenze, wo er Quartier nahm. Trier, als Emigrant, logierte in einem Salzburger Zimmer. Um zu arbeiten, fuhr Kästner täglich mit dem Linienomnibus von Bad Reichenhall über die Grenze hinüber ins Salzburgische, und zwar ohne Bargeld, wie es im sogenannten kleinen Grenzverkehr Vorschrift war. Man brauchte dafür kein besonderes Ausreisevisum, mußte jedoch am Abend wieder zurück sein. Auf diese Weise entfiel für Kästner der sonst vorgeschriebene offizielle Weg zur Beantragung eines Visums, der die Aufmerksamkeit der Behörden unnötigerweise auf seine Existenz gelenkt hätte. Nach seinen neuerlichen Erfahrungen mit der Gestapo hielt er das nicht für opportun. Man hatte im Frühjahr 1937 in den frühen Morgenstunden eine Haussuchung bei ihm vorgenommen und ihn anschließend zu einem Verhör ins Polizeipräsidium am Alexanderplatz geschleppt. Die Gestapobeamten wollten von ihm wissen, was er tue, wovon er lebe, in welchen Verlagen seine Bücher gedruckt würden. Es wiederholte sich alles ähnlich wie beim erstenmal. Drei Stunden dauerte die Vernehmung, dann entließ man ihn, der Paß wurde nicht eingezogen. Anders als beim erstenmal hatte aber von dieser zweiten Verhaftung niemand etwas erfahren, weder die Sekretärin noch sein Anwalt. Von diesem Tag an, schreibt seine Biographin Luiselotte Enderle, habe Kästner jede Klingel im Magen gehört, und sein Herzleiden habe sich wieder stärker bemerkbar gemacht.

Unter diesen Umständen war es für ihn eine Erholung, auch wenn es tagelang regnete, die Salzburger Cafés und die Schönheiten einer Stadt zu genießen, die unter dem Wahlspruch zu leben schien »Hic habitat felicitas – Hier wohnt das Glück«. Diese lateinische Inschrift fand man bei der Ausschachtung des Fundaments für das Salzburger Mozartdenkmal auf einem altrömischen Mosaikfußboden. Kästner war von dem Spruch so fasziniert, daß er ihn als Motto für sein Buch nahm.

Nach Kästners Art erscheint das Buch mit mehreren Vorreden, die noch eine Funktion haben und sich hübsch lesen, daß es aber auch drei verschiedene Titel haben muß, ist nicht einzusehen. In Anbetracht des unbeschwerten Inhalts des Buches sind sie zu gewichtig und für Buchhändler und Bibliothekare nur verwirrend. 1938 nennt Kästner sein Skizzenbuch *Georg und die Zwischenfälle*. Nach dem Krieg erscheint es 1949 neu und heißt nun *Der kleine Grenzverkehr oder Georg und die Zwischenfälle*. Zu allem Überfluß findet sich innen nochmals ein erklärender Vortitel: *Das Salzburger Tagebuch des Georg Rentmeister oder Der kleine Grenzverkehr*. Die ausländischen Verlage konnten sich nun aussuchen, wie dieser »Kästner« in ihrer Landessprache heißen sollte. Das hier sind einige Ergebnisse: Die italienische Ausgabe von 1938 verband einen Teil des Vortitels mit eigenen Ideen: *Aventura a Salisburgo. Diario del Signor Giorgio Rentmeister*. Die Niederländer kombinierten den Haupttitel mit dem antiken Spruch vom Glück und entschieden sich für *Klein Grensverkeer, hier woont het geluk (Romance in Salzburg)*. Am kürzesten faßten sich die Engländer und Amerikaner, als sie nach dem Krieg die Geschichte von Georg, den Zwischenfällen und dem kleinen Grenzverkehr mit Sinn für Sachlichkeit und Humor kurz entschlossen *A Salzburg Comedy* tauften.

»Aventura«, »Romance« oder »Comedy« – was ist es nun wirklich? Wir wollen versuchen, die Antwort in der Betrachtung der Fabel zu finden. Es handelt sich um das fingierte Salzburger Tagebuch des jungen Georg Rentmeister, der der sympathische Held der Geschichte ist, alles in allem eine gleichermaßen liebenswürdige Filmausgabe der *Fabian*-Figur. Die Handlung setzt ein mit der Geschichte einer kleinen Liebelei zwischen ihm und einer jungen Dame, die natürlich Konstanze heißt. Mit ihr macht sich der Bummel durch die altehrwürdigen Gemäuer so reizvoll wie seinerzeit für die Verliebten Kurt Tucholskys in *Rheinsberg*. Nur daß man sich hier nicht im Brandenburg-Preußischen, sondern im Österreichischen liebt und daß dementsprechend mehr Zuckerguß aufgetragen ist.

Kästner ist der Stadt und ihrer Atmosphäre mit allen Sinnen verfallen, wie man an der beschwingten und gelösten Erzählhaltung erkennt. Als Sohn des barocken Dresden hat er einen Blick für das architektonische Formenspiel an Türmen, Portalen und Arkaden, für Farben, Schnörkel und Fassadenschmuck. Liebevoll geht er gelegentlich den Spuren geschichtlicher Vergangenheit nach, aber stets so zurückhaltend, daß kein Reiseführer der Stadt Salzburg dabei herauskommt, wiederum aber so, daß im heiteren Nebenbei das Fluidum der Mozartstadt hervortritt. Alles bleibt irdisch, sinnenhaft, so wenn er eine Schar »ergötzlich gesunder, vergnügter Altarengel« in der Franziskanerkirche bewundert, die die Madonna von Pacher umschweben wie »ein geflügelter Kindergarten«. Trier gibt den kleinen Kapiteln den farbigen Anstrich, indem er seinem Tuschkasten liebevolle Arabesken entlockt. Wie Kästner ist auch er von Salzburgs Schönheit chronisch »angeheitert«.

Die Sehenswürdigkeiten der Stadt geben den Rahmen für die diversen Zwischenfälle auf dem Weg zum Operetten-Happy-End. Konstanze ist gar kein Dienstmaderl wie vermutet, sonder eine Komtesse, die aus Laune ihres spleenigen Herrn Papa, der den Theaterfimmel hat, niederes »Personal« spielen muß, damit der alte Herr Stoff für eine geplante Komödie bekommt. Selbstverständlich steht ein Schloß im Hintergrund, das dem Vater jener Konstanze gehört, und man muß die Phantasie nicht anstrengen, um Georg als künftigen Erben in diesen Gemäuern zu sehen.

Der direkte Weg von der Rechtschaffenheit zum Glück, bewährtes

Gerüst von *Emil* und *Anton*, funktioniert auch hier als stützendes Korsett für den Fortgang der Fabel oder, wenn man will, als Traum, als Illusion für eine glückbedürftige Menschheit.

Da das Buch von vornherein den Zuschnitt eines Filmmanuskripts besaß mit raschem Szenenwechsel, kurzen Dialogen, Heiterkeit, Happy-End und einem modernen Liebespaar, ließ die Verfilmung nicht lange auf sich warten. Solcher Filme wegen hat man Erich Kästner, ehemals ein streitbares Mitglied aus der Mannschaft der »Weltbühne«-Scharfrichter, den »Heinz Rühmann der Literatur« genannt. Ob ein solches Etikett seine Berechtigung hat, sei dahingestellt. Bemerkenswert bleibt in jedem Falle die Tatsache, daß inmitten einer Umwelt von Hakenkreuzfahnen und Reichsparteitagen, Eintopfsonntagen und Luftschutzübungen ein so unbeschwertes Produkt der Phantasie und der Harmonie entstehen konnte mit geradezu idyllischen Zügen – eine Insel, auf der sich zwei Verliebte wie im Paradies bewegen, wo Tennis gespielt und auf einem veritablen Schloß gespeist, sorglos gebummelt, gewitzelt und parliert wird, als gebe es keine anderen Sorgen auf der Welt. Wenn die Salzburger Idylle von 1937/38 außer ihrer Unterhaltungsfunktion noch einen anderen Sinn haben sollte, dann den, daß die Politik und überhaupt jede Realität auf den hundertvierzig Seiten dieses Buches ignoriert werden.

Abgesehen davon, daß im *Grenzverkehr* wieder der begüterte, noble alte Herr vorkommt, das Wunschbild einer Vaterfigur, wiederholt sich das Phänomen des lautlosen Protests, das schon an den *Drei Männern im Schnee* zu beobachten war: Die kleinen Buchkapitel über Salzburg gerieten zu einem Hymnus auf die Harmonie. Hier waltet keine Zufälligkeit. Dem Hang der Nazis zum Nordisch-Finsteren, Pathetisch-Verquollenen und zum Wagnerkult will Kästner gerade das Verspielte, Anmutige, Mozartsche entgegenhalten. Gegenwelten kommen zustande, die sich extremer nicht denken lassen. Darüber hinaus ließ sich, unausgesprochen zwischen den Zeilen, die Mitteilung an den Leser heraushören, daß Kästner sich von seinen Idealen nicht losgesagt hat, daß für ihn Glück, Schönheit und Lebensbejahung unzerstörbare Dinge sind, was auch immer geschieht.

Bei der Bewertung der Salzburger Episode für die Biographie Erich Kästners muß der literarische Ertrag zunächst zurückgestellt werden gegenüber der Bedeutung, die sein Aufenthalt im deutsch-österreichischen Grenzraum für ihn persönlich hatte. Er traf damals nicht nur mit Walter Trier zusammen, sondern führte auch Gespräche mit dem im Exil tätigen Walter Mehring sowie dem emigrierten Dramatiker Ödön von Horváth, beides Schriftsteller, die das Bühnen- und Literaturleben Berlins entscheidend mitgeprägt hatten.

Mehring war es am Tage nach dem Reichstagsbrand gelungen, durch einen Trick der Verhaftung in der Berliner Wohnung seiner Mutter zu entgehen. Er hielt sich wieder in Paris auf und kam in jenen Tagen nach Salzburg. Nach seiner Ankunft ließ er aus Besorgnis um Kästner über Trier bei diesem noch einmal anfragen, ob er bereit sei, sich mit ihm zu treffen. Er werde morgen nachmittag um drei Uhr unter den Arkaden vor dem Postamt warten. Er könne verstehen, wenn eine Begegnung aus politischen Gründen nicht erwünscht sein sollte. Es war aber nicht Kästners Art, einen Mitstreiter aus dem alten »Weltbühnen«-Kreis, dessen Pamphlete gegen die Nazis ihm bekannt waren, aus Vorsicht nicht treffen zu wollen. »Um drei Uhr am Postamt!« lautete sein Bescheid.

Aus der einen Begegnung wurden viele. Dabei liegt es auf der Hand, daß sich die drei in den Dingen ihres Berufs erfahrenen und an der Politik interessierten Männer nicht über die Qualität des Salzburger Kaffees oder das Wetter unterhalten haben. Kästner als »Insider« konnte detaillierte Angaben zur Situation im Literatur-, Theater- und Filmbereich machen und Fakten mitteilen, die für die Mitarbeiter von Emigrantenzeitschriften von höchstem Interesse waren. Das Spitzelwesen unter den Nazis, Methoden der Gestapo, Vorgänge in den Berufsverbänden, von denen Kästner Kenntnis hatte, die Stimmung und allgemeine Reaktion auf bestimmte Maßnahmen der Politik, bekannt gewordene neuerliche Verhaftungen, der Gesinnungswechsel einstiger Kampfgefährten und die eigene private Situation wurden erörtert. Sicher verschwieg man sich auch die Sorge nicht, daß Hitler mit seiner Politik Europa an den Abgrund einer Katastrophe dränge.

Ödön von Horváth, der mit am Tisch saß, war es denn auch, der am letzten Abend Kästner aus tiefer Besorgnis heraus fragte: »Wollen Sie denn wirklich nach Deutschland zurück? Ich hätte davor zuviel Angst.« Er fühlte sich in Sicherheit und wurde wenige Monate danach auf der Straße in Paris im Gewittersturm von einem herabstürzenden wuchtigen Ast erschlagen. Kästner kam aus der Unsicherheit und fuhr dorthin zurück, um an seinem nächsten Projekt, dem *Till Eulenspiegel*, zu arbeiten.

Till Eulenspiegel

In der Bibliographie seiner Werke ist der *Eulenspiegel* stets unter den Kinderbüchern angeführt, obwohl Kästner einen solchen Hinweis zur Klassifizierung nicht gegeben hat. Bei ihm steht lediglich: »Zwölf seiner Geschichten, frei nacherzählt von Erich Kästner.« Schon der bloße Umstand, daß er sich 1938 diesem alten Volksbuch zuwendet, um mit dem Eulenspiegel über die Dummheit und deren verderbliche Folgen zu fabulieren, spricht nicht dafür, daß er nur ein Kinderbuch im Sinn gehabt hat. Sein *Eulenspiegel* ist vielmehr ein Zeitkommentar in heiterem Gewand, der sich eigentlich an die Erwachsenen wendet.

Bei der Bearbeitung des Stoffes hielt er sich im Geschehen weitgehend an das Original, doch verstärkte er die satirischen Bezüge allein schon durch die Auswahl exemplarischer Kapitel und Episoden. Damit wird die ursprünglich kritische Tendenz des Volksbuches zurückgewonnen. Kleinbürgerliche Verhaltensweisen der Anpassung und Nachahmung, der Gewinnsucht und der Hörigkeit erscheinen in schärferem Licht. Aus den überlieferten Streichen des Till Eulenspiegel nimmt er sich zwölf Geschichten heraus, um sie in moderner Sprache und auf den Kern der Handlung reduziert neu zu erzählen. Die Geschichten mußten vom intelligenten Leser auf die eigene Situation und die gegebenen Verhältnisse in Nazideutschland übersetzt werden. Nur so bekamen die doppelsinnigen Aussagen im Narrengewand ihre Aktualität. Till Eulenspiegel – das war die Inkarnation der Volksschlauheit, die, unbesiegbar, Grenzen und Mauern überwand und überall zu Hause war. Solcher Eulenspiegelgeist lebte auch in Deutschland – trotz Terror gegen Geist, Vernunft und Leben. Er lieferte nicht zu unterschätzende geistige Waffen des Widerstands. Bertolt Brecht hat nicht zufällig die Eulenspiegelfigur zitiert, als er 1947 bei der ersten Wiederbegegnung mit Werner Finck in Zürich diesem ein Gedicht widmete, das er mit der Überschrift versah: »Eulenspiegel überlebt den Krieg.« Es ist darin die Rede von einem Mann, »der in große Zeit nicht paßte / und, indem er witzig war und bebte, / wie das niedre Volk sie überlebte«.

Till Eulenspiegel, eine Edition in Großformat und der erste Band in einer mit Maschler gemeinsam konzipierten Serie »Klassiker für die Jugend«, wurde von Walter Trier mit Farbtafeln von üppiger Pracht ausgestattet. Um die Illustrationen anzusehen, fuhr Kästner zu ihm nach London, unbeschadet der drohenden Gewitterwolken, die im Jahre 1938 am politischen Horizont hingen. Die Annexion der

Tschechoslowakei durch die deutsche Wehrmacht kündigte sich bereits an.

Trier lebte mit Frau und Tochter nun schon eine geraume Zeit in England. Er hatte einst zu Berlins urwüchsigsten humoristischen Zeichnern gehört, und man hätte annehmen können, daß die Trennung von seinem Milieu zu einem Verlust an Inspiration, wenn nicht zur Einbuße der Produktivität überhaupt geführt hätte. Aber nichts von dem. Seiner naiven Art des Sehens und der zeichnerischen Erfindung verdankte Trier, daß er, ehedem der populärste Zeichner der »Lustigen Blätter«, des »Uhu«, der »Dame« und der »Frechheit«, auch in England wieder als Mitarbeiter des Magazins »Liliput« ein bekannter Mann war. Kästner konnte sich bei seinem Besuch davon überzeugen. Trier zeigte ihm zwei lustige Blätter. Das eine entstammte den Berliner Jahren, das andere war gerade in der »Picture Post« erschienen. Beide schilderten in frappierender Lustigkeit das Verkehrschaos der Großstadt und waren haargenau die gleiche Szene mit den gleichen Personen. Nur eine der Figuren wäre nicht dieselbe, sagte Tier. Kästner betrachtete das Bild daraufhin genauer und sah, daß Trier aus dem Berliner Verkehrsschutzmann einen Londoner Bobby gemacht hatte. »Die Engländer finden, daß das Blatt typisch englisch sei«, amüsierte sich Trier. »Sie bewundern mein für einen nichtenglischen Zuschauer geradezu unheimliches Einfühlungsvermögen.« Beide lächelten darüber, weil das Lob ein Irrtum war. »Doch der Irrtum war nur zu begreiflich«, meinte Kästner. »Das Blatt war keine gezeichnete Reportage voller spezifischer Nebensachen, sondern es zeigte, bei auswechselbaren Polizisten, die karikierte Hauptsache: die Hypertrophie des Großstadtverkehrs und die Unmöglichkeit, das Chaos auf menschliche Weise zu bewältigen.« Und darüber konnten Engländer genauso vergnügt lachen wie Deutsche.

Es waren schöne Tage in London. Kästner, damals schon ein Whiskykenner, machte von Triers Vorräten freundlichen Gebrauch, verbrachte die Nachmittage mit dem Freund auf dem Tennisplatz, sah sich die neuen Stücke in dessen Spielzeugsammlung an und genoß die Sehenswürdigkeiten der Stadt. Der Aufenthalt bei der Familie Trier in der Charlotte Street ging schneller zu Ende als beabsichtigt. Es sollte das letztemal sein, daß sich Kästner und Trier sahen. Beim Abschied gab ihm sein englischer Übersetzer Cyrus Brooks die launige, aber wenig realistische Empfehlung mit auf den Weg: »Well, und wenn Sie drüben sind, schießen Sie doch bitte Ihren Verrückten tot!«

Die Rückkehr von London nach Berlin war eine Rückkehr aus Triers Spielzeugland in die Realität des Großdeutschen Reiches, das auf den Krieg zusteuerte. Das Münchner Abkommen, mit dem die Westmächte die Zerschlagung der Tschechoslowakei sanktionierten, war zu diesem Zeitpunkt schon unterzeichnet. Kästners Verleger Maschler, bereits aus Wien vertrieben, mußte wenig später mit der Okkupation der Tschechoslowakei im März 1939 auch seinen zweiten Verlagsort Mährisch-Ostrau aufgeben. Ihm blieb nur noch Zürich.

Wenngleich die Kriegsgefahr durch den Verrat westeuropäischer Politiker an der Tschechoslowakei, durch Preisgabe gültiger Verträge, um ein Jahr hinausgeschoben werden konnte, zeigten die brennenden Synagogen, die geplünderten und zerstörten Wohnungen jüdischer Bürger in der sogenannten Reichskristallnacht vom 9. November 1938, wohin Deutschland steuerte. Als Kästner in jener Nacht von seinem Stammcafé in einem Taxi den Berliner Tauentzien entlang nach Hause fuhr, sah er an den Straßenecken merkwürdige Figuren. Es war gegen drei Uhr morgens, er hörte, wie zu beiden Seiten der Straße Glas klirrte. »Es klang, als würden Dutzende von Waggons voller Glas umgekippt. Ich blickte aus dem Taxi und sah, links wie rechts, vor etwa jedem fünften Haus einen Mann stehen, der, mächtig ausholend, mit einer langen Eisenstange ein Schaufenster einschlug ... Außer diesen Männern, die schwarze Breeches, Reitstiefel und Ziviljacketts trugen, war weit und breit kein Mensch zu entdecken. Das Taxi bog in den Kurfürstendamm ein. Auch hier standen in regelmäßigen Abständen Männer und schlugen mit langen Stangen ›jüdische‹ Schaufenster ein. Es klang, als bestünde die ganze Stadt aus nichts wie krachendem Glas.«

Zwischen Uhland- und Knesebeckstraße ließ Kästner halten, öffnete die Wagentür, hatte noch nicht den Fuß auf der Erde, als sich ein Mann vom nächsten Baum löste und in leisem, aber entschiedenem Ton die Aufforderung an ihn richtete: »Nicht aussteigen! Auf der Stelle weiterfahren!« Das wiederholte sich, als Kästner, erregt und empört über das Gesehene, einige Straßen weiter aussteigen wollte. Wieder kam ein Mann in Zivil auf ihn zu und befahl in militärischem Ton: »Polizei! Weiterfahren! Wird's bald!« – »Am Nachmittag stand in den Blättern, daß die kochende Volksseele, infolge der behördlichen Geduld mit den jüdischen Geschäften, spontan zur Selbsthilfe gegriffen habe.«

In Kästners Werken findet sich eine scharf ausgeleuchtete Reminiszenz an jene Vorgänge der Kristallnacht in Form eines Epigramms.

Als die Synagogen brannten

Der junge SA-Mann:
Wo steckt Jehova nun, der nie verzeiht?
Ist er, Adresse unbekannt, verzogen?

Der alte Jude:
Gibt's einen Gott, gibt's auch Gerechtigkeit.
Wenn's keinen gibt, was braucht es Synagogen?

Die Kristallnacht war der Gipfel der bisherigen faschistischen Judenverfolgung durch das Hitlerregime. Soweit sie aus politischen Gründen nicht schon emigriert waren, setzte nach diesem Ereignis eine neue große Auswanderungswelle jüdischer Intellektueller und Künstler ein. Deutschland verlor damit einen großen Teil seiner künstlerischen Intelligenz. Kästner hatte viele von ihnen recht gut gekannt und über lange Jahre mit ihnen zusammengearbeitet. In einem seiner Bücher erwähnt er zum Beispiel das Schicksal seines ehemaligen Leipziger Feuilletonchefs Hans Natonek, den er knapp zwei Jahre zuvor zum letztenmal in Berlin getroffen hatte, als er im Begriff war, Deutschland zu verlassen. Er brach in Tränen aus, als sich Kästner nach seiner Familie erkundigte. Eine Familie habe er nicht mehr. Jedesmal, wenn ihm abends seine Kinder entgegengelaufen seien, um ihn zu umarmen, berichtete er, habe die eigene Frau sie vom Fenster aus keifend zurückgerufen und ihnen verboten, den Vater zu küssen, da dieser ein Jude sei. Diese Frau, vor ihrer Heirat mit dem Journalisten Natonek, Verkäuferin, kannte nach 1933 nur eine einzige Bibel: Adolf Hitlers *Mein Kampf*.

Manuskripte für die Schublade

Überblickt man die auf das Ende zugehenden dreißiger Jahre, so kommt man zu der Feststellung, daß sich im Lebensstil Erich Kästners, verglichen mit den Jahren zuvor, kaum etwas verändert hatte. Er selbst war, wie man weiß, kein Mensch von Neuerungen; lieber hielt er am Gewohnten fest, und das um so mehr, wenn es sich als das ihm Gemäße und Vernünftige erwiesen hatte. Er besitzt noch immer die alte Wohnung, Elfriede Mechnig ist noch immer bei ihm beschäftigt, wird jetzt aber im Arbeitsverhältnis wegen der für Kästner schwierig gewordenen Situation offiziell als Reinemachefrau geführt. Für Besorgungen gab es im Haushalt Kästners extra noch eine Aufwartung, ein Fräulein, das den nicht unzutreffenden Namen Plage trug. Wegen ihrer Unzuverlässigkeit gab es immer wieder Verdruß, so daß die Klage über die Plage am Tisch in seinem Lokal mittlerweile schon zum ständigen Thema gehörte. Zu durchgreifenden Maßnahmen, und das wäre die Kündigung gewesen, konnte sich Kästner nicht entschließen, und seine Bekannten wiederum wollten sich diese Geschichten seines häuslichen Ärgers nicht ständig anhören. »Schikken Sie sie doch zum Teufel, Ihre Frau ..., wie heißt sie doch gleich?« – »Plage«, sagte Kästner, »einfach Plage.« Einer aus der Runde brachte daraufhin den Witz in Umlauf: »Warum ist Kästner nicht emigriert? – Antwort: Weil er der Plage nicht kündigen möchte.«

Ansonsten lebte er, schon immer ein unauffälliger Zeitgenosse, zurückgezogen und absolut distanziert von dem, was man Öffentlichkeit nennt. Fast täglich sieht man ihn auf dem Tennisplatz, er geht nach wie vor ins Theater, sieht sich die Filme im Kino an, besucht Sportveranstaltungen und unterhält private Kontakte im Café Léon sowie im Grünen Zweig, einem Abendlokal neben dem Haupteingang der Scala in der Lutherstraße.

Nachts in der Bar, in der vertrauten Atmosphäre von gedämpftem Licht und Lärm, schreibt er, in seiner Ecke sitzend, ein moderner E. T. A. Hoffmann, an einem Roman, um den ein großes Geheimnis ist. Rationalist Kästner, das Muster eines nüchtern und kritisch denkenden Zeitgenossen, bringt plötzlich die Götter ins Spiel; das ist ein einigermaßen merkwürdiges Phänomen. Zunächst erfindet er sich einen jungen Mann mit Namen Mintzlaff. Dieser hat auf dem Gebiet der Kunstgeschichte akademische Grade erworben, ist aber wie Fabian ein Skeptiker und Zweifler an seiner Umwelt. Durch eine Mauer der Gefühllosigkeit sucht er sich von der Gesellschaft und zugleich von sich selbst zu distanzieren. Wie Chamissos Schlemihl einst seinen Schatten verlor, so läuft dieser junge Kunstgelehrte ohne Seele herum. Eines Tages macht Mintzlaff in einer Münchner Teestube die Bekanntschaft eines Fremden, »schön wie ein Schrank«, von faszinierender Wirkung auf Frauen und außerdem von unheimlicher Macht über das Denken und Tun irdischer Wesen. Aha, denkt man, hier ist Goethes Mephisto am Werk, doch dieser Mephisto ist mehr aus der literarischen Hexenküche von Curt Goetz und kein Geringerer als Zeus persönlich. Er reist unter dem Namen Baron Lamotte und ist als göttlicher Scharlatan zugleich eine Art Seelenapotheker, der für die

Renovierung des defekten Innenlebens von Menschen zu sorgen hat, jedenfalls von solchen, die ihn interessieren. Wahrscheinlich wird er auch Mintzlaff wieder in Ordnung bringen, was sich aber nur vermuten läßt, da der Roman mit dem zehnten Kapitel abbricht.

Die Einführung eines Deus ex machina, mit dem Kästner seit seinem Leipziger theaterwissenschaftlichen Studium auf vertrautem Fuße stand, erweist sich offenbar als notwendig in der Erkenntnis, daß die Menschen, unter einem lähmenden Druck stehend, nicht mehr über genügend eigene Kräfte verfügen, um sich zu befreien und somit zwischen sich und ihrer Umwelt den lebensnotwendigen Kontakt wiederherzustellen. Die Ermutigung muß von außen kommen. Im *Zauberlehrling* wirft der überirdische, von keinerlei Problemen belastete Lamotte dem irdischen, »seelenlosen« Mintzlaff vor, er habe die letzten zehn Jahre seines Lebens sorgfältig darauf verwendet, sein wahres Wesen zugrunde zu richten. Er sei einmal ein empfindsamer Mensch gewesen, der habe lieben können. Wenn anderen Leid widerfuhr, habe er mit ihnen gelitten, und nie habe er Angst gehabt, sich selber zu verlieren. Jetzt aber hat Mintzlaff Angst, er fragt seinen göttlichen Mentor, was man sich eigentlich wünschen solle. »Der Dichter möchte vielleicht ein Schmetterling sein. Der Buddhist will überhaupt nicht sein. Der Tatmensch möchte ein Held werden und der fromme Christ ein Engel ... Ich bin kein Buddhist, kein Dichter, kein frommer Christ und kein Held.« Was soll er also werden?

»Werden Sie, was Sie sind!« gibt ihm der vom Olymp herabgestiegene Göttervater zur Antwort. Das ist zugleich die Antwort des in einem Terrorstaat lebenden Schriftstellers mit Namen Erich Kästner auf eigene quälende Fragen. Für ihn hat die literarisch gegebene Antwort eine lebenserhaltende Funktion, denn den Satz: »Werden Sie, was Sie sind!« kann man auch andersherum lesen: »Bleiben Sie, was Sie sind!« In die Wirklichkeit des Jahres 1936 übertragen, läßt sich aus diesem Romanfragment, in dem Kästner mit Kästnerscher Ironie Kantianische Gedanken zur Selbsterziehung exemplifiziert, die Aufforderung an sich selbst und Gleichgesinnte herauslesen, die humanistischen Positionen nicht preiszugeben, nicht den Charakter zu verlieren, sich nicht irremachen zu lassen. Am Ende steht wiederum die Maxime des Moralisten, das Gute und Vernünftige zu tun, jederzeit »gescheit und trotzdem tapfer zu sein«.

Kästner hat den Roman vom *Zauberlehrling* nie zu Ende geschrieben. Er legte die rund hundert Seiten in die untere Schublade seines

Schreibtisches, wo noch andere Manuskripte schlummerten, von denen er nicht wußte, was einmal damit geschehen sollte. Erst in seinen *Gesammelten Schriften für Erwachsene*, die 1957 zum erstenmal erschienen, hat er seine unvollendeten Werke an die Öffentlichkeit gegeben. In einer Fußnote dazu fragt er, ob es schicklich sei, Fragmente selbst zu veröffentlichen, statt sie eines Tages veröffentlichen zu lassen. In bezug auf die *Doppelgänger* und den *Zauberlehrling* halte er, meinte er augenzwinkernd, einen Vorgriff als Autor für statthaft.

Die Anordnung, die er für die einzelnen Romane in seiner Werkausgabe trifft, ist aufschlußreich. *Fabian* und die Geschichte von Mintzlaff stehen mit einigen anderen kurzen erzählenden Fragmenten in *einem* Band. Wer sie in dieser Reihenfolge liest, kann die Bestätigung finden, daß das Mintzlaff-Fragment eine Wiederaufnahme des *Fabian*-Themas bedeutete, sich aber diesmal weit aus der Realität entfernte. Obgleich sich grundsätzlich neue Erkenntnisse für das Kästnerische Werk nicht daraus ziehen lassen, bleibt es eine vergnügliche Lektüre, voll funkelnder Einfälle und Bonmots, wie überhaupt an seiner erzählenden Prosa die spritzigen Dialoge und Sentenzen bestechend sind.

Briefe an sich selber

Die Romanfragmente von den ungewöhnlichen Erlebnissen eines jungen Kunstwissenschaftlers im *Zauberlehrling* oder eines vom Leben abgehängten jungen Mannes in den *Doppelgängern* vermitteln den Eindruck, als ob Kästner souverän wie ehedem über seinen Humor verfügte und die ungebrochene Lust am Fabulieren in ihm lebendig wäre. Dieser Eindruck ist nicht einhellig.

Die beste Kraft in ihm, die ihn einst zum Satiriker und Ankläger befähigte, ist nicht mehr spürbar. Er lebt unter ständigem Zwang, nur stumm zu registrieren, was um ihn herum geschah, das Unrecht und das Verbrechen zu beobachten und nichts dagegen tun zu können, und dieser Prozeß läuft nicht ab ohne Verluste, nicht ohne Selbstzweifel und Resignation. Eine Zeitlang konnte er sich selbst gegenüber die Produktivität seiner schriftstellerischen Existenz beweisen, indem er auf unpolitische Unterhaltungslektüre auswich. Eine Befriedigung für einen Mann wie Kästner konnte das auf die Dauer nicht sein. Das hieße ihn unterschätzen, aber welche Möglichkeiten standen ihm noch offen? Bald würde der Krieg, das sah er mit erschreckender Konsequenz, jeglichen Sinn einer literarischen Tätigkeit zunichte machen. Er sah die vom Eroberungswahn kommandierten Militärparaden in der Siegesallee, er sah, wenn er die Eltern besuchte, die jedesmal länger werdenden Kolonnen der Regimenter ausrücken. An eine größere konzentrierte Arbeit war unter diesen Umständen nicht zu denken. Hin und wieder nahm er die Skizzen zu einem satirischen Theaterstück vor, das später als *Schule der Diktatoren* bekannt werden sollte, oder er trieb »Physikalische Geschichtsbetrachtung« im Stil des Sinngedichts mit der tröstenden, wenn auch fatalistischen Erkenntnis:

Dem ehernen Gesetz des Falles
gehorcht auf Erden alles.
(Alles!)

In den letzten Monaten vor dem Krieg verloren sich allmählich auch die Kontakte zu den Freunden in London und Zürich, in Amsterdam und New York; damit schoben sich die Mauern der Isolation abermals ein Stück näher an ihn heran.

Die Tage des Kriegsausbruchs erlebt Kästner in Berlin, mit Verdunkelung, früher Polizeistunde und Luftschutzübungen. Die ihm liebe Atmosphäre des Cafés verdüstert sich, der Kaffee wird dünner, das Bier schlechter, Wein seltener, wie er lakonisch registriert, viele Kellner sind eingerückt und Taxis gibt es ebenfalls so gut wie keine mehr.

In seinen stillen Stunden nachts in der Bar schreibt Kästner »Briefe an sich selber«, in denen er sich über seine bisherige Position des erklärten Moralisten und Aufklärers klarzuwerden versucht. Es ist Januar 1940, der Lärm der Siege über Polen und auf den Weltmeeren dröhnt aus den Lautsprechern, während der Schreiber des Briefes den Empfänger des Briefes folgendermaßen anredet:

»Sehr geehrter Herr Dr. Kästner!

Wer Sie flüchtig kennt, wird nicht vermuten, daß Sie einsam sind; denn er wird Sie oft genug mit Frauen und Freunden sehen. Diese Freunde und Frauen freilich wissen es schon besser, da sie immer wieder empfinden, wie fremd Sie ihnen trotz allem bleiben. Doch nur Sie selber ermessen völlig, wie einsam Sie sich fühlen ...«

Nach diesem Eingeständnis einer schmerzlich empfundenen Isolation, die er schon 1930 in seinen Gedichten zum Ausdruck gebracht hatte, geht er mit sich selber ins Gericht, macht sich Vorwürfe, daß er seine »kostbare Zeit damit vergeudet« habe, »der Mitwelt zu erzählen, Kriege seien verwerflich, das Leben habe einen höheren Sinn als etwa den, einander zu ärgern, zu betrügen und den Kragen umzudrehen, und es müsse unsere Aufgabe sein, den kommenden Geschlechtern eine bessere, schönere, vernünftigere und glücklichere Erde zu überantworten! Wie konntest Du nur so dumm und anmaßend sein!«

Es sind Worte der Resignation, wenn er abschließend philosophierend meint: »Wer die Menschen ändern will, der beginne nicht nur bei sich, sondern er höre auch bei sich selbst damit auf.« Ein enttäuschter Lehrer spricht daraus, der seinen Schulklassen in seinen lyrischen wie prosaischen Lektionen all die Jahre das Abc der Vernunft beizubringen versucht hatte und nun sehen muß, daß es nichts genützt hat. Ihn schmerzt die Einsicht, allein nicht gegen das millionenfache Unrecht ankämpfen zu können, es ertragen zu müssen – mehr noch, als Schuldloser so oder so mit daran schuldig zu werden. Das war für Kästner die schwerste seelische Belastung unter dem Naziregime, so wie er auch schrieb, daß auf dem Feld des Gewissens und Charakters der »furchtbarste, der unheimlichste Fluch jener zwölf Jahre« gelegen habe.

In den melancholischen Briefen an sich selbst steht jedoch, obwohl resignative Ironie vorherrscht, auch der Satz: »Man hat die verdammte Pflicht, sich nicht gehenzulassen.« Jahre später nahm er aus diesen Briefen an sich selbst nur noch die Maxime in Anspruch: »Resignation ist kein Gesichtspunkt!« Zwischen diesem Bekenntnis von 1953 und seinen Zweifeln an der Wirksamkeit des humanistischen Schriftstellers unter den Bedingungen äußerer Gewalt und erzwungener Isolation im Jahre 1940 lagen dreizehn Jahre mit gravierenden sozialen und politischen Erfahrungen.

Mama bringt die Wäsche

Zu Hause in seinem Bücherregal bewahrte Erich Kästner unauffällig zwischen anderen Bänden ein blau eingebundenes Buch in Romanformat mit leeren weißen Seiten auf, einen sogenannten Blindband, wie Verleger sie für Ausstellungszwecke anfertigen lassen. Dieser unverfängliche Blindband diente als Notizbuch für verfängliche Gedanken, in das er mit winziger Stenographie in Stichworten eintrug, was er nicht vergessen wollte. Ursprünglich trug er sich mit der Absicht, Tagebuch über den Ablauf der »großen Zeit« zu führen, hielt dieses

Vorhaben aber nicht durch. Daß er, trotz mehrfacher Anläufe, wieder davon abkam, begründete er damit, daß es schon mühsam genug gewesen sei, den Krieg hinzunehmen und zu überdauern. Auch noch sein »pünktlicher Buchhalter« zu sein, habe seine Geduld überstiegen. Er habe sich deshalb auf »Stichproben« von Ereignissen und Erlebnissen beschränkt.

Eine solche »Stichprobe« ist die Geschichte *Mama bringt die Wäsche*. Eine wahre Begebenheit, die jenen Tag festhält, an dem seine Mutter mit dem Wäschekarton in Berlin ankommt und vor der Tatsache steht, daß es die Wohnung nicht mehr gibt. Bei den täglichen Bombenangriffen war es lebensgefährlich, zwischen Dresden und Berlin noch hin- und herzufahren. Und bloß wegen der Wäsche! An dem bewußten Tag redete ihm seine Sekretärin noch eindringlich zu, der Mutter abzutelegraphieren. Aber Kästner zeigte auf das Telegramm auf seinem Schreibtisch – »Ankomme 16. früh Anhalter Bahnhof. Bringe, weil Paketsperre, frische Wäsche persönlich. Muttchen« – und meinte resignierend: »Sie kennen doch meine Mutter. Die hat doch jetzt schon den Hut auf dem Kopf!«

Für den 16. Januar hatte die Mutter ihr Kommen angekündigt, und in der Nacht zuvor, am 15. Januar 1944, wurde das Haus in der Roscherstraße samt Haupt- und Seitengebäude durch Phosphorbomben in Schutt und Asche gelegt. »Ein paar Kanister ›via airmail‹ eingeführten Phosphors aufs Dach, und es ging wie das Brezelbacken. Geschwindigkeit ist keine Hexerei. Dreitausend Bücher, acht Anzüge, einige Manuskripte, sämtliche Möbel, zwei Schreibmaschinen, Erinnerungen in jeder Größe und mancher Haarfarbe, die Koffer, die Hüte, die Leitzordner, die knochenharte Dauerwurst in der Speisekammer, die Zahnbürste, die Chrysanthemen in der Vase und Muttchens Telegramm.«

Obwohl es die Wohnung nicht mehr gab, bestand die Mutter darauf, die Wohnung sehen zu wollen, weil sie nicht fassen konnte, daß von all dem, was sie für den Sohn erarbeitet, erschuftet, erspart hatte, nichts mehr vorhanden sein sollte. »Und die Teppiche?« – »Auch die Teppiche.« – »Und das Klavier?« – »Das Klavier auch.« Kästner beschreibt, wie er an jenem Januartag seine zweiundsiebzigjährige Mutter durch Trümmer und Qualm, abgesperrte Straßen und Bombentrichter im Pendelverkehr vom Bahnhof in die Roscherstraße und von dort wieder zurück zum Bahnhof brachte, während Tränen über ihr Gesicht liefen »wie über eine Maske«.

Er sah, wie alt seine Mutter geworden war, daß er ihr so schonend wie möglich den Verlust begreiflich machen mußte, und konnte es nicht. Für ihn selbst ging es weniger um das gute, neue Plumeau und das Schlafzimmer, obwohl ihn die mit seiner schönen Wohnung verbrannten Möbel schmerzten – ihm ging es vor allem um den Verlust unersetzlicher Werte, wie seine wertvolle Bibliothek, die er sich seit den Studentenjahren zusammengespart hatte, die Klassikerausgaben, die Weltliteratur, die Kinderbuchsammlung und jene Briefe, die er mit Kollegen austauschte, deren Rezensent oder Mitarbeiter er war. Den Weg ins Feuer gingen in jener Brandnacht auch die Briefe des Dichtermatrosen Joachim Ringelnatz, die Kästner als liebevolle Erinnerung in den Leitzordner abgeheftet hatte und immer als etwas Besonderes betrachtete. Ein Stück Leben war damit verbrannt, das ihm einmal gehört hatte.

Die stenographischen Notizen in dem erwähnten Blindband lieferten noch den Rohstoff für eine andere Geschichte, »Berliner Hetärengespräche«, in der, mit kuriosem Vorzeichen, ebenfalls von einem Luftangriff die Rede ist, diesmal im Schnodderton eines Soldatenliebchens vorgetragen: Ein Betrunkener, der nicht in den Luftschutzkeller geht, wird durch die Luftdruckwelle einer Explosion aus der Wohnung auf die Straße getragen und kann so seine Geliebte mit anderen verschütteten Hausbewohnern retten.

Beide Tagebuchgeschichten sind Beschreibungen von Situationen, wie sie der Alltag der Jahre 1939 bis 1945 mit sich brachte, aber eben nur Randnotizen, Mosaiksteinchen zu dem großen Thema Deutschland, Krieg und Faschismus. Erich Kästner kam zu der Meinung, die Zeit des Faschismus habe nicht »das Zeug zum großen Roman« und tauge nicht zur großen Form, »weder für eine ›Comédie humaine‹ noch für eine ›Comédie inhumaine‹«. Man könne eine zwölf Jahre lang anschwellende Millionenliste von Opfern und Henkern, argumentierte er, architektonisch nicht gliedern. Man könne »Statistik nicht komponieren. Wer es unternähme, brächte keinen großen Roman zustande, sondern ein unter künstlerischen Gesichtspunkten angeordnetes, also deformiertes blutiges Adreßbuch«.

Das schreibt er 1945. Was er einst vorgehabt hatte, Chronist jener Zeit zu werden, erwies sich für ihn als eine nicht zu bewältigende Aufgabe. Er beließ es bei gelegentlichen Aufzeichnungen, die blitzartig Details scharf ins Bild bringen, Momentaufnahmen sein wollen, nicht mehr und nicht weniger.

Der *Münchhausen-Film*

Bevor seine Wohnung zerbombt wurde und sich Berlin in die »Reichstrümmerstadt« verwandelte, wie es in einem Lied bei Claire Waldoff heißt, erhielt Kästner 1942 von der UFA, unter Umständen, die bis heute nicht restlos geklärt sind und die er selbst als mysteriös bezeichnete, den Auftrag, ein Drehbuch zu schreiben. Es handelte sich um den Jubiläumsfilm der UFA zu deren fünfundzwanzigjährigem Bestehen: *Münchhausen* mit Hans Albers in der Hauptrolle.

Bei der UFA wußte man natürlich, daß Kästner verboten war, also auch nicht für den Film publizieren durfte. Offensichtlich gab es aber keinen zweiten Drehbuchautor von den künstlerischen Qualitäten eines Erich Kästner, so daß die UFA-Direktion für ihn beim sogenannten Reichsfilmdramaturgen Hippler eine Sondergenehmigung erwirkte. Sie wurde allerdings weder den Filmverantwortlichen noch Kästner ausgehändigt und existierte nur in Form einer mündlichen Weisung, konnte also jederzeit widerrufen werden. Als Kästner eines Tages im Café erschien, sagte ihm sein Freund Eberhard Schmidt, Produktionsgruppenleiter bei der UFA, die »offiziellen Dinge« seien alle geregelt, er könne mit der Arbeit beginnen.

Unter den Bedingungen einer desolaten Kriegswirtschaft, die bereits die letzten Reserven verschlang, entstand auf dem Filmgelände von Postdam-Babelsberg ein aufwendiger Farbfilm mit den besten Darstellern, die zur Verfügung standen, unter ihnen, neben Hans Albers: Ilse Werner, Brigitte Horney, Käte Haack, Hans Brausewetter, Eduard von Winterstein, Wilhelm Bendow, Leo Slezak, Michael Bohnen und Hubert von Meyerinck – alles Fürsten, Grafen, Barone mit ihrem Hofstaat, umgeben von Prunkgemächern, Kammerzofen und Lakaien. Die Bauten hatten repräsentativen und luxuriösen Charakter, als sei alles im Überfluß vorhanden, als gäbe es keinen Krieg, keinen Mangel, keine Sorgen. In seiner perfekten Imagination auf Agfacolor, seiner Prachtausstattung, für die die großen Museen des Reichs ihre »Juwelen« zur Verfügung zu stellen hatten, war der Film so recht geeignet, Eintopfsonntag und Luftschutzraum für zwei Stunden vergessen zu machen. Allein schon das Pressematerial, ein Heft von vierundzwanzig Seiten, mit Schauspielerporträts und Filmreklame vollgestopft, suggerierte rauschende Lebensfreude. Ein Umstand allerdings war merkwürdig: Der von der UFA-Produktionsgruppe Schmidt hergestellte Film hatte bei der Premiere keinen Autor, nicht im Programmheft und nicht im Vorspann.

Die Nazis hatten vorgesorgt. Propagandaminister Goebbels ließ noch vor der Aufführung des Films über den Pressedienst an alle Schriftleiter die Anordnung ergehen, daß im Zusammenhang mit der Premiere »der Schriftsteller Erich Kästner (Pseudonym Berthold Bürger) in den Zeitschriften nicht erwähnt werden darf«. Unberührt davon blieb die Honorarzahlung der UFA, für Kästner in jenen Jahren eine Frage der materiellen Existenz, denn mit Kriegsbeginn 1939 erfolgten vom Ausland her keine Honorarzahlungen mehr. Kästner-Bücher waren jetzt auch in den von der deutschen Wehrmacht eroberten Ländern Frankreich, Holland, Belgien, Luxemburg, Dänemark, Norwegen und Jugoslawien auf dem Index. Von Vorkriegsauflagen in neutralen Staaten gab es ebenfalls keine Abrechnungstantiemen mehr.

Die Situation auszunutzen, begann Kästner sofort nach der Ablieferung des *Münchhausen* für die UFA zwei weitere Drehbücher zu schreiben, das eine nach seinem in Deutschland verbotenen Salzburger Tagebuch *Georg und die Zwischenfälle*, das als Filmstoff *Der kleine Grenzverkehr* hieß, und das *Doppelte Lottchen*, nach dem später das gleichnamige Buch entstand.

Die Briefe und Postkarten von Erich an Ida Kästner tragen im April 1942 meist den Stempel Babelsberg. Aus der Korrespondenz läßt sich in Kurzfassung der Ablauf der Drehtage für den Film *Münchhausen* rekonstruieren und manches andere Detail, das für die Umwelt und den Alltag des Verfassers aufschlußreich ist. Er war viel mit dem Hauptdarsteller Hans Albers zusammen, auch mit Heinz Rühmann, für den er nebenbei ein Drehbuch umarbeitete. Spaß mache ihm das nicht, er komme aber nicht drumrum, äußerte er sich seiner Mutter gegenüber. Im gleichen Zusammenhang erwähnte er die für ihn unerfreuliche bevorstehende Zigarettenrationierung – »6 pro Tag. O weh, das ist bitter!« – und daß man ihm in seinem Lokal die Taschenlampe und die Handschuhe aus dem Mantel gestohlen habe. Ohne Taschenlampe war man damals aufgeschmissen. Der Wirt mußte ihm eine neue besorgen – wenn notwendig aus einem anderen Mantel. – Sein Kommentar dazu: »So wie jetzt ist noch nie gestohlen worden ...«

Die Außenaufnahmen zum *Kleinen Grenzverkehr* führten ihn im Juni 1942 noch einmal nach Salzburg, in jene Stadt, über die er geschrieben hatte: Hic habitat felicitas. – Wohnte hier noch das Glück? Sein bevorzugtes Lokal wurde wieder das Café Glockenspiel, in dem er sich fünf Jahre zuvor mit Walter Trier getroffen hatte, als sie gemeinsam ihr Büchlein über dieses »bezaubernde Städtchen« verfertigten. Kästner arbeitete auch diesmal ein bißchem im Glockenspiel, trank sein Bier und las die Zeitung. Jedoch nur eine, während er am Nebentisch einen Einheimischen beobachtete, der bei einer Schale Nuß, einem Glas Wasser und einer Zigarre täglich sämtliche Tageszeitungen las. Das erschien ihm einigermaßen komisch, ja widersinnig, bis er eines Tages ein Gespräch mit dem Kellner begann.

»Warum liest der Herr da drüben an dem Tisch denn jeden Tag sechs Zeitungen?«

»Ja«, bestätigte der Kellner, »das tut der Herr täglich. Schon seit zwanzig Jahren, deswegen geht man ja bei uns ins Kaffeehaus!«

»Das ist mir bekannt, aber seit 1938 steht doch bei Ihnen in jeder Zeitung dasselbe. Hat der Herr das denn noch nicht bemerkt?«

»Ja, gemerkt dürft er's schon haben. Nur, er hat das immer so gehalten, und von alten Gewohnheiten trennt man sich nicht gern.«

Von Salzburg aus ergab sich 1942 noch eine kurze Begegnung mit dem Schauspieler Emil Jannings, der Kästner zu einem Gespräch an den Wolfgangsee abholen ließ, wo er ein ausgedehntes Besitztum hatte. Es wird von Kästner geschildert als Anwesen am See »mit zwei Häusern, zwei Schweinen, vielen Hunden, Ziegen, Enten, Hühnern, Gemüsegärten, einem Gerstenfeld, Bootshaus, Badekabinen und so weiter«. Als Großstädter und Naturfreund sah er sich in der Landschaft ordentlich um, das Drehbuch, das Jannings umgearbeitet haben wollte, hat ihn dabei weniger interessiert – es ließ sich nicht machen –, dafür um so mehr die »hausschlachtene Wurst, wenn auch nicht viel, und die echte Butter«, die er vorgesetzt bekam. Der berühmte Jannings und seine Frau Gussy Holl wollten Kästner an jenem Tag unbedingt noch mit dem höchsten Mann im Gau Salzburg bekanntmachen, doch Kästner lehnte sehr höflich ab und fuhr zurück.

Noch bevor im Berliner UFA-Palast am Zoo der *Münchhausen*-Film Premiere hatte, die Dreharbeiten zum *Kleinen Grenzverkehr* aufgenommen und das *Doppelte Lottchen* als Textfassung beendet war, fand Kästner in seinem Briefkasten ein vom 14. Januar 1943 datiertes Schreiben des Präsidenten der Reichsschrifttumskammer vor. Das mit dem »Reichsgeier« gesiegelte Schreiben hatte folgenden Wortlaut: »Auf Grund einer neuerlichen Entscheidung der Reichskulturkammer wird die Ihnen unter dem 25.7.1942 erteilte Sondergenehmigung widerrufen. Sie sind somit nicht mehr berechtigt, im Zuständigkeitsbereich der Reichsschrifttumskammer als Schriftsteller tätig zu sein. Zuwiderhandlungen gegen diese Berufsuntersagung können von mir gemäß § 28 der Ersten Durchführungsverordnung zum Reichskulturkammergesetz mit Ordnungsstrafen belegt werden.«

Das hieß endgültiges und totales Verbot. Einflußreiche Parteikreise mußten von den Unternehmungen der UFA, im Interesse qualifizierter Drehbücher mit unerwünschten Autoren zusammenzuarbeiten, erfahren haben. Die Reaktion darauf war die radikale Untersagung jedweder weiteren literarischen Tätigkeit. Kästner schrieb das vereinbarte dritte Drehbuch trotzdem zu Ende, gab es der UFA, und die UFA gab das *Doppelte Lottchen* mitsamt den Rechten an ihn zurück.

Das alles spielte sich noch vor der Premiere des *Münchhausen* ab. Als Kästner dann noch zur Kenntnis nehmen mußte, daß in diesem Film sein Name weggelassen wurde, war er empört und wütend in einem Maße, sagt Elfriede Mechnig, wie sie ihn in den vierzig Jahren ihrer Zusammenarbeit nicht ein einziges Mal erlebt hätte. Er wollte sich diese ungeheuerliche Schikane nicht gefallen lassen, erwog sogar gerichtliche Schritte über seinen Anwalt, bis man ihm im Freundeskreise dringend davon abriet. In seiner Situation wäre jede Aktion nicht nur sinnlos, sondern lebensgefährlich gewesen. Mit der Tatsache mußte er sich abfinden. Das System hatte ihm eine Lektion erteilt, die zu seinen bittersten moralischen Niederlagen in diesen zwölf Jahren gehörte. Als verbotener, minderwertiger »Asphaltliterat« und Repräsentant des »Verfalls« war er gut genug gewesen, die Szenen und Dialoge für einen Film zu Papier zu bringen, mit dem der Staat gegen Ende seiner Existenz noch einmal hoffte, kulturell »Staat machen« zu können. Jetzt, nachdem die Arbeit geleistet und, man kann sagen, ein erfolgreicher, anspruchsvoller Film zustande gekommen war, behandelte man den Autor als nichtexistent. Auch das war ein Preis, den Kästner zu zahlen hatte dafür, daß er geglaubt hatte, in Deutschland bleiben zu müssen und unter den dort herrschenden Verhältnissen schreibend existieren zu können.

So einseitig allerdings war die Niederlage für ihn wiederum auch nicht, wenn man einige Dialoge des Films mit ihren geistvoll getarnten Anspielungen betrachtete. Als Kästner der UFA vorschlug, das Münchhausen-Thema für die Verfilmung zu nehmen – es war ausschließlich seine Idee –, hatte er aus präziser Kenntnis des Buches eine reale Vorstellung davon, welche Möglichkeiten die alten Geschichten im aktuellen Gewand hergaben. Was konnte es in der Endphase des Dritten Reiches, das auf der Lüge aufbaute, Widersinnigeres und zugleich auch wieder Zutreffenderes geben als die Fabel vom Lügenbaron?

Zu den Schlüsselsätzen des Films gehören die wenigen, aber brisanten Worte, die Kästner auf dem Mond sprechen läßt, wo die Zeit aus den Fugen gegangen ist und ein Jahr als ein Tag erlebt wird. »Entweder ist Ihre Uhr kaputt, Herr Baron, oder die Zeit selber«, sagt Münchhausens Diener. Und der Titelheld spricht einen unwiderruflichen Satz aus, wie ein Gerichtsurteil: »Die Zeit ist kaputt.«

An anderer Stelle heißt es mit deutlichem Bezug auf die politischen Realitäten: »Die Staatsinquisition hat tausend Augen und Arme. Und sie hat die Macht, recht und unrecht zu tun, ganz wie es ihr beliebt.«

Unabhängig von der dem Film 1942/43 zugedachten Funktion – geltungsbedürftige Repräsentanz im kulturellen Sektor gegenüber dem Ausland und damit Aufwertung des eigenen Systems, Suggerierung von Lichterglanz und Lebensfülle, die im Dritten Reich nicht mehr vorhanden waren, Ablenkung der müden Volksgenossen angesichts der Niederlage von Stalingrad – ist unter filmästhetischen Gesichtspunkten der herausragende künstlerische Stellenwert des *Münchhausen* zu akzeptieren. Verschiedene Kritiker halten ihn im Vergleich mit der sonstigen seichten UFA-Produktion für den einzigen ehrlichen Film, eben weil er in Thema und Durchführung, bei aller Phantastik, kaum jenem simplen NS-Schema der Unterhaltung entsprach, das in den letzten Kriegsjahren verordnet war.

In den Tagen, da Kästner sich in den Babelsberger Studios aufhielt, intensiv mit eingespannt in die Dreharbeiten, die immer mal wieder Änderungen am Manuskript erforderten, ereignete sich ein kurioser Vorfall. Auf Umwegen erhielt er aus der Schweiz einen Zeitungsausschnitt, in dem zu lesen war, daß er tot sei. Daß er für die Nazis gestorben war, hatte er erfahren, daß ihn aber die übrige Welt schon mit dreiundvierzig Jahren ins Reich der Schatten verwies, dünkte ihm doch etwas arg, und doch konnte er es schwarz auf weiß lesen: »Als ein Daheimgebliebener, der den Regierern seines Landes gewiß keine Konzession gemacht hat, ist in Berlin kurz vor seinem 43. Geburtstag der Dichter Erich Kästner gestorben.«

Mit diesen Worten begann der Nachruf, der im Mai 1942 durch die ausländische Presse ging. Gezeichnet war der Nekrolog zum »frühen Ende« Kästners mit den Buchstaben M. J., hinter denen sich ein dem Dichter freundlich gesinnter unbekannter Zeitgenosse verbarg. »Weil ihm zwei Himmelsgeschenke zugefallen waren, Gesinnung und Humor – seltene Gaben im neuen Deutschland –, muß sein frühes Scheiden auch jene Verehrer schmerzen, die nicht so glücklich waren, seine Persönlichkeit zu kennen. Ein bescheidener, anziehender Herzpatient aus Sachsen, so ist er zeitlebens, leise und nobel, dem dröhnenden Markt der Eitelkeit ausgewichen.«

Zum Schluß hebt der Autor des Nachrufs hervor: »Kästners Verlust wird besonders herzlich von einer Lesergruppe betrauert werden, an die sich nur selten ein Erfolgreicher wendet. Denn er hat den ›Roman für Kinder‹ in Erzählungen entwickelt, deren klassisches Beispiel *Emil und die Detektive* heißt, die Geschichte jener prächtigen Verbrecherjagd, auf der Berliner Kinder einen Dieb zur Strecke bringen. In einem dieser Bücher, im *Fliegenden Klassenzimmer*, protestiert der Dichter gegen die konventionelle Lüge, daß es im Lande der Jugend kein Leid gäbe. Aber er ruft seinen kleinen Lesern zu: Macht euch nichts vor! Blickt dem Mißgeschick fest ins Auge!

In einem viel zu kurzen Dasein hat sich Erich Kästner das Recht erworben, so männlich zur Generation der Zukunft zu sprechen.«

Der solchermaßen gefeierte Lyriker und Jugendbuchautor erfuhr erst etliche Jahre nach Kriegsende, von wieviel Zeitungen des Auslands die Meldung abgedruckt worden war. Was er auch nach 1945 erfuhr – etwas, was ihn tief schmerzte –, war, daß im Konzentrationslager Theresienstadt etwa um die gleiche Zeit *Emil und die Detektive* von Häftlingskindern für Häftlingskinder aufgeführt worden war. Von den kleinen Schauspielern haben nur drei das Todeslager überlebt, von den anderen blieb nichts weiter zurück als Schuhe und Kleidung.

Leben und Überleben 1944

Nachdem Kästner im Januar 1944 ausgebombt war, zog er in die Wohnung zu Luiselotte Enderle, einer Journalistin, die er aus der Redaktion der Leipziger Familienillustrierten »Beyers für Alle« kannte und nach 1935 in Berlin wiedergetroffen hatte. Mit ihr blieb er die kommenden Jahre zusammen. Soweit es ging, besuchten sie mit verläßlichen Freunden 1943/44 die wenigen noch offenen Cafés und Restaurants, wo man sich kannte und hoffen konnte, ein paar Gleichgesinnte zu treffen. Seine bevorzugten Lokale waren das Bardinet, Ecke Schlüterstraße und Kurfürstendamm, der Grüne Zweig, das Restaurant unter der »Katakombe«, und die Jockey-Bar. Mit einigen befreundeten Schauspielerinnen und Filmleuten saß Erich Kästner dort zusammen, man aß gemeinsam zu Abend, besprach Persönliches, und, was wohl das Wichtigste war, man konnte sich per Mundfunk mosaikartig jene politischen Informationen zusammensetzen, die der Wehrmachtbericht des Rundfunks und der »Völkische Beobachter« verheimlichten. Sehr gute Freunde hatte Kästner auch in Ketzin an der Havel, die ihn oft einluden und mit denen er, in gewisser Sicherheit vor den Fliegerangriffen auf Berlin, manches Wochenende verbrachte. Für ihn war dieser kleine Ausflugsort, von Berlin mit der Kleinbahn zu erreichen, so etwas wie eine Insel der Geborgenheit. Er erwartete mit Ungeduld den endgültigen militärischen Zusammenbruch des Hitlerregimes. Das Menetekel Stalingrad bestärkte ihn in der Hoffnung, daß dieser Tag nicht mehr allzu fern sein würde.

In seiner Berliner Tischrunde kam einmal die Sprache darauf, es gebe über jeden, der sich mit Kästner treffe, bei der Gestapo eine Akte. Ein einziger seiner Bekannten blieb daraufhin der Runde fern, die anderen hinderte es nicht, sich mit dem verbotenen Schriftsteller weiterhin an einen Tisch zu setzen. Daß es mit dem Siegen längst zu Ende war, hatte sich inzwischen allgemein herumgesprochen, manche wagten darüber sogar offene Bemerkungen, obwohl auf defätistische, zersetzende Äußerungen die Todesstrafe stand. Wie gegen Kriegsende gelegentlich alle Vorsicht vor Spitzeln ignoriert wurde, erlebte Kästner selbst einmal, als er von einem Besuch aus Dresden zurückkehrte. Bei der Ankunft auf dem Anhalter Bahnhof gab es Fliegeralarm. Er rannte zu der einzigen Taxe, die dastand. Eine Frau, die von der anderen Richtung kam, stieg noch zu. Als das Taxi losfuhr, heulten erneut die Sirenen auf, den Anflug der Bomberverbände signalisierend. In solcher Situation können Fahrten im Taxi Fahrten auf Leben und Tod sein. Es entsteht ein gewisses Zusammengehörigkeitsgefühl, und aus einer solchen spontanen Empfindung heraus sagte der Fahrer in Urberliner Direktheit: »Ick weeß ja nich, wen ick fahre, aba der Krieg is im Arsch!«

Dieser Ansicht vom Zweiten Weltkrieg war man, wenn vielleicht nicht so drastisch formuliert, auch in der Jockey-Bar bei Johnny Rapeport in der Lutherstraße, wo viele von den Schriftsteller- und Bühnenkollegen verkehrten, die wie er in Berlin geblieben waren. An Kästners Tisch sah man häufig die Lyrikerin Oda Schaefer mit ihrem Mann, dem Schriftsteller Horst Lange. »Hier«, so erzählt Oda Schaefer in ihren Memoiren, »trafen wir Erich Kästner und Luiselotte Enderle und tout Berlin, während am Nebentisch die Gestapospitzel saßen und verbotene Gespräche zu belauschen versuchten. Sie waren sofort zu erkennen, sie waren spießig, lauernd, von tierischem Ernst und paßten keineswegs in die ungezwungene Atmosphäre.«

Oda Schaefer sah in Gedanken noch immer den nach Shanghai ausgewanderten Pianisten Ernst Engel am Flügel sitzen, einen Busoni-Schüler und kultivierten Jazzpianisten, Bachs Fugen, Mozart, Beethoven und Chopin zwischen modernem Jazz und Kurt Weill spielend. Und sie schildert, wie sie die Abende verbrachten in diesem engen, winzigen Lokal, geschickt weiträumig gemacht durch Spiegel an den Wänden, in denen sich alles wiederholte, auch die Kerzen. Die Paare tanzten auf so kleiner Fläche, daß es einem Stampfen und Sichdrehen auf der Stelle gleichkam. Ein schmaler, blonder, schwindsüchtig aussehender Geiger fiedelte wie besessen, wobei er zuweilen, ohne sich zu unterbrechen, das Instrument auf den Rücken drehte und so weiterspielte – eine artistische Leistung. »Für Stunden«, schreibt sie, »waren wir fröhlich und vergaßen den bösen Alptraum des Tages. ... Wir alle brauchten das Gespräch mit Freunden.«

Im Kleinen Künstlerrestaurant an der Ecke Kurfürstendamm und Waitzstraße, wo es für Stammgäste noch einen guten französischen Wein gab, trafen die Langes ihren Freund Erich Kästner wieder, der dort an einem der Abende in einer heiklen Situation ein Beispiel glänzender Zivilcourage gab. Horst Lange, in Wehrmachtuniform, hatte nach einem schweren Luftangriff auf Berlin an der Bar, ziemlich aufgebracht, politisch abfällige Bemerkungen im Disput mit einem Unbekannten gemacht, der sich als Kriegsgerichtsrat herausstellte und Lange auf der Stelle verhaften lassen wollte. In dem Moment, da er ans Telefon ging, um die Feldgendarmerie zu verständigen, lief Kästner, die gefährliche Situation erfassend, blitzschnell zum Flur, schraubte die Sicherungen heraus, so daß es im ganzen Lokal stockdunkel wurde. Dann packte er Lange, zerrte ihn zur Hintertür hinaus und bugsierte ihn auf eine gerade abfahrende Straßenbahn.

Das war Langes Rettung.

Auf welche Weise das grausame Terror- und Spitzelsystem der Nazis noch in den letzten Monaten vor seinem Untergang unzählige Menschen mit in den Abgrund riß, ohne daß jemand helfen oder auch nur das Geringste tun konnte, sollte Kästner am Schicksal zweier Freunde erleben, die ihm und seinem Werk seit seinen frühen Leipziger Jahren eng verbunden waren: Erich Ohser und Erich Knauf. Sie wurden am 2. März 1944 wegen »defätistischer Äußerungen im Luftschutzkeller« verhaftet und zum Tode verurteilt.

Man weiß darüber folgende Einzelheiten, die auch Kästner bestätigte. In derselben Straße wie Ohser und Knauf wohnte ein gewisser Schulz, Hauptmann der Reserve, der als Heimatkrieger in einer Berliner Dienststelle des Oberkommandos der Wehrmacht beschäftigt war. Er gab eine Zeitschrift »Das deutsche Lichtbild« heraus. Dieser Schreibstubenoffizier, ein paar Häuser weiter in einem Notquartier untergebracht, benutzte bei Fliegeralarm den Luftschutzkeller, der zum Block von Knauf und Ohser gehörte. So wurde er Zeuge von Gesprächen, die die beiden im Keller führten, und trug Abend für Abend fein säuberlich ein, worüber sie sich unterhielten. Da Ohser schwerhörig war, redete er etwas laut, man konnte mithören, wenn sich die beiden, um das stundenlange stupide Sitzen und Warten im Keller etwas angenehmer zu machen, die gängigen politischen Witze über die Nazis erzählten. Auf solche Äußerungen – sie fielen unter »Zersetzung der Wehrkraft« – stand Todesstrafe. Das wußte Bruno Schulz, dieser Schreibtischmörder, als er die beiden bei der Gestapo anzeigte mit der Begründung, er könne so etwas nicht mit seiner Offiziersehre vereinbaren. Die Wahrheit war, daß er und seine Frau auf die frei werdenden Zimmer im Haus spekulierten.

Auf Grund der Denunziation wurden Ohser und Knauf verhaftet. Ohser erhängte sich in seiner Zelle, einen Tag vor der Verhandlung vor dem Volksgerichtshof, da man bei der Haussuchung belastendes Material gefunden hatte, Knauf wurde zum Tode verurteilt und gehängt. Seiner Frau wurde ein Schreiben zugestellt, daß sie die Kosten für die Hinrichtung in Höhe von 585,74 Mark laut beigefügter Rechnung zu begleichen habe, Zahlungsfrist binnen einer Woche. 300 Mark waren als Gebühr für die Todesstrafe und 158,18 Mark für die Vollstreckung des Todesurteils angesetzt, der Rest der Summe entfiel auf den Pflichtanwalt.

Erich Knauf, von Kästner einmal als »sozialistischer Haudegen« charakterisiert, gehörte zu den vielen hochgebildeten, literarisch begabten Redakteuren, die den Weg anderer in die Literatur und damit in den Ruhm möglich machten, indem sie deren Arbeiten veröffentlichten, wie Knauf seinerzeit den »Nachtgesang des Kammervirtuosen«, der Kästner unfreiwillig zum »Berliner« machte. Der engagierte Sozialdemokrat und Verlagsmann Knauf, selbst schriftstellerisch tätig, hinterließ mehrere Bücher, die bei der Büchergilde Gutenberg erschienen sind, darunter einen Reportageroman über den Kapp-Putsch *Ça ira!* (1929), ein Buch unter dem Titel *Empörung und Gestaltung* (Künstlerische Porträts von Daumier bis Kollwitz), daneben eine spezielle Monographie über Daumier, den großen politischen Zeichner der Franzosen, sowie eine Auswahl der Schriften Kurt Eisners, dessen Name mit der Novemberrevolution verbunden ist.

In Erich Ohser besaßen die Deutschen »einen der liebenswertesten und begabtesten Zeichner der letzten Jahrzehnte«. So schrieb der international bekannte Buchillustrator Werner Klemke 1960 in seinem Nachwort zu einem Band mit Bildergeschichten *Vater und Sohn* von o. e. plauen, wie sich Ohser als Zeichner der »Berliner Illustrierten« nannte. Die Popularität seiner Zeichenkunst beruhte auf fröhlichen Einfällen und der Gabe, die launigen Geschöpfe seiner Phantasie in simpelster, reiner Linie zu Papier zu bringen, mit viel Herz und Wärme für Väter und deren kleine Söhne. Ohser, kein intellektueller Zeichner, hatte für einen Künstler seines Jahrgangs eine nicht alltägliche Biographie. Der 1903 in einem kleinen vogtländischen Flecken Geborene, der mit vier Jahren nach Plauen kam und sich als Sohn dieser Stadt betrachtete, beendete erst die Schlosserlehre, bevor er das Studium an der Hochschule für Graphische Künste in Leipzig aufnahm. Und hier in Leipzig kreuzten sich zum erstenmal die Wege der beiden jungen Männer Ohser und Kästner, die aus ähnlichen Verhältnissen kamen, die gleiche Veranlagung zur Nüchternheit, zum decouvrierenden Witz an sich entdeckten und durch den besagten »Fußtritt Fortunas« gemeinsam nach Berlin gelangten. Ohser-Zeichnungen haben die frühen Arbeiten Kästners für die Zeitungen und die Magazine begleitet; ohne die Zutaten aus der Zeichenfeder des Freundes ist der Weg des Leipziger Redakteurs Kästner in die Literatur nicht vorstellbar.

Den beiden Gefährten Ohser und Knauf fühlte sich Kästner sein Leben lang verbunden, ihr Andenken, ebenso wie das seines 1933 ermordeten Klassenkameraden Hans Otto, hat er in Reden und Aufsätzen stets lebendigzuhalten gesucht. 1957, in einem Geleitwort zu einem Sammelband mit Ohser-Zeichnungen, erinnerte er noch einmal an die Gemeinsamkeit ihrer Lebenswege: »Erich Ohser, Erich Knauf und Erich Kästner, zwei Sachsen aus Plauen und einer aus Dresden, ein Schlosser, ein Setzer und ein Lehrer, die ihre Berufe an den Nagel hängten, ihren Talenten vertrauten, ihre Erfolge hatten und bis auf einen unter Hitler ihr Ende fanden, das sind drei kurze Biographien in unserem Jahrhundert! ... Sie wollten, mit einem Minimum an Konzessionen, das braune Reich überdauern. Sie hofften, es werde gutgehen. Es konnte nicht gutgehen, und es ging nicht gut. Sie verbargen ihre eigentlichen Talente, damit sie nicht mißbraucht würden. Ihre eigentliche Meinung konnten sie auf die Dauer nicht verbergen.«

Unmittelbar nach Ende des Krieges stellte Kästner im Namen seiner toten Freunde öffentlich die Frage nach dem Verbleib jenes Denunzianten: »Was macht denn dieser Herr Schulz, damals Hauptmann der Reserve im OKW? Dieser Verleger von Zeitschriften, die sich mit Körperkultur befaßten, um auf Glanzpapierseiten Nacktfotos abbilden zu können? Wie geht es ihm denn, dem Herrn Hauptmann? Hat er das letzte Kriegsjahr gesund und munter überstanden?«

1970 kommt Kästner in einer Korrespondenz mit dem in Meerane ansässigen Schriftsteller Wolfgang Eckert noch einmal auf Knauf zu sprechen und meint, es wäre »sehr schön, wenn es Ihnen gelänge, daß man in Meerane« (Geburtsort Knaufs, den Kästner bis dato immer nach Plauen verlegt hatte) »eine Straße oder einen Platz nach ihm benennt. Sie können es mir glauben: er war ein prachtvoller Kerl.«

Die letzten Tage des »totalen Krieges«

Kästner hatte unwahrscheinliches Glück, daß er die letzten Monate des »totalen Krieges« unbeschadet überstand. Als nach dem Stauffenberg-Attentat auf Hitler am 20. Juli 1944 die große Verhaftungswelle einsetzte, befand er sich gerade in Dresden. Am 20. Juli fuhr er von der Wohnung seiner Eltern in die Dresdner Innenstadt, um noch einmal die Wege seiner Kindheit zu gehen und sich an der barocken Schönheit dieser Stadt zu erfreuen, als ahnte er, daß er sie vorläufig zum letztenmal sehen würde. Zur Erinnerung machte er sich eine kleine Zeichnung von der Frauenkirche. Abends fuhr er mit dem Zug zurück nach Potsdam-Babelsberg, wo er gelegentlich bei Bekannten das Wochenende über wohnte. Dort angekommen, erklärte ihm der Hausherr in geradezu kategorischem Ton, er möchte doch bitte sofort nach Berlin zurückfahren. Heute noch! Auf der Stelle! Von dem Empfang einigermaßen konsterniert, fuhr Kästner, den kleinen Rucksack über die Schulter gehängt, wieder ab. Erst viel später klärte ihn der Bekannte über den Grund seines Verhaltens auf. Er hatte einen Wink erhalten, daß noch am selben Abend in Potsdam-Babelsberg eine Großfahndung nach Mitverschwörern des 20. Juli einsetzen würde. Im Interesse der Sicherheit Kästners nötigte er ihn, nach Berlin zu fahren, da bei derartigen Aktionen oft genug Leute mitverhaftet wurden, die nicht auf den Fahndungslisten standen, aber als verdächtig galten.

In den Tagen, da die Rote Armee die Grenzen von Schlesien und Ostpreußen erreicht hatte, Paris von den westlichen Alliierten befreit worden war, begann Kästner wieder für einige Monate Tagebuch zu führen. Er hatte sein »Blaubuch«, wie er den Blindband mit den Stenonotizen nannte, zusammen mit dem Reservekulturbeutel, der Taschenlampe, dem Bankbuch und wenigen anderen lebenswichtigen Utensilien in einer Aktentasche verstaut, die er immer bei sich trug. Mit diesem einen Buch rettete Kästner seine Aufzeichnungen zu verschiedenen Theaterstücken und Romanen. Auch das nach dem Kriege erschienene Tagebuch *Notabene 45* verdankt sein Erscheinen den stenographischen Kürzeln in jenem blauen Band.

Unter dem 2. März 1945 steht zum Beispiel das Kapitel seiner Musterung. Daß er wieder einmal davongekommen war, verdankte er dem Stabsarzt, der ihn untersuchte. »Er fragte mich, während ich nackt und stramm vor ihm stand, nach Namen und Beruf und sagte: ›Soso, *der* Kästner sind Sie!‹ Die Bemerkung verhieß nichts Gutes. Als ich dann aber von dem uralten Musterungsmajor, den ein Monokel zierte, erfuhr, daß ich für militärdienstuntauglich befunden und ausgemustert worden sei, wußte ich, daß mir der Arzt sehr gewogen sein mußte. Andernfalls hätte er mich mindestens für Schreibstubendienste oder fürs Kartoffelschälen im Ehrenkleid requirieren können. Wie man Freunde hat, die einen nicht mehr kennen wollen, hat man, zum Ausgleich, andere, die man selber nicht kennt.«

Den Wirrwarr der letzten Monate vor Kriegsende vergleicht Kästner mit einem aufgestörten Ameisenhaufen. Sich selbst sieht er als eine Ameise unter Millionen anderen, die im Zickzack durcheinanderlaufen, mit dem kleinen Unterschied: »Ich war eine Ameise, die Tagebuch führte.«

Als der Geschützdonner immer näher kam, suchte Kästner nach Möglichkeiten, aus der Stadt zu kommen. Aber wie? Da er keine Papiere besaß, durfte er den Raum Berlin nicht verlassen. »Ich klebe hier fest wie eine Fliege an der Leimrute.« In dieser Situation kamen abermals Freunde zu Hilfe. UFA-Produktionsleiter Eberhard Schmidt hatte die Idee, Luiselotte Enderle, die als Dramaturgin bei der UFA beschäftigt war, und Erich Kästner in seinen Filmstab aufzunehmen, der sich kraft eigener Befugnisse, als die Lage in Berlin brenzlig zu werden begann, zu Außenaufnahmen in die Alpen absetzte. Schmidt setzte sich an die Schreibmaschine und stellte auf den Namen Dr. Erich Kästner alle notwendigen Papiere aus. Ein riskantes Unternehmen, das mehrere Köpfe hätte kosten können, denn er verwendete dafür von Staatsrat Hans Hinkel blanco unterzeichnete Formulare. Eberhardt Schmidt schrieb, Kästner sei der Autor des Drehbuchs, das in Mayrhofen in Tirol verfilmt würde, und vervollständigte die Gültigkeit der Ausweise durch seine eigene Unterschrift. Am nächsten Tag ging Kästner auf die verschiedenen Ämter – zur Polizei, zur Lebensmittelkartenstelle und zum Büro des Volkssturms –, um sich abzumelden. Überall erhielt er auf Grund der vorgezeigten Ausweise die erforderlichen Papiere. »Es lief wie am Schnürchen«, erinnerte er sich, nur vorm Schalter seiner Bankfiliale am Olivaer Platz, wo ihn die Gestapo 1933 zum erstenmal verhaftet hatte, fühlte er sich unbehaglich. Er traute sich plötzlich nicht mehr, sein Geld bar abzuheben, und verlangte einen Reisescheck. Der Angestellte kam nach einer Weile zurück und sagte, einen Scheck könne man ihm nicht ausstellen, was Kästner noch mehr verunsicherte. Sein Schreck wich der Erleichterung, als der Mann hinter dem Schalter erklärte, sie hätten keine Scheckformulare da, ob ihm mit dem Barbetrag gedient sei. Nichts wäre Kästner willkommener gewesen. Er ließ sich die Summe an der Kasse auszahlen und entfernte sich »gemessenen Schrittes«.

Am nächsten Tag, abends zehn Uhr, starteten Schmidt und Kästner in einem Zweisitzerautomobil der Marke DKW, dessen Karosserie noch aus Sperrholz und stabilen Hölzern gefertigt war, in Richtung Österreich. Es wurde eine Fahrt, die die Abenteuer Münchhausens fast in den Schatten stellte, die von Emil auf jeden Fall. Überall Kontrollen durch Posten der Feldgendarmerie. Scheinwerfer am nächtlichen Himmel. Neben der Autobahn von Tieffliegern zerschossene Fahrzeuge. Infolge der erhöhten Geschwindigkeit kam es am Chassis zu einem Brand, der mit Schnee erstickt wurde. Sobald es im Fahrzeug wieder nach verschmortem Gummi oder glimmendem Sperrholz roch, wiederholte sich die Löschaktion, bei der mitunter anwohnende Bauern mit Eimern voll Wasser zu Hilfe kamen, bis die beiden nach zwölf Stunden Autofahrt auf dem Gutshof einer mit Schmidt befreundeten Familie in der Nähe von Fürstenfeldbruck eintrafen, fast pünktlich zum Frühstück mit hausschlachtener Wurst und Speck – für jene Tage eine Delikatesse. Die Bahn brachte die beiden Reisenden weiter nach Innsbruck, von dort ging es mit der Zillertaler Lokalbahn hinauf nach Mayrhofen, wo sich der Filmstab der UFA etabliert hatte.

Kästner kam an mit einem Handkoffer, seinem Rucksack, der Aktentasche mit den Manuskripten, der Reiseschreibmaschine und dem gerollten Regenschirm, von dem er sich niemals trennte, getreu dem von ihm gedichteten Epigramm, in welchem er die These proklamiert, der Humor sei der Regenschirm des Weisen »und insofern unsoldatisch«. Alle wußten, daß Erich Kästner nicht zum Team gehörte, aber alle Schauspieler, Kameraleute und Bühnenhandwerker hielten dicht. Außer ihnen war der Name Erich Kästner nur noch drei Leuten im Ort bekannt, dem Arzt, dem Architekten und dem Eigentümer der Sägemühle.

Die Einheimischen begegneten den aus Berlin eingefallenen Fremden wie unerwünschten Besatzungstruppen; bald schon begannen die endsieggläubigen Ortsnazis den Kleinkrieg gegen die Filmgruppe und drohten mit Einberufung und Dienstverpflichtung. Aufnahmeleiter Schmidt mußte mehrmals nach München fahren, um durch Kontakte zu den dortigen Nazibehörden die Ortsgewaltigen von Mayrhofen zur Raison bringen zu lassen. Die Dreharbeiten konnten daraufhin weitergehen. Anfang April kam es mit dem Landrat und dem zuständigen Kreisleiter der NSDAP abermals zu einer Aussprache, die wiederum einige Tage Aufschub brachte und die Männer des Filmstabs vor einem bereits verordneten »Schützenkursus« bewahrte. Schließlich einigte man sich auf einen Kompromiß, daß sie an Regentagen, wo nicht gefilmt wurde, den Einwohnern bei den Feldarbeiten helfen und in den umliegenden Lazaretten Unterhaltungsabende organisieren sollten.

Während sich das UFA-Team und die Pgs von Mayrhofen im kleinen bekriegten, ging der »große Krieg« unaufhaltsam seinen letzten Stunden entgegen. Die Rote Armee nahm Königsberg ein, und die westlichen Alliierten stießen in Richtung Braunschweig vor. In Mayrhofen aber zogen die Filmleute, wenn die Sonne schien, wie im tiefsten Frieden durchs Dorf, voran die geschminkten Schauspieler, um auf den Bergwiesen Dreharbeiten zu mimen. »Die Kamera surrte, die Silberblenden glänzten, der Regisseur befahl, die Schauspieler agierten, der Aufnahmeleiter tummelte sich, und die Dorfjugend staunte.« Aber was die Dorfjugend nicht wußte und auch die übrigen Dorfbewohner nicht, daß die Kamera leer lief, nicht ein Meter von dem kostbaren Rohfilm sollte vergeudet werden. Die ganze Filmerei war nichts weiter als Bluff und Staffage.

Fünf Tage vor der Kapitulation erlebte Erich Kästner eine Aktion der österreichischen Widerstandsbewegung, die als erstes die Verdunkelung aufhob und zur rot-weiß-roten Beflaggung aufforderte. Als schließlich in Mayrhofen die ersten amerikanischen Militärfahrzeuge auftauchten, wußte man, daß der Krieg zu Ende war. Der 8. Mai brachte endlich die Nachricht von der Kapitulation.

Am gleichen Tag verkündete in Mayrhofen ein Anschlag der Gemeindeverwaltung, daß alle im Ort befindlichen Flüchtlinge wegen der angespannten Ernährungslage ausgewiesen werden sollten. Das betraf auch die UFA-Leute. Somit begann für Kästner, wie für Millionen andere in Deutschland, die Frage nach der Existenz, nach der Bleibe für morgen und übermorgen, nach möglicher künftiger Betätigung.

Ehe an die Wiederaufnahme einer beruflichen Tätigkeit zu denken war, sollten noch Wochen vergehen. Vorläufig mußten die Flüchtlinge, trotz Ausweisung durch die Lokalbehörden, noch im Ort verbleiben, da eine Anordnung der amerikanischen Militärverwaltung bestand, nach der sich niemand über die Fünfkilometerzone hinaus vom Ort entfernen durfte. Mit der Aufhebung dieser Beschränkung wuchs die Unruhe, am spürbarsten unter den Handwerkern und Arbeitern der Filmgruppe, die nach Hause zu ihren Familien wollten. Auch Schriftsteller Kästner notierte: »Mein Versteckspiel hat seinen Zweck, das Dritte Reich zu überleben, überlebt. Ich werde ungeduldig.«

Ende Juni gelangte er zum erstenmal nach München, wo er Kontakt zu Otto Falckenberg, dem Intendanten der Münchener Kammerspiele, und zu Schauspielern der ehemaligen »Katakombe« aufnahm. Pläne für ein neues Kabarett wurden erwogen, die sich aber zunächst nicht realisieren ließen. Für Kästner begann erneut eine nervenbelastende Wartezeit in Mayrhofen, die dadurch unterbrochen wurde, daß der amerikanische Presseoffizier Peter de Mendelssohn, Schriftsteller und Dresdner wie Kästner, auftauchte und ihm die Mitarbeit an einer Zeitung in Aussicht stellte. Dann hörte er wieder lange Zeit nichts mehr.

Es war inzwischen Juli geworden. Kästner und Luiselotte Enderle hatten eine vorübergehende Unterkunft in einem alten Bauernhaus in Schliersee gefunden. Über diese Zeit gibt das Tagebuch Auskunft: »Nun sind wir schon drei Wochen in Schliersee und haben die erforderlichen Papiere ergattert: die Aufenthaltsbewilligung, die Lebensmittelkarte, die Haushaltskarte und sogar die Sonderzuteilungskarte für Arbeitende. Wir holen Milch, wir holen Kartoffeln, wir holen in den Gasthöfen Bier und Suppe, wir pflücken an den Hängen überm Ort Himbeeren, wir stehen im Rathaus wegen der Kennkarte an, kurz, wir sind, ohne etwas zu tun, wieder einmal von früh bis spät beschäftigt. Das Leben zu fristen, frißt Zeit. Manchmal werden wir größenwahnsinnig, opfern eine Fleischmarke und essen, als herrschten normale Zustände, im ›Fischerstüberl‹ zu Mittag. Manchmal pilgern wir zum gegenüberliegenden Ufer, schwimmen im See, hocken faul in der Sonne und tun das Übliche: Wir warten. Wir warten, daß etwas geschehe. Aber es geschieht nichts. Nichtstun, gerade jetzt, ist eine anstrengende Beschäftigung.«

Schliersee in Bayern war nicht nur der Ort, wo zwei Überlebende mit Namen Erich und Lotte spazierengingen und an den Hängen Himbeeren pflückten. In ihren Gesichtskreis trat ein anderer Überlebender, einer jener Häftlinge des Dritten Reiches, »die, mehr tot als lebendig, in den Konzentrationslagern vorgefunden wurden und am Leben erhalten werden konnten«.

Dieser deutsche Häftling, der die Hölle von Auschwitz überstanden hatte, kam, um zu erzählen. »Und was er erzählte«, heißt es bei Kästner, »war grauenhaft.« So schließt das Tagebuch von 1945 auf seinen letzten drei Seiten mit dem Bericht jenes Häftlings. Kästner brachte diese authentischen Mitteilungen, die sich lesen wie eine Statistik des Sadismus, des Irrsinns und des Grauens, zu Papier, damit dieses Verbrechen an der Menschheit und der Menschlichkeit niemals aus dem Gedächtnis der Lebenden und ihrer Nachkommen verschwindet.

Kapitel VII

Plädoyer für eine vernünftige Zukunft

1945–1949

Warum rackere ich mich ab, statt, die feingliedrigen Händchen auf dem Rücken verschlungen, »im Walde so für mich hin« zu gehen? Weil es nötig ist, daß jemand den täglichen Kram erledigt, und weil es zu wenig Leute gibt, die es wollen und können ... Wer jetzt beiseite steht, statt zuzupacken, hat offensichtlich stärkere Nerven als ich. Wer jetzt an seine Gesammelten Werke denkt statt ans tägliche Pensum, soll es mit seinem Gewissen ausmachen. Wer jetzt Luftschlösser baut, statt Schutt wegzuräumen, gehört vom Schicksal übers Knie gelegt.

Das gilt übrigens nicht nur für Schriftsteller.

Der tägliche Kram, 1946

München, Herbst 1945, wie viele andere Städte ein nahezu anonymer Ort voller Ruinen und Flüchtlinge, mit endlosen Schlangen vor den wenigen Geschäften und patrouillierenden Jeeps der Besatzungstruppen. Kästner ist nach seinem Zwischenaufenthalt im Bayrischen nach München gelangt, wo er eine provisorische Unterkunft in einer Pension in der Thierschstraße gefunden hat. Die Fenster seines Zimmers sind mit Pappe und Brettern vernagelt, die den Raum dunkel machen. Es ist Oktober, er kann froh sein, daß er Pappe vor den Fenstern hat, die die Kälte ein wenig abhält.

Schon am frühen Morgen war sein schmales Pensionszimmer voller Leute, die ihm beim Waschen, Zähneputzen und Rasieren zuschauten und sich in diesen »Genuß teilten«. Unter diesen Leuten waren alte Bekannte der Berliner Zeit und neue Freunde – hauptsächlich Schauspieler, die aus den verschiedensten Ortschaften Süddeutschlands geströmt waren nach München und alle natürlich irgendwelche Pläne hatten. Die Debatten gingen um Theater, Lizenzen, Zeitschriften, Kabarettprogramme, nicht weniger auch um Zigaretten, Bohnenkaffee, Zementbezugsscheine, Hosen, die jemandem fehlten, und Unterkunftsmöglichkeiten, die so gut wie nicht zu beschaffen waren. Als potentieller Produzent von Text- und Bühnenmanuskripten, die sich durch nüchternen Humor auszeichneten, avancierte Kästner sogleich zu einer Art Agenturbüro, aus dem die Ideen für Theaterinszenierungen, Kabarettneugründungen und die künftigen Mitarbeiter für die Feuilletonabteilung der »Neuen Zeit« hervorgingen.

»Wir saßen in der Küche und machten Pläne. Kästner forderte uns zur Mitarbeit auf.« So beschreibt Oda Schaefer die Abende in jener Pension, die für sie und ihren Mann Horst Lange wie für andere ein neuer Anfang waren. Noch niemals, schreibt sie, hätte die schriftstellerische Arbeit solche Freude gemacht, »da wir den tausendköpfigen Drachen zertreten glaubten. Wir waren von Arbeitsfreude erregt und voller Illusionen. Die Impulse dieser Anfänge nach dem Jahre Null sind nicht zu beschreiben, es war ein einziger Rausch, ohne einen anderen Anlaß als den der Hoffnung. Wir hungerten, wir froren, unsere Köpfe aber waren klar und illuminiert, voller Ideen, unsere Gedanken bewußt. Der tödliche Strom war durchschwommen worden und das andere Ufer erreicht. Wie ein Stern glänzte hell die Zukunft, jeder ging vorwärts zu einem Ziel. Man ertrug alle Schwierigkeiten heiter im beglückenden Gefühl der Zusammengehörigkeit.« Was machte es da schon aus, daß einer keine Wohnung mehr besaß, noch keine Zuzugsgenehmigung hatte und nur ein einziges Paar abgelatschter Schuhe, die den Winter nicht mehr überstehen würden, gepumpte Oberhemden am Leib, keine Nachricht von den Angehörigen. Dem Kollegen, dem Freund, dem Nachbarn ging es ja nicht anders.

Kästners Garderobe, mit der er jetzt den neuen Lebensabschnitt begann, bestand aus einem einzigen Anzug; er mußte, wenn die Hose zu bügeln war, wohl oder übel zu Bett gehen. Die Schuhe hatte ihm ein abgemusterter deutscher Leutnant geschenkt, und der Hut, ein alter Jahrgang der Firma Borsalino, war das auf seinem Kopf hängengebliebene Endergebnis eines unbeabsichtigten Ringtausches, wie er sich ausdrückte. Ansonsten trug man »gemischt«, das heißt was warm und vorhanden war. Auf den Fotografien von 1945/46 sieht man den Schriftsteller Dr. Kästner, der einmal zu den gut angezogenen »besseren Herrn« Berlins gehört hatte, nunmehr völlig verändert in einer zur Trachtenjacke umgearbeiteten Uniformjacke und einem geschenkten Damenpullover, ernst und schmal im Gesicht, vorsichtig in die Zukunft lächelnd. Sein Realitätssinn und sein ironisches Understatement waren ihm geblieben, aber das dürfte auch schon alles gewesen sein, was er sein eigen nennen konnte. »Der Mensch ist wahrhaftig das, was er ist, und nicht das, was er hat. Wir haben es am eigenen Leibe erfahren. Vordem hätten wir es nicht geglaubt. Das Schulgeld war ein wenig hoch. Doch wann war guter, gründlicher Unterricht billig?«

Der Krieg war nun also zu Ende, er konnte seine Manuskripte aus dem Luftschutzkoffer wieder auspacken. Da waren zunächst ein paar Dutzend Epigramme, die er im Lauf der Zeit um einige neue Stücke ergänzte und als Buch herausbrachte. So gut wie fertig waren der erste Akt eines historischen Lustspiels *Chauvelin oder Lang lebe der König*, das Vorspiel zu der Komödie *Das Haus Erinnerung* und ein Theaterstück *Zu treuen Händen*, das 1948 unter dem Verfassernamen Melchior Kurtz von Gustaf Gründgens in Düsseldorf uraufgeführt wurde. Unter Pseudonym deshalb, weil der Name Kästner dem bedeutungsvolleren Stück *Schule der Diktatoren* vorbehalten bleiben sollte. Weiter enthielt der Koffer die Fragmente zweier Romane, die nie zu Ende geschrieben wurden, und das Filmskript zum *Doppelten Lottchen*. Auf dem Aktendeckel stand damals noch der ursprüngliche Titel *Das große Geheimnis*. Bald würden nun die Reporter der ausländischen Zeitungen kommen und ihn fragen: Was haben Sie in der Schublade, Herr Kästner? Worum handelt es sich bei dem »großen Geheimnis«? Wann werden wir von Ihnen wieder etwas lesen können?

Wieder als Redakteur am Schreibtisch

Wie in den anderen Besatzungszonen Deutschlands begann auch die US-Besatzungsbehörde für ihren Bereich mit den Vorbereitungen zur Herausgabe einer größeren Tageszeitung. Im Juni 1945 waren Presseoffiziere in dieser Angelegenheit bei Kästner in Mayrhofen gewesen. Man überprüfte den in Frage kommenden Personenkreis und hoffte auf Kästners Mitarbeit. Zu diesem Zeitpunkt erschien bereits in Berlin für die sowjetische Besatzungszone unter der Chefredaktion sowjetischer Offiziere und unter Mitarbeit deutscher Antifaschisten die »Tägliche Rundschau«. Das in der amerikanischen Besatzungszone konzipierte Blatt sollte »Die Neue Zeitung« heißen, unter Leitung von US-Offizieren stehen und zunächst zweimal in der Woche erscheinen.

Als man Kästner die Leitung des Feuilletons antrug, entsann er sich seiner früheren Büroschemelzeit bei der »Neuen Leipziger Zeitung«, die ihm schon als jungem Mann mitunter schwergefallen war, denn zum Abnutzer vor Büromöbeln, sagte er, müsse man geboren sein, und es gäbe nun einmal Menschen wie ihn, für welche die so gepriesene Morgenstunde weder Gold noch Silber im Munde habe. Arbeiten, Artikel schreiben, redigieren, Korrekturfahnen lesen, telefonieren: ja, jederzeit und mit Begeisterung – wenn man ihn nur frühmorgens im Bett lasse. Der Herr mit dem Blinddarm und der Taschenuhr kam ihm wieder ins Gedächtnis, der in Leipzig auf dem Korridor der Redaktion stand und seinen besten Redakteur, nur weil dieser erst am Vormittag im Büro erschien, mit der stupid-anzüglichen Bemerkung zu begrüßen pflegte: »Mahlzeit, Herr Kästner!«

Noch andere Dinge blieben zu erwägen, als die Presseoffiziere wieder abgefahren und die Verhöre durch die Militärbehörden beendet waren. Zwölf lange Jahre hatte er auf den Tag gewartet, da man zu ihm sagen würde: »So, nun dürfen Sie wieder schreiben!« Jetzt war dieser Tag gekommen. Zwei Romane und drei Theaterstücke waren fertig in seinem Kopf präpariert. Er hätte nur sein blaues Buch mit den Stenonotizen aufzuschlagen, die Manuskripte aus der Aktentasche zu holen brauchen, um sich, »wenn auch recht gerupft und abgebrannt«, nach zwölf Jahren erzwungenen Schweigens endlich eine neue berufliche Existenz als Schriftsteller aufbauen zu können. Andere taten das. Er nicht. Er entschied sich in jenem Herbst für die Arbeit bei der Zeitung und stufte sich damit freiwillig zweiundzwanzig Jahre seines Lebens zurück auf jenen Punkt, an dem er 1923, noch Student, hinterm Redakteurschreibtisch ins Berufsleben eingetreten war. Damals war er vierundzwanzig Jahre alt, saß in einem möblierten kalten Leipziger Zimmer und schrieb im Mantel eine Seminararbeit über Schillers »Ästhetische Briefe«. Es war Inflation und kein Geld da für Kohlen. Jetzt war er sechsundvierzig Jahre alt, setzte sich wieder an einen Büroschreibtisch, in der Überzeugung, daß jemand den täglichen Kram erledigen müsse und es zu wenig Menschen gab, die es wollten und konnten.

Mit dem Eintritt in die Redaktion als Leiter der Feuilleton- und Kunstbeilage der »Neuen Zeitung« entschied er sich für die praktische Vernunft und die politisch-moralische Verpflichtung zum demokratischen Neuaufbau. Nahezu ein Jahr währte seine Tätigkeit dort, von der Nummer 1/1945 im Oktober bis zum Herbst 1946. Sie fiel in die Zeit, da in der amerikanischen Deutschlandpolitik die antifaschistischen Grundideen aus der Ära der Präsidentschaft Roosevelts noch dominierten und die auf eine Zerstörung der Antihitlerkoalition orientierten antisowjetischen Kräfte nicht so offen in Erscheinung traten. Kästner hielt jedenfalls eine Mitarbeit für vereinbar mit dem Gedanken der Völkerverständigung und einem entschiedenen Antifaschismus.

Die generelle Aufgabenstellung der für die deutsche Bevölkerung in der amerikanischen Zone erscheinenden Zeitung war in der Nummer 1 vom 18. Oktober 1945 in folgenden drei Punkten formuliert:

1. Self-help
   (Selbsthilfe)
2. Elimination of Nazism and militarism from the German mind
   (Ausschaltung von Nationalsozialismus und Militarismus im Bewußtsein der Deutschen)
3. Active De-Nazification of German government and business

(Aktive Entnazifizierung der deutschen Regierung sowie des Geschäftslebens)

Eliminierung des Nazi-Ungeists hieß für den Feuilletonleiter der »Neuen Zeitung«, daß er die Spalten seiner Seite jenen Schriftstellern und Künstlern öffnete, die der Faschismus aus Deutschland vertrieben und deren Werk er mit der Bücherverbrennung vom Mai 1933 auszulöschen versucht hatte. Als erster Mitarbeiter gewann er den Antifaschisten Alfred Kerr, der von London aus das Manuskript eines größeren Essays an ihn schickte. *Alte Blätter in der Kiste* hieß die Betrachtung. Sie erinnerte an seinen letzten Tag in Deutschland, den 15. Februar 1933, als er einen geheimen Wink erhielt, sofort Deutschland zu verlassen, da ihm am nächsten Tag der Paß entzogen würde. Im März 1933 wurden ihm von den Nazis zwei kärgliche Kisten mit seinen Theaterkritiken aus dem »Berliner Tageblatt« ins Ausland nachgesandt. Das war alles, was Kerr von seinem Besitz jemals wiedergesehen hat. Die Zeitungsausschnitte, die ihn während der Emigration mit dem besseren Deutschland verbanden, waren ihm nun Anlaß, über Vergangenheit, Gegenwart und Zukunft nachzudenken. Mit der ihm eigenen Sprachgebärde schleuderte er seinen Zorn gegen die braunen Machthaber von gestern und deren zeitweilige intellektuelle Mitläufer, zu denen er besonders Gerhart Hauptmann rechnete, den einstmals von ihm bewunderten und geförderten Bühnendichter, dem er es nie verzeihen konnte, daß er die Hand zum Hitlergruß erhob.

Von Kästner selbst erschien in der ersten Nummer des Blattes unter der Überschrift »Münchner Theaterbrief« ein informativer Überblick über die ersten Inszenierungen der Münchner Bühnen, die Erich Engel als neuer Intendant der Kammerspiele mit *Macbeth* eröffnete. Die Leser erfuhren aus diesem Artikel ferner, daß Kästner für ein neues Programm der Münchner »Schaubude« arbeite, ein neues Kabarett, an dessen Gründung er mitbeteiligt war.

Kästner und Kerr – beide auf dem Scheiterhaufen verbrannt, beide unter dem Faschismus verboten, beide als »kulturbolschewistisch« und »zersetzend« verunglimpft – waren somit die ersten, die in einer süddeutschen Tageszeitung nach Beendigung des Krieges zu Wort kamen. Kästner sorgte dafür, daß die Verbotenen und Verbrannten, die aktiven Antifaschisten wie die Vertreter der »inneren Emigration« von der ersten Nummer an regelmäßig auf seiner Seite vertreten waren. So finden sich unter den Gedichten, Skizzen, Feuilletons und Betrachtungen außer Kerr die Namen Bernhard Kellermann, Heinrich Mann, Bertolt Brecht, F. C. Weiskopf, Max Herrmann-Neiße, Alfred Polgar, Werner Finck, Ernst Wiechert, aber auch die von den Nazis gemaßregelten Künstler anderer Berufe, wie der Komponist Edmund Nick oder der Kunsthistoriker Franz Roh, sind darunter. Von den bildenden Künstlern sind es in erster Linie Beckmann, Hofer, Chagall, Käthe Kollwitz, Barlach, Klee, Schlichter, Renée Sintenis sowie andere Maler, Zeichner, Architekten und Bildhauer, die im Dritten Reich als »entartet« verfolgt und verboten waren.

Wenn es aus dieser Zeit von 1945/46 schlüssiger Beweise bedürfte, wie ernst der Journalist Kästner die Abrechnung mit der jüngsten Vergangenheit nahm, so müßte vor allem auf die von ihm verfaßten, stark emotional eingefärbten Impressionen vom Ablauf des Nürnberger Kriegsverbrecherprozesses verwiesen werden, jener Verhandlungen vor dem internationalen Militärtribunal, als der Krieg, der Pogrom, der Menschenraub, der Mord en gros und die Folter auf der Anklagebank saßen. »Riesengroß und unsichtbar sitzen sie neben den angeklagten Menschen. Man wird die Verantwortlichen zur Verantwortung ziehen. Ob es gelingt? Und dann: es darf nicht nur diesmal gelingen, sondern in jedem künftigen Falle! Dann könnte der Krieg aussterben. Wie die Pest und die Cholera.« Das war sein Wunsch.

Zu keiner Zeit kam seine humanistische Grundhaltung mit solcher Leidenschaftlichkeit zum Ausdruck wie in jener Nachkriegsperiode, die das große Format des Publizisten offenbarte. Liest man heute, nach rund vierzig Jahren Weltgeschichte, in diesen alten Zeitungsnummern wieder nach, so wird einem die erschreckende Wahrheit eines Kästnerschen Ausspruchs bewußt, der damals von ihm geprägt wurde: »Es gibt chronische Aktualitäten.«

Bei weitem nicht alle Schuldigen mußten vor dem Nürnberger Tribunal erscheinen. Kästner kannte manche aktiven Nazis aus dem Kulturbereich und beobachtete mit Mißbehagen, daß die Entnazifizierung gegen einige von ihnen in unangebracht großzügiger Weise verlief, so daß die Betreffenden unmittelbar nach dem Kriegsende auftreten konnten, als hätten sie von alledem nichts gewußt und als ginge sie das Ganze nichts an.

Die Schauspielerin und UFA-Dokumentarfilm-Regisseurin Leni Riefenstahl zum Beispiel war ein solcher Fall. Nach 1945 versuchte sie die Harmlose zu spielen, obgleich sie im Dritten Reich über beste Beziehungen zu Hitler verfügt hatte, fünf Jahre an einen Film *Tief-*

land drehen durfte und Privilegien genoß wie kaum ein anderer Filmkünstler sonst. Kästner verfocht den Standpunkt, daß nur bei schonungsloser Bestrafung der Schuldigen, verbunden mit einer ehrlichen Revision eigener Schuld, ein wirklicher Neuanfang möglich sei. Wo Lüge, Charakterlosigkeit und Dreistigkeit das Haupt erhoben, zog er wie ehedem die blanke Klinge der Satire, die in den zwölf Jahren keinen Rost angesetzt hatte. Ihm gelang es in einem Artikel für die »Neue Zeitung«, mit der politischen Zwielichtigkeit zugleich auch den fragwürdigen künstlerischen Nimbus solcher Existenzen wie der Riefenstahl aufzudecken.

»Frau Riefenstahl ging zu Außenaufnahmen nach Spanien; sie ging nach Tirol; sie ging ins Sanatorium; sie kam wieder und drehte weiter. Wenn das Dritte Reich wirklich tausend Jahre gedauert hätte, der Film *Tiefland*, das kann man ohne Übertreibung versichern, hätte bestimmt noch ein paar Jahre länger gedauert! Warum durfte sie?« – »Wir wußten nichts von den Greueln und Grausamkeiten«, äußerte sie nach Kriegsschluß gegenüber einem Zeitungsreporter. Und Kästner kontert: »Na ja, wenn man fünf Jahre an einem einzigen Film dreht und dabei bis nach Spanien kommt – woher soll man's denn auch wissen. Es sagt einem ja keiner was! Außerdem, Hitler hatte nie Zeit für die Liebe, und Frau Riefenstahl hatte nie Zeit für die Politik. Auch heute hat sie keine Zeit dafür, Politik interessiert sie nun einmal nicht. Da kann man nichts machen. In nobler Bescheidenheit meint sie deshalb: ›Ich bin eine Künstlerin und habe nur einen Wunsch, meine Arbeit wiederaufnehmen zu können und den großen Film *Tiefland* zu vollenden ...‹ Sie hat sich wirklich nie für Politik interessiert. Sonst wäre ihr gelegentlich aufgefallen, daß das Dritte Reich vorbei ist.«

Der Feuilletonteil der »Neuen Zeitung« enthielt viele solcher Abrechnungen mit Karrieristen der Hitlerzeit, darunter waren auch Schriftsteller, die sich von ihm öffentlich an ihre Stellungnahmen für den Nazistaat erinnern lassen mußten, deren Wortlaut er in dem Aufsatz *Briefe in die Röhrchenstraße* schwarz auf weiß publik machte. Es spricht für die große Aufrichtigkeit und Charakterfestigkeit Kästners, daß er von den ersten Stunden seines Redakteurdaseins an auf den Prozeß der antifaschistisch-demokratischen Erneuerung mit aller Kraft hindrängte. Er unterstützte das Vorhaben des Emigranten F. C. Weiskopf, der noch im Exil war, für eine erste Übersicht über die deutsche Literatur im Exil Material zusammenzutragen. Über die Münchner »Neue Zeitung« erging im Namen Weiskopfs die Bitte an Friedrich Wolf, Johannes R. Becher, Theodor Plievier, Adam Scharrer und Erich Weinert, Angaben über ihre Bücher seit 1933 zur Verfügung zu stellen und Auskunft über das literarische Schaffen der ihnen bekannten Kollegen zu geben.

Auffällig ist bei der Durchsicht der alten Zeitungsjahrgänge die Sorgfalt, mit der Kästner die Kulturnachrichten für seine Seite redigierte. Er hielt es für notierenswert, daß in seiner Heimatstadt Dresden, in der die Theater restlos zerstört waren, schon in kürzester Frist wieder Vorstellungen stattfanden mit *Nathan der Weise*, Zuckmayers *Hauptmann von Köpenick* und Mozarts *Figaro*. Am 12. November 1945, so liest man, beginnen in Berlin für viertausend Studenten die Vorlesungen an der Berliner Universität, vorläufig noch in Gebäuden verschiedener Stadtteile, aber sie beginnen. Das Goethehaus in Weimar ist wiedereröffnet; am Geburtshaus des von den Nazis geächteten Dichters Joachim Ringelnatz in Wurzen wird im Dezember 1945 eine Gedenktafel enthüllt; die »Neue Berliner Illustrierte« erscheint wieder, und vieles andere geschieht. Die überwiegende Mehrzahl der Kulturmeldungen stammte nicht zufällig aus der damaligen sowjetischen Besatzungszone, in der mit Nachdruck Schulen, Universitäten, Theater, Bibliotheken und Museen ihre Arbeit wiederaufnahmen. Die von Kästner getroffene Auswahl der Nachrichten, meist der »Täglichen Rundschau« entnommen, ist darum in erster Linie diesem objektiven Faktor und nicht ausschließlich seinem Interesse an Berlin oder seiner engeren sächsischen Heimat zuzuschreiben.

Die »Schaubude« spielt

Das kalte, halbdunkle Pensionszimmer mit den Pappfenstern, das man dem Wahlmünchner Kästner zugewiesen hatte, war, genau besehen, nur gelegentlicher Aufenthaltsort für ihn. Zum Ausruhen oder Stillsitzen kam er kaum. Die bald schon beginnenden Proben für den ersten Abend der »Schaubude« hetzten ihn fortwährend da- und dorthin, um Zement und Ziegel für den Ausbau der künftigen Spielstätte zu beantragen, Mobiliar zu organisieren, Kohlen zu beschaffen, geeignete Mitwirkende zu finden, mit ihnen die Texte durchzusprechen und die Musik für die Chansons in Auftrag zu geben. Am leichtesten erwies sich noch die Aufgabe, Akteure zu gewinnen, da sich in München und Umgebung so viele Schauspieler aufhielten, daß sie für mehr als zehn Kabaretts gereicht hätten.

Das neue Unternehmen der optimistisch-kritischen Nachkriegsmuse sollte »Schaubude« heißen – ein Name, der Assoziationen an das Münchner Oktoberfest weckte. Aber mußte die Premiere deswegen ein Erfolg sein? Es gab zunächst überhaupt keine aktuellen Texte, weshalb man den ersten Abend noch als buntes Programm mit Texten von Ringelnatz, Tucholsky und anderen Klassikern des literarischen Brettls veranstaltete, umrahmt von tänzerischen Darbietungen. Den Auftakt gaben die aktuell gebliebenen, bitter-lyrischen Statements von Kästner, die für den Weltkrieg Nummer eins gedacht waren, nicht für einen zweiten:

Wir werden später jung als unsre Väter.
Und das, was früher war, fällt *uns* zur Last.
Wir sind die kleinen Erben großer Übeltäter.
Sie luden uns bei ihrer Schuld zu Gast...

Das eigentliche Geburtsdatum der »Schaubude« und damit des Nachkriegschansondichters Erich Kästner ist der Tag im April 1946, an dem sich eines Abends sechs Uhr in einem kleinen Theater in der Münchner Reitmoorstraße der Vorhang hob. Manchem wird der Text und das Auftrittsfoto der Schauspielerin Ursula Herking noch in Erinnerung sein, wie sie an jenem Abend, herb und hinreißend, Kästners »Marschlied 1945« sang, als Flüchtlingsfrau vor einer Ruinenkulisse, im dicken Strickpullover mit Zopfmuster, darüber Flanelljacke, einen Beutel in Sackform als Rucksackersatz über der Schulter und den Koffer zu Füßen.

In den letzten dreißig Wochen
zog ich sehr durch Wald und Feld.
Und mein Hemd ist so durchbrochen,
daß man's kaum für möglich hält.
Ich trag Schuhe ohne Sohlen,
und der Rucksack ist mein Schrank.
Meine Möbel hab'n die Polen
und mein Geld die Dresdner Bank.
Ohne Heimat und Verwandte,
und die Stiefel ohne Glanz –
ja, das wär nun der bekannte
Untergang des Abendlands!

Links, zwei, drei, vier,
links, zwei, drei –

Hin ist hin! Was ich habe, ist allenfalls:
links, zwei, drei, vier,
links, zwei, drei –
Ich habe den Kopf, ich hab ja den Kopf
noch fest auf dem Hals.

Auf das »Marschlied« folgte das »Lied vom Warten«, das wiederum ein Nachkriegsfrauenschicksal behandelte. Der Gestus des Liedes weist unverkennbar auf Tucholskys »Rote Melodie«. In beiden Fällen erfolgt eine Konfrontation des Krieges mit dem persönlichen Leid der Hinterbliebenen. Bei Tucholsky schildert eine Mutter ihr Schicksal – »Ich war allein, / es sollt nicht sein, / mein Sohn stand bei den Russen« –, Kästner wählt für sein Lied eine verheiratete Frau, die 1946 vergebens auf einem Bahnhof vor den Zügen heimkehrender Soldaten auf ihren Mann wartet, wobei sie verzweifelt ein Schild mit Namen und Fotografie des Gesuchten hochhält: »Wer kann Auskunft geben über Hans Maier?«

Ich steh und wart,
daß sich das Schicksal mein erbarme.
Schickt ihn doch heim.
Schickt ihn doch endlich heim in meine Arme!

Die Amsel schluchzt, die Blumen blühn,
das Korn wird gelb, die Stare ziehn,
und der Winter rupft Federn im Garten.
Ein Mond wird schmal, ein andrer naht,
und rings ums Herz starrt Stacheldraht ...

Schickt sie doch heim.
Schickt sie doch endlich heim in unsre Arme!

Mit den großartigen Kästner-Chansons erhielt Ursula Herking endlich die Rollen im Kabarett, von denen sie vor vierzehn, fünfzehn Jahren geträumt hatte, als sie noch eine von den Jüngeren der »Katakombe« war und sich, bescheiden im Schatten der weiblichen Chansonprominenz Berlins stehend, nach vorn zu spielen versuchte. Die humorgesegnete, vitale Herking, die aus Dessau stammte und von beiden Elternteilen her Theaterblut in sich hatte, sang die Kästner-Texte mit einer Mischung aus Sehnsucht und Sachlichkeit, die ihre Laufbahn als Nachkriegsinterpretin Kästnerscher Lyrik vorzeichnete.

Wenn man ihr Glauben schenken darf, stand vor dem Erfolg ihrer Lieder ein Jeep, gechartert auf Grund amouröser Beziehungen zur Besatzungsmacht, mit dem Wochen vorher ein Kanonenofen, die Bühnenkulissen, die Stühle und die Kohlen zur Reitmoorstraße transportiert wurden. Über die Wintermonate wurde das Fahrzeug mit Brettern verschalt, und die Leute sagten, wenn das merkwürdig aufgestockte Vehikel daherkam, despektierlich, aber gutmütig: »Da kommt wieder die Ursel mit ihrem Scheißhäusl!«

Prosa des nüchternen Alltags! Sie wandelte sich am Abend zu großer Kunst, wenn Edmund Nick am Klavier saß und die Schauspieler zu Chansons begleitete, die für die ausgehungerten, verzweifelten Menschen im Saal Hoffnung bedeuteten. Als die Herking ihr »Marschlied« sang mit den letzten Zeilen: »Tausend Jahre sind vergangen / samt der Schnurrbart-Majestät. / Und nun heißt's: Von vorn anfangen! / Vorwärts marsch! Sonst wird's zu spät!«, hätten sich die Leute, wie man berichtet, spontan von den Plätzen erhoben, sich umarmt, manche hätten zur Bühne hinauf gerufen, gewinkt und geweint – so hätte sie der Vortrag erschüttert.

Für die »Schaubude« schrieb Kästner erstmals wieder Chansons im großen Stil. Man erkennt an der Faktur dieser Texte, daß es sich in beinah allen Fällen um Maßarbeit handelt. Beeindruckend am »Spielzeuglied« (Wer seinem Kind ein Spielzeug schenkt, / weiß vorher, was passiert) oder am »Leben ohne Zeitverlust« (Manche Frauen lieben kranke, blasse Dichter) ist der virtuose Bogen, durch den die einzelnen Strophen mit dem Refrain verklammert sind. Keine Strophe zuviel, die Pointen nicht überladen, die Sprache beweglich, erzählend und kommunikativ wie selten im Chanson. Kästner wußte um die Geheimnisse dieser lyrischen Bühnenform, er schöpft sie aus, er stellt mit seinen Dreiminutenliedern menschliche Schicksale auf die Bühne, die einen hohen Grad an Identifikation ermöglichen. Hier lediglich von »Gebrauchslyrik« zu sprechen, sollte selbst Kästner nicht gestattet sein. Seine Strophen gehören zur Lyrik nicht weniger wie die Strophen Bertolt Brechts, die Eisler vor 1933 zu politischen Songs vertonte – »Drum links zwei drei, drum links zwei drei!« –, mit dem Unterschied, daß Kästner 1945 den Marschschritt in einem allgemeineren Zeitsinn auffaßt – »Links, zwei, drei, vier / links, zwei, drei« – und Edmund Nick für die musikalische Umsetzung höchst sinnfällig die Sprache des Chansons verwendete. Ansonsten stehen die Kästner-Lieder für das Münchner Nachkriegskabarett ganz und gar in der Tradition des klassischen deutschen Chansons.

Der junge Kästner hatte diese Tradition einst für die Berliner Bühnen mitbestimmt; seine Stärke war damals das »Ewigweibliche« innerhalb des großstädtisch-erotischen Milieus; in den Texten, die er jetzt für den Vortrag schreibt, ist das besinnliche, lyrische Element stärker ausgeprägt. Man denke an das »Trostlied im Konjunktiv«, das »Kleine Solo«, »Das Lied vom Warten«, »Le dernier cri« oder an jenes bewegende »Lied einer alten Frau am Briefkasten«, mit der er seiner eigenen Mutter ein Denkmal setzt. Es ist im Frühjahr 1946, die Zeit, da keine Reisen nach Dresden möglich sind. Die Mutter wartet verzweifelt auf den Sohn, und der Sohn, da er weiß, was dieses Warten für seine Mutter bedeutet, leidet nicht weniger unter der Trennung. Damals erzählte man ihm von einer anderen Frau, die fest daran glaubte, daß ihr vermißter Sohn noch am Leben sei, und unter seiner Feldpostnummer Brief um Brief an ihn abschickte. Eine Antwort kam nie. Die Nachbarn behielten aus Mitleid die unzustellbaren Briefe ein, um der Frau ihr letztes bißchen Hoffnung nicht zu nehmen. Auf diese Frau bezieht sich die Entstehung des Chansons, doch gemeint ist seine eigene Mutter.

Zu unsern Häupten stehn die gleichen Sterne.
Und wir sind doch getrennt und doch verbannt.
Ein großer dunkler Vorhang teilt das Land.
So nah, mein Kind, sind wir uns doch so ferne!
Und durch das Stundenglas rinnt Sand ... rinnt Sand ...

Die Gedanken an zu Hause kehren noch einmal in Prosa in einer Betrachtung für die »Neue Zeitung« wieder, als Kästner der »46 Heiligen Abende« gedenkt, die er mit seiner Mutter vor dem Weihnachtsbaum verbracht hat. Erstmalig ist 1945 die Verbindung zwischen ihnen abgerissen. Er spricht davon öffentlich, weil es sich nicht nur um seinen privaten Kummer handelt, sondern um deutsche Schicksale, um Probleme einer ganzen Generation von Müttern und Söhnen. Die Chansons für die »Schaubude« sind nicht allein deshalb bemerkenswert, weil es gute Kabarettlieder waren, sondern weil es sich wahrhaftig am »Lebenslieder« handelte, wie der Dichter Max Herrmann-Neiße die Chansons mit Tiefenwirkung einmal bezeichnet hatte.

Zur Biographie des Schriftstellers Erich Kästner ist nach dem Kriege folgendes festzuhalten: Am 18. Oktober 1945 beginnt seine Tätigkeit als Leiter der Feuilleton- und Kunstbeilage der »Neuen Zeitung«. Am

1. Januar 1946 übernimmt er die Herausgabe der Jugendzeitschrift »Pinguin«, und im April 1946 gibt die »Schaubude« ihre erste Vorstellung. Die literarischen Arbeiten laufen für alle drei Unternehmen parallel, mit dem Vorteil, daß der Kabarettautor für seine Sketche und Szenen von den aktuellen Informationen der Zeitung profitiert und manches Feuilleton für die Zeitung kabarettistischen Pfiff bekommt. Das Fazit dieser zweieinhalb Jahre aktueller publizistischer Tätigkeit sind Glossen, Satiren, Polemiken, Chansons, Sketche und Betrachtungen – das Material für ein neues Buch. Er nennt es *Der tägliche Kram*.

Man blättert die Seiten dieser kleinen Chronik durch, liest sich fest und wird zufrieden feststellen, daß Kästner der alte geblieben ist. Sein sarkastischer Witz und der elegante Schwung der Formulierung erinnern an die »Weltbühne« und das »Tage-Buch« der großen Berliner Jahre. Beim Lesen seiner brillanten Artikel kommt man zu dem Schluß, daß bei einem Schriftsteller wie Kästner, den die Zeit und die Zeitung in so starkem Maße geprägt haben, kein Grund vorhanden ist, in seiner Biographie die umfangreichen journalistischen Aktivitäten so kurz abzutun und seine Ausbildung in diesem Fach an der Leipziger Universität schamhaft zu verschweigen, wie es in der Regel geschieht.

Gruß nach vorn

Der Kalender des Journalisten Kästner war mit soviel Terminen angefüllt, daß man es ohne weiteres glaubt, wenn er über diesen Lebensabschnitt sagt, er habe sein Privatleben eingemottet, schlafe nur noch schlückchenweise und sähe an manchen Tagen aus, als sei er »ein naher Verwandter des Todes von Basel«. An ein neues Buch oder Verträge mit Verlagen war vorderhand gar nicht zu denken. Erst allmählich kam es wieder zu einer Zusammenarbeit mit Verlagen.

Über den Kontakt zu Ernst Rowohlt, in dessen Stuttgarter Verlag der »Pinguin« erschien, ergab sich ein höchst reizvolles Projekt. Kästner erhielt den Auftrag, einen Band mit Arbeiten von Kurt Tucholsky herauszugeben. Er ging mit großer Liebe daran, las, wählte aus, wägte ab, hatte aber immer wieder Zweifel, ob es gelingen konnte, auf rund zweihundertfünfzig Seiten das Werk dieses Autors vorzustellen. Aber das Ergebnis ist eine Auswahl, die beinahe klassisch zu nennen ist, weil sie in der gedanklichen Konzeption weit über den Tag hinausreichte, indem sie, trotz des geringen Umfangs, das literarisch Bleibende am Werk erkennbar zu machen verstand, jenen besonderen Ton, den Tucholsky in die Literatur des 20. Jahrhunderts eingebracht hat.

Erich Kästner und Kurt Tucholsky trafen sich kurz vor 1933 in der Schweiz, wo sich Kästner in einem Hotel am Lago Maggiore niedergelassen hatte, um am Ende einer Urlaubsreise mit dem Schreiben eines neuen Buches zu beginnen. Tucholsky wohnte zufällig im gleichen Hotel, und so kam es zu der ersten längeren Begegnung der beiden »Weltbühne«-Autoren, die auch die letzte bleiben sollte.

Tagsüber wollten sie einander nicht stören, war ausgemacht, sich aber am Abend zum Essen treffen und anschließend noch ein paar Stunden zusammen sein. Das wurde von beiden Seiten strikt eingehalten. Während Kästner am Strand lag oder mit der wandernden Sonne und dem Schreibblock in der Hand von einem Balkon zum anderen zog, saß Tucholsky im Dachstübchen vor seiner Schreibmaschine, »der schönen Stunden und Tage nicht achtend«.

Aus der persönlichen Erinnerung an den »kleinen, dicken Berliner, der mit der Schreibmaschine eine Katastrophe aufhalten wollte«, formte sich 1946 das Kästner-Nachwort zu dem Tucholsky-Band *Gruß nach vorn*. Der Band sollte nach zwölf Jahren politischer und geistiger Barbarei und zehn Jahre nach dem Tode Tucholskys eine Brücke schlagen zwischen dem kämpferischen Demokraten des einstigen literarischen Berlins und der Nachkriegsgeneration von 1946, gemäß der vorangestellten Widmung: »Der neuen Jugend, den alten Freunden.« Für diese neue Jugend war das Buch tatsächlich die erste eindrucksvolle Begegnung mit Tucholskys Werk.

Auf die Herausgabe dieses Auswahlbandes, der mehrere Auflagen erhielt, folgte 1946 im Atrium Verlag Kurt Maschlers eine eigene Gedichtauswahl, *Bei Durchsicht meiner Bücher*, die sich, analog der *Lyrischen Hausapotheke*, auf die vier Gedichtbände vor 1933 stützte, von wenigen Versen abgesehen, die erstmals veröffentlicht wurden. Von den Romanen sind 1946 *Das fliegende Klassenzimmer* und 1947 als Rotationsdruck auf Zeitungspapier *Drei Männer im Schnee* wieder zu haben, ansonsten blieb auch das zweite Nachkriegsjahr für Kästner ein Jahr des Journalismus, mit dem erfreulichen Ergebnis, daß sich dadurch seine Lebensumstände verbesserten. Er konnte mit Jahresbeginn 1946 sein kaltes Pensionszimmer verlassen und mit Luiselotte Enderle eine möblierte Wohnung in der

Schwabinger Fuchsstraße beziehen. Der Umzug fiel zeitlich etwa mit der Herausgabe der von ihm inspirierten Jugendzeitschrift »Pinguin« zusammen.

»Pinguin« – Kästners Dialog mit der Jugend

Hallo, liebe Freunde, scheint der drollig kostümierte, für die Zeit ziemlich wohlgenährte Pinguin zu sagen, der sich 1946 auf der ersten Seite seines Heftes in Frack vorstellt und lustig den Zylinder schwingt. Der Pinguin will reden, wie ihm der Schnabel gewachsen ist, lachen, wie es ihm gefällt, und sich mit all denen anfreunden, die jung sind und sich jung fühlen. Er selbst liebt das Leben mit der Freude an der Schönheit der weiten Welt, den Wundern der Natur, den Schöpfungen der großen Künstler, er verspricht, auch ein offenes Ohr für die Sorgen seiner Leser zu haben, und möchte – das ist der wichtigste Auftrag, den ihm Kästner mit auf den Weg gegeben hat – junge Menschee aktivieren, »um uns selbst ein besseres Leben zu schaffen«.

Um eben dieses Thema geht es im ersten Artikel des ersten Heftes, der so etwas wie den Leitartikel des frisch ins Leben getretenen Jugendmagazins darstellen sollte. Aber nur die Überschrift verrät das Grundsätzliche. Moralist Kästner wählte dafür eine seiner Lieblingsmaximen aus seinen Gedichtbänden vor 1930, »gescheit und trotzdem tapfer« zu sein.

Nun beginnt er nicht etwa so: Beim Wiederaufbau des zerstörten Deutschland und bei der Überwindung der materiell und geistig desolaten Hinterlassenschaft des deutschen Faschismus kommt besonders der Jugend eine verantwortliche und wahrhaft historische Aufgabe zu. – Nein, er schaut aus dem Fenster und beginnt eine Geschichte zu erzählen. Ganz beiläufig. Sie handelt nicht vom Schlaraffenland und der Südsee wie in seinem Kinderroman vom *35. Mai*, er braucht seine Phantasie diesmal nicht im geringsten anzustrengen, denn die Geschichte liegt buchstäblich auf der Straße.

»Wenn ich wie jetzt in der Wohnung, die mir fremde Leute vermietet haben, vom Schreibtisch aus, der mir nicht gehört, durchs Fenster blicke, sehe ich über die mit Schutthaufen bepflanzte Straße in einen kahlen, struppigen Vorgarten. Darin liegt der Rest einer Villa wie ein abgenagter Knochen, den das Feuer des Kriegs wieder ausgespuckt hat. Aus den niederen Mauerresten ragen drei spindeldürre Schornsteine empor. An dem einen klebt, wie eine versehentlich dorthin gewehte, große Ziehharmonika, ein rostiger Heizkörper, und am zweiten hängt, noch ein paar Meter höher, von dünnen, verbogenen Eisenstäben gehalten, ein Wasserboiler. Er ähnelt einer sinnlos in der Luft schwebenden, viel zu großen Botanisiertrommel. Nachts, wenn der Föhn durch die Straßen rast, zerrt und reißt er an dem Boiler, daß ich von dem wilden Geklapper und Geschepper aufwache und stundenlang nicht wieder einschlafen kann.«

An dem Tag, da er den Artikel für den »Pinguin« schreibt, schaut er wieder hinüber nach dem Boiler und beobachtet eine Amsel, die sich singend auf dem verbeulten Apparat niederläßt – ein lieblicher Bote des Frühlings. Das freut Kästner, jetzt hat er endlich den Aufhänger für seinen Leitartikel, kann Betrachtungen über die Natur anstellen, die sich um verlorene Kriege nicht kümmert und den Frühling, wenn es sein muß, zwischen Mauerresten und ramponierten Küchengeräten stattfinden läßt. Anders stehe es nun allerdings mit dem Menschen, erläutert Schulmeister Kästner. Seine Häuser wüchsen ihm nicht von selber wie den Schnecken, die weißen Brötchen und der Rinderbraten flögen nicht fertig in der Luft herum wie die Mücken für die Schwalben. Das meiste von dem, was er brauche, müsse er sich durch Arbeit und Klugheit selber schaffen. Wenn er das aber nicht täte, sondern es vorziehe, es anderen durch Gewalt zu entreißen, und die anderen es ihm heimzahlen, stehe er wie jetzt zwischen Trümmern und Elend. Und für diesen Neubeginn aus den Trümmern, so gibt er zu bedenken, komme es nicht nur auf Ziegelsteine, Gips, Saatkartoffeln, Nägel, Frühgemüse und Lohnsteuerzuschläge an, sondern mehr noch auf die Revision der charakterlichen Tugenden. Man dürfe deshalb nicht vergessen, auch für die Neubeschaffung wertvoller und wertbeständiger Eigenschaften im Charakter der Menschen Sorge zu tragen. Mit dem Bekenntnis »Wir wollen Deutschland neu aufbauen und bei unserem Charakter beginnen« beschließt er den Artikel.

Es soll an dieser Stelle nicht die Rede sein von der Überbetonung oder Verabsolutierung charakterlicher Faktoren im Prozeß geschichtlicher Umbildungen, sondern von den literarischen und erzieherischen Qualitäten des Jugendschriftstellers Kästner. Er zeigt im Dialog mit der heranwachsenden Leserschaft Behutsamkeit und Feinfühligkeit, Geschick und Lebensnähe, gepaart mit Aufrichtigkeit und Humor, was sich als sein wertvollstes Kapital für den Neubeginn der eigenen literarischen Produktion erweisen sollte. Das Geschilderte erscheint bei ihm völlig unprätentiös, ohne intellektuelle Befrachtung, immer sind die Fakten präzis, die Vergleiche lebensnah, die Sprache heiter und verjüngend, was seine Feuilletons von 1945 und 1946 noch heute frisch erscheinen läßt. Sie zu lesen ist ein Abenteuer. Man kann dem Urteil Oda Schaefers, damals selbst journalistisch aktiv, beipflichten, wenn sie den hohen Standard dieser Arbeiten hervorhebt. »Es war eine unauffällige Erziehung des Herzens und des Verstandes, verpackt in Leichtigkeit – die höchste Kunst des Schreibens.« Der Schriftsteller Lothar Kusche spricht 1969 anläßlich einer Neuedition dieser Publizistik im Berliner Verlag der Nation von »aufklärerischen Schriften« eines »Mannes mit Charakter, dessen zwingendes Argument die Wahrheit ist«. Er richte den Faschismus, indem er ihn darstelle und das Unglaubliche glaubwürdig formuliere.

Kästner führte die Herausgeberschaft über den »Pinguin« vom März 1946 bis zur Währungsreform von 1948, bevor sich die Zeitschrift in eine der vielen belanglosen Illustrierten umwandelte. Es entstehen in diesen zwei Jahren Aufsätze von grundsätzlicher Bedeutung, die sich zum großen Teil in dem Band seiner Nachkriegspublizistik *Der tägliche Kram* wiederfinden. Einer davon heißt: »Zur Entstehungsgeschichte des Lehrers.« Es ist darin vom Strammstehen während seiner Seminaristenzeit in Dresden im Wilhelminischen Deutschland und von den verheerenden Folgen des Verlusts des eigenen Denkens die Rede. Die Schlußfolgerungen aus den Erfahrungen des eigenen Lebens konnten für den kritisch denkenden Zeitgenossen nur heißen: sofortige Reform des Schulunterrichts, Schluß mit der politischen Unwissenheit, Erziehung zur Verantwortung und zur Vernunft. Für Kästner ohne Diskussion eine elementare Notwendigkeit, zu der es irgendwelche Alternativen nicht geben durfte und nicht geben konnte. So meinte er 1945. Zu seiner großen Verbitterung wurden aber seine Vorstellungen in dem Teil Deutschlands, in dem er nach 1945 seinen Wohnsitz genommen hatte, nie verwirklicht, sie sind bis zu seinem Tode eine uneingelöste Forderung geblieben.

1946 sagte er mit Recht, man könne Kinder nur dann richtig erziehen, wenn man zuvor die Lehrer richtig erzogen habe. Was er als Publizist mit seiner Zeitschrift »Pinguin« zur Herausbildung einer »vernünftigen« neuen Generation tun konnte, tat er. Die Aktivitäten gingen besonders in drei Richtungen, die sich thematisch auch für die entsprechenden Jugendartikel der »Neuen Zeitung« verallgemeinern lassen. Er kritisierte ständig die Behörden, sie sollten sich schneller, gründlicher und vor allem mit zentralen Maßnahmen der Lösung der brennenden Jugendprobleme zuwenden, sich unbürokratisch um die Jugend kümmern, besonders um die vielen Heimkehrer, Flüchtlinge und sozialen Fälle. Zu diesem Zweck werden Jugenddörfer-Modelle vorgestellt und debattiert. Als zweiten wichtigen Punkt verlangte er das Konzept einer fundierten musischen Erziehung der Jugend durch die Schaffung eigener Kindertheater und anderer Einrichtungen zur künstlerischen Betätigung. Drittens, dafür engagierte er sich mit großer Leidenschaft, unterstützte er die Aktion »Kinder suchen ihre Eltern« und regte Diskussionen über das Verhältnis der älteren zur jüngeren Generation an.

»Er wußte, daß einerseits rücksichtslose Klarheit über die Katastrophe nötig ist, andererseits sofort den Anfängen ihrer Wiederholung widerstanden werden muß«, schrieb der Präsident des PEN-Zentrums der DDR, Prof. Heinz Kamnitzer, in Würdigung der Nachkriegsphase im publizistischen Schaffen Kästners. Deshalb habe er gewarnt, ermuntert, gegeißelt und in Tageszeitungen und Monatsschriften dafür geworben, »daß sich seine Landsleute über den Irrweg ins Dritte Reich klarwerden und endlich mutig, vernünftig, gescheit und trotzdem tapfer einen neuen Weg einschlagen«.

Neben der vordringlichen sozialen Jugendproblematik lenkte Redakteur Kästner die Aufmerksamkeit auf das Vermächtnis jener Antifaschisten und Widerstandskämpfer, deren Schicksale ihn zutiefst berührten. Sein »Pinguin« veröffentlichte Gedichte, die in Zuchthäusern und Konzentrationslagern entstanden waren, darunter die »Moabiter Sonette« des hingerichteten Berliner Universitätsprofessors Albrecht Haushofer, Verse des Buchenwaldhäftlings Karl Schnog, eines ehemaligen Berliner Kabarett-Conférenciers und »Weltbühne«-Mitarbeiters, desgleichen Gedichte von Adam Kuckhoff, Wolfgang Langhoff und Günther Weisenborn.

Während sich der Demokrat Kästner des Vermächtnisses deutscher Antifaschisten annahm, erschien im Schulbuchverlag Volk und Wissen für den Bereich der sowjetischen Militäradministration ein Buch, das einer grundsätzlich neuen Kultur- und Bildungspolitik den Weg wies. *Deutsche Gedichte* stand auf dem grauen Pappdeckel. Den Herausgebern kam es darauf an, »die uns wesentlichen, zu uns heute redenden Stimmen« zu sammeln, in denen sich »lebendiges Menschentum« ausspreche: Sie meinten Goethe, Schiller, Hölderlin, Heine, Eichendorff, Herwegh, Storm, Liliencron, Dehmel, Arno Holz, Rilke, Hesse, Morgenstern, Trakl, Becher, Ringelnatz, Klabund, Brecht, Max Herrmann-Neiße und andere. An den Schluß des

Buches stellten sie drei Texte des jüngsten Klassikers Kästner: »Stimmen aus dem Massengrab«, »Monolog des Blinden« und »Stiller Besuch« – zwei Gedichte, die den Krieg verurteilen, und eines, in dem er sich zum Leben und zu seiner Mutter bekannte. Vielleicht sein schönstes Gedicht. Nach dem furchtbaren Grauen des Krieges steht es 1946 am Ende eines wunderbaren Gedichtbuches, das junge Menschen von der Schulbank weg hinaus ins Leben begleitet hat.

Jüngst war seine Mutter zu Besuch.
Doch sie konnte nur zwei Tage bleiben.
Und sie müsse Ansichtskarten schreiben.
Und er las in einem dicken Buch.

Freilich war er nicht sehr aufmerksam.
Er betrachtete die Autobusse
und die goldnen Pavillons am Flusse
und den Dampfer, der vorüberschwamm.

Langsam fiel der Vollmond in ein Haus.
Und weil er wie eine Münze rollte,
schien es fast, als ob Gott sparen wollte.
Gottes Sparsamkeit sieht anders aus ...

Seine Mutter hielt den Kopf gesenkt.
Und sie schrieb gerade an den Vater:
»Heute abend gehn wir ins Theater,
Erich kriegte zwei Billets geschenkt.«

Und er tat, als ob er fleißig las.
Doch er sah die Nähe und die Ferne,
sah den Himmel und zehntausend Sterne
und die alte Frau, die drunter saß.

Einsam saß sie neben ihrem Sohn.
Leise lächelnd. Ohne es zu wissen.
Stadt und Sterne wirkten wie Kulissen.
Und der Wirtshausstuhl war wie ein Thron.

Ihn ergriff das Bild. Er blickte fort.
Wenn sie *mir* schreibt, mußte er noch denken,
wird sie ihren Kopf genau so senken.
Und dann las er. Und verstand kein Wort.

Seine Mutter saß am Tisch und schrieb.
Ernsthaft rückte sie an ihrer Brille.
Und die Feder kratzte in der Stille.
Und er dachte: Gott, hab ich sie lieb!

Im »Pinguin«, der auf holzhaltigem Papier gedruckt wurde und ein echtes Magazin für junge Leser war, gelang es Kästner auf eine geschmeidige, immer wieder originell journalistische Weise, sein eigentliches politisches Anliegen im Dialog mit der Jugend vorzubringen, so lebendig, daß die Hefte gern gekauft und viel gelesen wurden. Man muß bedenken, eine Mark, später fünfzig Pfennige, waren damals für Schüler ein gutes Stück Geld. Trotzdem war der »Pinguin« am Kiosk ständig vergriffen. Und fragt man die heute Fünfzigjährigen, was sie an diesem Blatt damals so angezogen hat, lauten die Antworten übereinstimmend, »weil Erich Kästner, der Autor von *Emil*, darin schrieb«.

Einige der Leser erinnern sich sogar noch an die Geschichte, wie damals ein Schüler von irgendeinem Gymnasium zu Kästner in die Redaktion kam, um den prominenten Mann um ein Interview zu bitten. Sie fanden die Geschichte sehr beeindruckend, weil sie, das war der eine Grund, gern selbst dieser Schüler gewesen wären und zum anderen, weil ein so berühmter Mann einen kleinen Gymnasiasten mit soviel Achtung behandelte. Das rechneten sich alle Schüler der damaligen Besatzungszonen Deutschlands, in denen der »Pinguin« gekauft und gelesen wurde, zur Ehre an.

Der Schüler sagte zu Kästner: »Sie interessieren sich für die Jugend, und so ist es nur folgerichtig, wenn sich die Jugend auch für Sie interessiert, Herr Doktor.« Er plane gemeinsam mit Freunden eine Zeitung für seine Schule und er hätte für die erste Nummer an ein Interview mit ihm gedacht. Leider wisse er nicht genau, wie man ein Interview mache, aber Kästner wisse es sicher, und da wäre es das beste, daß er als Schüler mit ihm ein Interview mache, in dem Herr Kästner ihm erläutert, wie ein Interview gemacht werden müsse. Diese Tour erheiterte Dr. Kästner, bereitwillig ließ er sich auf das Spiel ein und hatte zum festgelegten Termin einen höflichen, cleveren, bestens informierten Gesprächspartner vor sich, der über Interviews fast besser Bescheid wußte als er, und nicht nur das – er beherrschte zum Erstaunen Kästners auch die »damit verbundenen gesellschaftlichen Formen«. Das sah so aus, daß er dem Herrn Doktor eine englische Zigarette anbot, die er sich von irgendwoher organisiert hatte, dann tauschten die beiden »Fachleute« in der Kantine ihre Meinung aus über moderne Kunst, die Theaterstücke der letzten Spielzeit und die mit der Schulreform verbundenen neuen Unterrichts- und Bildungsmethoden. Kästner hatte das Gefühl, daß hier sein Emil, groß geworden, vor ihm saß. Dieser Junge war so ganz nach seinem Herzen, ein Sechzehnjähriger mit höflichen Manieren, dazu von einer Präzision und kritischen Intelligenz, die seine in die nachwachsende Generation gesetzten Erwartungen auf eine besonders eindrucksvolle Weise zu bestätigen schienen.

Wiedersehen mit den Eltern in Dresden

»Mein lieber, guter, herzensguter Junge! Wir haben uns so sehr lange nicht gesehen. Papa wird am 5. März 80 Jahre und Dein Muttchen am 9. April 76 Jahre. Wie lange werden wir noch mitmachen. Papa ist noch sehr rüstig, aber Dein olles gutes Muttchen sieht zwar noch gut aus, aber das Herz will nicht mehr so mitmachen, wie es eben soll, darum wollen wir uns doch recht bald mal sehen. Ich weiß, Du hast viel Arbeit ... Weihnachten wird es zwei Jahre, daß wir uns nicht gesehen haben.«

So beginnt die Mutter am 2. September 1946 ihren Brief an den Sohn. Sie bedankt sich für zwei Päckchen und wiederholt nochmals, »wie herzlich wir uns freuen würden, wenn ein Telegramm käme, ankomme den Tag und die Zeit«.

1945 kam zu Weihnachten kein Telegramm vom Sohn an. Die Eltern warteten vergebens auf die erhoffte Nachricht. Erst im September 1946 wurde es möglich, daß Kästner die durch die Besatzungszonen errichteten Barrieren überwinden und von München aus das erstemal nach dem Krieg wieder nach Dresden fahren konnte. Dieses Wiedersehen mit dem Sohn wurde für die Eltern ein geradezu dramatisches Ereignis. Sie standen seit dem frühen Morgen auf dem Neustädter Bahnhof, warteten und warteten. Vergebens. Als er am Abend ankam, mußte er sie suchen gehen. »Ich sah die Eltern schon von weitem. Sie kamen die Straße, die den Bahndamm entlangführt, so müde daher, so enttäuscht, so klein und gebückt. Der letzte Zug, mit dem ich hätte eintreffen können, war vorüber. Wieder einmal hatten sie umsonst gewartet ... Da begann ich zu rufen. Zu winken.

zu rennen. Und plötzlich, nach einer Sekunde fast tödlichen Erstarrens, beginnen auch meine kleinen, müden, gebückten Eltern zu rufen, zu winken und zu rennen.«

Von seiner Heimatstadt, die einmal zu den schönsten Städten Europas gehört hatte, sah er nur noch Hügel und Täler aus Schutt und Steinen. Kilometerweit konnte man um sich blicken und entdeckte nichts als eine verstaubte Ziegellandschaft. Es war ein bitteres Wiedersehen.

Die Eltern waren bei den schweren Bombenangriffen auf Dresden mit dem Leben davongekommen, sie hatten noch die alte Wohnung in der Königsbrücker Straße, es ging aber alles recht mühsam. Mit der Gesundheit der Mutter stand es nicht zum besten, die lange Trennung von dem Sohn hatte ihre Lebenskraft nahezu erschöpft. Es erleichterte Erich Kästner, als er von den Eltern erfuhr, daß der zuständige Bürgermeister sich besonders um die beiden alten Menschen kümmerte. Sie erhielten – auf Verfügung des Ministers Gerhard Ziller von der damaligen Landesregierung – zusätzliche Lebensmittelrationen und einen halben Festmeter Holz, den die Gruppe Waldschlößchen der neugegründeten Freien Deutschen Jugend ihnen sonntags in die Wohnung brachte. Die jungen Leute spalteten das Holz und trugen es die zwei Stockwerke hoch in die Küche. Es waren zwanzig Jungen und Mädchen, die eine Klampfe mitgebracht hatten und im Hausflur zu singen anfingen: »Wir lieben das fröhliche Leben.« Ida und Emil Kästner glaubten, als sie den Gesang vernahmen, es handele sich um die ihnen von früher bekannten Bettelmusikanten, traten aus der Wohnung und wollten den Sängern etwas Geld in die Hand drücken. »Da gab es viel Hallo und Gelächter und eine kleine festliche Ansprache. Und ein wenig Rührung. Und ein paar Lieder als Zugabe. Und schließlich eine warme Küche.«

Das zweitemal fuhr Kästner im April 1947 nach Hause, zum sechsundsiebzigsten Geburtstag seiner Mutter. Die Fahrt ging von München über Berlin, wo er mit dem soeben aus der Emigration zurückgekehrten Ludwig Renn zusammentraf. Die beiden Dresdner fuhren gemeinsam im Auto weiter. Im Tagebuch Ludwig Renns findet sich dazu unter dem 7. April 1947 eine militärisch knappe Notiz: »Erich Kästner getroffen. Zusammen Mittag gegessen und nach Dresden gefahren.«

Die Eindrücke von seinen Dresdenbesuchen kurz nach dem Kriege haben Kästner in seiner Publizistik mehrfach beschäftigt. Es finden sich nicht allein Hinweise auf die kulturellen Fortschritte und Initiativen, ihn bewegte auch die Frage, weshalb die meisten Emigranten in die damalige sowjetische Besatzungszone zurückkehrten. Er führte die Namen von Anna Seghers, Johannes R. Becher, Friedrich Wolf, Ludwig Renn, Erich Weinert und Wolfgang Langhoff an und konstatiert – was als indirekter Vorwurf an die Politik in den damaligen westlichen Besatzungszonen zu verstehen ist, daß die meisten Emigranten hier »nur auf Abruf« auftauchen würden, »mit neuen Staatsangehörigkeiten, in Uniform und im Auftrag ihrer Militärregierungen«.

Kästner unterstützte seine Eltern nach Kriegsende regelmäßig und so gut es ging mit kleinen Lebensmittelpäckchen – es waren damals Pfundpäckchen erlaubt –, manchen Wunsch konnten allerdings Lotte und Erich nicht erfüllen. Zum Beispiel Glühbirnen, weil es damit »hier genauso knapp ist wie in Dresden«.

In den Briefen an die Mutter ist neben den lebenswichtigen Dingen wie Kartoffeln, Brot und Kohlen häufig auch die Rede von Theaterereignissen. Ab Sommer 1946 nahmen die Theater den *Emil* wieder in ihre Spielpläne auf, nachdem er zwölf Jahre lang nicht gespielt werden durfte. Wenn sich Gelegenheit bot, reiste Kästner selbst zu den Aufführungen, um darüber zu berichten. In Stuttgart fand er die Aufführung im schwäbischen Dialekt recht lustig, dem Lokalpatriotismus konnte er aber doch nicht derartige Zugeständnisse machen, daß er zum Beispiel die bayerische Neufassung seines Stückes mit dem veränderten Titel »Seppl und die Detektive« für München akzeptiert hätte. Das ging ihm bei allem Humor zu weit, und so blieb der Titelheld nach erfolgter Einigung mit den Theaterleuten schließlich der preußische beziehungsweise sächsische Emil, der er immer war.

Im Oktober 1947 folgten die Bühnen der Landeshauptstadt Dresden mit ihrer *Emil*-Aufführung, die dem Autor ein Zeichen dafür war, daß sein erster Versuch von 1928, »die Jugendliteratur ein wenig aufzuforsten«, bei seinen Dresdner Landsleuten noch immer in hoher Wertschätzung stand. Obwohl die Problematik des Kinderstücks angesichts der Nachkriegssituation schon ein wenig entrückt erschien – ein Junge machte in der Pause die Bemerkung: »Mensch – hab'n die Sorgen! –, konnte sich die zeitlose Romantik, die dem Stück das eigentliche Leben gibt, aber doch behaupten. Ein Dresdner Lokalkritiker schrieb treffend, das Schönste sei am Rande der unterhaltsamen und belehrenden Szenen mit wenigen Worten über eine Mutter und ihren Jungen – »diese innigste, schmerzlichste, unvergänglichste aller menschlichen Beziehungen – ausgesagt«, und dafür dankten alt und jung dem Dichter »mit besonderer Herzlichkeit«.

Kästner hoffte sehr, daß auch andere Bühnenstücke von ihm, wie das Lustspiel *Zu treuen Händen*, das in den Kriegsjahren entstanden war, bald einen Regisseur fänden, vorläufig aber fehlte es an allem Notwendigen für den Theaterbetrieb. Für die Münchner Bühnen kam die erste Hilfe unmittelbar nach Kriegsende aus der Schweiz über Wolfgang Langhoff vom Zürcher Schauspielhaus. Langhoff hatte mit anderen Emigranten in Zürich die einstige Genossenschaft deutscher Bühnenangehöriger neu gegründet, zu deren Ehrenpräsidenten man einen der Senioren der deutschen Schauspielkunst, Albert Bassermann, den Freund Siegfried Jacobsohns, sowie den ermordeten KlassenkameradenKästners, Hans Otto, gewählt hatte.

Nach einem Vortrag in München, wo er auch längere Gespräche mit Kästner führte, veranlaßte Langhoff, daß für die Kollegen sofort Dekorationsstoffe, Kostüme, Leim und Farbe geschickt wurden. Vor allem Textbücher geeigneter zeitgemäßer Stücke – diese waren wichtig! Wie sehr, das belegt der folgende Vorfall: Kästner hatte sich bei einigen gerade unbeliebt gemacht, weil er im Münchner Lokalblatt sehr deutlich seinem Mißfallen über die Instinktlosigkeit örtlicher Regisseure Ausdruck gegeben hatte, die das Münchner Theaterleben nach dem Untergang des zwölfjährigen Reiches ausgerechnet mit jenem Stück wiedereröffneten, das bei den Nazis zuletzt auf dem Spielplan gestanden hatte. Das Stück hieß *Die Hammel-Komödie* von Hans Wolfgang Hiller. Mußte dieser Mißgriff dem Rezensenten schon zu denken geben, wieviel mehr noch die aggressiven, lautstarken Protestbriefe, die zu der Rezension bei der Redaktion eingingen. Hier war vornehme Zurückhaltung fehl am Platze, einigen Leuten war politischer Nachhilfeunterricht zu erteilen. Der streitbare Demokrat Kästner trat mit seiner ersten Theaterkritik nach 1945 wieder in die Arena der Polemik, ausgerüstet mit der Überzeugung des unbeirrbaren Antifaschisten und dem Vorsatz, der politischen Vernunft diesmal zu einem Sieg von Dauer zu verhelfen.

Das Renommee, das der Schriftsteller Erich Kästner in der Öffentlichkeit hatte, war ausschlaggebend dafür, daß er im Sommer 1947 zu einer internationalen Tagung in die Schweiz eingeladen wurde. Zum erstenmal nach dem Krieg reist er wieder ins Ausland, um mit zwei anderen deutschen Schriftstellern – Johannes R. Becher und Ernst Wiechert – am internationalen Kongreß des PEN-Clubs in Zürich teilzunehmen. Der PEN-Club hatte die Neugründung der deutschen Organisation der internationalen Schriftstellervereinigung auf die Tagesordnung gesetzt, für die insbesondere Thomas Mann sehr nachdrücklich plädierte. Für Kästner war es eine Reise, die ihn noch einmal in die Vergangenheit führte und ihn zugleich mit seinem künftigen Wirkungsfeld konfrontierte.

Da man ihn schon auf dem Bahnhof mit der Botschaft empfing, er müsse umgehend an einer Sitzung des Exekutivrates teilnehmen, ließ er die Koffer in der Gepäckaufbewahrung stehen und galoppierte »wie ein verspäteter Musterknabe« durch die legendäre Zürcher Bahnhofstraße, vorbei an prunkvollen, glitzernden Schaufenstern. Zweimal hielt er, trotz gebotener Eile, kurz inne, um sich einen Blick auf die Herrlichkeiten zu gönnen, zuerst vor Corrieri, dem Südfruchtladen mit den üppig zur Schau gestellten Bananen, Apfelsinen, Ananasfrüchten, Feigen, Datteln, Pampelmusen, Erdbeeren, Kirschen, Rosinen, Mandeln, Nüssen und Zitronen, und ein zweites Mal vor einem Kaffeehaus in der Nähe des Paradeplatzes. Hier war er im Februar 1933 der Emigrantin Anna Seghers begegnet, jetzt – so ging es ihm durch den Sinn – würde er viele andere wiedersehen, die 1933 Deutschland oder Jahre später Österreich verlassen hatten, wie Thomas Mann, Alfred Kerr, Robert Neumann, Franz Theodor Csokor, Rudolf Frank, Max Tau, Siegfried Trebitsch, Ossip Kalenter. Als Kongreßteilnehmer identifizierte er sich mit dem Standpunkt Johannes R. Bechers, der sich in seinen Ausführungen vor den Delegierten gegen das Argument der Kollektivschuld der Deutschen wandte und damit gegen die Versuche, undifferenziert die Neugründung einer deutschen PEN-Organisation zu verhindern. Ihnen hielt er nachdrücklich die Opfer entgegen, die gerade die deutsche Literatur in den zwölf Jahren Hitlerdiktatur für die Bewahrung des freien Wortes gebracht hatte.

Die Mitarbeit im PEN-Club, die im Mai 1947 in Zürich begann, gehörte in den folgenden Jahren zu Kästners wichtigsten Obliegenheiten. Er war somit nicht mehr nur Redakteur und Herausgeber, Kabarettautor und Theaterkritiker, sondern auch einer der öffentlichen Sprecher für die Belange der deutschsprachigen Schriftsteller. Die Begegnungen und Gespräche, die er im Verlaufe des Jahres mit Bertolt Brecht, Max Frisch, Werner Finck und anderen in Zürich hatte, gaben ihm auf der persönlichen Ebene wieder Anschluß an die Entwicklung der Nachkriegsliteratur.

Die Konferenz der Tiere

Mit dem Tag, da Kästner die Redakteurstätigkeit aufgab, fand er wieder Zeit, an eine größere literarische Arbeit zu gehen. An dem neuen Arbeitsplatz, den er sich nach alter Gewohnheit auserkoren hatte, es war das Café Benz in der Münchner Leopoldstraße, entstand das Manuskript zu dem ersten größeren Nachkriegsbuch, *Die Konferenz der Tiere*, gedacht »für Kinder und Kenner«. Die Idee dazu stammte von Jella Lepman, der Begründerin und Leiterin der Internationalen Münchner Kinder- und Jugendbibliothek, die sich ebenso wie Kästner nach der militärischen Niederlage des Faschismus für eine humanistische, dem Geist des Friedens und der Völkerverständigung dienende Literatur für die junge Generation engagierte. Somit war in Kästners Leben zum zweitenmal eine Frau Inspiratorin für ein Buch, das tatsächlich auch geschrieben wurde und Erfolg hatte, wenn die *Konferenz der Tiere* den Ruhm von *Emil und die Detektive* auch nicht erreichen konnte.

Das Buch, 1949 erschienen, ist generell anderer Natur als die Geschichten, die Kästner bisher für Kinder geschrieben hatte, insofern, als die Akteure diesmal ausschließlich Tiere sind. Konfrontation der Vernunft, repräsentiert durch die Tierwelt, mit der Unvernunft von Politikern und Staatsoberhäuptern, die soeben wieder eine Konferenz auf höchster Ebene vertagt und sich nach Meinung der Tiere als ganz und gar unfähig erwiesen hatten, sich im Geiste der Vernunft zu einigen und den Kindern die gesicherte Welt zu garantieren – das ist die Ausgangsposition zu diesem wichtigen Nachkriegsbuch Erich Kästners.

Die Tiere berufen aus Sorge um die Menschenkinder eine Gegenkonferenz ein, um etwas Wirksames zu unternehmen. Ihre Delegierten kommen an dem gleichen sonnigen Donnerstag zum Kongreß zusammen, da in Kapstadt in Südafrika die siebenundachtzigste Konferenz der Staatshäupter, Staatspräsidenten, Ministerpräsidenten und ihrer Ratgeber mit dicken Aktenmappen stattfindet. »Der von den Spinnen und Webervögeln angefertigte Begrüßungsspruch ›Herzlich willkommen!‹ wehte luftig und duftig im lauen Winde. Aktenmappen trug niemand.«

Das erklärte Ziel ihrer Aktion formuliert der Sprecher der Tierwelt, der Eisbär Paul, nach Kästnerscher Art kurz und bündig: »Also – wir sind hier zusammengekommen, um den Kindern der Menschen zu helfen. Warum? Weil die Menschen selber diese ihre wichtigste

Pflicht vernachlässigen! Wir verlangen einstimmig, daß es nie wieder Krieg, Not und Revolution geben darf! Sie *müssen* aufhören! Denn sie *können* aufhören! Und deshalb *sollen* sie aufhören!«

Von solchen Ideen wollen die tagenden Vertreter der Menschenwelt unter Admiral Wutmaier nichts wissen, sie sträuben sich so lange, den ultimativ erhobenen Forderungen nachzukommen, bis die Tiere – nachdem auch ihre Aktion Ratten- und Mottenplage nichts bewirken konnte – sämtliche Kinder der Erde entführen und verstecken. Erst als die Kinder aller Länder verschwunden sind, kommen deren Angehörige zur Vernunft. Sie sehen an jenem »größten Schreckenstag der Menschheit« mit Entsetzen, was geschehen ist. »Die Babys lagen nicht mehr in der Wiege. Die Kinderbetten waren leer. Die Schulen blieben ausgestorben. Nirgends hörte man ein Kinderlachen, nirgends ein Weinen. Die Eltern und Lehrer und alle Erwachsenen waren allein auf der Erde. Ganz kinderseelenallein.« Daß sie schrien, riefen, weinten, wüteten oder beteten, nützte ihnen nichts. Erst mit dem Moment, da sich der Unwillen der Völker gegen die Konferenzmänner wendet, steht der Verhandlung und Einigung zwischen Menschen- und Tiervertretern nichts mehr im Wege. Der Tierwelt ist es endlich gelungen, die streitsüchtigen, unvernünftigen Menschen zum »ewigen Friedensvertrag« zu zwingen.

Das Buch, moralisierend, unterhaltsam, mit Witz geschrieben, ist eine für Kästner charakteristische Utopie, ein erträumter Sieg der Vernunft gegen Friedensstörer. Daß dergleichen Siege nur im Märchen möglich sind, räumte Kästner selbst ein, als er einer thematisch eng mit der *Tierkonferenz* verwandten Geschichte, die etwa um die gleiche Zeit als Zeitungsfeuilleton entstand, die beziehungsreiche Überschrift *Das Märchen von der Vernunft* gab.

Diesmal ist der Träger der Vernunftsidee ein netter, alter Herr, »der die Unart hatte, sich ab und zu vernünftige Dinge auszudenken«. Er unterbreitet den wichtigsten Staatsmännern der Erde in einer Sitzung den Vorschlag, sie möchten doch, statt Kriege zu finanzieren, lieber »eine Billion Dollar für die soziale Wohlfahrt der Völker ausgeben«. Mit dieser Summe könnte dann folgendes geschehen: Jede Familie in jedem ihrer Länder bekäme eine kleine hübsche Villa mit sechs Zimmern, einem Garten und einer Garage sowie ein Auto zum Geschenk. Da der Betrag damit nicht aufgebraucht sei, könnte man, auch das ist kalkuliert, in jedem Ort der Erde, der mehr als fünftausend Einwohner zählt, eine neue Schule und ein modernes Krankenhaus bauen lassen. So dachte der nette, alte Herr in seinem simplen Gemüt. Dafür wurde er recht unfreundlich behandelt.

»Sie sind wohl vollkommen blödsinnig!« schrie ihn jemand von den anwesenden Staatsoberhäuptern an.

Der nette, alte Herr setzte sich gerade und blickte den Schreier verwundert an. »Wie kommen Sie denn darauf?« fragte er gelassen. »Es handelt sich natürlich um viel Geld. Aber der letzte Krieg hat, wie die Statistik ausweist, ganz genau soviel gekostet!« Und daraus zieht er die Schlußfolgerung: »Wenn ein langer Krieg eine Billion Dollar gekostet hat, warum sollte dann ein langer Frieden nicht dasselbe wert sein?«

Die Friedensthematik wird von jetzt an zum zentralen Thema der literarischen wie politischen Aktivitäten Kästners, sie tritt damit noch deutlicher und gezielter in seinem Werk hervor als in den Jahren vor 1933. Die Mitarbeit an der »Neuen Zeitung«, am »Pinguin« und an der »Schaubude« ist diesem Gedanken letzten Endes untergeordnet. Die Welt vernünftig machen hieß für ihn die Welt friedlich machen, der Welt den Frieden garantieren bedeutete nach dem Gebot der Vernunft handeln.

Es hätte der Anerkennung seines Buches sicher genützt, wenn sich schon 1949, als die *Konferenz der Tiere* erschien, ein Produzent gefunden hätte für einen Zeichentrickfilm. Kästner bot das Projekt damals dem einzig dafür in Frage kommenden Mann an – das war Walt Disney –, der aber lehnte ab. »No, Eric. No politics and no religion«, erklärte er bei einem Gespräch in einem Münchner Hotel, am Zahnstocher kauend. Das hieß, der weltbekannte Vater der Mickymaus und kapitalstarke Produzent wollte unter der Ägide des allmächtigen Senators McCarthy keine Stoffe mit politischer oder religiöser Tendenz. Zu jener Zeit steuerte die US-Regierung bereits mit vollen Segeln in den kalten Krieg. Selbst die kleine Maus, die als Delegierte an dem Kongreß der Tiere bei Kästner teilnimmt, konnte Walt Disney nicht umstimmen. »No politics ...« Das war schade, weil die bezaubernd fabulierte Geschichte nun zwanzig Jahre auf ihre Verfilmung warten mußte. Offensichtlich fehlte dem Amerikaner jene Leidenschaft zum Engagement, wie Kästner sie besaß, der zum Zeitpunkt der Verfilmung noch einmal deutlich erklärte, daß sein Buch, wenn auch im Gewand des Märchens auftretend, eine »politische Satire« sei, die sich gegen den Krieg richte.

Das doppelte Lottchen

Aus den neuen Büchern, die nach dem Krieg erschienen – im Schnitt eines pro Jahr –, war zu ersehen, daß ihr Autor im Prinzip der alte geblieben war, sowohl was die von ihm bevorzugten Stoffe wie auch die Art des Schreibens betraf. Das erste Buch von 1946 konnte verständlicherweise nur ein Neudruck seiner früheren Gedichte sein und hieß dementsprechend *Bei Durchsicht meiner Bücher*. 1948 gab es dafür zwei echte Neuerscheinungen – man konnte die gesammelten Chansons und Feuilletons dreier Jahre unter dem Titel *Der tägliche Kram* kaufen und in einem weiteren Band mit Epigrammen, der sich *Kurz und bündig* nannte, eine neue Seite seiner literarischen Begabung kennenlernen. Mit der *Konferenz der Tiere*, die 1949 herauskam, und dem *Doppelten Lottchen*, das 1950 von sich reden machte, war endgültig bestätigt, daß Kästner auch in Zukunft in den beiden unterschiedlichen Genres seiner Produktion weiterarbeiten würde. Ungebrochene Erzählfreudigkeit, die Liebe zu kleinen Kindern, die fröhliche, jungenhafte Phantasie und sein gutes Herz schauen aus den Kapiteln, die von zwei Mädchen erzählen, die man getrennt hat, obwohl sie zusammengehören, und die ihre schwache Kraft und ihre kindliche Phantasie nun auf das einzige Ziel richten, wie sie wieder zusammenkommen könnten.

Lotte und Luise sind Zwillinge aus einem Künstlerhaushalt, in dem es ein bißchen durcheinandergegangen war. Die Eltern trennten sich, jede Hälfte nahm einen Zwilling mit, so daß die Mädchen getrennt aufwuchsen und keine von der anderen wußte. Sie entdeckten ihre Zusammengehörigkeit rein zufällig in einem Kinderheim, in dem sie die Ferien verbringen. Vereint entwerfen sie dort einen Schlachtplan, wie sie sich ihren sehnlichsten Wunsch, fortan als Schwestern unter einem Dache mit kompletten Eltern zu leben, erfüllen können. Ihr Trick besteht im Rollentausch. Jedes Kind kehrte am Ende der Ferien zu dem anderen, ihm bisher fremden Elternteil zurück, doch der eine Zwilling bricht bei der Bewältigung seelischer Probleme, die ihren Papa und eine hübsche fremde Frau betreffen, zusammen, was nun endlich die Eltern am Krankenbett ihres lieben Kindes wieder zur Vernunft bringt. Ende gut, alles gut!

In diesem Fall war es vielleicht nicht allzu schwer, das Familienglück wieder ins Lot zu bringen, da zwischen den Eltern keine unüberwindliche Abneigung bestand. Jedenfalls sind in diesem Roman wieder die Kinder die besseren Erwachsenen, ihr untrügliches Gefühl für das, was defekt, ungerecht, widersinnig und unvernünftig ist, erweist sich als vollkommen intakt. Sie handeln, und weil sie handeln, werden sie vom Schicksal belohnt. Das ist der tiefe Sinn aller Märchen. Als die Eltern von Luise und Lotte zum Standesamt fahren, um ein zweites Mal zu heiraten, will Kästner sagen, »daß man verlorenes Glück nachholen kann, wie eine versäumte Schulstunde«.

Das doppelte Lottchen brachte dem Autor doppeltes Glück. Das Buch wurde ein beachtlicher Erfolg auf dem in- und ausländischen Markt, der Kästners Namen für die Nachkriegsjahre sogleich wieder nach vorn rückte; die Verfilmung, die sich ein Jahr später anschloß, baute diesen Erfolg aus. Schon auf die Annonce »Doppeltes Lottchen gesucht!« fanden sich im Studio soviel Zwillingsschwestern ein, daß der Regisseur Josef von Baky sich keinen Rat wußte. Kästner, mit dem sicheren Blick für Damen, fand die Zwillinge Isa und Jutta Günther heraus. Mit ihrer Intelligenz, ihrem hübschen Gesicht und den seitlich geflochtenen dicken Zöpfen avancierten sie zu den Stars seines Films.

Der künstlerische Erfolg seiner guten Jahre vor 1933, da sich beinahe alle Kinderbücher in kürzester Frist auch als Film durchgesetzt hatten, wiederholte sich. Zunächst bewarben sich ausländische Verlage um die Übersetzung. Die Anfragen kamen aus Italien, Bulgarien, Finnland, England, Jugoslawien, aus den USA, den Niederlanden, Polen und Portugal. Man kannte das sympathische Kinderpaar innerhalb von zehn Jahren in über zwanzig Sprachgebieten: Die Schulkinder in London redeten von »Lottie and Lisa«, in Warschau von »Mania czy Ania«, in Rom von »Carlottina e Carlottina«, in Amsterdam vom »Dubbele Lotje«, in Riga von den »Divas Lotinas«, in Tokio von »Futari no Lotte«, in São Paulo von »Las duas Lolotas«, in Paris von »Deux pour une« und in Belgrad von den »Bliznakinje« – den Zwillingen. Bis 1960 lagen von diesem Kinderroman, der mit Humor und Beherztheit ein Thema aus dem täglichen Leben behandelte, Ausgaben in zweiundzwanzig Ländern vor. Wie viele es heute sind, läßt sich nicht mehr überblicken, da die beiden Lottchen inzwischen auch ein Schulbuch zur Erlernung der deutschen Sprache geworden sind. Nur ein Beispiel dafür: Der Moskauer Volksbildungsverlag »Proswestschenije« brachte es mehrfach als Lesebuch für den Deutschunterricht in Auflagenhöhe von über 130000 Exemplaren heraus.

Kästners Name blieb in den fünfziger Jahren vor allem im Gespräch als der eines erfolgreichen Filmautors. *Das doppelte Lottchen*, mit dem Kästner übrigens sein Debüt als Schauspieler gab, war mittlerweile in den Kinos angelaufen. Das Publikum liebte diesen Film von den beherzten beiden Mädchen, denen es gelingt, ihre geschiedenen Eltern wieder zusammenzubringen, wie kaum einen anderen Film der Nachkriegsproduktion. Das hatte zur Folge, daß auch Filmgesellschaften in Japan und in den Vereinigten Staaten die Rechte für die Verfilmung dieses Stoffes erwarben.

In London konnte man um diese Zeit herum verschiedentlich hören, daß man Kästner für den Nobelpreis vorschlagen wolle. In einem Brief an seinen Londoner Verleger Kurt Maschler bemerkte er dazu unter dem 18. 10. 1950: »Ich habe zwar keine ausgesprochen minderwertige Meinung von mir, aber daß ich nobelpreisreif wäre, finde ich ja nun auch wieder nicht, und ich bin einigermaßen über dieses Londoner Gerücht belustigt. Ich schreibe es Ihnen nur, damit Sie endlich einmal merken, was für einen Autor Sie an mir haben und welche Chancen uns beiden gemeinsam noch bevorstehen.«

Kapitel VIII

Ein Volksautor wird Literaturklassiker

1950–1959

Zum Jahreswechsel 1959/60 wandte sich eine Redaktion an verschiedene prominente Leute mit folgender Frage:

»Welche drei Gegenstände würden Sie in den Grundstein Ihres Hauses einmauern, um der Nachwelt ein Bild Ihrer Persönlichkeit und Ihres Wirkens zu geben?«

Kästner antwortete: »Ein Traktat über die Dummheit der Menschen. Mit zwei Durchschlägen.«

Das Erscheinungsjahr des *Lottchen*-Romans war für den nunmehr fünfzigjährigen Erich Kästner ein erfolgreiches Jahr. Hatte er nicht allen Grund, mit seinem Leben und Wirken in jeder Hinsicht zufrieden zu sein? Gewiß, aber mit einer Einschränkung. Spätenstens 1948 gab es deutliche Anzeichen, daß vieles von dem, was engagierte Demokraten wie er nach dem Kriege zu erreichen trachteten, in dem Teil Deutschlands, in dem er sich angesiedelt hatte, nicht in Erfüllung gehen würde. Mit der Gründung der Bundesrepublik Deutschland in der zweiten Jahreshälfte 1949 war es schließlich offenbar, daß es auch diesmal nur »die kleine Freiheit« werden würde, hatten doch in den drei westlichen Besatzungszonen Deutschlands die gleichen Kräfte die politische Oberhand gewonnen, die bereits das Scheitern der Weimarer Republik mitverursacht und Hitlers Machtübernahme ermöglicht hatten. Kästner sagte selbst, er habe schon 1948 nicht mehr daran geglaubt, »daß es in der richtigen Richtung weitergeht«. 1949 ist es für ihn offenkundig, daß die »Ära der Demokratur«, wie er die Adenauer-Zeit bezeichnete, »der Remilitarisierung Vorschub leistete«. Für ihn bedeutete daher die Zusammenarbeit mit der Münchner Schauspielerin Trude Kolman mehr als Engagement fürs Theaterspielen, sie war ein offenes Bekenntnis zu dem, was er unter Demokratie verstand. Er plante ein neues Kabarett, das die Tradition der linken satirisch-literarischen Kabaretts aus der Zeit vor 1933 als auch der Anfang 1949 eingegangenen »Schaubude« fortführen sollte.

Die kleine Freiheit

Im Januar 1951 stellte sich im fünften Stock eines Schwabinger Wohnhauses das neue Kabarett mit einem Titel vor, dessen Inhalt Kästner brillant definiert hatte.

> Der Titel des Programms – DIE KLEINE FREIHEIT –
> klingt eigentlich, als wüßten wir Bescheid.

Der Titel des Programms – DIE KLEINE FREIHEIT –
stammt nicht von uns. Den Titel schrieb – die Zeit!

Die große Freiheit ist es nicht geworden.
Es hat beim besten Willen nicht gereicht.
Aus Traum und Sehnsucht ist Verzicht geworden.
Aus Sternenglanz ist Neonlicht geworden.
Die Angst ist erste Bürgerpflicht geworden.
Die große Freiheit ist es nicht geworden,
die kleine Freiheit – vielleicht!

Der »Dichter der kleinen Freiheit«, wie man Kästner seitdem genannt hat, schrieb für die Programme bemerkenswert kritische Texte. In einem »Solo mit unsichtbarem Chor« meldet sich der deutsche Militarismus wieder zu Wort in Gestalt des Generals, der, bei Kriegsende untergetaucht, »fern von blutigen Geschäften« im Verlauf der Zeit »wieder zu Pension und Kräften« kam.

Alle mal herhören!
Auch die, die schwerhören!
Denn nun ist es wieder soweit!
Wir haben ziemlich jeden Schwur
geschworen und gehalten.
Das liegt nun mal in unsrer Natur,
und wir sind noch ganz die alten.
Wir kommen, sehn und siegen
in ziemlich allen Kriegen,
ganz wurscht, unter welcher Regierung.
Das ist eine Frage der Führung.
Na also und hurra:
Drum sind wir wieder da.

Die Antwort des Chors auf diesen General und dessen zynische Phrasen von »wieder Ordnung kriegen« und »das deutsche Rückgrat wieder gradebiegen. Und daß wir wieder mal richtig liegen. Und, wenn es sein muß, zum drittenmal siegen!« heißt bei Kästner in ständiger Wiederholung: »Ohne uns, ohne uns, ohne uns, Herr General!«

Im Kabarett sah Kästner damals eine reale Möglichkeit, an das Gewissen der Öffentlichkeit zu appellieren und die Vernunft gegen die Remilitarisierung in Marsch zu setzen, indem er auf die Tatsachen der Politik hinlenkt. Er sagt: »Während es in unserer Republik noch bei Strafe verboten war, auch nur eine Jagdflinte zu besitzen, wurden Hitlergeneräle nach Bonn beordert, um hinter verschlossenen Türen der Regierung wertvolle Ratschläge zu erteilen.« Unbedingt sei es die moralische Pflicht des einzelnen, sich mitverantwortlich zu fühlen für das, was in einer Gemeinschaft geschieht, und für das, was unterbleibt.

Er selbst nimmt seine Verantwortung im Sinne der alten »Weltbühne« wahr. Ihren Geist beschwört er in dem Aufsatz über das »Zeitalter der Empfindlichkeit«, in dem er feststellt, daß dieses Zeitalter – gemeint ist die eigene Gegenwart – seine Heines, Lessings und Voltaires bereits wieder bekämpft, weil diese sich als »Spielverderber« gegenüber den Wortführern der reaktionären Kräfte erweisen und als Männer von Ehrlichkeit, Verstand, Mut und Talent »nichts als ihre eigene Sprache reden« und ihrem Gewissen folgen. Und auch das ist ein Kommentar zur Realität der fragwürdigen Demokratie im bürgerlich-westlichen Nachkriegsdeutschland: »Mit der Entflechtung der Konzerne und der Demontage der Rüstungswerke begann es. Mit der Rückgabe des Krupp-Vermögens und dem Bau europäischer Kasernen hörte es auf.«

Eine gefährliche Parallele zu dieser Entwicklung war für ihn das 1950 vorgelegte Gesetz zur Verhinderung von »Schund und Schmutz«, dessen historischen Vorläufer er schon in der Weimarer Republik bekämpft hatte, in der Voraussicht, daß dem künstlerischen Maulkorbgesetz das politische folgen würde. Ein Schund- und Schmutzgesetz widerspreche dem Sinn der Verfassung, erklärt Kästner öffentlich, so wie er sich im gleichen Zusammenhang gegen den Freispruch des »Jud-Süß«-Nazifilm-Machers Veit Harlan wendete, der damals, rücksichtslos und ohne eine Spur von Reue oder Schuldgefühl zu zeigen, wieder ins Filmgeschäft einzusteigen versuchte.

Entschiedenheit und Angriffsfreude in der Abrechnung mit den Dunkelmännern der Geschichte, die in der politischen Landschaft der Bundesrepublik wieder Morgenluft witterten, wechseln bei Kästner ständig mit Phasen der Unsicherheit und der Skepsis, ob dieses Staatsgefüge, in dem er lebte, fähig und gewillt sei, überhaupt einen neuen Weg zu gehen, und ob die Appelle an die Vernunft tatsächlich etwas bewirken.

1952 gibt er seine gesammelte Lyrik und Publizistik aus den Jahren der »Kleinen Freiheit« heraus. Es ist Kästners zehntes Buch für Erwachsene und das zwanzigste Buch insgesamt. Zum Zeitpunkt des

Erscheinens ist er ein Mann von dreiundfünfzig Jahren, der ein halbes Jahrhundert deutscher Geschichte hinter sich hat, und wenn man rekapituliert, was er bis dahin eigentlich von dieser Geschichte gehabt hat, sieht das Ergebnis ziemlich dürftig aus. Überlebender eines Jahrgangs, der zum Tode bestimmt war, hatte er seine Jugend auf dem Exerzierplatz verbracht und davon lebenslänglich ein Herzleiden und ein Trauma zurückbehalten. Durch den Ersten Weltkrieg wurde seine Schulzeit unterbrochen, es folgten die Studentenjahre unter den instabilen Verhältnissen der Inflation. Der Not gehorchend, begründet er schon früh eine berufliche Existenz, indem er noch während des Studiums eine Anstellung bei der Zeitung annahm, und konnte lediglich dann – von 1927/28 bis 1932 – einige Jahre für die literarische Entwicklung nutzen – mehr Zeit ist ihm dafür nicht geblieben.

Der Aufstieg des Schriftstellers Kästner fiel zusammen mit der Endphase der Weimarer Republik, gewissermaßen eine Karriere auf Zeit, die vom Faschismus radikal unterbrochen wurde. Unter Hitler war er zwölf Jahre zum Schweigen verurteilt, zur Nichtexistenz als Schriftsteller, zur Ohnmacht angesichts der größten Verbrechen, die am Menschen und am Geist geschahen. Das Jahr 1945 forderte einen Neuanfang. Der Gedanke an eine mögliche dritte Katastrophe in den Ausmaßen der erlebten Weltkriege bestärkte ihn in seiner Unnachgiebigkeit gegenüber dem politischen Abenteurertum. Er will nicht schuldig werden an einer neuen Entwicklung dahin und will auch nicht, daß die andern es werden. So beschwört er vor dem Vorhang seines Kabaretts in hymnischen Versen eine Landschaft des idyllischen Friedens:

Schneidet das Korn, und hütet die Herde,
indes der Planet um die Sonne rollt!
Keltert den Wein, und striegelt die Pferde!
Schön sein, schön sein könnte die Erde,
wenn ihr nur wolltet, wenn ihr nur wollt!
Reicht euch die Hände, seid *eine* Gemeinde!
Frieden, Frieden hieße der Sieg.
Glaubt nicht, ihr hättet Millionen Feinde.
Euer einziger Feind heißt – Krieg!

Gleichzeitig diktiert ihm die Angst um die Menschen und ihren Planeten die schockierende Vision von den Maulwurfsmenschen in künstlich angelegten Städten tief unten im Innern der Erde, wo sie dahinvegetieren und allmählich das Gedächtnis verlieren, während Neonlicht auf die Gräber scheint.

Daß er die Grundfragen menschlicher Existenz zwischen dem beendeten und einem möglichen neuen Krieg immer wieder zur Sprache bringt, macht seine Publizistik aus den fünfziger Jahren so wesentlich und in einem weitergreifenden Sinne aktuell. Man mag vom Standpunkt der geschichtswissenschaftlichen Erkenntnis gegen Kästners abstrakte, statische Betrachtung historischer Prozesse manches einwenden, eines wird man ihm nicht absprechen können – das ist der Ernst und das tiefe Verantwortungsgefühl, die seinen Reden und Aufsätzen Wahrhaftigkeit und Nachdruck verleihen.

Frieden, Frieden, helft, daß er werde!
Tut, was euch freut, und nicht das, was ihr sollt.
Schneidet das Korn, und hütet die Herde!
Keltert den Wein, und striegelt die Pferde!
Schön sein, schön sein könnte die Erde,
wenn ihr nur wolltet, wenn ihr nur wollt!

Der Menschen- und Kinderfreund

Daß es anstrengend, ja zermürbend ist, sich mit immer wiederkehrenden Grundübeln des menschlichen Charakters, denen nach Kästners Auffassung alle gesellschaftlichen Mißstände zuzuschreiben sind, auseinandersetzen zu müssen, liest man immer wieder in seinen Reden. Er gesteht, daß es ihm geradezu ein Bedürfnis sei, nach den Attacken wider die Unvernunft und Dummheit der Erwachsenen Bücher für Kinder zu schreiben, weil er sich dabei erholen und an schöneren Vorstellungen erfreuen könne. Kinder, das wisse er, seien »dem Guten noch nahe wie Stubennachbarn«. Man müsse sie »nur lehren, die Türen behutsam aufzuklinken«. Genau besehen, stehen ihm die Kinder viel näher als die Erwachsenen, weil er in ihnen noch an die Möglichkeit der Realisierung der eigenen Ideale glauben kann, und in dieser Verbundenheit mit der Jugend ist Kästner ein uneingeschränkt optimistischer und lebensbejahender Schriftsteller. Seine Hinwendung zur Jugendliteratur ist darum keine Flucht in die Welt des Kinderbuches, wie man ihm gelegentlich unterstellt hat, in der Annahme, daß Kästner, ein von der Realität enttäuschter Rationalist, sich nunmehr auf ein Gebiet der Problemlosigkeit zurückziehe, weil er mit sich und der politischen Wirklichkeit nicht mehr zurechtgekommen sei.

Mit Beginn der fünfziger Jahre sieht er seine Aufgabe darin, einer neuen Generation von Lesern den Zugang zu den klassischen Werken der Weltliteratur zu ermöglichen, indem er die Volksbücher vergangener Jahrhunderte in den Bestand der Gegenwartsliteratur neu hereinholt – als Kästner-Bücher neu erzählt. In der Reihenfolge erstreckt sich das Unternehmen über einen Zeitraum von dreiundzwanzig Jahren, genau gesagt von 1938 bis 1961, was eine sehr enge Beziehung zu seinem Stoff erkennen läßt. In den Jahren des Krieges blieb der *Till Eulenspiegel* der einzige Versuch zur Neuadaption der klassischen Volksbücher. Mit Beginn der fünziger Jahre, die Kästner wieder mehr Zeit und Muße zum Fabulieren lassen, erscheinen die Titel dieses Genres nunmehr in kürzeren Abständen: 1950 der *Gestiefelte Kater*, 1951 *Münchhausen*, 1954 die *Schildbürger*, 1956 *Don Quichotte* und 1961 schließlich *Gullivers Reisen*.

Kästner nimmt in allen Fällen mit der Modernisierung des sprachlichen Gewands eine Neukonzipierung der Geschichten vor, reduziert das Geschehen auf wesentliche Episoden, setzt Akzente und arbeitet vor allem den satirischen Gehalt heraus, ohne auf den moralpädagogischen Aspekt zu verzichten. Die Streiche der Schildbürger läßt er zum Beispiel mit dem Satz enden: »Ein einziges Merkmal gibt es, woran man die Dummen erkennt: Mit dem, was sie erreicht haben, sind sie selten, aber mit sich sind sie stets zufrieden. Gebt also gut Obacht! Bei anderen und bei wem noch? Ganz recht, bei euch!«

Daß es gerade Erich Kästner war, der sich der Aufgabe einer »Renovierung« überlieferter Märchen und Geschichten unterzog, kam dem Ergebnis der Arbeit zugute. Für sie treffen alle jene Gütezeichen zu, die James Krüss einmal für die Kinderbücher aus der Werkstatt des verehrten Münchner Kollegen genannt hat: Helle, Klarheit, nüchterner Optimismus. Wie hätte es auch anders sein können? Kästner war mit diesen Büchern groß geworden, er hatte ein besonders inniges Verhältnis zu ihrer verzaubernden Poesie. Nie hat er vergessen, daß es Bücher waren, die seinen Alltag als Schulkind auf besondere Weise schön gemacht haben. Vielleicht konnte er überhaupt erst jetzt als älterer Mann in vollem Umfang ermessen, was er den Kinderbüchern seiner Jugend verdankte. In erster Linie wohl die Tatsache, daß sie den Horizont des Kindes geweitet, den Spaß an der Satire, Sinn für die Poesie und hohe Ideale in ihm geweckt haben. Und nachweislich beeinflußte ihn die Sprache mit ihrem Bilderreichtum, der Frische des Ausdrucks, ihrer Biegsamkeit und Treffsicherheit, die sich am realen Leben orientierte. So gesehen waren die Neubearbeitungen vielleicht auch eine Form des Dankes, den er diesen Büchern abstatten wollte. Er begab sich mit ihnen noch einmal zurück in seine Kinder- und Jugendjahre, und man kann annehmen, daß das Vergnügen an dieser Arbeit ihn über manche Mißhelligkeiten des Alltags und die amtlichen Obliegenheiten, die er als Präsident des Deutschen PEN-Zentrums seit 1951 auf sich zu nehmen hatte, hinwegtröstete. Davon abgesehen war das Jugendbuch der Nachkriegszeit eine vorrangige kulturell-erzieherische Aufgabe. Es konnte gar nicht genug gute Jugendliteratur geben, und Kästner, obgleich selbst produktiv auf diesem Gebiet tätig, hat in jenen Jahren kritisch festgestellt, daß, wenn sich möglicherweise die Jugend zuwenig um die Literatur kümmere, sich bestimmt die Literatur zuwenig um die Jugend kümmere.

Festzuhalten bleibt somit für sein Schaffen in den fünfziger Jahren, daß er wieder näher an den Erlebnisbereich seiner Kindheit heranrückt. Er will diese Lebensphase aufarbeiten, spürt diese Aufgabe wie eine Verpflichtung in sich, obgleich die Erinnerung an die Zeit, da er ein kleiner Junge war, in allen seinen Romanen gegenwärtig ist. Jetzt möchte er die Kindheit, die ihm mit fortschreitendem Alter im verklärenden Licht erscheint, in einem eigenen Buch behandeln. Den Anstoß dazu, dieses Buch in Angriff zu nehmen, gab der Tod seiner Mutter.

Der Tod der Mutter

»Mein liebes, gutes Muttchen, Du! Ich bin so froh, Dich wiedergesehen zu haben. Und es beruhigt mich sehr, nun zu wissen, wo und wie vorsorglich Du untergebracht bist. Hoffentlich sind noch viele warme Herbsttage, damit Du nachmittags schön im Garten sitzen kannst. Laß Dir's recht gutgehen, meine Allerbeste! Ich schreib bald wieder.«

Das sind Sätze aus einem der letzten Briefe, die Kästner an seine Mutter schrieb, so tröstlich und herzlich wie ehedem, jetzt an die Adresse eines Dresdner Sanatoriums gerichtet, in dem die Mutter seit dem Herbst 1947 untergebracht war und wo sie am 9. Mai 1951 im Alter von achtzig Jahren gestorben ist.

Wie Luiselotte Enderle berichtet, sei Ida Kästner nicht an der nervenaufreibenden Unruhe gescheitert, die das Naziregime jahrelang mit stündlicher Angst um den Sohn für sie bedeutet hatte. Diese lebensgefährliche Zeit habe ihre Energien eher noch gesteigert. Mit ihrer Kraft ging es erst zu Ende, als die Postverbindung zwischen ihr und dem Sohn abriß und die Welt um sie leer wurde. Ihre Gedanken kreisten nur um eine einzige Frage, ob sie darüber sprach oder schwieg: »Wo ist denn der Erich?« Als er sie zum vorletztenmal in jenem Dresdner Pflegeheim besuchte, erkannte sie den Sohn noch. Das Jahr darauf fragte sie, als er neben ihr am Bett stand, lächelnd: »Wo ist denn der Erich?«

Nicht der Terror des Faschismus, nicht der Kriegslärm, nicht der von Feuer lodernde Himmel über Dresden, als die Bomben niedergingen, sondern die lähmende Stille war es, »die Kopf und Gemüt der Mutter allmählich verwirrten«. So wurden die Zeilen, die der Sohn 1946 in München für eine Mutter schrieb, zu einem frühen Nachruf:

So nah, mein Kind, sind wir uns doch so ferne!
Und durch das Stundenglas rinnt Sand ... rinnt Sand ...

Am 8. Juli 1951, wenige Wochen nach dem Tode Ida Kästners, starb in Kanada auch Walter Trier. Mit ihm verlor Kästner einen seiner besten Freunde und den populärsten Illustrator seiner Werke. Alle Kästner-Kinderbücher trugen die Handschrift dieses heiteren Genius, man konnte sich einen neuen Kästner ohne Trier nicht mehr vorstellen. Die üppige Pracht seiner Farbtafeln und die zart lachenden kleinen Vignetten schmückten die *Konferenz der Tiere* und *Das doppelte Lottchen,* den *Gestiefelten Kater* und *Münchhausen.* Wer sollte diese Arbeit nun übernehmen? Kästner wußte keine Antwort darauf. In einem kleinen Aufsatz, den er einem Band mit Trier-Zeichnungen voranstellte, schrieb er: »Walter Trier ist unersetzlich. Daß dem so ist, spürte ich schon, als wir einander 1927 in Berlin kennenlernten und er mein erstes Kinderbuch, *Emil und die Detektive,* illustrierte. Ich empfand es während des Vierteljahrhunderts unserer Zusammenarbeit stets von neuem und in steigendem Maße. Und seit er tot ist, weiß ich's erst recht.«

Das Haus am Herzogpark

1953 zog Erich Kästner aus seinem bisherigen Domizil in der Schwabinger Fuchsstraße in ein kleines Reihenhaus am Herzogpark, in eine jener stillen, grünen Straßen, an denen der nördliche Teil Münchens noch immer reich ist. Mit der Journalistin Luiselotte Enderle, seiner

Lebensgefährtin, richtete er sich hier in der Flemingstraße, inmitten der Natur, ein neues Zuhause ein. Der Blick aus seinem Arbeitszimmer ging weit hinaus über einen Garten, üppige Wiesen und Bäume ins Grüne, von keinem Zaun begrenzt. Ein Gegenüber hinter den Wiesen gab es nicht und gibt es auch heute noch nicht. Von der Terrasse steigt man eine kleine steinerne Stufe hinab und ist mitten in der Stille zu Besuch, wie es seine Gedichte beschreiben. Mächtige alte Bäume ziehen den Blick in den Himmel, unten auf den Beeten und Rabatten in der schönen Jahreszeit nur Blumen und Farben – man steht mitten im Paradies. Hinter den Beeten, auf denen das Gemüse für die Küche gezogen wurde, schlängelt sich ein winziges Bächlein quer durch wilde Natur, in der nun schon lange alles wächst, wie es will, kaum daß der Rand des kleinen Schwimmbassins sanft aufwärts noch erkennbar ist. In dieser Zurückgezogenheit verbrachte Kästner die Jahre in jener heiteren Schweigsamkeit, die seinem Naturell gemäß war, ein »Revoltaire« und »zorniger älterer Mann«, den die Jahre wohl stiller gemacht, doch dem sie die Lust an der Polemik und am Bekenntnis nicht geschmälert hatten.

Sein Arbeitsplatz in dem einzigen Wohn- und Arbeitszimmer war die marmorne Fensterbank mit dem Blick ins Grüne. Zeitungsleute haben ihn an diesem Platz oft fotografiert, verwundert darüber, wie er, das unter dem Fenster laufende Bücherregal vor den Knien, dort hat überhaupt sitzen und schreiben können, da es so gut wie keine Möglichkeit für eine auch nur halbwegs bequeme Beinhaltung gab. »Daß Kästner auf Marmor schreibt, ist alte Kaffeehausgewohnheit«, äußerte einer der Journalisten, »aber wo, um alles, verstaut er die Beine? Verschränkt er sie wie ein Tibetaner? Hat's bis zum Schreibtisch nicht gelangt? Daß er eine klassische Handbibliothek griffbereit hat, wer will's ihm verargen? Aber da steht eine moderne Schreibmaschine. Kritzeln Sie etwa nicht mehr? Und die Brille – lieber Freund, wir werden nicht jünger. Dann: zwei Pack Zigaretten, das alte Laster. Aber die Porzellanhunde dort: aus Großmutters Meißner Sammlung, wenn ich mich nicht täusche. Daneben das Zwergbäumchen, das im Dichterwahn zum Himmel wächst. Und dann noch die Chrysanthemen, Boten der Melancholie, ohne die ein Dichter nicht auskommt. Links die inspirierenden Zeitungen.«

Auf die Frage nach dem Schreibtisch einzugehen wäre wohl überflüssig, denn von Kästner ist bekannt, daß er für die literarische Produktion die Abende in den kleinen seriösen Bars bevorzugte. In seinen hübschen Wohnungen zu arbeiten, hielt er nach Meinung von Hermann Kesten für »barbarisch«. Und weiter sagt Kesten zur Person und zu den Lebensgewohnheiten des Freundes: »Er steht mittags auf und geht um fünf Uhr morgens zu Bett. Er ist hübsch, ja elegant, ein Tennisspieler, ein Tänzer. Er fehlt in keiner Theaterpremiere. Er hat eine Sekretärin in München, eine Sekretärin in Berlin, Verleger in aller Welt. Er ißt wenig, meistens nachts, er trinkt viel, meistens Champagner, und raucht stark. Er hat blaue Augen, still ergrauendes gewelltes Haar, buschige Brauen, schöne Wimpern und Hände, ein verschmitztes Lächeln, einen Anflug von sächsischem Dialekt, urberlinische Redensarten und einen paraten Witz. Bei strahlendem Sommerwetter trägt er einen grauen Hut, einen hellen Mantel überm Arm, einen eingerollten Regenschirm ... Er liebt die hübsche Natur und die beredten Mädchen ... Seit zwanzig Jahren lebt er mit seiner Lotte.«

Eines Tages legte Naturfreund Kästner einen Band *Brehms Tierleben* zu Block und Bleistift auf die Fensterbank, dazu ein Buch über die Pflanzenwelt und einen Leitfaden *Die deutsche Schulflora,* der zwar ein bißchen nach Katheder schmeckte, was half's, eine Zeitschrift hatte bei ihm Gedichte über die Jahreszeiten bestellt, und das hieß, dem Kalender jeweils einige Wochen voraus zu sein.

Es war schon lange her, daß der Lyriker Kästner Verse über dieses Thema geschrieben hatte, meistens Seufzer großstädtischer Büroseelen, die sich aus ihrer dünnen, verbrauchten Comptoirluft sonntags ins Grüne sehnten und ein besonderes Ohr hatten für den lieblichen Klang der Natur, den Herr Kästner eigens in seine Gedichte hineinkomponierte, weil sich das mit den Bäumen und den kleinen Blumen genau wie mit den Mädchen »so reizend natürlich macht«, wie Robert Neumann mit parodistischem Blick auf den Verfasser einst gesagt hatte.

Man flieht aus den Büros und den Fabriken.
Wohin, ist gleich! Die Erde ist ja rund!
Dort, wo die Gräser wie Bekannte nicken
und wo die Spinnen seidne Strümpfe stricken,
wird man gesund.

Ein Vierteljahrhundert, rechnete er nach, war es her, daß er solche Zeilen für die »Berliner Illustrierte« geschrieben hatte. Der Abdruck eines solchen Gedichts, es hieß »Der Städter träumt von Ferien«, hatte damals so viele Zuschriften zur Folge, daß die Redaktion ihm keine Ruhe ließ. Man wollte von ihm mehr solcher schönen Verse, die Abonnenten waren dankbar. Jetzt, 1954, war die so oft ersehnte Stille bei ihm zu Besuch, und er mußte zu seiner Verwunderung feststellen, daß er Schwierigkeiten hatte, die Jahreszeiten poetisch beim Schopf zu fassen. »Er schämte sich. War denn nicht die Prozession der Monate, froh und bunt und düster, mehr als fünfzigmal an ihm vorübergezogen? An den Augen vorbei und, oft genug und feierlich, durchs ganze Gemüt? Nun sollte er nichts tun als die Vergangenheit prophezeien, und er konnte es nicht.« Nachdenkend über das Verhältnis der modernen städtischen Zivilisation zur Natur, kommt er zu dem Ergebnis, daß es seine Schuld nicht sei, wenn die Aufgabe aus dem Gedächtnis allein nicht zu bewältigen war. Damit rührt er allgemeine Gefühle des Lesers an, der es auch bedauern muß, wenn Strauch und Baum und Wiese immer mehr aus den Mauern der Städte hinausgejagt würden zu den Friedhöfen und Zoologischen Gärten.

»Eine Handvoll Gedichte«, meditiert er, könnten »daran natürlich nichts ändern«, und weil es nun schon so ist, wie es ist, hat er den Zyklus von den »Dreizehn Monaten« zu Papier gebracht. Gewissermaßen »trotzdem«.

Der schönste Monat ist für ihn der Mai, der »Mozart des Kalenders«, den er, aus einer Kutsche winkend, wie den Märchenprinzen durch die Lande rollen läßt. Und wieder sind es kleine Hauptsätze, mit denen er große Wirkungen erzielt:

Die Kutsche rollt durch atmende Pastelle.
Wir ziehn den Hut. Die Kutsche rollt vorbei.
Die Zeit versinkt in einer Fliederwelle.
Oh, gäb es doch ein Jahr aus lauter Mai!

Melancholie und Freude sind wohl Schwestern.
Und aus den Zweigen fällt verblühter Schnee.
Mit jedem Pulsschlag wird aus Heute Gestern.
Auch Glück kann weh tun. Auch der Mai tut weh.

Auf das Blütenfest des Mai folgt der Juni mit roten Kirschen, Lampions und Gartenfest. »Aus Gras wird Heu. Aus Obst Kompott./Aus Herrlichkeit wird Nahrung./Aus manchem, was das Herz erfuhr,/ wird bestenfalls Erfahrung.« Stillstand gibt es nicht, der Mensch muß sich einfügen in den ordnenden Kreislauf der Natur, der bei Kästner zu recht pragmatisch heiterer Poesie gerät.

Es wird und war. Es war und wird.
Aus Kälbern werden Rinder

und, weil's zur Jahreszeit gehört,
aus Küssen kleine Kinder.

Zum Abschluß des Zyklus war noch der dreizehnte Monat – corriger la nature! – zu erfinden. Dieser ist nun ein rechtes Mischprodukt geworden, das sich auf dünnen Versfüßen aufrecht zu halten versucht und sicher weiß, daß es mit dem Verhältnis Kunst und Natur seine Schwierigkeiten hat, sobald die Künstlichkeit der Natürlichkeit im Wege steht. Kurz und gut, aus dem dreizehnten Monat ist keine große Dichtung geworden. So bleiben von der gesamten Kalenderdichtung, die ein Großstädter für Großstädter schrieb, sicher drei Perlen im Gedächtnis des Lesers – der romantisch-zarte Mai, der kräftig leuchtende September und der besinnliche Oktober, aus denen zumal drei schöne Chansons geworden sind.

In dem Haus am Herzogpark gab es außer dem Besitzerpaar Lotte und Erich, dem Gärtner und der Haushälterin Anni noch ein paar Katzen. Sie sind insofern für die Kunst von Belang, als sie Namen berühmter Schauspielerinnen trugen, und Kästner wäre nicht Kästner, wenn er sein spätes Faible nicht auch literarisch verwertet hätte. Es fing mit einer jungen Katze an, die er von einer Bekannten geschenkt bekam. Aus diesem einen freundlichen Wesen wurden allmählich vier mauzende Hausgenossen: Anna, die Jüngste, eine kleine, schwarz-weißrote, Lollo, die Prinzessin im Pelz, Pola, die schwarze, und der blaue Perserkater Oskar de Mendel mit der stillen Liebe zur Schriftstellerei, deshalb »Sekretär« genannt.

Die sympathisch-stillen Mitbewohner sollten ursprünglich in dem Buch *Als ich ich ein kleiner Junge war* zu Worte kommen. Sie geben dort den klugen Rat, das Kapitel über des kleinen Erichs Erinnerungen an die Zeremonie der großen Wäsche zu Hause mit seiner Mutter lieber wegzulassen. Weil das zuviel wäre. Kästner hört auf sie und streicht das Wäschekapitel. Dafür plaudert er in einem gesonderten Aufsatz über die »freundlichen Rätsel«, von denen Katzen umgeben sind. Er kommt zu dem Resümee, daß das liebenswerte Wesen der Katzen darin bestehe, daß sie unsere Zuneigung davor bewahren, »gewöhnlich zu werden«, und, eben weil sie Distanz stiften, der Freundschaft Form und Stil verleihen, gewissermaßen deren Zauber erhöhen. »Wir könnten von den Katzen manches lernen. Wenn wir wollten.«

In den Text seines Katzen-Essays stellt er ein Gedicht von T. S. Eliot, dem englischen Nobelpreisträger, das er einmal übersetzt hat.

Eliot, selbst Katzenfreund, machte sich das Vergnügen, über den dritten, geheimen, wirklichen Namen von Katzen nachzusinnen.

Ihn kennt nur die Katze und gibt ihn nicht preis.
Da nützt kein Scharfsinn, da hilft kein Bitten.
Sie bleibt die einzige, die ihn weiß.
Sooft sie versunken, versonnen und
verträumt vor sich hin starrt, ihr Herren und Damen,
hat's immer und immer den gleichen Grund:
Dann denkt sie und denkt sie an diesen Namen –
den unaussprechlichen, unausgesprochenen,
den ausgesprochen unaussprechlichen,
geheimnisvoll dritten Namen.

Zurückhaltend in der Preisgabe ihres eigentlichen Namens, sind die Kästner-Katzen weniger diskret, wenn es um Auskunft über ihren Hausherrn geht. Luiselotte Enderle erscheint vor ihnen eines Tages in der Rolle der Reporterin, um ein Interview für die Zeitung zu machen. Das Thema ist Kästner. »Was trinkt er am liebsten? Was ißt er am liebsten? Wohin geht er am liebsten?« Die Katzen sagen aus, er ginge abends fort zum Arbeiten in seine verräucherten Bars, am liebsten esse er Makkaroni mit Schinken, am liebsten trinke er Bier und natürlich »kleine Witzkis«. Hermann Kesten behauptet hingegen, Kästner bevorzuge Champagner, aber Pola, Anna und der »Sekretär« werden es wohl besser gewußt haben ...

Wenn die Katzen an dem Tag des Interviews Lust gehabt hätten zum Plaudern, wäre noch eine hübsche Anekdote über die Haushälterin Anni in die Zeitung gekommen. Eines Tages kam der Kater nicht wie sonst Kästner an der Tür entgegen. War etwas passiert? Krank? Oder vom Streunen nicht zurückgekehrt? Da sah er ihn, wie er sich wehleidig immer wieder mit der Pfote über das Gesicht strich.

»Was hat er denn?« fragte Kästner die Wirtschafterin. »Er sieht ja aus, als ob er geheult hätte.«

»Das nicht, Herr Doktor«, sagte sie, »aber er will immer mit mir spielen, und wenn er spielt, beißt er mich. Das tut ja weh, und ich verbiete es ihm, aber folgen tut er nicht.«

»Und?«

»Er weiß gar nicht, wie weh es tut. Und damit er's endlich weiß, habe ich ihn vorhin ganz einfach wiedergebissen.«

»Hm«, meinte Kästner, »ein völlig neuer Weg, junge Katzen zu erziehen. Und überhaupt, an dieser Methode ist was dran!«

Neues für Bühne und Leinwand

Während sich Kästner in seinem kleinen Garten- und Wiesenparadies mit der Erschaffung des dreizehnten Monats beschäftigte, hatte er häufig Besuch. Sein alter Bekannter R. A. Stemmle hatte den *Emil* neu bearbeitet und drehte nach einem Entwurf von Billy Wilder die Geschichte von den liebenswerten Kinderdetektiven zum erstenmal in Farbe. Parallel dazu erfolgten die Verfilmungen von drei weiteren Kästner-Büchern, so daß das Jahr 1954 für ihn zu einem Jahr des Filmrekords wurde, ja sogar zu einem Jubiläum, denn der *Emil*-Farbfilm von Stemmle war Kästners zehnter Film.

Im gleichen Jahr wie *Emil* erschienen noch die beiden Kurt-Hoffmann-Filme *Das fliegende Klassenzimmer* und *Drei Männer im Schnee* (Österreich) sowie *Die verschwundene Miniatur* auf der Leinwand. Vier Filme pro Jahr, wenn auch von unterschiedlichen künstlerischem Rang, waren ein großer Erfolg und sprachen für die solide Qualität der »Gebrauchsprosa« aus der Werkstatt Erich Kästners. Obwohl seine ursprünglichen Intentionen nicht in jedem Fall gewahrt und dem Kinotrend der fünfziger Jahre durch die Produzenten starke Konzessionen gemacht wurden, hat Kästner zugestimmt. Auf diese Seite der künstlerisch-ästhetischen Problematik in der Umsetzung seiner Prosa zu Drehbüchern sind die Kritiker kaum eingegangen. Wichtiger erschien den Reportern der Boulevardpresse die Frage, was der Autor mit den beträchtlichen Filmhonoraren anzufangen gedenke. Auf derart beschränkte Fragen antwortete Kästner ausgesprochen liebenswürdig. »Das will ich Ihnen sagen. Von dem, was mir bleibt, kaufe ich mir einen großen Posten Lakritzen, das Stück zu fünf Pfennig. Die esse ich nämlich für mein Leben gern. Diesmal werde ich gleich acht oder zehn Stück auf einmal nehmen können. Sie müssen aber frisch sein, sonst kaufe ich sie nicht!« –

Der prominente Münchner hielt sich in solchen Fragen gern an das Vorbild Otto Reutters. Der hatte einst den Pfarrer, der ihm in Gegenwart des Briefträgers mit der Frage kam »Was machen Sie nur mit dem vielen Geld, Herr Reutter?«, ähnlich abgefertigt, indem er sagte: »Ich bezahle damit meine Kirchensteuer!«

Weil die Leute von populären Persönlichkeiten, zumal von denen, die sich dem Humor und der Heiterkeit verschrieben hatten, immer wieder lustige Histörchen lesen wollten, erschienen auch von dem seriösen Dr. Erich Kästner, der das gar nicht schätzte und jedenfalls in Privatangelegenheiten seine Distinktion gewahrt wissen wollte, amüsante Storys. Diesen Teil seiner Publicity, den zwar nicht er, wohl aber die Zeitungen nötig hatten, übernahm Luiselotte Enderle. Sie machte das Interview mit den Kästner-Katzen, sie berichtete, wie es war, als Erich zum erstenmal Urlaub in einem Grandhotel machte und seinen »Größenwahn« mit der Unterkunft in einer eiskalten Abstellkammer bezahlen mußte, sie plauderte über die frühen Jahre im Leipziger Schnittmusterverlag »Beyers für Alle«, wo sie als Volontärin den jungen Kästner kennenlernte, und sie erzählte auch für die »Münchner Abendzeitung« amüsante Vorkommnisse mit dem Kästner-Filmkalb.

Wieso Kästner-Kalb? Es handelte sich um das Kalb Eduard aus dem Roman *Das fliegende Klassenzimmer*, ein bildhübsches Exemplar seiner Gattung, das auf einer Bergwiese weidet und den Autor jeden Tag, sobald Feierabend ist, von der Holzbank abholt, auf der Autor Kästner ebendieses Buch schreibt. Eduard und sein Freund bummeln dann gemächlich über eine bunte Wiese nach Hause. Gemütlich. Fast idyllisch. Im Film von 1954 kommt diese Szene selbstverständlich auch vor. Der Aufnahmeleiter sagte zu Kästner noch, auf das Stierkalb zeigend: »Halten Sie's nachher nur recht fest!« Schauspieler Kästner konnte dieser Regieanweisung aber nur bedingt nachkommen, weil sein Kalb entgegen dem Drehbuch unvermittelt mit ihm davonstiebte. Die eiserne Kette zwischen den Fingern, rannte er hinter dem Vierbeiner her, quer durchs Gelände. Loslassen oder nicht loslassen war angesichts der Kameraleute und Statisten eine Prestigefrage für einen Schriftsteller, und Kästner war für das Prestige, mit dem Ergebnis, daß er im Sumpf landete. Als er merkte, daß seine Schuhe immer tiefer in den Boden sanken und schließlich darin stekkenblieben, ließ er die Kette samt Kalb los. Zwar stand auch das nicht im Drehbuch, aber ein Schauspieler muß zuweilen, besonders in Sümpfen, improvisieren können, kommentierte er.

Die eigentlich wichtige Arbeit der Jahre 1952 bis 1955 war für Kästner aber nicht der Film, sondern ein anderes Projekt, das er zu schreiben vorhatte, nämlich das Theaterstück *Die Schule der Diktatoren*. Skizzen dazu existierten bereits. Seit Ende der dreißiger Jahre beschäftigte sich Kästner mit dem Stoff, ohne daß es unter den damaligen Verhältnissen möglich gewesen wäre, die Arbeit zu Ende zu bringen. Ihm war jetzt darum zu tun, das Stück abzuschließen und ein Theater dafür zu finden.

»Der Plan ist zwanzig Jahre alt, das Anliegen älter, und das Thema, leider, nicht veraltet«, schreibt er 1956 in der Vorbemerkung dazu. Von dieser Feststellung muß man ausgehen, wenn man das Werk gerecht beurteilen will. Es hat die gleiche moralische Zielstellung wie die vorangegangenen Bücher. Auch die *Schule der Diktatoren* will – wie *Notabene 45*, *Der tägliche Kram* und *Die kleine Freiheit* – mithelfen, eine moderne Epidemie zu bekämpfen, die Vergeßlichkeit heißt. Die ungewöhnliche Szenenfolge erhielt ihre Aktualität vor dem Hintergrund der politischen Entwicklung von 1956 in der Bundesrepublik Deutschland. Der Autor wollte mit dem Hinweis auf die jüngste historische Vergangenheit ein Warnzeichen geben, die Gefährdung der Demokratie von rechts nicht zu bagatellisieren. Nicht von ungefähr ist die Sprache der Diktatoren von eiskaltem Zynismus, der die Schärfe der vergleichbaren Dialoge des *Fabian* in bestimmten Passagen noch übertrifft. Der Kriegsminister des Stückes, ein faschistischer Typus, sagt im 4. Bild des Stückes, während ein Scheinwerfer von der Bühne rücksichtslos in das Parkett hineinblendet: »Die Leute sehen aus, als seien sie lange nicht eingesperrt gewesen. Vollgefressen und unverschämt.«

»*Premier* (taxiert): Zehn Lastwagen genügten.
Kriegsminister: Ein paar Baracken. Elektrisch geladener Stacheldraht. Eine Latrine. Ein paar Scheinwerfer. Ein paar Maschinengewehre.
Premier: Staatlich gelenkte Sterblichkeit.
Leibarzt: Die Herrschaften wissen noch nicht, wie fidel es sich ohne Rückgrat lebt.«

Wie die Sprache ist auch der Charakter der handelnden Figuren, die nichts Menschliches mehr erkennen lassen, brutal und faschistisch. Der Mechanismus ihrer Macht funktioniert scheinbar nach Gesetzen. Kommt einer der Diktatoren ums Leben, oder wird er von den eigenen Leuten beseitigt, steht schon der nächste bereit. Alle sind gleichermaßen präpariert, dafür gibt es die Schule, die für beliebigen Nachwuchs sorgt. Das Volk, bereits willenlos gemacht, wird nach Gangsterart regiert. Zuletzt versucht ein tugendhafter Rebell, dieser blutig-burlesken Diktatur ein Ende zu machen. Er wird ermordet, der Widerstand ist umsonst, die Diktatur etabliert sich neu.

In dieser Bühnensatire über das »Management kapitalistischer Macht« attackiert Kästner nicht allein die Skrupellosigkeit und moralische Deformation der agierenden Figuren, sondern auch Lethargie, Denkunlust, Anpassungstendenzen und Mitläufertum, die dem politischen Verbrechertum Vorschub leisten. Er meinte jene lernunwilligen und politisch apathischen Kreise, die er schon vor 1933 mit seinen ätzenden Satiren aufzurütteln versucht hatte.

Obgleich er sein Schulstück von der latenten Gefahr der Diktatoren zu seinen wichtigsten Werken zählte, hat es sich auf der Bühne nicht durchsetzen können. Einer der Gründe, daß es in den fünfziger Jahren nur von wenigen Bühnen der Bundesrepublik zur Aufführung angenommen wurde, liegt zweifelsfrei darin, daß Mahnungen oder gar Anklagen dieser Art als unangenehm und unopportun angesehen wurden.

»Nichts Erbauliches stand der Wahrheit entgegen, keine Verschönerungen, keine Konzessionen, man mußte ›ja‹ oder ›nein‹ sagen zu dieser unbequemen Wahrheit, und es wäre die Sache wert, wenn viele – vielleicht einmal alle ›ja‹ sagen könnten«, schrieb ein Kritiker 1957 zur Premiere. Aber das Publikum, zumeist geblendet vom Neonglanz wirtschaftswunderlichen Aufschwungs, wollte nichts mehr von unbequemen Wahrheiten wissen. 1957 ist die *Schule der Diktatoren* unter Hans Schweikart an den Münchner Kammerspielen uraufgeführt worden, doch einen so engagierten Regisseur wie ihn hat das Stück später nicht wieder gefunden.

Nicht nur die Regisseure, auch die Literaturkritiker haben sich schwer getan mit diesem Stück. Die verschiedenen Interpreten widersprachen sich. Die einen sagten, das Stück sei zu guter Kästner, um ein anhaltender Bühnenerfolg werden zu können, die anderen kritisierten daran ungenügende »politologische und soziologische Fundierung«. Uneinig sind sich die Betrachter auch in der Einordnung dieses Zeitstücks. Kesten bezeichnet es als eine »bei aller Turbulenz eiskalte Komödie«. Beutler nennt es in seiner Arbeit über Kästner eine Groteske, andere Interpreten sprechen von einer Tragikomödie oder Satire. Die »Weltbühne« wiederum schrieb über die Uraufführung von 1957, das Kästner-Stück sei weder eine Komödie noch eine Tragikomödie, sondern ein grotesk-satirischer Sketch, der auf »typischen Kabarett-Einfällen« beruhe. Als solche seien sie fast samt und sonders ausgezeichnet, ansonsten sei das Stück mit seiner »Schießbuden-Oligarchie« zur politischen Aufklärung nicht geeignet.

Die Große Sowjetenzyklopädie, Moskau 1973, geht, unabhängig von Formerörterungen und subjektiven Auslegungen, in der Wertung der Leistung des »satirischen und sozialkritischen« Schriftstellers Erich Kästner von der Position historisch-objektiver Kriterien aus und spricht von einem »antifaschistischen Stück zur Entlarvung des westdeutschen Militarismus«. Diese Beurteilung, die das Wesen der Sache trifft, deckt sich mit dem nachdrücklichen Hinweis Kästners in der Vorrede zur Buchausgabe seines Stückes von 1956, daß seine

Schule der Diktatoren ein Stück mit einem »Anliegen« sei. Ein Jahr danach kam er in seiner Rede zur Verleihung des Büchner-Preises abermals auf das Stück zu sprechen und bekannte sich damit als »Schüler und Schuldner Büchners«.

Georg Büchner, der frühe Revolutionär der deutschen Literatur, war für den spätbürgerlichen Enkel der deutschen Aufklärung, wie Kästner sich sah, das verpflichtende Vorbild zur Wahrheit und zur Standhaftigkeit, unabhängig davon, ob die ausgesprochenen Wahrheiten den Zeitgenossen genehm waren oder nicht. Kästner bekam deshalb seit den fünfziger Jahren bei verschiedenen Gelegenheiten mitunter recht deutlich zu spüren, daß er in bestimmten Kreisen als Querulant angesehen wurde, was ihn jedoch in seiner Haltung in keiner Weise beeinflußte.

Als ich ein kleiner Junge war

Das Jahr 1957, in das die Uraufführung der *Schule der Diktatoren,* die Verleihung des Büchner-Preises und das Erscheinen seiner Kindheitserinnerungen fiel, brachte noch in seinen letzten Tagen ein Ereignis, das Kästner glücklich gestimmt haben mag, und eines, das schmerzlich für ihn war. Am 15. Dezember des Jahres 1957 wird ihm und Friedel Siebert der Sohn Thomas in München geboren, und am letzten Dezembertag des gleichen Jahres stirbt, neunzigjährig, der Vater in Dresden.

Von ihm, dem soliden Sattlermeister, hat Kästner einmal gesagt, er sei ein Meister des Lächelns und des Schweigens gewesen, und sonst sei von dem einfachen, arbeitsamen und unauffälligen Mann nichts Besonderes zu berichten. Doch etwas an ihm war bemerkenswert, das war sein fabelhaftes Gedächtnis, das Kästner für die Aufzeichnungen der frühen Kindheitskapitel zustatten kam, denn der Vater konnte viel aus seiner Erinnerung an die Stadt Dresden, die Familie der Augustins und das häusliche Milieu der Kästners beitragen. Erstaunlich war, daß sich Emil Kästner noch mit neunundachtzig Jahren von Dresden nach München aufmachte, um den Sohn zu besuchen. Das war 1956. Von beiden gibt es aus jenen Tagen ein gemeinsames Foto, das zwei glückliche Menschen zeigt. Dem Vater sieht man das Behagen am Münchner Bier an. Mit der Uhrkette an der Weste, an der im zusammenklappbaren Medaillon noch immer die Fotos von den

Brautleuten Kästner hingen, der gepunkteten Krawatte, seiner altmodisch gediegenen Brille und einem vergnügten Lachen im Gesicht, sieht er als Besucher des Münchner Oktoberfests fast jünger aus als auf dem Foto, das er mit vierzig Jahren als Fabrikarbeiter von sich machen ließ. Wenn es stimmen sollte, daß Erich Kästner wirklich nicht sein Sohn war, so waren sie Vater und Sohn doch durch ein gemeinsames Leben in Sorge und Dankbarkeit füreinander.

Die Arbeit an dem neuen Buch ging Kästner gut von der Hand. In der Wahl des Titels gab es diesmal keine Schwierigkeiten. Er nennt es *Als ich ein kleiner Junge war,* damit jene Rolle bezeichnend, die er am liebsten gespielt hat und die dem Buch, das nunmehr von ihm selbst handelt, die Sympathie des Publikums in der ganzen Welt eingetragen hat. Unter seinen Prosabüchern ist es das Juwel geworden, eine Dichtung von stiller, intensiver Leuchtkraft, eine Liebeserklärung an seine Heimatstadt Dresden, die den Sinn für Schönheit und Harmonie in ihn pflanzte, und natürlich an seine Mutter, die ihm die unzerstörbaren Werte des Lebens mit auf den Weg gab. Die Aufzeichnungen seiner Kindheit sind schließlich auch ein Bekenntnis zu dem Stadtteil Dresdens, in dem er aufwuchs, in dem vorwiegend »kleine Leute« wohnten, deren Sorgen und Mühen er immer vor Augen hatte, was und worüber er auch schrieb. Zu ihnen zählt er sich, zu ihnen will er gehören. Das sagt er in dem Satz: »Und ich selber bin, was ich auch sonst wurde, immer eins geblieben: ein Kind der Königsbrücker Straße.«

Emil und Anton, Pony Hütchen und Pünktchen, aber auch Fabian sowie die vielen Söhne und Mütter seiner Bücher entstammen diesem Milieu, das kleine Leute mit großen Idealen hervorgebracht hat, die den meisten aber wieder verlorengingen, weil sie den Aufstieg gegen die Zeit und die Verhältnisse nicht schafften. Welches Glück mußte es da bedeuten, eine Mutter zu haben, wie der kleine Erich sie hatte! Seht zu, »liebe Kinder und Nichtkinder«, lautet die Botschaft des Buches, »daß ihr die Kindheit, die Heimat und das, was schön daran war, nicht vergeßt!«

Die Autobiographie seiner Kindheit hat somit Schlüsselfunktion für die Interpretation seines Werkes, indem sie ziemlich exakt das Milieu beschreibt, dem er entstammt, manche Züge seines Wesens erklärt und Auskünfte über die Menschen um ihn herum gibt, wobei allerdings auch manches offenbleibt.

Der *Kleine Junge* mit den Illustrationen von Horst Lemke ist Kästners meistgelesenes und meistübersetztes Buch nach dem Zweiten

Weltkrieg geworden. Die japanische, ungarische, englische, slowenische, schwedische, holländische, serbokroatische und amerikanische Übersetzung folgten dicht hintereinander. Man hieß den jungen Helden dieser Biographie dank seiner sympathischen Ausstrahlung überall herzlich willkommen. Es geschehe nicht oft, liest man auf dem Klappentext der englischen Ausgabe von 1959, daß »wir Gelegenheit haben, hinter die Kulissen zu schauen und zu sehen, wie einige der berühmtesten aller Kinderbücher geschrieben worden sind«. Für die, die Kästners andere Bücher kennen, sei dieses hier ein entzückender Epilog und für die, die noch keine Bücher von dem Autor kennen, eine bezaubernde Einführung. »Readers of any age will love this book.«

Für den holländischen Verlag in Amsterdam bestand der Wert des Buches darin, daß es ein Bild von dem prächtigen alten Dresden, »de residentie van de laatste koning van Saksen«, gab und dem Leser behilflich sein wollte, ein wertvolles Gut, das kostbarste vielleicht, das der Mensch habe, zu bewahren: die Erinnerung an die eigene Kindheit. Die schwedischen Verleger und Übersetzer fanden, die Kapitel seien humor- und geistvoll erzählt, mit einem Unterton von zuweilen bitterer Lebensweisheit. Das eigentliche Geheimnis des Poeten Kästner liegt wohl darin, die kleine Lebenschronik macht es deutlich, wie er die Jahre der Kindheit aus der geschützten Tiefe der Erinnerung wie einen Schatz hervorholt, mit Behutsamkeit und Natürlichkeit, in der Sprache von einer Ruhe und Ausgewogenheit, »die den heiteren wie traurigen Episoden seines Kinderdaseins das klassische Maß gibt«.

Illustrationen: Horst Lemke

»Illustrationen: Horst Lemke«. Wie oft war dieser Vermerk jetzt in den Büchern Erich Kästners zu lesen. Mit diesem Namen, der so etwas wie ein Gütezeichen war, gingen die Kinderbücher und die Nacherzählungen und auch die Erinnerungen des »Kleinen Jungen« wiederum in alle Länder der Welt, und manch einer von den Lesern wird sich gefragt haben, wer dieser Lemke wohl sei, der mit seinen liebenswert grazilen Zeichnungen der Stimmung dieses Spätwerks so nachzusinnen vermochte.

Kästner erzählt die Geschichte eines kleinen Jungen, der aus Dresden kam, doch für Horst Lemke, 1922 in Berlin geboren, war es die Geschichte eines kleinen Jungen aus Berlin und gleichzeitig seine eigene Geschichte, so vieles erinnerte ihn daran an seine eigenen Kinderjahre. Das war der Grund, warum Horst Lemke, der viele Kinder- und Jugendbücher illustriert hat, sich mit diesem Kästner-Buch auf eine ganz besondere Weise verbunden fühlte und es mit so großer Liebe illustriert hat.

Auch Schüler Lemke machte seine Schularbeiten zu Hause am Küchentisch, war, obwohl in einer Beamtenfamilie erzogen, in großstädtischem Lebensmilieu verwurzelt und ist mit der Liebe zum Buch großgeworden. Auch hat sich sein Lebensweg, was Lehrer und Elternhaus betraf, nicht allzuviel vom jungen Kästner unterschieden, bis auf den Punkt, daß Lemke keineswegs ein »vorbildlicher« Schüler war. Er flog 1939, ein Tag, bevor der Zweite Weltkrieg ausbrach, vom Gymnasium, weil er »ein Bild des Reichsministers Dr. Goebbels in übelster Weise beschmiert und karikiert« hatte, wie es in dem Zeugnis hieß. Die berufliche Ausbildung ohne Abitur erhielt er an der Berliner Hochschule für Bildende Künste, wo sein Lehrer Professor Ulrich war, der viel Wert auf das Freihandzeichnen seiner Schüler legte.

Horst Lemke selbst bekennt sich zur preußischen Zeichentradition, die von Namen wie Menzel, Chodowiecki, Orlik und anderen repräsentiert wird, Zeichnern, denen es darauf ankam, die Objekte der Wirklichkeit in ihrer Natürlichkeit darzustellen, die von einer Verkürzung oder Mystifizierung der zeichnerischen Linie nichts wissen wollten und sich an den Ausspruch des alten Schadow hielten: »Wat richtig iss, muß ooch richtig aussehen!«

Dieses »Preußische« der Sehweise hat Lemke schon sehr früh in sich aufgenommen, als er mit seiner Klasse und seinem Lehrer im Park von Sanssouci seine Studien trieb. Die verspielte Linie des Rokoko und Barock schwingt wundersam mit in den kleinen Vignetten zur Dresdner Architektur, die er den autobiographischen Erinnerungen Kästners mit auf dem Weg gab. Von Bedeutung für seine Grafik, die über die Buchillustration hinausgeht, waren auch Einflüsse von Josef Hegenbarth und Hans Maid, zu erkennen daran, daß manche der Lemke-Zeichnungen zu Kästner graphisch freier, expressiver angelegt sind, als dies bei Walter Trier der Fall ist, der die Körperlichkeit und den Charakter seiner Figuren ausschließlich in der geschlossenen, stets gleichbleibenden Umrißlinie erfaßte.

Für die Schaffensperiode von 1956 an wird nun Horst Lemke zum zeichnerischen Interpreten der Kästnerschen Gedanken – und Figurenwelt, impulsiv, poetisch und in der Schalkhaftigkeit wie Nachdenklichkeit von den Lesern geliebt.

Der »öffentliche« Kästner

1956 hatte Erich Kästner den Literaturpreis der Stadt München in Empfang genommen. Es folgten in den Jahren darauf noch mancherlei Ehrungen und Preise, doch den eigentlichen Preis, der ihm zugestanden hätte, den Deutschen Kinderbuchpreis, erhielt er nicht. Das Jahr 1957 war das Jahr der Verleihung des Büchner-Preises. Die Jury würdigte mit dieser Auszeichnung in der Person Kästners »den strengen Geißler der Zeit, den scharfblickenden Moralisten, den Dichter, dessen anmutige und menschlich-gütige Erzählkunst die Jugend vieler Völker entzückt«. Der Ausgezeichnete nimmt das Ereignis der Preisverleihung zum Anlaß, in einer Rede an das Schicksal der Emigrierten zu erinnern, deren Literaturpreise in den zwölf Jahren unter Hitler in Verfolgung und Verbot bestanden hatten. »Ihre Diplome lauteten auf Ausbürgerung. Ihre Akademien waren das Zuchthaus und das Konzentrationslager. Und mit noch höheren ›Ehren‹, auch mit der letzten Ehre, wurde nicht gespart.« Er kommt abermals auf die Bücherverbrennung vom 10. Mai 1933 zu sprechen und warnt in sehr ernsten Worten vor der Verharmlosung des Nationalsozialismus. Um so entschlossener nehme er, im eigenen wie in vieler anderer Namen, den Preis entgegen, »der an den in der Emigration gestorbenen Georg Büchner und seine in deutschen Gefängnissen verzweifelten Freunde, wie Minnigerode und Weidig, erinnern will und erinnern soll«. Er bekennt sich in seiner Rede zu »jener Gesellschaft für Menschenrechte, die oft genug bedroht und verfolgt und selten genug geehrt« werde.

Der Büchner-Preis war die erste bedeutende literaritsche Ehrung des Autors überhaupt. Er erhält ihn mit achtundfünfzig Jahren, was nicht heißt, daß er sich bereits als »älterer Schriftsteller« fühlt, der im literarischen Abendsonnenschein mit Zufriedenheit auf eine dreißigjährige Laufbahn zurückblickt. Die ausgehenden fünfziger Jahre sind, ganz im Gegenteil, Jahre verstärkten politischen Engagements.

1958 unterzeichnet er den Appell des Komitees Kampf dem Atomtod. Er nimmt, obwohl schon ein kranker Mann, an einer Großkundgebung in München teil, die sich mit Entschiedenheit gegen die atomare Bewaffnung der Bundesrepublik Deutschland wendet. »Was wir in diesen Monaten erleben«, führt er am 18. April 1958 aus, »ist absurd. Während Rußland die Einstellung der Versuche und eine Kontrolle der Produktion anbietet und die Vereinigten Staaten laut erklären, ursprünglich hätten *sie* entsprechende Vorschläge machen wollen ... packt Westeuropa das wilde Fieber. Man ist dabei, aus Europa ein Atomkorea zu machen. Und diesem systematischen Untergang sollen wir aus Gründen der parlamentarischen Etikette zusehen, ohne zu mucksen?« Unter dem Beifall von Tausenden Kundgebungsteilnehmern fordert er am Rednerpult im Zirkus Krone die Durchführung einer Volksbefragung zur Verhinderung des atomaren Rüstungskurses der Regierung Adenauer. Um es nicht bei bloßen Erklärungen zu lassen, nimmt er an der Atommahnwache der Münchner Studenten vor dem Universitätsgebäude sowie an den Ostermärschen der westdeutschen Friedensbewegung teil.

Nicht warten, »bis aus dem Schneeball eine Lawine geworden ist und der Freiheitskampf Landesverrat genannt wird«! Diese Schlußfolgerung zieht er 1958 in einer Rede in Hamburg, wo er anläßlich der 25. Wiederkehr des Tages der Bücherverbrennung spricht. »Warum mische ich mich unter die Bekenner? Weil immer, wenn von der Vergangenheit gesprochen wird, auch von der Zukunft die Rede ist.« Wenn man den rollenden Schneeball nicht zertrete, halte keiner mehr die Lawine auf, und sie komme erst zum Stillstand, wenn sie alles unter sich begraben habe. »Das ist die Lehre, das ist das Fazit dessen, was uns 1933 widerfuhr. Das ist der Schluß, den wir aus unseren Erfahrungen ziehen müssen.«

Die Rede »Über das Verbrennen von Büchern« auf der PEN-Tagung in Hamburg am 10. Mai 1958, aus der die zitierten Passagen stammen, gehört zu Kästners wichtigsten politischen Äußerungen der Nachkriegszeit. Nie hat er vergessen, daß durch Despotie und Diktatur »mitten aus unserem Leben so viele Jahre gestohlen wurden, in denen wir aus jungen zu alten Männern geworden sind«. Dieser Satz, den er in der Rede zitierte, entstammte den Schriften des Tacitus, geschrieben vor zweitausend Jahren. Hatte es aber nicht auch Heinrich Heine gesagt, wo man Bücher verbrennt, verbrennt man am Ende auch Menschen?

Neben der Rede zur Bücherverbrennung – für einen Schriftsteller, der sich ansonsten kurz zu fassen pflegte, eine ziemlich ausführliche Betrachtung – gibt es eine nicht minder umfangreiche Rede vom Oktober 1953 zu dem Thema »Jugend, Literatur und Jugendliteratur«, die ebenfalls Zukunftsfragen erörtert. Von den Auffassungen her wird sie ergänzt von verschiedenen anderen Aufsätzen, die sich in den *Gesammelten Werken* finden, sowie von Äußerungen, die sich in Form von Pressemeldungen, Interviews und dergleichen erhalten haben. Zur Vervollständigung des Bildes vom »nichtschweigenden« Kästner sind sie wichtig. Dazu gehört die Rede »An die Studenten«, gehalten vor der Münchner Universität am 20. Mai 1958, sowie eine Pressemeldung vom 13. April 1959 über eine Kundgebung der Arbeitsgemeinschaft Münchner Jugendverbände gegen die Atomrüstung, in der es heißt: »Der Schriftsteller Erich Kästner fand stürmische Zustimmung, als er den Jugendlichen zurief: ›Brennende Häuser werden nicht dadurch gelöscht, indem wir in eine andere Richtung blicken – genauso ist es mit brennenden Fragen‹.« Ovationen wurden Kästner wenige Wochen danach von den Münchner Studenten bereitet, als er dagegen protestierte, daß die Volksmeinung zur Atombewaffnung von der Bonner Regierung absolut ignoriert werde. Es lagen damals bereits Ergebnisse aus Umfragen von Meinungsforschungsinstituten vor, die auswiesen, daß sich eine eindeutige Mehrheit der Bevölkerung dagegen ausgesprochen hatte. Diese Tatsachen wollte Kästner respektiert wissen. Wenn Regierungen und Parlamente die Volksmeinung derartig mißachteten, war seine Meinung, hätten sie nicht das Recht, sich und ihre Staatsform republikanisch zu nennen.

Gelegentliche Äußerungen von Publizisten, Kästner sei ein schweigsamer, resignierender Dichter geworden, den man nunmehr zu fragen habe: »Herr Kästner, wo bleibt bei Ihnen das Negative?«, sind im Grunde damit widerlegt. Auf der anderen Seite verhehlte Kästner nie, daß er von der geringen Wirkung, die die mahnenden Worte derer fänden, die zwischen den beiden Weltkriegen gegen die politischen Irrlehren des Faschismus und Militarismus gekämpft hätten, enttäuscht sei. Die politische Entwicklung stimme ihn resigniert, ja er sei auch »gelegentlich ein bißchen müde und erschöpft«, erklärte er in einem Gespräch, das Hermann Kesten 1956 in einer Fernsehsendung mit ihm führte, aber zu wissen, daß es doch Menschen gebe, die er mit seinem Wort erreiche, hebe die Skepsis wieder auf.

Der sechzigste Geburtstag

Auf einem anderen Blatt steht, daß es im Schaffen Kästners nach der *Schule der Diktatoren* eine Hinwendung zu grundsätzlich neuen, die Gegenwart behandelnden Stoffen oder Genres nicht mehr gibt; eine Weiterführung der ihm gemäßen Form der politischen Satire ist mit Ende der fünfziger Jahre nicht mehr zu verzeichnen. So war 1959 von seinem Verlag der Zeitpunkt für eine Werkausgabe, die zum sechzigsten Geburtstag erschien, richtig gewählt. Kästner gehörte nun, wie dokumentiert, zu den Klassikern, ob er das gewollt haben mag oder nicht.

Der »Gesammelte Kästner« – man sah es erstaunt – ergab sieben Bände, keiner unter vierhundert Seiten, einige sogar über sechshundertfünfzig Seiten, die sich nicht mehr so handlich anfaßten wie ehedem die Originalausgaben der einzelnen Werke, bei denen er immer darauf bedacht gewesen war, daß es schmale, elegante Bändchen blieben, aber fünfunddreißig kleinere Werke summieren sich mit der Zeit eben zu sieben dicken Bänden. In begrenztem Umfang wurden in die *Gesammelten Schriften* auch verstreute Arbeiten aufgenommen, selbstverständlich aber alle Gedichtbände, die Romane für Kinder und die für Erwachsene, die Theaterstücke, die Publizistik in Auswahl, die Epigramme, die Chansons sowie Reden und Vorreden.

Hermann Kesten als derjenige, der dem Werk und der Person Kästners am nächsten stand, schrieb die Einleitung zur »Jubiläumsausgabe«. Er interpretierte das Werk des Freundes als das Werk eines konsequenten Moralisten und als transfigurierte Autobiographie des Verfassers. Seinen Werdegang sah er so: aus einem Klassenprimus sei ein PEN-Präsident geworden, »aus einem Muttersöhnchen ein Katzenvater, aus einem Gebrauchslyriker ein isolierter Poet nach dem zweiten Weltkrieg, aus einem Kinderbuchautor ein Klassiker einer Kindheitserzählung, aus einem populären Autor erst ein verbotener, später ein isolierter Volksautor, aus einem Feuilletonisten ein Epigrammatiker, aus einem Kabarettisten ein Volksredner gegen die Atomrüstung, aus einem verschmitzten Kinderonkel ein satirischer Schulmeister der Deutschen«. Er sei, kurz gesagt, das geworden, was er im Kern schon gewesen, und sei identisch mit sich, seinen Anschauungen und seinen Werken geblieben. Und er selbst sei der autobiographische Held seiner *Gesammelten Werke* in Vers und Prosa.

Kesten merkt in seiner Einleitung ferner den Fakt an, daß er keinen Satz gefunden habe, der im moralischen Widerspruch zu Kästners gesammelten Anschauungen und seinem literarischen Charakter stünde, und daß das Werk keinen einzigen Ausspruch enthielte, dessen sich der Autor jemals hätte schämen müssen oder den er zu widerrufen gehabt hätte. Das Fazit dieser Laudatio auf den Jubilar konnte demzufolge nur lauten: »Kästner ist von seltener moralischer und literarischer Konsequenz.«

Gemessen an der elegant formulierten, impulsiven und doch zutreffenden Einschätzung, mit der Freund Kesten das Werk eines Mannes und Weggefährten würdigte, nahmen sich Kästners Selbstinterpretationen, soweit es überhaupt welche von ihm gibt, geradezu spartanisch aus. Offiziellen Gesprächspartnern gegenüber, die zu ihm in die Wohnung oder ins Café kamen, wenn sie einen Artikel über ihn zu schreiben hatten, für den sie sich Großes vornahmen – etwa die Frage, ob Kästner noch dem Expressionismus oder ausschließlich der Neuen Sachlichkeit zuzuordnen sei, ob man ihn als Lyriker oder doch mehr als Feuilletonisten in Versen zu sehen habe, ob er einen eignen literarischen Stil entwickelt oder nur eine stilistische Manier kultiviert habe –, solchen problemgeplagten Leuten gegenüber meinte Kästner in seiner nüchternen, zurückhaltenden Art: »Ich bin ein Mensch, der schreibt, nicht mehr und auch nicht weniger.« Ansonsten verwies er auf die Vorworte zu seinen Büchern, in denen alles nachzulesen ist, was ihn betreffe.

Daß der in der Sprache Goethes und Lessings erzogene Absolvent der Leipziger Universität von Stilexperimenten nichts wissen wollte und daß er – aus grundsätzlicher Erwägung – den schon in seinen frühen Gedichten Mitte der zwanziger Jahre geprägten einfachen und klaren Sprachgestus beibehielt, ist in seiner Persönlichkeit wie in dem erklärten Zweck seines Schreibens begründet. 1927 bereits sagte er zu Hermann Kesten, als sich die beiden auf einem »Weltbühnen«-Nachmittag bei der Witwe Jacobsohn in Berlin-Grunewald kennenlernten, er wolle dem Volk gefallen, und je mehr Leser, desto besser.

Mehr als von einer Allianz der Intellektuellen, von der Kesten schwärmte und die auch Labude im *Fabian* konzipierte, hielt er allezeit von dem praktischen Bündnis vernünftiger Leute, auf die es im Leben und in der Politik seiner Meinung nach ankomme. Daraus ergab sich, daß Herz, Gemüt und Verstand der Individuen, sofern sie davon Gebrauch machten, für ihn stets einen höheren Stellenwert besaßen als Theorien, Thesen, ästhetische Lehrmeinungen von der Kunst oder literarische Schulen.

So gesehen, konnte es niemals seine Absicht sein, mit der vielzitierten »Versfabrik« ein Großunternehmen für esoterische Lyrik zu begründen, die man in kleinen Kreisen debattierte, vielmehr eher einen Handwerksbetrieb, dessen Erzeugnisse vielen Menschen nützen, also einen reellen Wert haben sollten, in der Ausführung möglichst ebenso solid wie jener Rucksack aus der Werkstatt seines Vaters, den der Junge als Schüler einst zum Wandern erhielt, der zwei Weltkriege überstand und als intakt gebliebenes Gebrauchsstück vielleicht noch heute in der Bodenkammer seines Hauses zu besichtigen ist.

Die Millionenauflagen seiner Bücher haben bestätigt, daß seine Auffassungen von der Aufgabe der Gebrauchslyrik nicht unmodern geworden sind und daß der Schriftsteller Kästner in der Welt eine Lesergemeinde gefunden hat, die ihm die Treue hält.

1959, als er die Rolle des Geburtstagsjubilars zu übernehmen hatte, trafen mit der Post in der Flemingstraße aus aller Herren Länder Belegexemplare ausländischer Verlage ein, die sein jüngstes Buch in Übersetzung herausgebracht hatten. *Als ich ein kleiner Junge war* lag zum Sechzigsten bereits in fünf Sprachen vor. Kästner stellte die Bücher aus London, Budapest, Ljubljana und Stockholm neben die Ausgabe mit den exotischen Schriftzeichen der Japaner, die als erstes Land der Welt die liebenswerte Autobiographie eines groß gewordenen kleinen Jungen übersetzt hatten.

Wenn der Autor, neben der Vorbereitung auf seinen Geburtstag, die Zeit gehabt hätte oder die Lust, eine Statistik seiner Buchauflagen anzufertigen, so sähe die Aufstellung für das Jahr 1959 wie folgt aus:

Taschenbuchausgabe *Herz auf Taille* mit einem charmanten Vorwort des Autors über das Älterwerden von Menschen, das Jungbleiben von Schauspielerinnen und das mögliche Altern seiner Gedichte;
Taschenbuchausgabe des *Fabian;*
Taschenbuchausgabe der *Schule der Diktatoren;*
Drei Männer im Schnee in Sofia in der Übersetzung von Wladimir Mussakoff, der fast alle Werke Kästners ins Bulgarische übertragen hat;
Drei Männer im Schnee als niederländische Lizenz in Amsterdam;
Die verschwundene Miniatur in Brüssel, Prag und Tokyo;
Große Zeiten – Kleine Auswahl, Gedichte mit Zeichnungen von Paul Flora;
Schulbuchausgabe *Als ich ein kleiner Junge war* in den Niederlanden;
Auswahlband mit Gedichten und Prosa in ungarischer Übersetzung in Budapest;

Emil und die Detektive als Theaterstück in Prag und als Puppenspiel in Bratislava sowie in litauischer Sprache in Vilnjus;
Pünktchen und Anton in Mazedonien und Litauen (UdSSR);
Der 35. Mai oder Konrad reitet in die Südsee in Ungarn, Japan und Jugoslawien;
Das verhexte Telefon, neue Ausgabe im Fackelträger Verlag;
Das fliegende Klassenzimmer in Jugoslawien;
Emil und die drei Zwillinge in Prag;
Die Konferenz der Tiere in neuer Ausgabe des Atrium Verlags Zürich und des Fackelträger Verlags Hannover;
Das doppelte Lottchen in Prag;
Die Schildbürger in Paris unter dem Titel *La bonne ville de Schilda.*

Lieber, netter Herr Erich Kästner!

Unter all den Ehrungen und Würdigungen, die ihm widerfuhren, waren ihm die Briefe, die kleine und größere Schulkinder an ihn schrieben, allezeit die liebsten. Ihn freute der naive, unverbildete Sinn, mit dem Kinder seine Bücher in Besitz nahmen und sich darüber äußerten. Je origineller die Zuschriften, um so mehr Heiterkeit brachten sie ins Haus, denn Kästner lachte gern, er ließ auch andre daran teilnehmen, wenn Gäste oder Freunde zu Besuch waren, denen er etwas Lustiges vorlesen konnte.

»Lieber Herr Erich Kästner, kannst Du mich das Dichten lernen? Denn das stell ich mir wunderbar vor, Schriftsteller zu sein, statt zu arbeiten«, meinte eine Zwölfjährige aus Berlin.

Eine Dreizehnjährige schrieb ihm: »Lieber Herr Kästner, ich bin eine richtige Leseratte und habe schon fast alles von Ihnen gelesen. Jetzt möchte ich gern das Buch *Ein Mann gibt Auskunft,* weil ich glaube, daß Sie das selbst sind und ich doch so viel Auskunft brauche über alles, was ich noch nicht weiß. Kann ich das kriegen?«

Den Vogel der Komik schoß »Jutta Unbekannt« ab, die ihrer Begeisterung freien Lauf ließ:

»Lieber netter Herr Erich Kästner!

Ich gratuliere zum Geburtstag. Ich habe Ihre Kinderbücher schon halb durch. Sie sind einfach enorm. Sie finden immer die richtigen Wörter. Wenn ich mit meiner Klasse einen Aufsatz aufhabe, finde ich immer nicht die richtigen Wörter. Am letzten Aufsatz haben wir das Thema ›Unglück auf der vereißtem Trittoar‹.

Na ich habe da 15 ½ Seiten geschrieben. Sie kommt ins Krankenhaus und wir bekommen eine Belohnung und so weiter. (Aber in der Schule geschrieben.) Ich habe etwas Ihren Bogen raus. Aber jetzt was anderes. Schreiben Sie auch mir einen Brief? Wir schreiben uns jetzt, wenn Sie Lust haben, gegenseitig Briefe. Schicken Sie, wenn Sie schikken wollen, eine Fotografie an meinen Abs. Ich kann Ihnen nichts schenken, aber das Bild schenke ich Ihnen. Mein Vater ist Malermeister Heinrich Busse. Er ist sehr bekannt. Er malt Bilder. Er kann auch übrigens sehr gut schreiben. Er ist Handwerker. Er kann einfach alles. Ich bin froh, daß ich noch so einen noch erwischt habe. Wenn irgendetwas bei Ihnen kaputt ist, rufen Sie doch meinen Vater. Ich möchte Sie doch auch mal sehen. Nicht nur im Fernsehen, auch nicht im Bild, sondern vor meinen Augen haben. Wenn Sie telefonieren, sagen Sie doch, Sie heißen Fritz Flache.

Ihre Jutta. Unbekannt.
Bin nicht berühmt.
Auf Wiedersehen.«

Die schönste Form literarischer Anerkennung aus Kindermund erhielt der Vater des *Emil* von einem Mädchen, das sich wohltuend kurz faßte: »Ich hab das vom Emil und die Deketife gelesen und finde, daß dem bösen Mann ganz recht geschieht, wie Du ihn gemacht hast. Mach nur so weiter!«

Kapitel IX

Die letzten Jahre in München

1960–1974

Kopernikanische Charaktere gesucht

Wenn der Mensch aufrichtig bedächte:
daß sich die Erde atemlos dreht;
daß er die Tage, daß er die Nächte
auf einer tanzenden Kugel steht;
daß er die Hälfte des Lebens gar
mit dem Kopf nach unten im Weltall hängt,
indes sich der Globus, berechenbar,
in den ewigen Reigen der Sterne mengt –
wenn das der Mensch von Herzen bedächte,
dann würd er so, wie Kästner werden möchte.

Nach seinem sechzigsten Geburtstag ging Erich Kästner daran, die Tagebuchaufzeichnungen aus den letzten Monaten des Dritten Reichs aufzuarbeiten, die er in Buchform erscheinen lassen wollte. Diese Arbeit erforderte nicht soviel Kraft wie ein Roman über die Nazizeit – immerhin verlangte sie Gewissenhaftigkeit, Konzentration und einen gewissen Energievorrat, den der bereits stark kränkelnde Autor nicht mehr in dem Maße wie früher aufzubringen vermochte. Andere Projekte mußten deshalb zurückstehen. Er schrieb damals an einem neuen Theaterstück, das eine Komödie werden sollte, Titel *Die Eiszeit,* ließ jedoch die Entwürfe liegen, als er merkte, daß der Stoff für die Bühne nicht genug hergab. Mit einer neuen Erzählung, *Die Kavaliersreise,* ging es ihm ähnlich, auch sie blieb unvollendet. Mehr Vergnügen scheint ihm die Beschäftigung mit *Gullivers Reisen* gemacht zu haben, doch stellte sich hier für ihn das bereits erwähnte Problem. Den *Eulenspiegel,* den *Gestiefelten Kater* sowie den *Münchhausen* hatte Walter Trier illustriert, ja man möchte sagen, daß sie von Trier in Linie und Farbe noch einmal neu gedichtet worden waren. Welcher Zeichner sollte diese Aufgabe jetzt übernehmen? Wer konnte es?

Die Situation war recht schwierig, denn Kästners frühe Illustratoren Großmann und Ohser lebten nicht mehr, und als der in der Trier-Nachfolge geeignete, gemütlich-skurrile Schäfer-Ast kurz nach Trier auch noch starb, war man etwas ratlos. Für den kleinen Gedichtband von den »Dreizehn Monaten« war der Auftrag an den Rektor der Münchner Kunsthochschule, Richard Seewald, gegangen, doch mit seinen Zeichnungen war man nicht recht glücklich. Horst Lemke hatte damals für den Cecilie Dressler Verlag, den Nachfolger von Williams, schon einige Bücher illustriert, so daß seine Verlegerin mit Kurt Maschler übereinkam, Horst Lemke vorzuschlagen, der ihrer Meinung nach in einer Art zeichnete, die Walter Trier nahekam.

»Um das zu besprechen und sich überhaupt zu beschnuppern, trafen wir uns alle vier in München«, erinnert sich Lemke. »Nicht in Kästners Haus, sondern zum Essen in einem Restaurant gegenüber der Oper. Kästner erledigte solche Sachen lieber in einem Café oder

Restaurant ... Nun saß ich ihm gegenüber. Er, zierlich von Gestalt, sehr elegant und sorgfältig gekleidet. Den steifen Hut, den Homburger, und den schwarzen Regenschirm hatte er in der Garderobe gelassen. Er war von einer freundlichen Gelassenheit, und ihm schien das Problem überhaupt nicht so wichtig wie uns zu sein, besonders natürlich mir! Er willigte ohne alle Überredungskünste von Cilly Dressler und Maschler ein. Ich sollte seine künftigen Bücher illustrieren.«

Erfüllte das Münchner Gespräch den Zeichner mit einem Gefühl des Stolzes, so doch auch mit einem gewissen Zweifel. Würde Kästner, der soignierte, anspruchsvolle Mann, um vieles älter und erfahrener als Lemke, zu seinem neuen Illustrator das gleiche innige Verhältnis finden, wie es Horst Lemke seit seiner Kinderzeit zu den Büchern des verehrten Schriftstellers hatte? Er wußte die Antwort nicht. Er wußte nur, daß er es nicht einfach haben würde, denn Kästner war ein stiller, schweigsamer Mensch, der es Fremden schwer machte, ihm näherzukommen, geschweige denn seine Freundschaft zu gewinnen. Und je mehr er gefeiert wurde und Journalisten oder durchreisende Bewunderer ihn belästigten, desto mehr zog er sich zurück. So sind sich der Autor und sein neuer Illustrator in den ersten Jahren ihrer Zusammenarbeit in München nicht viel nähergekommen. Das änderte sich erst während der Zeit im Tessin, als Kästner sich dort in einem Sanatorium zur Behandlung seiner Lungenkrankheit aufhielt und Horst Lemke in Brione s. Minusio in dessen Rustico, einem reizvoll Alt-Tessiner Bauernhaus hoch über Locarno, das ihm gefiel, hin und wieder besuchte. Natürlich war es die Achtung vor der Leistung Lemkes, die die Freundschaft beider Männer wachsen ließ. Kästner sah selbst, daß zwischen den Farbtafeln und Zeichnungen von Walter Trier, wie sie den *Eulenspiegel* und den *Gestiefelten Kater* schmückten, und den Illustrationen von Horst Lemke zum *Don Quichotte* oder zum *Gulliver* kein Qualitätsunterschied bestand. Erzählfreudigkeit, Fröhlichkeit, Leuchtkraft der Farben und eine still waltende Bonhomie – alles war vorhanden. Die Gestalten und Szenen hatten den Impuls des Augenblicks, das wirkliche Leben. Was sollte er sich da noch wünschen?

Als Patient im Tessin

Im Herbst 1961, sein *Gulliver* mit den wundervollen Schwarzweiß- und Farbillustrationen von Horst Lemke war bereits erschienen, reiste Kästner nach Wien, um an vier Abenden hintereinander in der großen Wiener Stadthalle zu lesen. Man zählte bei jeder Veranstaltung etwa viertausend Besucher, die Ovationen für den Gast aus München waren von einer Herzlichkeit, wie er sie selten erlebt hatte. Am Schluß des dritten Abends, gerade während einer Fernsehaufnahme, bekam er einen Ischiasanfall. Er mußte schmerzstillende Tabletten nehmen, um die letzte Lesung über die Runden zu bringen. Dann noch drei Stunden Autogramme in einer Buchhandlung, den Magen voller Medikamente. »Scheußlich.« Bei der Untersuchung in der Medizinischen Universitätsklinik stellte man Tuberkulose fest. Man riet ihm, unverzüglich etwas zu unternehmen, Ortswechsel, Aufenthalt in einem anderen Klima. Daß ausgerechnet Ägypten oder Sizilien, wie die Ärzte rieten, der geeignete Ort für ihn sein sollte, glaubte der reiseunlustige Sachse nicht. Für ferne Länder hatte er schon als Gesunder kein Interesse, wieviel weniger als Kranker! Ein Ort, nicht so weit weg, wäre ihm das liebste. Er entschied sich für den Höhenkurort Agra im Tessin in der Schweiz.

Im Januar 1962 traf er dort ein. Er hatte mit einem halben Jahr gerechnet, mußte aber anderthalb Jahre dort zubringen – bis zum Mai 1963. Das fiel ihm, wie er bald merkte, weniger schwer, als er geglaubt hatte, mehr noch, die Verpflanzung aus München-Bogenhausen nach dem Süden wirkte auf sein Gemüt direkt wohltuend, er genoß die neue landschaftliche Umgebung, die Sonne und den Park des Sanatoriums mit seiner üppigen mediterranen Vegetation – Zitronenbäume, Zypressen, Magnolien und Kamelien. Er sollte möglichst nicht arbeiten, viel liegen und nichts tun, und das Rauchen wollten ihm die Ärzte auch abgewöhnen. Das ist ihnen nicht gelungen, aber unter dem Einfluß der Ruhe, des Klimas, der freundlichen Umgebung stellte sich bei dem Patienten aus München allmählich Besserung ein. Er fühlte sich ganz als »Liegekurfürst«, wie er in den Briefen an seinen Sohn und dessen Mutter Friedel Siebert nach Zürich schrieb. Von seinen Spaziergängen brachte er eines Tages »1 Himmelschlüssel, 1 Leberblümchen, 1 Veilchen, 1 Gänseblümchen, 1 Vergißmeinnicht = 5 Mal Bücken« mit, die er im Kurpark gepflückt hatte, obwohl man so etwas eigentlich nicht durfte. Auf seinem Zimmer legte er das Blumengebinde zum Trocknen zwischen die Seiten eines Buches, so wie er es als kleiner Junge getan hatte – »Man müßte wieder seltene Blumen pressen« –, und gab die so konservierten Blüten und Stengel als Geburtstagspost an seinen Sohn, den »Herrn Napfkuchen«, auf, der gerade fünf Jahre alt geworden war.

Kästners »Büro« am Ort war ein kleines Ristorante, wo man ihm den vom Arzt untersagten Whisky servierte, sein obligates Getränk, die Zeitungen und die »Camel«-Zigaretten hinlegte, ohne daß er ein Wort zu sagen brauchte. Man empfand für den stillen, freundlichen Patienten, der sich wie eine fürstliche Erscheinung bewegte, großzügig zu Kellnern und Taxichauffeuren war, größte Sympathie. Regelmäßig sah man ihn im benachbarten Lugano im Kursaal eines betont altmodischen Grandhotels, das ihn an die Vorkriegscafés von Leipzig und Berlin erinnerte, in denen er als junger Mann gesessen hatte, um zu schreiben. So wurde es nun auch jetzt wieder, nachdem die ärztlichen Vorschriften etwas gelockert werden konnten. Das war dem Doktor der Literatur nur recht. Sein Leben als Sanatoriumsbewohner konnte schließlich nicht anderthalb Jahre lang nur aus Visiten, Bädern, Massagen, Fiebermessen, Spaziergängen, Kino, Lesen und Liegen bestehen.

Notizblock und gespitzte Bleistifte sind jetzt genauso wichtig wie Brieftasche und Scheckbuch, wenn er das Zimmer verläßt, um sich mit dem Regisseur Kurt Hoffmann zu treffen. Das neue Filmprojekt, um das es geht, heißt *Liebe will gelernt sein*. In Amerika plant Walt Disney die Neuverfilmung des *Emil*, über den die Korrespondenz hin und her geht. Alle warten auf die Rückkehr ihres Autors, schreiben Briefe, telefonieren, sagen ihren Besuch an und erscheinen tatsächlich auch.

Der Schriftstelleralltag hat ihn auch im schönen Tessin wieder eingeholt. Seine Arbeitslust, in den Monaten vor Ausbruch der Krankheit fast völlig erlahmt, kehrt zurück. Er schließt das Manuskript zu dem Bühnenstück *Emil und die drei Zwillinge* ab, das Elfriede Mechnig in Berlin vervielfältigen wird, schaut sich das Manuskript zu einem neuen Kinderbuch an, das ihm James Krüss zur Begutachtung ins Sanatorium geschickt hat, trifft sich mit Hermann Hesse und dem Maler Hans Purrmann und besucht hin und wieder Horst Lemke in dessen Haus in Brione s. Minusio, denn er hat die Absicht, ein neues Buch für Kinder zu schreiben.

Sein Zeichner und seine Bekannten sind neugierig auf das Projekt. Hauptfigur wird diesmal ein Junge sein, der nur fünf Zentimeter groß ist, in einer Streichholzschachtel schläft, als Waise im Zirkus bei einem Zauberkünstler aufwächst, eines Tages von Räubern gekidnappt wird, die Verhaftung der Bösewichter ermöglicht und dann zu seinem geliebten Zirkus zurückkehrt. Es handelte sich um Geschichten, die Kästner seinem kleinen Sohn erzählt hatte und die nun im Kursaal von Lugano, beim Toni, dem Wirt des Ristorante, oder im Café Olympia in Steno aufgeschrieben werden. Der Titel des Buches, *Der kleine Mann,* hatte von Anfang an festgestanden. »Eigentlich hieß er ja Mäxchen Pichelsteiner«, so beginnt die Geschichte. »Doch das wußten die allerwenigsten. Und auch ich wüßte es nicht, wenn er mir's nicht selber erzählt hätte. Das war, wenn ich mich nicht irre, in London. In Garlands Hotel. Und zwar im Frühstückszimmer mit den vielen bunten Vogelbauern an der Decke. So ein Gezwitscher! Man konnte kaum sein eigenes Wort verstehen! Oder war es in Rom? Im Hotel Ambassadore an der Via Veneto? Oder im Speisesaal des Hotels Excelsior in Amsterdam? Ich glaube, mein Gedächtnis läßt nach. Schade. Manchmal sieht es in meinem Kopf aus wie in einer unaufgeräumten Spielzeugkommode!«

Außer seiner geringen Größe war an Mäxchen Pichelsteiner nichts Ungewöhnliches. Vielmehr war er seinem Charakter nach ein liebenswürdiger, intelligenter und fleißiger Junge, der sich mit seinem Schicksal, nur fünf Zentimeter groß zu sein, tapfer auseinandersetzte. Da er die positiven Züge aller Märchenhelden der Welt besaß, konnte er in vielen Ländern Freunde gewinnen, man nahm ihn auf in die Gemeinschaft von Hans im Glück, Pinocchio, Peter Pan und Iwanuschka.

Die international verständliche Sprache, in der Kästner schrieb, trug entscheidend dazu bei, seinen Büchern Welterfolg zu sichern. Aus seinen Geschichten konnte man lernen, daß die Größe eines Menschen nicht eine Sache der Zentimeter, sondern des guten Charakters ist und daß auch kleine Leute, vielleicht gerade sie, die größten Taten vollbringen können. Am Ende muß sich »Peter Millimeter«, wie er in anderen Ländern hieß, damit abfinden, daß sein Wunsch, ebenso groß zu sein wie die gleichaltrigen Kameraden, nicht in Erfüllung gehen kann. Dafür gewinnt er eine neue Erkenntnis: »Als kleiner Mann war er groß, als großer Junge ist er klein, beides kann er nicht haben.«

Nach dem Muster der Kästnerschen Kinderromane gibt es auch in diesem Büchlein wieder viel Lustiges und manch Trauriges. »Trotzdem überwiegt das Fröhliche«, wie es im Vorwort zu der Ausgabe des Moskauer Kinderbuchverlags heißt. »Erstens, weil es auf der Welt stets mehr gute Menschen gibt als schlechte, und zweitens, weil es ein Buch über die Freundschaft ist. Und die Freundschaft guter Menschen trägt immer den Sieg über das Schlechte davon.«

Der Illustrator Horst Lemke hatte sich zu überlegen, wie der Professor Hokus von Pokus in dem Buch aussehen sollte. Nachdem er mehrere Varianten gezeichnet hatte, die alle nicht gefielen, versuchte Kästner, die Gestalt des Professors zu beschreiben. In keinem Fall sollte er komisch aussehen, er wünschte ihn vielmehr intelligent, gepflegt, elegant, außerdem wohnte er nicht wie die anderen Artisten im Zirkuswohnwagen, sondern immer im besten Hotel am Platze. »Na, nun fiel mir der Groschen: Ja, dann muß er genauso aussehen wie Sie!« – »Na ja, nicht so genau, aber ähnlich kann er schon sein«, meinte Kästner. Lemke gab seinem Professor schließlich noch einen kleinen Schnauzbart, und beide waren zufrieden.

Ein Sachse international oder Humor made in Saxony

Im Mai 1963 kehrte der Patient Erich Kästner aus seinem Sanatoriumszimmer im Tessin – »nicht völlig geheilt, aber fürs normale Leben weiter verwendbar« – in sein Haus und den eigenen Garten nach München zurück. Es war das Jahr, in dem er, neben Kasimir Edschmid, zum Ehrenpräsidenten des PEN-Zentrums der Bundesrepublik gewählt wurde. In Japan waren inzwischen die gesammelten Jugendromane mit den Originaleinbänden von Walter Trier als Gesamtausgabe in acht Bänden erschienen. Ein tschechischer Verlag in Prag hatte eine Auswahl politischer Lyrik und Prosa unter dem Titel *Deutsches Ringelspiel* herausgebracht. An den Kiosken in Moskau und anderen sowjetischen Städten war 1962 von jungen Leuten ein graugrünes Bändchen mit Pappdeckel stark gefragt, Preis achtzehn Kopeken, das trotz hoher Auflage schnell vergriffen war. *Malenkaja swoboda – Die kleine Freiheit* – gab erstmalig in russischer Übersetzung einen Querschnitt durch Kästners vier Gedichtbände, einschließlich der *Kleinen Freiheit,* herausgegeben von dem führenden sowjetischen Literaturwissenschaftler Ilja Fradkin.

Ein Jahr darauf, 1963, folgten die Engländer mit ihrem ersten Kästner-Gedichtband auf englisch, für den sie die Überschrift eines Epigramms als Titel wählten: *Let's Face it – Es hilft nichts, schönzu-*

färben! Bisher kannten die an der deutschen Literatur interessierten Briten Kästner-Gedichte nur aus der Anthologie *German Poetry*, Dover Publications, New York, 1959. Jetzt lernten sie in einem eigenen Band einen deutschen Poeten kennen, der den Vorzug besaß, ein moderner Autor zu sein und ein Klassiker zugleich. Das wurde deutlich an den Übersetzungen des Lyrikers und Literaturkritikers Michael Hamburger, der, gebürtiger Berliner, 1933 nach England emigrierte und sich mit der Lyrik des 20. Jahrhunderts, speziell Brecht, beschäftigte. Seine Kästner-Übertragungen für den Band *Let's Face it* treffen den großstädtischen Nerv dieser berlinischen Gebrauchslyrik nicht weniger gut als den sächsisch warmen Humor, der dem angelsächsischen Humor verwandt ist, weil die Sachsen das vernunftbegabteste und vernünftigste Volk der Deutschen seien, dem man keinen Qualm vormachen könne, das »helle« sei wie kein anderes, fixer um die Ecke denke und trockener geradeaus rede als irgendwer.

Das war die Meinung von Peter de Mendelssohn. Bei einer Geburtstagsfeier sprach er darüber, daß sich schon 1928 mit dem ersten Gedichtband seines Freundes Erich bei ihm der Eindruck gefestigt habe, »daß sie, wiewohl hochdeutsch geschrieben, sächsisch seien«. Er belegte diese These mit überzeugend sächsischen Argumenten. Einen Satz wie den berühmten »Kennst du das Land, wo die Kanonen blühn?« mochte man, wie er meinte, zur Not auch Tucholsky zuschreiben, wenn man nicht wüßte, von wem er war. Aber der Ausspruch: »Es gibt nichts Gutes – außer: Man tut es!« und der Satz: »Erkannte man, daß die Vernunft das Vernünftigste war?« seien nicht berlinische, nicht preußische, sondern unverkennbar sächsische Sätze. Man brauche sie nur in sächsischer Mundart laut vor sich hin zu sprechen, dann würde man es sofort bestätigt finden.

Wieder in der Schweiz im Sanatorium

Im Januar 1964 mußte sich Kästner ein zweites Mal in jenes Lungensanatorium nach Agra im Tessin begeben, wo er schon einmal siebzehn Monate zugebracht hatte. Er nahm abermals den vorgeschriebenen Tagesablauf mit Liegekur und Ausgehzeiten, Arztvisiten, Bädern und Untersuchungen auf sich, machte seine Spaziergänge, las, erledigte die dringende Korrespondenz und arbeitete ein bißchen. Er kannte mittlerweile die Lebensläufe der Patienten, die, wie er, im Gartenrestaurant beim Toni ihr Bier oder ihren Kaffee tranken, und die Ärzte kannten die Gepflogenheiten ihres prominenten Kurgastes, der keineswegs nur Bier und Kaffee zu trinken pflegte. Einer seiner Münchner Bekannten sagte diesbezüglich von ihm, er vertrete in der Öffentlichkeit die Argumente der Vernunft, die er für richtig halte, und lebe so unvernünftig, wie er es für richtig halte.

Der Tagesablauf in den Mauern des Sanatoriums war streng geregelt. Nach der Hausordnung hatten die Patienten bis zehn Uhr abends auf ihrem Zimmer zu sein, dann wurde das Haus abgeschlossen. Alle hielten sich daran, außer Kästner. Wenn sie unten beim Toni im Café Ristorante San Gottardo saßen und die Zeit heran war, begann einer nach dem anderen am Tisch sich von ihm zu verabschieden, während er noch einen kleinen Schluck aus seinem »Teeglas« nahm. Allen schien es selbstverständlich, daß der »Herr Doktor« noch ein Weilchen blieb. Dafür bekam er regelmäßig von der diensthabenden Schwester Vorwürfe, berichtet Horst Lemke, »aber er erledigte das mit seinem Charme, und gelassen und lächelnd, mit einer kleinen gewölbten Whiskyflasche in der Tasche, ging er auf sein Zimmer«.

Die beinah wichtigste Beschäftigung im Tessin war diesmal das Abfassen eines Gedichtes, mit dem er wieder einmal dem Kalender voraus sein mußte. Der fünfundsechzigste Geburtstag stand bevor, ein Dankgedicht mußte her. In seiner zierlich-akkuraten Schrift bringt er im Café Olympia, wo auch *Der kleine Mann* entstand, zwei Fünfzeilerstrophen zu Papier, die als handschriftliche Drucksache an die Gratulanten in der ganzen Welt verschickt werden. Man sieht, daß in ihm noch die gleiche Freude an der Genauigkeit und dem ästhetischen Ebenmaß waltet wie einst, da er sich als junger Mann in die Matrikel der Leipziger Universität einschrieb. Damals schon machte er bei den Jahreszahlen einen Punkt über die 1, Zeichen eines peniblen Ordnungssinns. Nichts hat sich verändert im freundlichen Charakter dieses Mannes und seiner Handschrift, noch immer formieren sich die Buchstaben wie fröhliche kleine Turner zu Reihen, diszipliniert und anmutig, exakt und verbindlich. Einmal nur verschreibt sich der Füllfederhalter, es gibt zwei Buchstaben, die bei dem Wort »Täuschung« aus der Reihe tanzen, nun, man kann das korrigieren. Noch einmal ein Blick auf die Apostrophe, auf die Kommata, alles muß seine Ordnung haben. Das Werk ist fertig.

Als der Tag der Gratulanten, Reden und Glückwünsche herankam, verwandelte sich sein Zimmer in einen Blumenladen. Er mußte, wie er sich ausdrückte, achtgeben, daß er nicht mitten in die blühende Natur hineintrat. Fast vier Wochen lang hielt der Gratulantenboom an, hagelte es Glückwünsche durch den Schornstein, und wenn er glaubte, nun ebbt es ab, ging der Papiersegen weiter. »Muß ich – in den Augen ferner Leser – ein netter Mensch sein!«

Daß man ihm diese Eigenschaft zuerkannte und noch ein paar andere mehr, bestätigte ihm in jenen Tagen ein jüngerer Kollege, der in München ansässige Jugendbuchautor James Krüss. Er erinnerte an ein Erlebnis, das ihm bewußt gemacht habe, wie es sich eigentlich mit Kästners vielgerühmter und vielgeschmähter leichter Feder verhalte. Bei einer Einladung in Holland habe einmal ein Literaturkritiker, der als sehr bedeutend galt, Kästner etwas provozierend gefragt: »Man kann doch wohl sagen, Herr Doktor Kästner, daß Sie nur leichte Bücher schreiben, nicht wahr?« Da der Rest der Gesellschaft Takt besaß, blieb die Frage unbeantwortet. Kästner gab nur ein Grunzen von sich, sichtlich amüsiert, vielleicht auch indigniert. Durch dieses kleine Intermezzo sei James Krüss klargeworden, was den Autor Erich Kästner auszeichne. Was jenem so profunden Literaturschwätzer gefehlt hätte, sei genau das, was Kästners sogenannten leichten Stil ausmache: »Genauigkeit im Umgang mit Gedanken und Wörtern, der Bemühung, einen Gedanken so klar wie möglich zu fassen, dazu Ökonomie in den Themen, die er behandelt, und in den Mitteln, die er verwendet.« Krüss sieht darin, »mit einem Wort, Stil. Stil im umfassendsten Sinne.«

Im August 1964 konnte Kästner nach sieben Monaten den Zauberberg verlassen und nach München in die Wohnung zurückkehren. Man fand allgemein, daß ihm das Genesungsexil in der Schweiz gut bekommen sei. Er steckte wieder voller Arbeitslust, sogar ein zweiter Band zu dem Kinderbuch vom *Kleinen Mann* war schon angefangen. Das Bücherschreiben war von nun an aber nicht mehr das Wichtigste. Auf dem Kalender für die kommenden Monate standen fast ausschließlich Lesungen. Sie ergaben sich aus der Ausstellung über sein Leben und Werk, die in München im Herbst in der Internationalen Jugendbibliothek eröffnet wurde und anschließend in verschiedene Länder ging. Kästner fuhr nach Frankfurt/Main, Düsseldorf, Nürnberg und Wien sowie zur Teilnahme an der Eröffnung der Ausstellung nach Stockholm, Kopenhagen und London. Bis nach Japan zu reisen, dazu verspürte er allerdings keine Lust, obwohl man ihm von dort eine freundliche Einladung übersandt hatte und in Japan beinahe alle seine Bücher in Übersetzung herausgekommen waren.

Die Bücherverbrennung in Düsseldorf 1965

Nachdem Kästner von der Lesung aus Stockholm zurückgekehrt war, ereignete sich in Düsseldorf, auf dem Boden der BRD, jener Vorfall, der die Weitsicht seiner Prophezeiungen in einem Maße bestätigte, das ihn selbst erschreckt haben mag. Am 3. Oktober 1965 brannten am Rheinufer in Düsseldorf wieder Bücher, auch Bücher von ihm, angezündet von Mitgliedern des Evangelischen Jugendbundes für entschiedenes Christentum, die zu Gitarrenbegleitung und in Anwesenheit eines Pressefotografen ein makabres Schauspiel inszenierten. Das Ganze geschah mit Genehmigung des Amtes für öffentliche Ordnung der Stadt Düsseldorf, bei dem die Aktion vier Wochen vorher angemeldet worden war. Akkurat wurden die geltenden Brandschutzbestimmungen behördlicherseits eingehalten, als man den vorgesehenen Karlsplatz wegen möglichen Funkenflugs strich und dafür eine freie Fläche am Rheinufer genehmigte. Die Bücher von Albert Camus, Françoise Sagan, Wladimir Nabokov, Günter Grass und Erich Kästner durften verbrennen, solange es zu keinem materiellen Brandschaden kam!

Kästner war von diesem Vorgang – zweiunddreißig Jahre nach der faschistischen Bücherverbrennung und zwanzig Jahre nach dem Ende der Hitlerdiktatur – zutiefst betroffen; er reagierte sofort, scharf und öffentlich. Ihm schien es für das in der Bundesrepublik herrschende politische Klima symptomatisch, daß die kommunalen und staatlichen Stellen die Affäre als Bagatellfall herunterzuspielen versuchten und der Oberbürgermeister der Stadt Düsseldorf seine Beamten, die der Bücherverbrennung den Erlaubnisschein ausgestellt hatten, noch in Schutz nahm. »Ich möchte wissen, welche Instanz sich von der Bücherverbrennung distanziert, daß es auch im Ausland hörbar wird«, erklärte Kästner damals vor Presseleuten am Ort. Eine zuständige Instanz äußerte sich jedoch nicht. Es erfolgte keine Erklärung. Niemand von den Behörden in Düsseldorf gab zu, daß der Vorfall »eine Schweinerei« gewesen sei, die man bedaure, und daß man in Zukunft besser aufpassen würde. Der Oberbürgermeister hatte sich für die Vorgänge nicht zuständig erklärt und auf die Landesbehörde verwiesen, in deren Auftrag das Ordnungsamt arbeite. Das war alles, was Kästner in Düsseldorf erreichen konnte.

Journalisten fragten ihn an jenem Tag, was er am Abend in Düsseldorf lesen werde. Unter den buschigen Augenbrauen blitzte es zornig auf. Etwas Aktuelles würde er lesen: die Rede über das Verbrennen von Büchern, die er vor sieben Jahren zum 25. Jahrestag der Naziaktion in Hamburg gehalten habe.

»Der gesunde Menschenverstand ist nicht der Hanswurst der Politik. Die Humanität ist nicht der dumme August der Geschichte«, war sein erklärter Standpunkt. Aus dieser Haltung heraus protestierte er 1965 gemeinsam mit Künstlern und Wissenschaftlern in einer öffentlichen Erklärung gegen den Krieg in Vietnam. Die Unterzeichner, unter ihnen Rolf Hochhuth, Wolfgang Hildesheimer, Günther Weisenborn, Hans Magnus Enzensberger, Martin Walser, Ingeborg Bachmann, Peter Weiss, Heinrich Böll und andere, verlangten die sofortige Einstellung des Krieges gegen Vietnam und erklärten sich solidarisch mit der amerikanischen Bürgerrechtsbewegung und deren Sprecher Martin Luther King. Der Appell richtete sich an alle Demokraten der BRD, die Erklärung und ihre politischen Forderungen zu unterstützen.

Auch zum aktuellen Problem der Verjährung von Naziverbrechen fehlte Kästners Stellungnahme nicht. Auf eine Umfrage, ob 1965 eine solche Regelung in Deutschland und Österreich in Kraft treten sollte, antwortete er als leidenschaftlicher Gegner faschistischer Macht- und Denksysteme mit klarer Ablehnung: Verjährung für die Verbrechen der Naziära – nein! Das Gewissen der Öffentlichkeit wachzuhalten, hielt er »für außerordentlich notwendig«. Gemeinsam mit 360 Juristen, Schriftstellern, Publizisten, Geistes- und Naturwissenschaftlern der Bundesrepublik, darunter alte Freunde und Kampfgefährten aus der Zeit der »Weltbühne« wie Walter Mehring und Robert Neumann, gab er seinem Protest gegen die Verjährung öffentlich Ausdruck.

1961 erschien zum erstenmal ins Deutsche übersetzt das inzwischen weltweit bekannte Buch der holländischen Lehrerin Clara Asscher-Pinkhof, *Sternkinder,* das den Leidensweg jüdischer Kinder zur Zeit der Nazi-Okkupation in einem holländischen Ghetto schildert. Man bat Kästner um ein Vorwort dafür. Er schrieb nur wenige Sätze, nachdenklich im Ton und sehr ernst, und sagte unter anderem: »Wer aus der schuldlosen Jugend eine ahnungslose Jugend zu machen versuchte, der fügte neue Schuld zur alten.« Das hieß, er verlangte eine demokratische Erziehung in einem modernen Schulsystem. In diesem Punkt zögerte er nicht, sich immer wieder mit den Regierenden seines Landes und den Schulbehörden auf lokaler Ebene anzulegen. Bekannt ist sein Ausspruch: »Die Kirchtürme Bayerns sind beachtliche

Sehenswürdigkeiten, aber als kulturpolitische Wach- und Kommandotürme denkbar ungeeignet.« Vorwürfe aus dem rechten Lager, die nicht ausblieben, konterte er mit einem treffenden Satz: »Steht der Geist links, so die Dummheit rechts.«

Bedenkt man all die genannten Aktivitäten Kästners in den sechziger Jahren, so erkennt man, daß es übereilt ist, von einem müde gewordenen, resigniert beiseite getretenen Satiriker zu sprechen. Daß es ab Mitte der sechziger Jahre stiller um Kästner wurde, lag an seinem sehr labilen gesundheitlichen Zustand. Gab es Vorhaltungen, antwortete er zuweilen etwas unwirsch, man könne »doch nicht immer wieder über dieselben Themen schreiben«. Er hatte nicht mehr die Kraft, eine streitbare Zeitlyrik vom Rang seiner früheren Gedichtbücher, nunmehr bezogen auf die sechziger Jahre, zu schreiben. Er wußte das. Er wollte sein Lebenswerk auch nicht ein zweites Mal schaffen, und da es vorlag und aktuell geblieben war, nahm er das Recht für sich in Anspruch, sich zu zitieren. Manchmal, wenn das Gespräch auf seine aggressiven politischen Gedichte aus der Zeit vor 1933 kam, wie weitblickend doch seine Weissagungen über das Land gewesen seien, in dem wieder die »Kanonen blühen«, lächelte der Siebenundsechzigjährige maliziös. Mit Prophetie habe das gar nichts zu tun. Das habe damit zu tun, daß trotz Millionen Toter zweier großer Weltkriege die Epoche nicht mitgestorben sei.

»Die Zeit liegt im Sterben, bald wird sie begraben.« Er hatte das 1929 geschrieben und sich verschätzt, was die Zählebigkeit dieser alten Zeit, auch was die historischen Voraussetzungen und menschlichen Möglichkeiten zu ihrer Überwindung betraf. Vielleicht hatte er auch zu wenig bedacht, daß jede Zeit aus Altem und Neuem besteht und daß man eine alte Zeit nur wirklich bekämpfen kann, wenn man eine neue bejaht. Der große Aufbruch anno 1945, auf den er während der Hitlerjahre gehofft und für den er nach dem Kriege seine beste Kraft gegeben hatte, war in seinem jetzigen Lebensbereich ausgeblieben und Kästner inzwischen ein älterer Herr geworden. Beides war eine Tatsache, vor der die Augen zu verschließen keinen Zweck hatte. Dennoch – er arbeitet weiter, schreibt Vorworte, gibt Bücher heraus und schreibt ein letztes Buch für Kinder.

Anthologien, Schallplatten und ein »Goldener Igel« für Humor

Zu Hause in seinem Arbeitszimmer an dem großen Fenster sitzend, hat Kästner gelegentlich darüber nachgedacht, wie es in der deutschen Literatur mit den Relationen zwischen dem Tragischen und dem Komischen bestellt ist. Überlegungen dieser Art beschäftigten ihn, als er daranging, einen Band herauszugeben, mit dem er den deutschen Humor des 20. Jahrhunderts vorstellen wollte. So war wieder einmal ein Vorwort zu schreiben. Dieses Vorwort geht von dem Gedanken aus, daß man für alle Bücher über das Tragische, die verfaßt worden sind, vermutlich einen Häuserblock benötigte, um sie unterzubringen, für die Bücher über das Komische hingegen mit einem einzigen Zimmer auskäme. Immer und rastlos habe man sich »mit der Kummerseite des Lebens und mit ihrem düsteren Abglanz in der Kunst beschäftigt, aber fast nie mit den goldenen Geheimnissen der Heiterkeit, fast nie mit dem vertrackten Lächeln der Ironie, fast nie mit dem zornigen Gelächter der Satire und fast nie mit der Zauberkugel der Weisheit, dem Humor«. Das war für einen Schriftsteller wie Kästner, dessen Bücher von frühester Zeit an auf dieses Fundament gestellt waren, eine wenig erfreuliche Erkenntnis. Und doch empfand er es so: Wer von der Zunft der Schreibenden ins deutsche Pantheon hineinwolle, müsse das Lachen an der Garderobe abgeben. »Die deutsche Literatur ist einäugig. Das lachende Auge fehlt.« Und in der deutschen Literaturgeschichte und Literaturkritik sei man stolz darauf.

So steht es im Vorwort zu dem Band *Heiterkeit in Dur und Moll*, der von ihm ausgewählte Gedichte und kurze Prosa deutschsprachiger Autoren vorstellt. Aus der einen Anthologie wurden im Laufe der Jahre vier, sehr amüsant zu lesen, sehr aufschlußreich, wenn man sie als humoristische Bausteine zu seiner Biographie betrachtet, was man ohne weiteres tun könnte. *Heiterkeit in Dur und Moll*, *Heiterkeit kennt keine Grenzen*, *Heiterkeit braucht keine Worte* und *Heiterkeit in vielen Versen* sind die Titel der einzelnen Bände. An eine Serie war ursprünglich nicht gedacht, sie ergab sich, weil die Arbeit dem Herausgeber Spaß machte und der Versuch, »mittels dicker Bücher Vergnügen zu bereiten«, die Erwartungen seines Verlegers übertraf, denn »die Menschen lachen gerne«, heißt ein Wort von Nestroy, das Kästner in einem der Vorworte zitiert.

An seinem Essay über das Lachen spürt man sein Mißbehagen an den »staatlich vereidigten Literatursachverständigen und Lehrstuhlinhabern«, bei denen es sich noch nicht herumgesprochen habe, daß »gerade unser eigenes Jahrhundert, so traurig es sonst verlaufen sein mag, trotzdem eine der reichsten und glanzvollsten Epochen in der Geschichte unsrer heiteren und satirischen Lyrik ist«. Die Meister des geistvollen Humors nenne man gönnerhaft »Vertreter der kleinen Form«, während man mit dem höchsten Ehrentitel, mit dem krönenden Worte »Humorist«, in Deutschland die Klamottenfritzen bezeichne, die in Amüsierlokalen und in zu knappen Jacketts unappetitliche Witze von sich geben. Das sei doch schlimm.

Im vierten Band seiner Reihe, *Heiterkeit in vielen Versen,* läßt Kästner die großen Namen des 19. Jahrhunderts – es sind für ihn Chamisso, Grillparzer, Heinrich Heine, Holtei, Nestroy und Wilhelm Busch – mit den Klassikern der »kleinen Form« des 20. Jahrhunderts zu Wort kommen, zu deren besten Vertretern er Arno Holz, Frank Wedekind, Ludwig Thoma, Christian Morgenstern, Klabund, Kurt Tucholsky, Erich Weinert, Bertolt Brecht und Alfred Kerr zählt.

130 Autoren mit insgesamt 475 Gedichten auf 430 Seiten – das konnte nicht die Arbeit von nur vier Wochen sein. Er selbst sagt, Sorgfalt koste Zeit, und so nahm er sich zu dem vorgesehenen einen Jahr noch ein weiteres dazu, um sich auch auf weniger bekanntem Gelände als Schatzgräber des Heiteren zu betätigen, so bei Otto Reutter, der mit dem »Blusenkauf« und drei weiteren Couplets in das Buch hineinkam, oder dem humoristischen Simplicissimus-Autor Dr. Owlglass, den man so gut wie vergessen hatte. Kästner dachte bei der Auswahl natürlich auch an seine Freunde Robert Neumann, Carl Zuckmayer, Ernst Penzoldt, Robert Gilbert, Werner Finck und James Krüss und war sogar bereit, den Komponisten Friedrich Hollaender als Verfasser des »Chinesischen Märchens« in die Gilde der soliden Handwerker des Heiteren aufzunehmen. Von seinen eigenen Gedichten findet man in dem ziemlich umfangreichen, mit Illustrationen versehenen Band den »Jardin du Luxembourg«, die »Kleine Stadt am Sonntagmorgen«, die »Klassefrauen«, den »Surabaya-Johnny II« und einige zeitkritische Texte aus der »Weltbühne«, keinen von den Texten aber, die sonst von ihm in den Anthologien enthalten sind.

1966 erhielt Kästner im internationalen Humoristenwettbewerb der bulgarischen Jugendzeitung »Narodna Mladesch« den ersten Preis in Gestalt eines »Goldenen Igels«. Eine lustige Geschichte mit philosophischem Tiefgang, sie findet sich in dem Buch *Die kleine Frei-*

heit, trug ihm den Preis ein. Es geht um die Frage, ob »Existentialismus« heilbar ist? Kästner erzählt, wie ein beflissener Durchschnittsmensch mit Bildungsverlangen hinter den Begriffsinhalt des Wortes »Existentialismus« zu kommen sucht, jener von Jean-Paul Sartre vertretenen philosophischen Schule, die von Paris aus in den frühen fünfziger Jahren die gesamte intellektuelle westliche Welt infiziert hatte. Kästners Normalmensch beschließt, um nicht länger als rückständig zu gelten, sich zwecks geistiger Studien für kurze Zeit in ein abgelegenes Gebirgstal zurückzuziehen. Bevor er abreist, kauft er zehn Pfund existentialistische Dramen, existentialistische Romane, existentialistische Broschüren und existentialistische Gedichtbände und vorsorglich noch einen Wälzer über das Wesen der Angst. Der Tisch wackelte, als sich die drohende Last auf ihn legte. Die nächsten Tage regnete es in Strömen. Richtiges Existentialistenwetter. Zum Lesen von Büchern, worin jede Menge Angst, Einsamkeit, Ekel, Verzweiflung, Häßlichkeit und Absurdität beschrieben werden, wundervoll geeignet, meinte er. Aus den Büchern erfährt er, daß die Welt so existiere, wie wir sie erfahren, »und nur insofern«. Es sei nicht so, daß unsere Wirklichkeit die Schatten ewiger Ideen »verkörpere« und sonst nichts. Das Wort »nichts« wird schließlich zum Schlüssel der Erkenntnis, als der schon an Selbstzweifel leidende Mann den Satz entdeckt, der alle Fragen und Widersprüche löste: »Im Grunde hat das Wort Existentialismus heute einen solchen Umfang und eine solche Ausdehnung angenommen, daß es überhaupt nichts mehr bedeutet!« Das war es! Er konnte aufatmen. In diesem Moment brach die Sonne durch die Wolken, die Wiesen leuchteten, die feuchten Tannen- und Laubwälder dufteten und lockten zur fröhlichen Einkehr in die nächste Waldgaststätte: »Nun komm, du alter Schafskopf!« Und der alte Schafskopf folgte dem Wink.

Die kleine Geschichte von dem Sieg der Natur über die modernen Existentialismen der Philosophie gefiel den Juroren so gut, daß sie dem Verfasser einen »Goldenen Igel« zuerkannten.

Mit dem Jahr 1966, da er für den Sohn das Buch *Der kleine Mann und die kleine Miß* fertiggeschrieben hatte, schloß seine Romanfabrik für Kinder endgültig ihre Pforten, nachdem seine Versfabrik schon etliche Jahre zuvor die Produktion eingestellt hatte. Nach 1966 hat Kästner kein weiteres Buch veröffentlicht, nichts Neues für das Theater oder den Film geschrieben. Seine Arbeit bestand im wesentlichen nur noch in Reisen, die er zu verschiedenen Anlässen in alle möglichen Städte unternahm, und in der Produktion von Schallplatten.

Es war Februar, der Todesmonat der Stadt Dresden, als er 1967 zu einer Lesung in seine Heimatstadt fuhr. Im Gobelinsaal der Sempergalerie trug er Gedichte, Epigramme sowie Abschnitte aus seinen Kindheitserinnerungen und seinen Tagebuchaufzeichnungen von 1945 vor. Im Sommer des Jahres gab es ein Wiedersehen in Berlin-Niederschönhausen mit dem Schauspieler Ernst Busch, der seit einigen Jahren damit beschäftigt war, eine Chronik der ersten Hälfte des 20. Jahrhunderts in Liedern, Balladen, Songs und Kantaten auf Schallplatten aufzunehmen. Es war vorgesehen, in dieser Reihe auch Lieder, Gedichte und Epigramme von Kästner vorzustellen. Busch wählte für sich sechs Texte aus, darunter den »Revolutionär Jesus«, »Oktober« und den »Brief an meinen Sohn«, den Kästner als junger Mann einst an eine Berliner Zeitschrift gesandt hatte.

Auf Wunsch Ernst Buschs sprach Kästner während seines Besuches einige seiner Epigramme für diese Archivproduktion auf Tonband. Sie sind, zusammen mit den Aufnahmen Buschs, auf zwei fünfundvierziger Platten in einem dokumentarisch angelegten Heft im VEB Deutsche Schallplatten Berlin erschienen. Ergänzend zu dieser Edition folgte 1969 noch ein zweites Schallplattenheft mit Kästner-Texten. Wenn es auch nicht das erstemal war, daß Kästner auf Schallplatte erschien, so verleiht es seinem dichterischen Schaffen doch einen besonderen Akzent, daß er in diese Reihe zur Dokumentation des progressiven Liedguts unseres Jahrhunderts aufgenommen wurde. Kästner als einer der bedeutendsten Satiriker des Jahrhunderts steht in dieser »Aurora«-Edition, die ein gemeinsames Unternehmen Ernst Buschs und der Akademie der Künste der DDR war, neben Tucholsky, Mehring, Mühsam, Weinert, Klabund, Brecht, Wedekind, den »Neuen deutschen Volksliedern« von Becher/Eisler, Spanienliedern, Majakowski-Vertonungen von Hanns Eisler und anderen Dokumenten streitbarer Kunst.

Über die folgenden Jahre Erich Kästners, die er als »unschöpferische Pause« bezeichnet wissen wollte, ist nichts Sensationelles zu berichten. Er lebte unauffällig in seinem bescheidenen Münchner Reihenhaus, ging offiziellen Feierlichkeiten möglichst aus dem Wege, hin und wieder sah man ihn bei einer Premiere im Theater oder auf einem Spaziergang, wenn über München die Sonne schien, und natürlich in seinem Café.

1968 wurde ihm abermals eine Ehrung zuteil. Er fuhr nach Kassel, um den Literaturpreis der Deutschen Freimaurer, den Lessing-Ring, entgegenzunehmen. Die Überreichung war ihm Anlaß, in diesem Kreis, geehrt als »Baumeister einer brüderlichen Welt«, abermals auf die der Welt drohenden Gefahren aufmerksam zu machen. Das Wachstum der NPD beunruhigte ihn, noch mehr die Versuche Bonner Regierungsstellen, diese Erscheinungen als Bagatellsache abzutun. Er habe bereits vor zehn Jahren zum 25. Jahrestag der Bücherverbrennung gesagt und sage heute wieder: »Bekämpfe den Beginn! Dieser Imperativ gilt immer. Er gilt auch heute! Fordern wir Wachsamkeit von denen, die uns regieren, und von denen, die uns in den Parlamenten vertreten! Dazu gehört nicht viel, nur eben ein wenig – Bürgermut.«

Andere über Kästner

Mit seinen kritischen Äußerungen zur Politik der atomaren Aufrüstung, zur Notstandsgesetzgebung, zur Verjährung von Naziverbrechen, zum Schulwesen und anderen Fragen war Kästner nicht überall beliebt. Es will sogar scheinen, daß der streitbare Pazifist und Demokrat Kästner dem Schriftsteller Kästner geschadet hat. Die vielerlei Ehrungen, darunter auch 1969 die Verleihung der Ehrenmitgliedschaft der Wilhelm-Busch-Gesellschaft, konnten nicht darüber hinwegtäuschen, daß er von der offiziösen Literaturgeschichtsschreibung der Bundesrepublik so gut wie nicht zur Kenntnis genommen wurde. Die sozialdemokratische Wochenzeitschrift »Vorwärts« merkte kritisch an, daß der Literaturprofessor Werner Welzig in seinem Werk über den deutschen Roman im 20. Jahrhundert den Namen Kästners nicht einmal erwähnt habe. In der vielbändigen Textdokumentation zur deutschen Literatur, die Walther Killy besorgt habe, suche man im Band für die Jahre 1880–1933 ebenfalls vergebens nach Kästner. Dafür stünden aber Peter Rosegger, Agnes Miegel und Paul Ernst darin. Hätte Kästner seine Prosa ein bißchen verschlungen, witzelt der Autor des Artikels, und nicht, trotz allem, etwas gelacht, so wäre er sicher anstandslos in die Literaturseminare eingegangen.

Ein weitaus positiveres Bild in der Sicht auf Kästner boten die Publikationen des Auslands, die sich bereits zu Beginn der fünfziger Jahre mit der Sozialkritik im Schaffen dieses deutschen Schriftstellers auseinandersetzten. Es erschienen Forschungsarbeiten, Untersuchungen in literaturwissenschaftlichen und pädagogischen Fachzeitschriften, die auf Einzelaspekte seiner zeitkritischen Lyrik und seiner Kinderromane eingingen. 1947 war der Name Kästner bereits im Columbia Dictionary of Modern European Literature, New York, zu finden. An der Philosophischen Fakultät Zagreb, Jugoslawien, legte ein Student 1951 seine Arbeit zur »Lirika« Erich Kästners vor, zur gleichen Zeit, da Kästners Übersetzer in Japan, Kenji Takahashi, einen Aufsatz in einer Zeitschrift in Tokyo veröffentlichte und die Dissertation von John Winkelman über die Sozialkritik im Frühwerk Erich Kästners an der Universität Michigan fertiggestellt war. In Brasilien war bereits 1955 eine sehr fundierte und liebevoll geschriebene Studie von Reinaldo Bossmann, Universitätsprofessor, über die stilistischen und sprachlichen Besonderheiten im Werk Erich Kästners erschienen, zu der es zwischen beiden Herren eine angeregte fachliche Korrespondenz gegeben hatte.

In den sechziger und siebziger Jahren kamen neue Veröffentlichungen hinzu, durch die bisherige Erkenntnisse über die künstlerische Besonderheit seines Werkes und seine weltanschaulichen Positionen wesentlich vertieft wurden. Zu den Arbeiten in dieser Richtung gehören die literaturpädagogische Untersuchung von Kurt Beutler (BRD), die Essays von Heinz Kamnitzer (Präsident des PEN-Zentrums DDR) und Fred Rodrian (Kinderbuchautor DDR), ferner die Darstellungen von Klaus Doderer (BRD), Egon Schwarz (BRD) und die Dissertation von Renate Benson, Universität Guelph/Kanada, der Kästner beste Wünsche mit auf den Weg gab, weil er die Arbeit für »vorzüglich« hielt.

Sein russischer Übersetzer Konstantin Bogatyrjow, bekannt als Übersetzer von Rilkes Lyrik, brachte in einem Rundfunkvortrag einen interessanten neuen Aspekt in die Debatte, indem er darlegte, daß bei Kästner, was die innere Struktur vieler seiner Gedichte – die Noblesse, die Klangmagie, das letztlich Undefinierbare wirklicher Poesie – betreffe, mannigfach verwandte Bezüge zu Rilke und Pasternak zu entdecken seien.

Das Bedürfnis, sich mit den geistigen Grundlagen der Werke Erich Kästners auseinanderzusetzen und die Stellung dieses Schriftstellers innerhalb der Literatur des 20. Jahrhunderts zu bestimmen, wurde nicht zuletzt angeregt durch das starke Interesse, das sein Schaffen nach dem Zweiten Weltkrieg bei jugendlichen und erwachsenen Lesern wieder fand. Die Übersetzungen in fremde Sprachen hielten an, immer neue Länder kamen hinzu, die seine Kinderbücher für den

Deutschunterricht an den Schulen einführten. Ende der sechziger Jahre waren es zwölf Länder. *Emil* hatte zu diesem Zeitpunkt – 1968 – bereits die 72. und *Das fliegende Klassenzimmer* die 63. Auflage in deutscher Sprache erreicht. Übersetzungen von *Emil* wurden aber auch in vielen Ländern für den englischen, russischen und französischen Sprachunterricht verwendet, so daß sich das moralische Vorbild jenes kleinen Jungen in einer Weise multipliziert hat, die mit Auflagenstatistik gar nicht mehr auszudrücken ist.

Daß Kästner den Welterfolg seines *Emil* mit dem Kindheitsroman seiner eigenen Jugend, *Als ich ein kleiner Junge war,* wiederholen konnte, ist wohl nicht nur ein Glücksfall. Beide Bücher weisen den gleichen jugendlichen Charme und die innige Wärme auf, um deretwillen er von aller Welt geliebt wird. Er war ein kleiner Junge, als er mit neunundzwanzig Jahren *Emil* auf den Weg in die Literatur schickte, und er blieb der kleine Junge, als er sich mit fast sechzig Jahren in einem autobiographischen Buch von seinen Lesern zu verabschieden begann.

Hatte sich zwischendurch an ihm gar nichts verändert? Offensichtlich nicht. Der amerikanische Schriftsteller Thornton Wilder stellte schon nach dem Zweiten Weltkrieg, als er ihn in München kennenlernte, verblüfft fest, Kästner sähe aus wie seine Bücher, und seine Bücher sähen aus wie er. Bemerkungen dieser Art gab es viele. Seine einstige Leipziger Redaktionskollegin Hilde Decke sagte von ihm, er gehöre zu den seltenen Männern, die trotz ihrer Intelligenz liebenswürdig geblieben seien. Für den Kunstkritiker Will Grohmann gehörte er zu den raren Zeitgenossen, die »trotz ihrer öffentlichen Existenz unsichtbar bleiben. Selbst wenn er ›präsidiert‹, ist er nicht da, präsent ist die Vorstellung Kästner, die sich im Laufe der Jahre gebildet hat.« Bernt Engelmann, ein westdeutscher Schriftstellerkollege der jüngeren Generation, bezeichnete ihn als »Präses der deutschen Dichter und Denker«, der in der Stille wirke, mit einer »ruhigen, klaren Einstellung zu den Grundlagen menschlichen Zusammenlebens«.

Der Platz im Caféhaus bleibt leer

Obwohl für Professoren und Studenten mittlerweile ein »würdiges Objekt« der Wissenschaft, hat sich am Alltag und am äußeren Erscheinungsbild des Dr. Kästner nicht viel verändert. Zwar das Tennisspielen hat er mit Rücksicht auf seine Gesundheit seit längerem aufgeben müssen, nicht eingestellt hat er den Zigaretten- und Whiskykonsum, und nach wie vor begibt er sich zur Arbeit in sein Münchner Stammlokal. Es ist jeden Tag das gleiche Bild: Punkt halb fünf betritt ein soignierter älterer Herr mit einer Aktentasche das Restaurant Leopold, setzt sich an einen Tisch, bestellt seinen Drink, holt einen Stapel Briefe hervor und beginnt zu lesen. Die Gäste des Lokals und das Personal wissen, daß der Herr mit den forschenden blauen Augen unter den buschigen Brauen ein berühmter Mann ist, der zur Prominenz ihrer Stadt gehört. Von seiner sprichwörtlichen Pünktlichkeit weicht er nicht ab. Früher hat seine Mutter aufgepaßt, daß Erich pünktlich war. Jetzt tut er es selbst. Den Leuten gegenüber ist er freundlich. Kommen Passanten herein mit dem Wunsch nach einem Autogramm, so erfüllt er diese Bitte. Dann wendet er sich wieder nachsichtig lächelnd und gelassen seiner Arbeit zu. Sein nächstes Buch soll, wie man hört, wiederum ein Kinderbuch werden, aber der Gefragte äußert sich nicht dazu, denn Schreiben, das weiß er seit den Tessiner Sanatoriumsaufenthalten recht gut, ist »auch eine Energie- und Gesundheitsfrage«. Mit einem kleinen Seufzer hat er das in dem kleinen Gedicht zu seinem siebzigsten Geburtstag durchblicken lassen.

Man wird älter. Es ergibt sich.
Kürzlich Sechzig. Diesmal Siebzig.
Kurzes Zögern, und man macht sich
auf den Weg in Richtung Achtzig …

Wünsche, wirklich waschkorbweise,
trafen ein aus West und Ost,
Und die Männer von der Post
hatten's schwer und seufzten leise.

Auf den Sofas, Stühlen, Bänken
liegen Berge von Geschenken.
Für mich selbst, im Bunterlei,
blieb grad noch ein Stehplatz frei.

Herzlich grüß ich die bekannten
samt den fremden Gratulanten.
Bin gerührt und trotzdem heiter.
Danke sehr. Und mache weiter.

Die letzten drei Worte vom Weitermachen waren wohl mehr als Trost für sich selbst und die Freunde gedacht, für die schöpferische literarische Arbeit sind sie ohne Bedeutung geblieben. Die Jahre, eine geschwächte Gesundheit, vor allem jedoch eine fortschreitende Resignation ließen nicht zu, sich darüber hinwegzutäuschen, daß es mit dem Weitermachen seine Grenzen hatte. Der Dichter der kleinen Leute und der kleinen Freiheit, an dessen Lebensgeschichte Staat und Gestapo mehr redigiert hatten, als er vertragen konnte, war müde geworden. Für neue Buchideen fehlt ihm der Impetus, auch Bearbeitungen seiner Bücher für den Film oder das Theater sind nicht mehr denkbar. Die letzte geschlossene Kästner-Edition ist 1972 seine Leipziger Dissertation über *Friedrich den Großen und die deutsche Literatur,* die in einem westdeutschen Verlag erschien.

Es kam die Zeit, da Kästner das Haus so gut wie nicht mehr verließ. Sein Platz im Café blieb leer. Der häuslich gewordene Kästner sitzt fast nur noch vor dem großen Fenster seiner Wohnung, zwischen den Empiremöbeln in Weiß und Gold, mit dem Blick über den Garten. Einst war es der Blick durch die Scheiben der geliebten Stammcafés gewesen, der ihn inspiriert hatte, den Lenz und die Liebe zu besingen, die Trottoircafés bei Nacht, eigene und fremde Einsamkeiten, Bürofräuleins und Oberkellner, den Kriegsblinden, den Streichholzjungen und die möblierten Herrn, die sich alle auf ihre Weise durchs Leben schlagen mußten. In dieses anonyme Heer der arbeitenden Menschen aller Länder und Städte hatte er sich eingereiht – ein vernünftig denkender Poet, ein feinfühliger Beobachter und Anwalt einer humanen Welt.

Sein angestammter Platz blieb zeitlebens der Platz hinterm Fenster, der ihm zuletzt die Welt im Abendrot spiegelte, so, wie er es einmal in dem Gedicht für den großen Geist der deutschen Romantik, E. T. A. Hoffmann, empfunden hatte.

Er sitzt im Erker hoch im Haus
und weiß nicht, wem er gleicht.
Er wollte nicht so hoch hinaus
und hat es doch erreicht.

Er glaubt an keine Wiederkehr.
(Auch nicht als Schmetterling.)
Sein Haus hat keine Türen mehr,
seit er nach oben ging.

Er liebt das späte Abendrot,
das hinterm Kirchturm brennt.
Er liebt das Leben und den Tod
und das, was beide trennt.

Das Fenster zeigt ihm Bild auf Bild
und rahmt die Bilder ein.
Er sitzt davor und lächelt mild
und mag nicht traurig sein.

Er lächelt, weil ihr glücklich seid.
Nur manchmal flüstert er:
»Ach, mündet dieser Strom der Zeit
denn nirgendwo ins Meer?«

Er hat dem Schicksal längst verziehn,
obwohl es ihn vergaß.
Beneidet ihn! Verachtet ihn!
Das ist für ihn kein Maß.

Im engsten Kreis der Freunde begeht Kästner im Februar 1974 seinen fünfundsiebzigsten Geburtstag, zu diesem Zeitpunkt schon ein von der Krankheit gezeichneter Mann. Er verläßt die Wohnung nicht mehr, klagt, soweit er überhaupt klagt, über Appetitlosigkeit, Mattigkeit und ständige Schluckbeschwerden. Essen ist kaum mehr möglich, die Portionen, die er zu sich nimmt, werden immer geringer. Die ärztliche Diagnose ergibt: Speiseröhrenkrebs. Der Behandlung in einer Klinik will sich der Schwerkranke nicht unterziehen. Er weigert sich, wie Luiselotte Enderle berichtet, in ein Krankenhaus zu gehen. Kein Zureden hilft, weder das der Ärzte noch der Freunde. Der Zustand verschlechtert sich innerhalb von wenigen Wochen rapide. Am 25. Juli 1974 muß er ins Krankenhaus München-Neuperlach gebracht werden, wo er vier Tage später, am 29. Juli, stirbt.

Seine Grabstätte befindet sich auf dem romantischen kleinen St.-Georg-Friedhof in München-Bogenhausen, dicht neben seiner letzten Ruhestätte eine grünumrankte Laterne – Gruß der Boulevards und Cafés der großen Städte, die dem Dichter Heimat gewesen sind.

Epilog

Was schreibt man am Ende eines Buches über den Schriftsteller Erich Kästner? Bedarf es überhaupt eines letzten Satzes? Und wenn, sollte man nicht lieber statt über den Tod über das Leben sprechen – das Leben seiner fröhlichen Kinderschar, die den Erdball bevölkert und ihn, trotz aller Kriege und Ängste, heiter macht?

Das Jahr, in dem der Vater des Emil starb, war das Geburtsjahr vieler liebenswerter kleiner Jungen, die niemals altern, und ebensolcher kleinen Mädchen. 1974, als die Welt von seinem Tod erfuhr, ereignete sich dies: Konrad reitet mit seinem Onkel von Budapest aus in dritter Auflage in die Südsee, Pünktchen und Anton unterhalten sich in der Küche in fünfter Auflage serbokroatisch, das doppelte Lottchen verhilft ihrer Familie in dritter Auflage norwegisch zum Glück, und Emil begründet eine neue Kinderfreundschaft in Jerewan auf armenisch.

Anhang

Werkregister

Die Werke

1928 *Herz auf Taille,* Gedichte. Curt Weller & Co. Verlag, Leipzig.
Emil und die Detektive, Kinderbuch. Williams Verlag, Berlin, später Atrium Verlag, Zürich.
1929 *Lärm im Spiegel,* Gedichte. Curt Weller & Co. Verlag, Leipzig.
1930 *Leben in dieser Zeit,* Hör- und Bühnenstück. Chronos Verlag Martin Mörike, Berlin / Bühnenvertrieb.
Ein Mann gibt Auskunft, Gedichte. Deutsche Verlagsanstalt, Stuttgart.
Emil und die Detektive, Theaterstück. Chronos Verlag Martin Mörike, Berlin / Bühnenvertrieb.
Emil und die Detektive, Film (gedreht in Deutschland).
1931 *Pünktchen und Anton,* Kinderbuch. Williams Verlag, Berlin, später Atrium Verlag, Zürich.
Fabian, Roman. Deutsche Verlagsanstalt, Stuttgart, später Atrium Verlag, Zürich.
Der 35. Mai, Kinderbuch. Williams Verlag, Berlin, später Atrium Verlag, Zürich.
Emil und die Detektive, Film (englisch und spanisch).
1932 *Pünktchen und Anton,* Theaterstück. Chronos Verlag Martin Mörike, Berlin / Bühnenvertrieb.
Gesang zwischen den Stühlen, Gedichte. Deutsche Verlagsanstalt, Stuttgart.
Arthur mit dem langen Arm, Kinderverse. Williams Verlag, Berlin, später Atrium Verlag, Zürich.
Das verhexte Telefon, Kinderverse. Williams Verlag, Berlin, später Atrium Verlag, Zürich.
1933 *Das fliegende Klassenzimmer,* Kinderbuch. Deutsche Verlagsanstalt, Stuttgart, später Atrium Verlag, Zürich.
Drei Männer im Schnee, Film (tschechisch, französisch, schwedisch, amerikanisch).
1935 *Emil und die drei Zwillinge,* Kinderbuch. Atrium Verlag, Zürich.
Drei Männer im Schnee, Roman. Rascher Verlag, Zürich.
Die verschwundene Miniatur, Roman. Atrium Verlag, Zürich.
1936 *Doktor Erich Kästners lyrische Hausapotheke,* Gedichte. Atrium Verlag, Zürich.
1938 *Georg und die Zwischenfälle,* Roman. Atrium Verlag, Zürich; seit der zweiten Auflage (1949) erschienen unter dem Titel: *Der kleine Grenzverkehr oder Georg und die Zwischenfälle.*
Till Eulenspiegel, Kinderbuch. Atrium Verlag, Zürich.
1942 *Münchhausen,* Film.

1942 *Der kleine Grenzverkehr,* Film.
1946 *Bei Durchsicht meiner Bücher,* Gedichtauswahlband. Atrium Verlag, Zürich, und Cecilie Dressler Verlag, Berlin.
1948 *Der tägliche Kram,* Chansons und Prosa 1945–1948. Atrium Verlag, Zürich, und Cecilie Dressler Verlag, Berlin.
Kurz und bündig, Epigramme. Oltener Bücherfreunde, Olten/Schweiz.
Zu treuen Händen, Komödie; unter Pseudonym: Melchior Kurtz. Chronos Verlag Martin Mörike, Hamburg/Bühnenvertrieb.
1949 *Die Konferenz der Tiere,* Bilderbuch. Europa-Verlag, Zürich.
Das doppelte Lottchen, Kinderbuch. Atrium Verlag, Zürich, und Cecilie Dressler Verlag, Berlin.
1950 *Der gestiefelte Kater,* Kinderbuch. Atrium Verlag, Zürich, und Verlag Kurt Desch, München.
Kurz und bündig, Epigramme, erweiterte Ausgabe. Atrium Verlag, Zürich, und Verlag Kiepenheuer & Witsch, Köln.
Das doppelte Lottchen, Film (deutsch).
1951 *Münchhausen,* Kinderbuch. Atrium Verlag, Zürich, und Verlag Carl Ueberreuter, Wien.
1952 *Die kleine Freiheit,* Chansons und Prosa 1949–1952. Atrium Verlag, Zürich, und Cecilie Dressler Verlag, Berlin.
Das doppelte Lottchen, Film (englisch und japanisch).
1954 *Die Schildbürger,* Kinderbuch. Atrium Verlag, Zürich, und Verlag Carl Ueberreuter, Wien–Heidelberg.
Das verhexte Telefon, Kinderverse. Blüchert Verlag, Stuttgart, später Fakkelträger Verlag, Hannover.
Das fliegende Klassenzimmer, Film (deutsch).
1955 *Die dreizehn Monate,* Gedichte. Atrium Verlag, Zürich, und Cecilie Dressler Verlag, Berlin.
1956 *Don Quichotte,* Kinderbuch. Atrium Verlag, Zürich, und Verlag Carl Ueberreuter, Wien–Heidelberg.
Die Schule der Diktatoren, Komödie. Atrium Verlag, Zürich, und Cecilie Dressler Verlag, Berlin.
Eine Auswahl, Verse und Prosa. Taschenbuch, Cecilie Dressler Verlag, Berlin.
Fabian, Roman. Taschenbuch, Ullstein, Frankfurt/Main–Berlin.
1957 *Als ich ein kleiner Junge war,* Kindheitserinnerungen. Atrium Verlag, Zürich, und Cecilie Dressler Verlag, Berlin.
1959 *Gesammelte Schriften,* 7 Bände, Gesamtausgabe. Atrium Verlag, Zürich, Cecilie Dressler Verlag, Berlin, und Kiepenheuer & Witsch, Köln.
Die Schule der Diktatoren. Taschenbuch, Fischer Bücherei, Frankfurt/Main.
Große Zeiten – kleine Auswahl. Herausgegeben von Friedrich Rasche, Fakkelträger Verlag, Hannover.
Herz auf Taille. Taschenbuch, Cecilie Dressler Verlag, Berlin.
1960 *Münchhausen,* Ein Drehbuch. Taschenbuch, Fischer Bücherei, Frankfurt/Main.
Die Konferenz der Tiere. Taschenbuch, Ullstein, Frankfurt/Main.
Ein Mann gibt Auskunft. Taschenbuch, Cecilie Dressler Verlag, Berlin.

1961 *Notabene 45*, Tagebuch. Atrium Verlag, Zürich, und Cecilie Dressler Verlag, Berlin.
Gesang zwischen den Stühlen. Taschenbuch, Cecilie Dressler Verlag, Berlin.
Gullivers Reisen, Kinderbuch. Atrium Verlag, Zürich, und Verlag Carl Ueberreuter, Wien–Heidelberg.

1962 *Das Schwein beim Friseur*, Kinderbuch. Atrium Verlag, Zürich, und Cecilie Dressler Verlag, Berlin.
Wieso – Warum? Ausgewählte Gedichte 1928–1955. Aufbau-Verlag, Berlin.
Emil und die Berliner Jungen als Lesebuch für den Deutschunterricht in den sowjetischen Schulen. Učpedgiz, Moskau.
Malenkaja Swoboda, Gedichte. Herausgegeben von Ilja Fradkin. Mit einem Vorwort von Heinz Kamnitzer. Moskau.

1963 *Lärm im Spiegel*. Taschenbuch, Cecilie Dressler Verlag, Berlin.
Der kleine Grenzverkehr. Taschenbuch, Signum Verlag, Gütersloh.
Der kleine Mann, Kinderbuch. Atrium Verlag, Zürich, und Cecilie Dressler Verlag, Berlin.
Let's Face it, Poems. Mit einem Vorwort von Erich Kästner. Verlag Jonathan Cape, London.
Die gesammelten Jugendromane in 8 Bänden. Illustrationen von Walter Trier. Iwanami Skoten Verlag, Tokio.
Die kleine Freiheit. Taschenbuch, Fischer Bücherei, Frankfurt/Main.
Von Damen und anderen Weibern, Anthologie, Gedichte und Prosa. Fackelträger-Verlag, Hannover.

1964 *Gullivers Reisen*. Taschenbuch, Otto Maier Verlag, Ravensburg.

1967 *Der kleine Mann und die kleine Miss*, Kinderbuch. Atrium Verlag, Zürich, und Cecilie Dressler Verlag, Berlin.
Kennst du das Land, wo die Kanonen blühn. Herausgegeben von Walter Püschel. Mit Zeichnungen von Herbert Sandberg und einer Schallplatte von Ernst Busch. Eulenspiegel Verlag, Berlin.

1969 *Gesammelte Schriften für Erwachsene*, Bd. 1–8. Droemer Verlag, München–Zürich.
Ernst Busch singt und spricht Erich Kästner. Deutsche Akademie der Künste zu Berlin und VEB Deutsche Schallplatten, Berlin.

1970 *Kästner anekdotisch*. Herausgegeben von Luiselotte Enderle. Kindler Verlag, München.

1972 *Friedrich der Große und die deutsche Literatur*. Die Erwiderungen auf seine Schrift »De la littérature allemande«. Kohlhammer Verlag, Stuttgart.

1977 *Briefe aus dem Tessin*. Mit einem Geleitwort von Horst Lemke. Verlag Die Arche, Zürich.

1981 *Mein liebes, gutes Muttchen Du*. Briefe und Postkarten aus 30 Jahren. Ausgewählt und eingeleitet von Luiselotte Enderle. Albrecht Knaus Verlag, Hamburg.

Erich Kästner in Anthologien 1920–1945

1920 *Dichtungen Leipziger Studenten*. Leipzig.
1929 *Bänkelbuch*. Deutsche Chansons. Hrsg. Eric Singer. E. P. Tal, Wien.
24 neue deutsche Erzähler. Das Buch des neuen Deutschland. Hrsg. Hermann Kesten. Gustav Kiepenheuer Verlag, Berlin.
Hier schreibt Berlin. Hrsg. Herbert Günther. Internationale Bibliothek, Berlin.
Anthologie jüngster Lyrik. Hrsg. W. Fehse und Klaus Mann. Neue Folge. Ennoch-Verlag, Hamburg.
1930 *Junge deutsche Dichtung*. Hrsg. K. Virneburg. Eigenbrödler-Verlag, Berlin–Zürich.
Das blaue Auge. Hrsg. Erich Knauf. Büchergilde Gutenberg, Berlin.
1931 *Um uns die Stadt*. Hrsg. R. Seitz. Berlin.
Rote Signale. Gedichte und Lieder aus der AIZ (Arbeiter Illustrierte Zeitung). Hrsg. Lilly Korpus (Becher). Neuer Deutscher Verlag, Berlin.
1932 *30 neue Erzähler des neuen Deutschland*. Hrsg. Wieland Herzfelde. Malik Verlag, Berlin.
1936 *Modern German Verse*. An Anthology. Hrsg. A. Weiner und F. Gross. London.
1944 *Herz an der Rampe*. Ausgewählte Chansons, Songs und Dichtungen ähnlicher Art. Hrsg. H. Jahn und K. Kost. Buenos Aires.
Les Bannis. Poèmes. Trad. de l'allemand par Armor. Introd. de Manges. Edition de Minuit. Paris.
1945 *Deutsche Gedichte von Goethe bis zur Gegenwart*. Volk und Wissen Verlagsanstalt GmbH, Berlin–Leipzig 1945/46.

Herausgeberarbeiten von Erich Kästner

1931 R. A. Stemmle: *Ja, ja, ja, ach ja, 's ist traurig, aber wahr*. Küchenlieder-Album. Vorwort von E. K., musikalische Bearbeitung Allan Gray, Zeichnungen Erich Ohser, Verlag Eduard Bloch, Berlin.
1946 Kurt Tucholsky: *Gruß nach vorn*. Herausgeber E. K. Rowohlt Verlag, Hamburg.
1952 Paul Hazard: *Kinder, Bücher und große Leute*. Vorwort von E. K. Hoffmann & Campe Verlag, Hamburg.
1957 Paul Flora: *Menschen und andere Tiere*. An die Leine genommen von E. K. Verlag Piper & Co. München.
Heiteres von E. O. Plauen. Fackelträger Verlag, Hannover.
1958 *Heiterkeit in Dur und Moll*. Herausgeber E. K. Fackelträger Verlag, Hannover.
1959 *Oh, diese Katzen*. Bildband. Vorwort von E. K. Umschau Verlag, Frankfurt/Main.
Heiteres von Walter Trier. Fackelträger Verlag, Hannover.
1960 *Heiterkeit kennt keine Grenzen*. Herausgeber E. K. Fackelträger Verlag, Hannover.

1961 Clara Asscher-Pinkhof: *Sternkinder.* Vorwort von E. K. Cecilie Dressler Verlag, Berlin.

1962 *Heiterkeit braucht keine Worte.* Herausgeber E. K. Fackelträger Verlag, Hannover.

E. G. Linfield/E. Larsen: *England vorwiegend heiter.* Kleine Literaturgeschichte des britischen Humors. Vorwort von E. K. Bassermann Verlag, München, später Fackelträger Verlag, Hannover.

1965 *Heiterkeit in vielen Versen.* Herausgeber E. K. Fackelträger Verlag, Hannover.

1967 Martin Morlock: *Regeln für Spielverderber.* Vorwort von E. K. Scherz-Verlag. München–Bern.

Filme

Angaben nach: Johan Daisne. Filmographisches Lexikon der Weltliteratur. Gand (Belgien) 1971; Denis Gifford. The British Film Catalogue 1895–1970. Newton Abbot; Deutsche Kinemathek Berlin (West) und Staatliches Filmarchiv der DDR.

Dann schon lieber Lebertran
Deutschland 1930 / Max Ophüls
Paul Kemp, Max Gülsdorff, Käte Haack, Hannelore Schroth, Alfred Braun

Das doppelte Lottchen
BRD 1950 / Josef von Baky
Szenarium: Erich Kästner
Jutta und Isa Günther (die Zwillinge Lotte und Luise), Peter Mosbacher (Vater), Antje Weisgerber (Mutter)
USA 1961, The parent trap / David Swift
M. Hayley Mills (als Zwillinge Sharon und Susan), Maureen O'Hara (Mutter), Brian Keith (Vater)

Drei Männer im Schnee
Schweden 1936 / Tancred Ibsen und Ragnar Arvedson
Adolf Jahr, Ernst Eklund, Eleonor de Floer, Anna Ohlin, Nils Wahlbom
Amerika 1938, Paradies for three / Edward Buzzell
Frank Morgan, Robert Young, Mary Astor, Edna May, Oliver Florence Rice, Reginald Owen, Henry Hull
Österreich 1955/Kurt Hoffmann
Paul Dahlke (Millionär), Claus Biederstaedt (Doktor Hagedorn), Nicole Heesters (Tochter des Millionärs), Günther Lüders (Kammerdiener)

Emil und die Detektive
Deutschland 1931 / Gerhard Lamprecht
Szenarium: Billy Wilder
Rolf Wenkhaus (Emil), Fritz Rasp (Herr Grundeis), Inge Landgut (Pony Hütchen), Käte Haack (Emils Mutter), Rudolf Biebrach (Wachtmeister Jeschke), Olga Engl (Großmutter)

England 1934, Emil and the Detectives / Milton Rosmer
USA: Emil
Szenarium: Cyrus Brooks, Margaret Carter, Frank Launder
George Hayes (The Man), Mary Glynne (Mrs. Blake), John Williams (Emil Blake), Clare Greet (Grandmother), George Merrit (PC), Marion Foster (Polly)
BRD 1954 / Robert Adolf Stemmle
Szenarium: Billy Wilder
Peter Finkbeiner (Emil), Kurt Meisel (Herr Grundeis), Claudia Schäfer (Pony Hütchen), Heli Finkenzeller (Emils Mutter), Wolfgang Lukschy (Wachtmeister Jeschke), Margarete Haagen (Großmutter)
USA 1963, Emil and the Detectives / Peter Tewksbury
Farbfilm
Drehbuch: A. J. Carothers
Produktion: Walt Disney
Bryan Russell (Emil), Heinz Schubert (Herr Grundeis), Eva-Ingeborg Scholz (Frau Tischbein), Walter Slezak (Baron)

Fabian
BRD 1980 / Wolf Gremm
Buch: Hans Borgelt und Wolf Gremm
Hans Peter Hallwachs (Fabian), Hermann Lause (Labude), Silvia Janisch (Cornelia), Mijanou van Baarzel (Frau Moll)

Das fliegende Klassenzimmer
BRD 1954 / Kurt Hoffmann
Paul Dahlke, Paul Klinger, Ruth Hausmeister, Bruno Hübner, Erich Ponto

Der kleine Grenzverkehr (Georg und die Zwischenfälle)
Deutschland 1943 / Hans Deppe
Willy Fritsch (Georg), Hertha Feiler (Konstanze), Hilde Sessak, Heinz Salfner, Hans Leibelt
BRD 1956, Salzburger G'schichten / Kurt Hoffmann
Paul Hubschmid (Georg), Marianne Koch (Konstanze), Peter Mosbacher, Richard Romanowsky

Die Konferenz der Tiere
BRD 1969, Zeichentrickfilm
Regie und Drehbuch: Curt Linda

Liebe will gelernt sein (Zu treuen Händen)
BRD 1962 / Kurt Hoffmann
Martin Held, Barbara Rütting, Götz George, Loni von Friedl, Fita Benkhoff

Münchhausen
Deutschland 1943 / Josef von Baky
Szenarium: Berthold Bürger (= Erich Kästner)
Hans Albers (Münchhausen), Käte Haack (Baronin Münchhausen), Ilse Werner (Prinzessin Isabella d'Este), Brigitte Horney (Katharina II.), Ferdinand Marian

(Graf Cagliostro), Gustav Waldau (Giacomo Casanova), Leo Slezak (Sultan Abdul Hamid), Wilhelm Bendow (Mondmann), Michael Bohnen (Herzog Karl von Braunschweig), Marina von Ditmar (Sophie von Riedesel), Eduard von Winterstein (Münchhausens Vater)

Pünktchen und Anton
BRD–Österreich 1953 / Thomas Engel
Sabine Eggerth (Pünktchen), Paul Klinger und Hertha Feiler (die Eltern), Peter Feldt (Anton), Heidemarie Hatheyer (Antons Mutter)

Die verschwundene Miniatur
BRD 1954 / Carl Heinz Schroth
Paola Loew, Paul Westermeier, Bruno Hübner, Paul Bildt

Literaturverzeichnis

Arnheim, Rudolf: Moralische Prosa. In: Die Weltbühne, Jg. 27, 2. Halbband, Nr. 47 v. 24. Nov. 1931.

Bab, Julius: Gebrauchslyrik. Walter Mehring und Erich Kästner. In: Bab, Julius: Über den Tag hinaus. Kritische Betrachtungen. Deutsche Akademie für Sprache und Dichtung, Heidelberg–Darmstadt 1960.

Benjamin, Walter: Linke Melancholie. In: Die Gesellschaft, Berlin, Februar 1931.

Benson, Renate: Erich Kästner. Studien zu seinem Werk. In: Studien zur Germanistik, Anglistik und Komparatistik, Bd. 18, Bouvier Verlag, Bonn 1973.

Beutler, Kurt: Erich Kästner. Eine literaturpädagogische Untersuchung. In: Marburger Pädagogische Studien, NF Bd. 1, Verlag Julius Beltz, Weinheim–Berlin 1967.

Bogatyrjow, Konstantin: Liebeserklärung an Erich Kästner von seinem russischen Übersetzer. In: Germano-Slavica, 1976, Vol 2. No. 1.

Bossmann, Reinaldo: Erich Kästner. Werk und Sprache. J. Haupt & Coia, Curitiba/Brasilien, 1955.

Brenner, Hildegard: Die Kunstpolitik des Nationalsozialismus. Rowohlt Verlag, Reinbek 1963.

Budzinski, Klaus: Die Muse mit der scharfen Zunge. Paul List Verlag, München 1961.

Busch, Ernst: Ernst Busch singt und spricht Erich Kästner. Deutsche Akademie der Künste zu Berlin und VEB Deutsche Schallplatten, Berlin 1969.

Doderer, Klaus: Erich Kästners »Emil und die Detektive« – Gesellschaftskritik in einem Kinderroman. Festschrift für Horst Kunze. Akademie Verlag, Berlin 1969.

Dürrenmatt, Friedrich: Der unvernebelte Deutsche. In: Frankfurter Allgemeine Zeitung v. 23. Feburar 1974.

Edschmid, Kasimir: Rede auf den Preisträger (Georg-Büchner-Preis). In: Jahrbuch der Deutschen Akademie für Sprache und Dichtung, Darmstadt 1958.

Enderle, Luiselotte: Kästner. Eine Bildbiographie. Kindler Verlag, München 1960.

Enderle, Luiselotte: Erich Kästner. Bildmonographie rororo. Rowohlt Verlag, Reinbek 1966.

Erklärung namhafter Künstler und Wissenschaftler über den Krieg in Vietnam. In: Blätter für deutsche und internationale Politik, Jg. 10 (1965), H. 12.

Fallada, Hans: Auskunft über den Mann Kästner. In: Die Literatur, XXXIV, 1931/32, S. 367–371.

Heiber, Helmut: Die Katakombe wird geschlossen. Archiv der Zeitgeschichte. Scherz-Verlag, München–Bern–Wien 1966.

Herking, Ursula: Danke für die Blumen. Damals. Gestern. Heute. C. Bertelsmann Verlag, München–Gütersloh–Wien 1973.

Hesterberg, Trude: Was ich noch sagen wollte. Henschelverlag, Berlin 1971.

Kamnitzer, Heinz: Es gibt nichts Gutes, außer: man tut es. In: Neue Deutsche Literatur, Berlin, H. 12, 1962.

Kamnitzer, Heinz: Erich Kästner – 70 Jahre alt. In: Weltbühne, Nr. 7/1969.

Kästner, Erich: Hätten wir das Kino! Forderungen und Vorschläge der Jungen für den deutschen Film. In: Die neue Bücherschau, Jg. 7 (1929), H. 4.

Kästner, Erich: Émile et les détectives. Édition Alliance Cinématographique Européenne. Mit Bildern aus dem UFA-Film von 1930. Paris, Stock 1933.

Kästner, Erich: Auf einen Sprung nach Rußland. In: Das neue Rußland, Heft 5/6, Oktober 1930.

Kästner, Erich: PEN-Rede. In: XXX. Kongreß des Internationalen PEN. Frankfurt/Main, 19. bis 25. Juli 1959. Schöne Literatur im Zeitalter der Wissenschaft. Bericht. Frankfurt/Main und Berlin 1960.

Kästner, Erich: Die Zeit fährt Auto. Lyrische Bilanz. Hrsg.von Gerhard Seidel. Verlag Reclam, Leipzig 1968.

Kästner, Erich: Kennst du das Land, wo die Kanonen blühn. Hrsg. Walter Püschel. Mit Zeichnungen von Herbert Sandberg und einer Schallplatte von Ernst Busch. Eulenspiegel Verlag, Berlin 1967.

Kästner, Erich: Da samma wieda! Geschichte in Geschichten. Hrsg. von Richard Christ. Verlag der Nation, Berlin 1969.

Kästner, Erich: Ein Mann, der Ideale hat. Vortragslyrik und Chansons. Klassische Kleine Bühne. Hrsg. von Helga Bemmann. Henschelverlag, Berlin 1973.

Kästner, Erich: Das große Erich-Kästner-Buch. Hrsg. von Sylvia List. Piper Verlag, München–Zürich 1975.

Kästner, Erich: Meine Katzen. In: Katzen Plaisir. Fackelträger-Verlag, Hannover 1978.

Kesten, Hermann: Meine Freunde die Poeten. Donau Verlag, Wien–München 1953.

Kesten, Hermann: Gedenkwort für Erich Kästner. Gesprochen am Grabe. In: Jahrbuch der Deutschen Akademie für Sprache und Dichtung, Darmstadt 1974.

Kiesel, Helmuth: Erich Kästner. Autorenbücher. Verlag C. H. Beck/Verlag edition text + kritik, München 1981.

Kindermann, Heinz: Das literarische Antlitz der Gegenwart. Vom Wesen der Neuen Sachlichkeit. In: Jahrbuch des Freien Deutschen Hochstifts, Halle 1930.

Klotz, Volker: Lyrische Anti-Genrebilder. In: Historizität in Sprach- und Literaturwissenschaft, München 1974.

Klotz, Volker: Forcierte Prosa. Stilbeobachtungen an Bildern und Romanen der Neuen Sachlichkeit. In: Dialog. Festgabe für Josef Kunz. Schmidt Verlag, Berlin 1973.

Krell, Max: Das alles gab es einmal. rororo. Rowohlt Verlag, Reinbek 1961.

Krüss, James: Stilist und Menschenfreund. In: Christ und Welt, Nr. 8, XVII. Jg., 21. 2. 1964.

Lepman, Jella: Rede zur Verleihung des Hans-Christian-Andersen-Preises 1960 an Erich Kästner. Internationales Kuratorium für das Jugendbuch, Luxemburg 1960.

Loks, K.: O morali. O knigje Ericha Kestnera »Fabian«. In: Literaturnaja kritika, Moskau, Nr. 3/1934.

Mann, Klaus: Erich Kästner. In: Neues Tagebuch, Paris, H. 41/1934.

Mayer, Hans/Hermlin, Stephan: Ansichten über einige Bücher und Schriftsteller. Verlag Volk und Welt, Berlin o. J. (1947).
Mendelssohn, Peter de: Unterwegs mit Reiseschatten. Frankfurt/Main 1977.
Michelsen, Peter: Die Trauer des Utopisten. Zur Gebrauchslyrik Erich Kästners. In: Deutsche Universitätszeitung, Göttingen, Jg. 7, Nr. 12/1952.
Mingulina, A.: Melkoburshuasnije pisatelji sapada w perewodje GICHL sa 1933 (Kleinbürgerliche Schriftsteller des Westens in der Übersetzung des Staatsverlags für Schöne Literatur des Jahres 1933). In: Internationalnaja kritika, Moskau, Nr. 2/1934.
Mussakoff, Wladimir: Und zum Schluß … noch ein Nachwort! Bulgarische Ausgabe »Pünktchen und Anton«, Nachwort, Sofia 1957.
Neumann, Robert: Ein leichtes Leben. Wien–München–Basel 1965.
Neumann, Robert: Mit fremden Federn. Aufbau-Verlag, Berlin 1965.
Ophüls, Max: Spiel im Dasein. Henry Goverts Verlag, Stuttgart 1959.
Rodrian, Fred: Notizen zu Erich Kästners Kinderbüchern. In: Neue Deutsche Literatur, Berlin, H. 9/1960.
Schaefer, Oda: Auch wenn du träumst, gehen die Uhren. Lebenserinnerungen. Piper Verlag, München 1970.
Schlegel, Werner: Dichter auf dem Scheiterhaufen. Verlag für Kulturpolitik, Berlin 1934.
Schneyder, Werner: Erich Kästner. Ein brauchbarer Autor. Kindlers Literarische Portraits. Kindler Verlag, München 1982.
Schwarz, Egon: Die strampelnde Seele. Erich Kästner in seiner Zeit. In: Die sogenannten zwanziger Jahre. Hrsg. von Reinhold Grimm und Jost Hermand. Bad Homburg 1970.
Schweikert, Alexander: Notizen zu den Einflüssen Heinrich Heines auf die Lyrik von Kerr, Klabund, Tucholsky und Kästner. In: Heine-Jahrbuch 8/1969.
Sedelnik, W.: Erich Kästner – Satiriker und Erzieher. In: Detskaja literatura, Moskau, H. 5/1970.
Seidel, Gerhard: Links vom Möglichen. Zur Lyrik Erich Kästners. In: Sinn und Form, Berlin, 3. H. Mai 1968.
Skreb, Zdenko: Lirika Ericha Kestnera i njenti povijesni (Erich Kästners Lyrik und ihre geschichtlichen Grundlagen). Studien der philosophischen Fakultät Zagreb, 1951.
Spiel, Hilde: Spiegelbild einer Generation. Über Erich Kästners »Fabian«. Frankfurter Allgemeine Zeitung vom 24.6.1980.
Spiel, Hilde: In meinem Garten schlendernd. Essays. Nymphenburger Verlagsbuchhandlung, München 1981.
Takahashi, K.: Über Kästners Gedichte. In: Monthly Magazine for Poetic Studies, Tokio 1951, S. 4211.
Tucholsky, Kurt: Bänkelbuch. In: Gesammelte Werke. Bd. III. Hamburg 1961, S. 127–130.
Tucholsky, Kurt: Auf dem Nachttisch. In: Gesammelte Werke. Bd. III. Hamburg 1961, S. 619–623.
Urban, H.: Erfolg von Kästners »Leben in dieser Zeit«. In: Der Deutsche Rundfunk, 9. Jg., Berlin, H. 51/1931.
Urbanová, Anna: Nĕmecký satirik Erich Kästner (Der deutsche Satiriker Erich Kästner). In: Světová Literatura, Prag, Jg. 4, Nr. 6/1956.

Verjährung? 200 Persönlichkeiten des öffentlichen Lebens sagen nein. Eine Dokumentation, hrsg. von Simon Wiesenthal. Frankfurt/Main 1965.
Walter, Dirk: Zeitkritik und Idyllensehnsucht. Erich Kästners Frühwerk 1928–1933 als Beispiel linksbürgerlicher Literatur in der Weimarer Republik. In: Beiträge zur Literatur- und Sprachwissenschaft, Bd. 5, Heidelberg 1977.
Walter, Hans-Albert: Deutsche Exilliteratur. Bd. I: Bedrohung und Verfolgung bis 1933. Luchterhand Verlag, Darmstadt und Neuwied 1972.
Weiskopf, F. C.: Neue Bücher (»Ein Mann gibt Auskunft«). In: Magazin für Alle, Universum Bücherei, Berlin, H. 12/1930.
Winkelman, John: Social Criticism in the Early Works of Erich Kästner. Dissertation, Universität Michigan, 1951.
Winkelman, John: The Poetic Style of Erich Kästner. University of Nebraska Studies, New Series, Nr. 17, 1957.
Zuckmayer, Carl: Als wär's ein Stück von mir. S. Fischer, Frankfurt/Main, 1967.
Zweig, Arnold: Ein Spaß zu Kästners 65. In: Berliner Zeitung vom 23.2.1964.

Für die Arbeit an diesem Buch wurden weiterhin benutzt die Zeitschriften: Der Die Das, Jg. 1924/25; Das Leben, Jg. 1924/25; Die große Welt, Jg. 1924/25; Der Querschnitt, Jgg. 1925–1930; Das Blaue Heft, Jg. 1928; Der Freihafen, Jgg. 1928–1930; Der Bücherwurm, Jg. 1932; gegner, Jg. 1932/33; Die Tat, Jg. 1930/31; Neue Revue, Jg. 1930/31; Die Kolonne, Jg. 1930; Die Frechheit (Zeitschrift des Kabaretts der Komiker), Jgg. 1927–1933; Uhu, Jg. 1932; Berliner Illustrierte, Jgg. 1927–1933; Die Funkstunde, Jgg. 1928–1930; Die Literatur, Jgg. 1928–1934; Die literarische Welt, Jgg. 1928–1933; Die neue Bücherschau, Jgg. 1928–1930; Die Weltbühne, Jgg. 1925–1933; Das Tage-Buch, Jgg. 1924–1928; Das Neue Tagebuch, Jg. 1934; AIZ (Arbeiter Illustrierte Zeitung), Jgg. 1930–1931; Das neue Rußland, Jg. 1930; Pinguin, Jg. 1949/50. Ferner die Zeitungen: Montag Morgen, Jgg. 1924–1932; Berliner Tageblatt, Jgg. 1928–1932; Neue Leipziger Zeitung, Jg. 1925/26, und Die Neue Zeitung (München), Jgg. 1945–1947.

Autorin und Verlag danken allen Personen und Institutionen, die die Arbeit am Buch mit Material und Informationen unterstützten: Luiselotte Enderle, München; Elfriede Mechnig, Berlin (West); Blandine Ebinger, Berlin (West); Mary Tucholsky, Rottach-Egern; Kurt L. Maschler, London; Horst Lemke, Brione s. Minusio; Käte Haack, Berlin (West); Dr. Valeri Poljudow, Perm, UdSSR; Dr. Elisabeth Bond-Pablé, Cambridge; Prof. Dr. Walter Pape, Hürth-Hermülheim; Helmut Kindler, Zürich; Dr. Helwig Hassenpflug, Berlin (West); Paul Haubrich-Oldhein, Köln; Horst Halfmann, Leipzig; Ursula Klein, Berlin; Heinz Wegehaupt, Berlin; Wolfgang Eckert, Meerane; Margarete Schmidt, Potsdam; Prof. Hilde Spiel, Wien; Stefan Moses, München; Eberhard Spiess, Frankfurt/Main; Curt Trepte, Berlin; Dr. Joachim Krueger, Berlin; Deutsche Bücherei Leipzig; Staatsbibliothek Berlin; Universitätsbibliothek Berlin; Berliner Stadtbibliothek; Akademie der Künste der DDR; Akademie der Künste Berlin (West); Schiller-Nationalmuseum und Deutsches Literaturarchiv Marbach; Universitätsarchiv der Karl-Marx-Universität Leipzig; Stadtarchiv der Stadt Leipzig; Münchner Stadtmuseum; Atrium Verlag AG, Zürich; Staatliches Filmarchiv der DDR; Staatliches Komitee für Rundfunk beim Ministerrat der DDR.

Personenverzeichnis

Adenauer, Konrad 307, 329
Albers, Hans 255, 256
Andersen Nexö, Martin 49
Apitz, Bruno 54
Arndt, Ernst Moritz 117
Arnheim, Rudolf 173
Asscher-Pinkhof, Clara 349
Augustin, Dora 24, 29, 30, 53
Augustin, Franz 22, 24, 26, 29
Augustin, Lina 22, 26, 28, 216

Bab, Julius 135, 196, 197, 198
Bach, Johann Sebastian 262
Bachmann, Ingeborg 349
Baky, Josef von 302
Barlach, Ernst 278
Baron, Erich 125
Bassermann, Albert 296
Bartel, Hermann 107
Barthel, Max 210
Bauer, Hans 49, 54
Becher, Johannes R. 279, 290, 295, 296, 297, 354
Becker (Prof.) 46
Beckmann, Max 278
Beeks, Ilse 43, 134, 153
Beethoven, Ludwig van 52, 66, 262
Beheim-Schwarzbach, Martin 113
Bendow, Wilhelm 255
Benjamin, Walter 196, 198, 199
Benn, Gottfried 124
Benson, Renate 356
Bernhard, Georg 211
Beutler, Kurt 323, 356
Beyer, Otto 52, 53, 61, 62, 63, 66
Bierbaum, Otto Julius 106, 169
Blei, Franz 49
Bloch, Eduard 167
Bogatyrjow, Konstantin 356
Bohnen, Michael 255
Böll, Heinrich 349
Bossmann, Reinaldo 356
Brandenburg (Prof.) 46
Braun, Alfred 138
Brausewetter, Hans 255
Brecht, Bertolt 78, 119, 120, 168, 221, 225, 231, 237, 278, 283, 290, 297, 352, 354
Brenner, Hans Georg 77
Brentano, Clemens 184
Brod, Max 49, 221
Bronnen, Arnolt 209
Brooks, Cyrus 245
Bruckner, Ferdinand 98, 232
Bücher (Prof.) 47
Büchner, Georg 324, 328
Buhre, Werner 190, 235
Bürger, Berthold (Pseudonym E. Kästner) 256
Busch, Ernst 165, 166, 168, 354
Busch, Wilhelm 53, 120, 352
Busoni, Ferruccio 262
Butler, Colin 152

Camus, Albert 348
Čapek, Karel 82
Cäsar, Gajus Julius 181
Chagall, Marc 278
Chamisso, Adelbert von 248, 352
Chaplin, Charlie 76
Chopin, Fryderyk 262
Clauberg, Claus 169
Coester, Reinhard 117
Csokor, Franz Theodor 297

Dahn, Felix 51
Daumier, Honoré 263, 264
Decke, Hilde 49, 61, 66, 68, 357
Dehmel, Richard 290
Dickens, Charles 49
Dietrich, Marlene 163
Disney, Walt 83, 300, 342

Dix, Otto 102
Döblin, Alfred 232
Doderer, Klaus (Prof.) 89, 225, 356
Dolbin, B. F. 119
Dorsch, Käthe 234
Dressler, Cecilie 226, 339, 340
Driesch, Hans (Prof.) 47
Dürrenmatt, Friedrich 219

Ebinger, Blandine 110, 160, 161, 162
Eckert, Wolfgang 265
Edschmid, Kasimir 197, 344
Ehrenstein, Albert 49
Eichendorff, Joseph von 290
Eichrodt, Ludwig 184
Einstein, Albert 204
Eisler, Hanns 168, 283, 354
Eisner, Kurt 264
Eliot, Thomas Stearns 318
Elisabeth II., Königin von England 89
Elsner, Max 234
Elster, Hanns Martin 210
Enderle, Luiselotte 17, 35, 39, 62, 66, 67, 148, 190, 222, 240, 260, 261, 266, 269, 286, 295, 313, 314, 315, 318, 319, 321, 360
Engel, Erich 277
Engel, Fritz 95, 148
Engel, Ernst 262
Engelmann, Bernt 357
Enzensberger, Hans Magnus 349
Ernst, Paul 355
Eulenberg, Herbert 49

Fabian E. (Pseudonym E. Kästner) 168
Fairbanks, Douglas 216
Falckenberg, Otto 269
Fallada, Hans 135, 136, 175, 196, 197
Fehse, Willi 112
Feuchtwanger, Lion 112, 231, 309
Finck, Werner 162, 163, 166, 169, 233, 234, 244, 278, 297, 352
Flint, Peter (Pseudonym E. Kästner) 49, 53, 54
Flora, Paul 333
Fradkin, Ilja 344
Frank, Leonhard 174, 175, 221
Frank, Rudolf 297
Friedrich II., König von Preußen 56, 57, 58
Frisch, Max 297

Gans, Hilde 26
Geibel, Emanuel 40
Geis, Manfred 165
Gilbert, Robert 352
Ginkel, Emil 155
Ginzkey, Franz Karl 107
Glaeser, Ernst 174, 212
Glaßbrenner, Adolf 101
Goebbels, Joseph 14, 209, 211, 212, 220, 231, 234, 256, 257, 327
Goethe, Johann Wolfgang von 26, 41, 120, 121, 248, 280, 290, 332
Goetz (Prof.) 46
Goetz, Curt 248
Goll, Ywan 98
Golßenau, Vieth von (s. Renn, Ludwig)
Göring, Hermann 234
Graf, Oskar Maria 187, 221
Granach, Alexander 179, 186
Grass, Günter 348
Gray, Allan 139, 167, 169
Grillparzer, Franz 352
Grohmann, Will 357
Großmann, Rudolf 101
Grossmann, Stefan 63, 64, 339
Grosz, George 77, 103
Grosz, Wilhelm 169
Gründgens, Gustaf 274
Gumbel, Emil Julius (Prof.) 186
Günther, Herbert 112, 188
Günther, Isa 302
Günther, Johann Christian 40
Günther, Jutta 302
Gyl, Cara 134

Haack, Käte 138, 255
Haas, Willy 119
Hamburger, Michael 345
Hampel, Fritz 49, 54
Hannibal 181
Hansen, Max 112, 165, 179
Haringer, Jakob 98
Harlan, Veit 309
Harte, Francis Bret 119

Hase, Annemarie 160, 162, 163
Hasenclever, Walter 41, 98
Hauptmann, Elisabeth 119
Hauptmann, Gerhart 277
Haushofer, Albrecht 290
Hausmann, Manfred 113
Heartfield, John 186
Heine, Heinrich 40, 101, 120, 147, 183, 184, 185, 195, 290, 309, 329, 352
Herder, Johann Gottfried 235
Herking, Ursula 166, 281, 282, 283
Hermann, Wolfgang 210
Herrmann-Neiße, Max 54, 159, 278, 284, 290
Herwegh, Georg 290
Herzfelde, Wieland 186, 187, 188
Hesse, Hermann 176, 177, 290, 342
Hessel, Franz 112, 119
Hesterberg, Trude 160, 161, 163, 165
Heydrich, Reinhard 234
Heymann, Walter Richard 169
Hildesheimer, Wolfgang 349
Hilferding, Rudolf 198
Hille, Peter 106
Hiller, Hans Wolfgang 296
Hiller, Kurt 98
Hilpert, Heinz 148
Hindenburg, Paul von Beneckendorff und von 34, 177, 204
Hinkel, Hans 210, 267
Hippler, Fritz 255
Hirschfeld, Magnus 98
Hitler, Adolf 101, 115, 119, 152, 163, 175, 177, 196, 203, 204, 205, 206, 208, 227, 230, 243, 247, 261, 264, 265, 276, 277, 278, 279, 297, 307, 310, 328, 348, 350
Hochhuth, Rolf 349
Hofer, Karl 278
Hoferichter, Ernst 49
Hoffmann, E. T. A. 248, 359
Hoffmann, Kurt 320, 342
Hölderlin, Friedrich 290
Holl, Gussy 257
Hollaender, Friedrich 115, 161, 162, 168, 234, 352
Holtei, Karl von 352
Holz, Arno 101, 290, 352
Horney, Brigitte 255
Horváth, Ödön von 243
Hübler, Dorothea 56

Jacobsohn, Edith 82, 91, 148, 149, 178, 213, 226, 332
Jacobsohn, Siegfried 296
Jannings, Emil 257
Johst, Hanns 210
Jung, Franz 173

Kalenter, Ossip 49, 113, 297
Kamnitzer, Heinz 147, 199, 290, 356
Kästner, Emil (Vater) 13, 14, 15, 16, 18, 21, 23, 29, 30, 35, 36, 56, 60, 61, 293, 294, 324, 325
Kästner, Ida Amalia, geb. Augustin (Mutter) 14, 15, 16, 17, 18, 19, 20, 21, 22, 23, 24, 25, 26, 28, 29, 30, 31, 35, 36, 39, 43, 56, 60, 68, 71, 72, 84, 90, 110, 111, 112, 122, 124, 132, 133, 134, 138, 139, 140, 142, 144, 147, 148, 149, 161, 165, 178, 190, 191, 192, 193, 194, 206, 207, 215, 222, 223, 231, 253, 256, 284, 290, 293, 294, 295, 313, 314, 318, 325, 358
Kampers, Fritz 148
Katz, Richard 45
Kellermann, Bernhard 175, 278
Kemp, Paul 138
Kent, N. O. (s. Natonek, Hans)
Kerr, Alfred 112, 115, 211, 212, 218, 231, 277, 178, 297, 352
Kersten, Kurt 94
Kesten, Hermann 25, 65, 81, 82, 94, 95, 113, 124, 169, 173, 174, 187, 188, 190, 206, 213, 221, 315, 319, 323, 330, 331, 332
Kiepenheuer, Gustav 95
Killy, Walther 355
King, Martin Luther 349
Kinndt, Karl (s. Coester, Reinhard)
Kirchner, Herti 134, 234, 235
Kisch, Egon Erwin 98, 119
Klabund (eigtl. Alfred Henschke) 49, 78, 98, 100, 106, 162, 184, 290, 352, 354
Klee, Paul 278

Kleist, Heinrich von 112
Klemke, Werner 264
Knauf, Erich 48, 66, 81, 135, 188, 208, 262, 263, 264, 265
Kochanowski 210
Kollwitz, Käthe 204, 263, 278
Kolman, Trude 234, 307
Kolpe, Max 115
Kortum, Karl Arnold 120
Köster, Albert 41, 44, 46, 47, 56
Kowa, Viktor de 234
Krammer, Mario 124
Krell, Max 47, 49, 55
Krueger (Prof.) 47
Krüss, James 342, 347, 352
Kubin, Alfred 188
Kuckhoff, Adam 290
Kühl, Kate 160, 163, 166, 168
Kurtz, Melchior (Pseudonym E. Kästner) 274
Kusche, Lothar 289

Lamprecht, Gerhard 139
Lange, Horst 261, 262, 273
Langewiesche, Joachim 175
Langhoff, Wolfgang 290, 295, 296
Lasker-Schüler, Else 163
Leers, Johann(es) von 210
Lemke, Horst 325, 326, 327, 339, 340, 341, 342, 344, 346
Lepmann, Jella 299
Lessing, Gotthold Ephraim 43, 58, 59, 60, 235, 280, 309, 332
Liliencron, Detlev von 290
Lindgren, Astrid 82
Lingen, Theo 140
Lion, Margo 163
Litt, Theodor 46, 47
Lofting, Hugh 82
London, Jack 49, 76
Ludendorff, Erich 34
Lüdtke, Franz 107
Ludwig, Paula 113
Luther, Martin 120
Lux, Joseph August 107

Majakowski, Wladimir 354
Mann, Heinrich 96, 97, 98, 99, 112, 186, 204, 212, 278
Mann, Klaus 49, 112, 165, 187, 188, 220, 231
Mann, Thomas 124, 296, 297
Marchwitza, Hans 155, 187
Maschler, Kurt L. 101, 189, 206, 226, 227, 228, 232, 237, 239, 244, 246, 286, 303, 339, 340
McCarthy, Joseph Raymond 300
Mechnig, Elfriede 91, 92, 93, 95, 114, 145, 147, 151, 169, 190, 192, 212, 221, 228, 235, 247, 253, 258, 342
Mehring, Walter 72, 76, 78, 100, 119, 159, 161, 162, 164, 198, 199, 232, 243, 349, 354
Mendelssohn, Peter de 269, 345
Meyerinck, Hubert von 255
Meyrinck, Gustav 98
Miegel, Agnes 355
Milne, Alan Alexander 82
Minnigerode 328
Moissi, Alexander 148
Morgenstern (Dozent, Dr.) 52
Morgenstern, Christian 290, 352
Mozart, Wolfgang Amadeus 240, 241, 242, 262, 280, 317
Mühsam, Erich 100, 101, 106, 164, 186, 354
Müller, Gerda 148
Münzenberg, Willi 155
Mussakoff, Wladimir 332

Nabokov, Wladimir 348
Napoleon I. 181
Natonek, Hans 46, 49, 55, 75, 124, 247
Nelken, Dinah 49
Nestroy, Johann Nepomuk 351, 352
Neubert (Prof.) 47
Neukranz, Klaus 155
Neumann (Prof.) 46, 57
Neumann, Robert 168, 194, 195, 196, 197, 297, 349, 352
Neumann (eigtl. Zimmermann, Sanitätsrat) 30, 61
Nick, Edmund 109, 162, 165, 169, 278, 283
Nikolaus, Paul 163, 179

Offenbach, Jacques 151
Ohser, Erich 48, 52, 53, 67, 68, 71, 72, 79, 80, 81, 96, 111, 124, 125, 126, 129, 136, 154, 165, 167, 190, 235, 262, 263, 264, 339
Ophüls, Max 137, 138, 139
Ortner, Eugen 42
Ossietzky, Carl von 64, 65, 99, 115, 208, 211
Otto, Hans 81, 208, 264, 296
Ottwalt, Ernst 187, 221
Owlglass (eigtl. Hans Erich Blaich) 352

Pasternak, Boris 356
Penzold, Ernst 352
Pestalozzi, Johann Heinrich 18
Pinelli, Aldo von 190, 234
Plage (Aufwartefrau) 248
Plauen, o. e. (s. Ohser, Erich)
Plievier, Theodor 187, 204, 279
Pohl, Gerhart 77
Polgar, Alfred 49, 98, 278
Preßburger, Emmerich 138, 139
Purrmann, Hans 342

Rapeport, Johnny 261
Ratkowski (Zimmerwirtin) 67, 110
Rehfisch, Hans José 98
Reimann, Hans 53, 54, 55, 159
Reinhardt, Gottfried 148, 149, 150
Reinhardt, Max 112, 148, 151, 161, 162, 178
Remarque, Erich Maria 47, 119, 175, 232
Renn, Ludwig 28, 113, 294, 295
Reutter, Otto 50, 320, 352
Riefenstahl, Leni 278, 279
Rilke, Rainer Maria 81, 290, 356
Ringelnatz, Joachim (eigtl. Hans Bötticher) 40, 53, 78, 80, 112, 122, 153, 159, 253, 280, 281, 290
Robitschek, Kurt 159, 165
Roda Roda, Alexander 49, 164
Rodrian, Fred 356
Roh, Franz 278
Roosevelt, Franklin Delano 276
Rosegger, Peter 355
Roth, Joseph 54, 113, 221
Rowohlt, Ernst 285
Rühmann, Heinz 242, 256

Sagan, Françoise 348
Sander (Prof.) 47
Sartre, Jean-Paul 353
Schäfer-Ast, Albert 119, 339
Schaefer, Oda 261, 262, 273, 289
Scharrer, Adam 279
Schauwecker 209
Scheffel, Josef Victor von 184
Schelling, Friedrich Wilhelm Joseph 58
Schenzinger, Aloys 233
Scher, Peter (eigtl. Fritz Schweynert) 49
Schiller, Friedrich 276, 290
Schirach, Baldur von 209
Schlegel, Werner 231, 232, 234
Schlichter, Rudolf 119, 278
Schlösser, Rainer 210
Schmidt, Eberhard 190, 255, 266, 267, 268
Schmidt-Pauli, Edgar von 210
Schneyder, Werner 61
Schnog, Karl 163, 164, 290
Schöffler (Prof.) 47
Schönlank, Margot 134
Schroth, Hannelore 138
Schulz, Bruno 263, 265
Schulze-Boysen, Harro 173
Schurig, Paul 18, 19, 22, 23, 24, 27, 35
Schwannecke, Victor 81, 111
Schwarz, Egon 356
Schwarze, Hans 176
Schwarzschild, Leopold 63, 115, 119, 120, 124, 213
Schweikart, Hans 323
Schwimmer, Max 54
Sealsfield, Charles 119
Seghers, Anna 113, 206, 221, 295, 297
Seitz, Robert 187
Sherriff, Robert Cedric 99
Siebert, Friedel 61, 91, 324, 341
Siebert, Thomas 61, 91, 324, 325, 341, 342, 343
Siemsen, Hans 49
Sievers, Eduard 46
Sinclair, Upton 186

Singer, Erich (Eric) 99, 100, 101, 187, 188
Sintenis, Renée 278
Slang (s. Hampel, Fritz)
Slezak, Leo 255
Sling (eigtl. Paul Schlesinger) 49
Sostschenko, Michail 125, 126
Stauffenberg, Claus Graf Schenk von 265
Steguweit, Heinz 209
Stemmle, Robert Adolf 167, 320
Stoffregen, Götz Otto 209
Storm, Theodor 290
Strasfogel, Ignaz 148

Tacitus, Publius Cornelius 329
Takahashi, Kenji 356
Tau, Max 297
Thoma, Ludwig 121, 352
Tiger, Theobald (s. Tucholsky, Kurt)
Toller, Ernst 113, 204, 232
Tolstoi, Alexej 119
Trakl, Georg 290
Travers, Pamela 83
Trebitsch, Siegfried 297
Trier, Walter 86, 91, 148, 160, 182, 189, 190, 224, 228, 235, 239, 241, 242, 243, 244, 245, 256, 314, 327, 339, 340, 344
Tschechow, Anton 49
Tucholsky, Kurt 63, 64, 72, 76, 78, 81, 87, 96, 97, 98, 99, 100, 115, 124, 131, 155, 162, 164, 165, 168, 198, 199, 211, 241, 281, 282, 285, 286, 345, 352, 354
Turek, Ludwig 187

Ury, Lesser 187

Verden, Alice 41
Verdi, Giuseppe 160
Vierordt, Heinrich 107
Viertel, Berthold 41
Voltaire 309

Wachsmann, Franz 169
Wagner, Richard 26, 242
Waldoff, Claire 179, 255
Wallenstein, Albrecht von 181
Walser, Martin 349
Waurich 32, 33, 34, 35, 103
Wedekind, Frank 100, 101, 106, 121, 352, 354
Weerth, Georg 101
Wegner, Armin T. 49, 124
Weidig, Friedrich Ludwig 328
Weill, Kurt 237, 262
Weinert, Erich 54, 98, 115, 119, 120, 121, 155, 159, 162, 163, 164, 179, 221, 280, 295, 352, 354
Weiskopf, Franz Carl 189, 278, 279
Weisenborn, Günther 290, 349
Weiss, Peter 349
Weller, Curt 71, 72, 95, 96, 99, 129, 136, 169, 182
Welzig, Werner 355
Wengler (Prof.) 46, 47
Werfel, Franz 49
Werner, Ilse 255
Wiechert, Ernst 278, 296
Wieland, Christoph Martin 119
Wiener, Oskar 107
Wilde, Oscar 119
Wilder, Billy 137, 139, 320
Wilder, Thornton 357
Wildgans, Anton 107
Wille, Bruno 107
Windsor, Herzog von 216
Winkelman, John 356
Winterstein, Eduard von 148, 255
Wiron (Zeichner) 53
Wismann, Heinz 220
Witkowski, Georg 46, 47, 56, 57
Witt, Herbert 234
Wolf, Friedrich 124, 187, 232, 279, 295
Wolff, Theodor 178, 211
Wolzogen, Ernst von 25, 107

Ziller, Gerhard 294
Zimmermann (Sanitätsrat) 23, 61
Zuckmayer, Carl 98, 141, 142, 143, 280, 352
Zweig, Arnold 112, 204, 221

Erich Kästner

Die kleine Freiheit
Chansons und Prosa
mit Zeichnungen von
Paul Flora
Band 1807

Der tägliche Kram
Chansons und Prosa
Band 2025

Notabene 45
Ein Tagebuch
Mit Zeichnungen von
Paul Flora
Band 2246

„...was nicht in euren Lesebüchern steht."
Hrsg.: Wilhelm Rausch
Band 875

Wer nicht hören will, muß lesen
Eine Auswahl
Band 1211

fi 152/1

Fischer Taschenbücher

EXIL

Literarische und politische Texte aus dem deutschen Exil 1933–1945

Herausgegeben von Ernst Loewy
unter Mitarbeit von Brigitte Grimm,
Helga Nagel und Felix Schneider

Diese Dokumentation über das literarische Exil während der NS-Zeit bringt insgesamt 230 ungekürzte Texte (vom Gedicht zum Romankapitel, von der politischen Rede zum Offenen Brief) von hundert verschiedenen Autoren – von prominenten wie fast vergessenen, auf die sie vor allem aufmerksam machen möchte.

Band 1
Mit dem Gesicht nach Deutschland
Fischer Taschenbuch Band 6481

Band 2
Erbärmlichkeit und Größe
Fischer Taschenbuch Band 6482

Band 3
Perspektiven
Fischer Taschenbuch Band 6483

Fischer Taschenbuch Verlag

fi 57/1